高等学校教师教育精品教材

儿童发展心理学

主　编　高雪梅

副主编　姜英杰

中国教育出版传媒集团

高等教育出版社·北京

内容提要

　　本书面向高等院校教师教育类专业核心课教学需要，以儿童心理发展领域为线索构建内容，全面、系统地描述了儿童心理发展的领域、规律、模式，揭示了儿童心理发展的原因和机制，解释了儿童心理发展的个体差异，探索了不同环境对儿童心理发展所产生的影响，提出了帮助和指导儿童心理发展的具体方法，旨在为全面提升高素质专业化创新型教师培养质量提供资源支持。本书兼顾经典与前沿，既系统介绍国内外经典理论和研究成果，又与时俱进，充分梳理儿童心理发展各领域研究的新进展，特别是本土化研究进展。全书语言通俗生动，资料翔实，可读性强。

　　本书可作为心理学类、教育学类专业课教材，也可作为幼儿园及中小学教师培训教材，还可作为对儿童心理发展感兴趣的研究者、家长及相关人员的参考读本。

图书在版编目（CIP）数据

　　儿童发展心理学 / 高雪梅主编. -- 北京：高等教育出版社，2025.8. -- ISBN 978-7-04-062763-3

　　Ⅰ. B844.1

　　中国国家版本馆CIP数据核字第2024JD3441号

儿童发展心理学
Ertong Fazhan Xinlixue

| 策划编辑 | 付　聪 | 责任编辑 | 付　聪 | 封面设计 | 贺雅馨 | 版式设计 | 杨　树 |
| 责任绘图 | 易斯翔 | 责任校对 | 马鑫蕊 | 责任印制 | 存　怡 | | |

出版发行	高等教育出版社	网　　址	http://www.hep.edu.cn
社　　址	北京市西城区德外大街 4 号		http://www.hep.com.cn
邮政编码	100120	网上订购	http://www.hepmall.com.cn
印　　刷	肥城新华印刷有限公司		http://www.hepmall.com
开　　本	787mm×1092mm　1/16		http://www.hepmall.cn
印　　张	22.5		
字　　数	500 千字	版　　次	2025 年 8 月第 1 版
购书热线	010-58581118	印　　次	2025 年 8 月第 1 次印刷
咨询电话	400-810-0598	定　　价	45.80 元

本书如有缺页、倒页、脱页等质量问题，请到所购图书销售部门联系调换
版权所有　侵权必究
物料号　62763-00

前言

儿童发展心理学是研究儿童心理和行为发生发展特点及其规律的学科,不仅关注儿童在认知、情感、社会互动等方面的变化与发展,还深入探讨这些变化与发展背后的生物、心理及社会文化因素。

从出生到青春期,儿童经历了从依赖他人到逐渐独立、从感知觉的初步发展到记忆、思维和语言的发展,从道德感的萌芽到个性和情绪的塑造,这是一个充满多样性与复杂性的过程。本书试图全面系统地展示儿童在这个过程中不同领域和阶段心理发展特征的全景,帮助读者着眼儿童成长中的关键节点,掌握支持儿童成长的有效策略。本书将儿童界定为身心发展中的个体,其发展过程包括婴儿期、幼儿期、儿童期和青少年期四个阶段。

本书定位为高等学校心理学类、教育学类专业课教材,同时兼顾社会培训和在职学习、完善的需要,力求体现以下特色:

1. 坚持知识性与育人性相结合

基于《教育强国建设规划纲要(2024—2035年)》提出的"全面服务中国式现代化建设,扎根中国大地办教育,加快建设高质量教育体系,培养德智体美劳全面发展的社会主义建设者和接班人"的实际需要,本书牢记为党育人、为国育才的初心使命,立足新时代儿童心理发展特点,积极挖掘儿童发展心理学专业知识体系中所蕴含的思想价值和精神内涵,在阐述经典理论与研究中有机融入具有中国特色、融通中外的概念范畴、理论范式、研究成果和话语体系,贯彻落实立德树人根本任务。本书科学拓展教材内容的广度、深度和温度,提升课程引领性、时代性、创新性和开放性,将知识技能与社会担当意识有机结合,力求建构中国自主的儿童发展心理学知识体系和教育教学框架。

2. 坚持典型性与实践性相结合

党的二十大指出:"实践没有止境,理论创新也没有止境。"本书突出学以致用的理念,注重理论联系实际,强化实践导向。一方面,力图用准确简练的语言阐述儿童常见心理发展领域如感觉、知觉、记忆、思维、语言、道德、人格、情绪、人际交往等的基本概念、典型研究和主要理论,帮助学生构建起关于儿童发展心理学的理论框架。另一方面,增加了相关领域最新的研究内容、研究方法、研究成果等,引导学生关注并思考儿童发展心理学的新问题,指导学生科学开展研究和实践。

3. 坚持规范性和生动性相统一

本书在构建结构严谨、语言准确、体例统一的内容体系的同时,从学生的学习习惯和教师的教学场景出发,对教材的结构和体例进行创新:采用"总—分—总"的基本逻辑,通过章前的"学习目标""知识导图""案例导入",章中的"专栏",章末的"本章小结""实践·反思·探究""推荐阅读"等栏目,教材内容与教学活动生动融合,增强教材的趣味性、可读性、互动性和实用性。这种规范性和生动性的统一,能促进学生自主学习、个性化学习。

儿童发展心理学并非抽象的学术命题,它关系每一个教育者、每一位家长、每一名儿童的切身利益。如何有效地将其中的理论和研究成果应用于实际,如何根据儿童的个性特征和成长阶段提供科学、适切的支持,是本书着力探讨的重要方向。

我们希望通过来自西南交通大学、北京师范大学、华东师范大学、西南大学、华中师范大学、湖南师范大学等高校的 14 位专家教授深入浅出地阐述,读者能够走进儿童的内心世界,教育工作者能够学习并掌握科学的教学方法、技能,家长能够获得有益的育儿建议,儿童发展心理学研究者能够了解新的思路与视角,最终,每一名儿童都能在充满理解与支持的环境中走向光明的未来。

高雪梅

2025 年 7 月

目录

绪论   **1**

第一节　儿童发展心理学概述   2

第二节　儿童发展心理学的变迁   10

第三节　儿童发展心理学的研究方法   17

第一章　儿童发展心理学理论   **28**

第一节　精神分析的心理发展观   29

第二节　行为主义的心理发展观   34

第三节　认知主义的心理发展观   40

第四节　社会文化历史理论的心理发展观   44

第五节　生态系统理论的心理发展观   47

第六节　我国学者的心理发展观   49

第二章　儿童脑的发育   **56**

第一节　脑的结构与发育   57

第二节　脑发育的影响因素   66

第三节　脑发育与儿童教育   69

第三章　儿童感知觉的发展   **73**

第一节　感知觉概述   /4

第二节　儿童感觉的发展   79

第三节　儿童知觉的发展   90

第四节　儿童感知觉的促进   101

第四章 儿童记忆的发展   **107**

第一节 儿童记忆发展的特点   108

第二节 儿童元记忆的发展   115

第三节 儿童记忆发展的促进   122

第五章 儿童思维的发展   **129**

第一节 儿童思维发展的特点   130

第二节 儿童推理和创造性思维的发展   137

第三节 促进儿童思维发展的策略   144

第六章 儿童执行功能与心理理论的发展   **153**

第一节 儿童执行功能的发展   154

第二节 儿童心理理论的发展   163

第三节 儿童执行功能和心理理论的培养   173

第七章 儿童语言的发展   **181**

第一节 儿童语言发展概述   182

第二节 儿童语言的发展过程   187

第三节 儿童语言发展促进   198

第八章 儿童道德的发展   **205**

第一节 儿童道德发展概述   206

第二节 儿童道德认知的发展   208

第三节 儿童道德情感的发展   217

第四节 儿童道德行为的发展   223

第九章 儿童人格的发展   **234**

第一节 儿童人格发展概述   235

第二节 儿童自我意识的发展   245

第三节 儿童健全人格的培养   250

第十章 儿童情绪的发展   **257**

第一节 情绪发展概述   258

第二节 儿童情绪发展的特点   265

第三节 儿童情绪调节能力的培养   277

第十一章　儿童人际交往的发展　　　281

　　第一节　儿童亲子交往的发展　　　282

　　第二节　儿童师生交往的发展　　　287

　　第三节　儿童同伴交往的发展　　　292

　　第四节　儿童人际交往的指导策略　　　299

第十二章　媒体使用与儿童发展　　　304

　　第一节　媒体使用与儿童认知发展　　　305

　　第二节　媒体使用与儿童社会性发展　　　315

　　第三节　媒体使用与儿童健康　　　318

第十三章　特殊儿童心理发展　　　323

　　第一节　发展性障碍　　　324

　　第二节　情绪障碍　　　333

　　第三节　行为障碍和行为问题　　　342

主要参考文献　　　349

绪　　论

【学习目标】

- 了解儿童心理发展的基本内涵和儿童发展心理学的变迁。
- 理解儿童心理发展的基本性质和基本问题。
- 掌握儿童发展心理学的研究方法。

【知识导图】

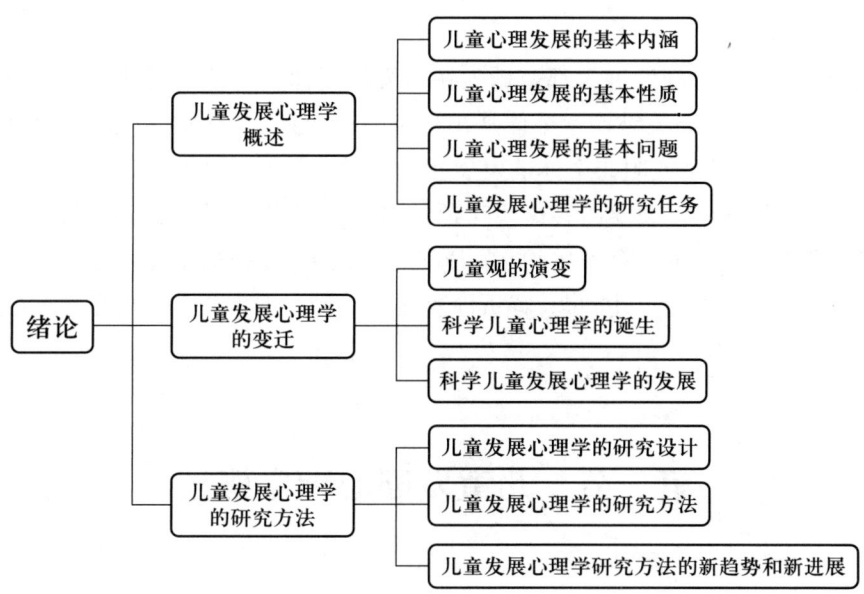

【案例导入】

两百多年前,德蒙贝拉德(P. G. de Montbeillard, 1720—1785)监测了其子从出生到 18 岁的身高,每半年测量并记录一次,最终绘制成人类第一张生长曲线图。自那时起,生长评估逐渐发展成为儿童保健工作的一个重要组成部分。

此后,人类发展研究不断深入,绘制出多个人类发展的图表,例如:布卢姆(B. S. Bloom, 1913—1999)的儿童青少年智力发展的理论曲线,贝利(N. Bayley, 1899—1994)的智力发展量表,世界卫生组织(World Health Organization, WHO)发布的首版儿童生长标准和学龄儿童青少年(5—19 岁)生长参考,我国首都儿科研究所制定发布的我国 0—18 岁儿童青少年的生长标准和标准化生长曲线,等等。

这些人类身心发展图表都有一个有趣的发现:无论是生理还是心理,在生命早期都呈现快速发展的趋势,而后发展速度开始减缓并出现"高原现象",其中婴幼儿期和青少年期是个体身心发展的加速期和关键期。

为什么个体生理、心理发展大都遵循先快后慢的规律?为什么婴幼儿期和青少年期是个体身心发展的加速期和关键期?个体从出生到青少年期,其认知、社会性、个性等是怎样发展的?哪些因素在推动或阻碍个体的发展?心理学家是通过什么方法探索儿童心理现象发生、发展和变化规律的?想要回答这些问题,需要成千上万的关于儿童心理发展的探索性研究,只有经历漫长的探索性研究,才能拨开问题的迷雾,逐渐揭示儿童心理发展之谜。作为全书的导引,本章将围绕上述问题,解析涉及儿童心理发展本质的一些重要问题及发展心理学家为之付出的努力。

第一节　儿童发展心理学概述

我们时常感慨时光飞逝,从呱呱坠地、牙牙学语的婴儿到能说会道、条理清晰的青少年,这个过程中究竟发生了什么奇妙的变化呢?儿童发展心理学将带领我们基于不同的研究,从不同的视角、不同的层面去揭示儿童心理发展的基本内涵。

一、儿童心理发展的基本内涵

心理发展是指个体在整个生命历程中所发生的一系列积极的心理变化。心理发展有广义和狭义之分。

广义的心理发展指的是种系心理发展,即从动物到人类的心理演变过程。种系心理发展包括两个过程：一是动物心理的进化过程，通过对动物进化不同阶段的心理和行为特点进行比较研究，以描绘动物进化过程中的心理发展过程，为人类心理的发生、发展研究提供基础；二是人类心理的进化过程，通过对人类从原始人到现代人进化过程的不同阶段的心理演变过程进行研究，可以探讨人类心理的历史和发展。

狭义的心理发展指的是个体心理发展，即个体从受精卵到出生、成熟、衰老直至死亡的生命全程中的心理发展。本书所聚焦的儿童发展心理学是在狭义的心理发展范畴内，研究儿童心理发生、发展特点和规律的学科。主要探究随着年龄的增长，儿童的心理是如何从简到繁、从低级到高级演变的。

本书将儿童界定为身心发展中的个体，其发展过程包括婴儿期（出生至三岁）、幼儿期（三岁至六七岁）、儿童期（六七岁至十一二岁）和青少年期（十一二岁至十七八岁）四个阶段。

二、儿童心理发展的基本性质

美国心理学家卢文格（J. Loevinger，1918—2008）在《自我的发展》一书中指出，"发展是由一种新结构的获得或从一种旧结构向一种新结构的转化组成的"[1]。可见，发展不是简单的数量叠加，而是心理结构的转变成长，这个转变成长的过程表现出一些基本性质，遵循一些基本规律。

（一）儿童心理发展的整体性

儿童心理发展的整体性，是指作为整体的心理活动具有独特的质的规定性。儿童心理是其在各年龄阶段的心理活动与心理现象相互联系的整体，心理发展是在各种心理活动的相互作用中形成的。儿童心理发展的整体性并不是单纯地将所有心理现象相加，而是各种心理活动紧密联系、相互作用后引发的质的变化。

（二）儿童心理发展的社会性

人类作为具有社会属性的生物，其心理的发展变化受社会环境制约和社会文化滋养。儿童期是个体认识社会、步入社会的重要阶段，在所处社会环境的影响下、在人际交往的过程中，儿童逐渐习得语言、学会使用符号……从低级的心理机能向高级心理机能逐渐转化，成长为具有独立意识的社会人。因此，儿童心理发展是社会文化历史发展的产物，是发生在儿童与社会环境相互作用的过程中的。

（三）儿童心理发展的规律性

1. 普遍性与特殊性
同一个年龄阶段的个体都会表现出一些一般的、典型的、本质的特征，即年龄特征，这

---

① 卢文格.自我的发展［M］.韦子木，译.杭州：浙江教育出版社，1998：31.

体现了个体心理发展的普遍性。但世界上没有两片完全相同的叶子,也不可能存在两个心理特征完全一样的个体,这体现了个体心理发展的特殊性。所以,儿童心理发展是共性与个性、普遍与特殊的统一。

2. 定向性与顺序性

儿童心理发展的定向性,是指心理发展具有一定的方向性,即从简单到复杂、从低级到高级。儿童心理发展的顺序性,是指心理发展各个阶段之间的更替、衔接遵循固定的顺序,不可逆也不可逾越。例如,由直觉行动思维到具体形象思维再到抽象逻辑思维,由机械记忆到意义记忆,由无意注意到有意注意。因此,教育要循序渐进,量力而行,不可揠苗助长,不可超前、超纲学习,以免影响儿童的健康发展。

3. 不平衡性

儿童心理发展的不平衡性主要是指儿童心理发展的速度并不是随着年龄增长匀速发展的,在个体从出生到发展成熟的过程中,有的阶段发展快,有的阶段发展慢。儿童心理发展的不平衡性主要表现在两个方面:① 同一心理现象在不同年龄阶段上的发展是不平衡的,如自我意识的发展有两个快速飞跃期,第一个出现在婴儿期,第二个出现在青少年期;② 不同心理现象在同一年龄阶段的发展是不平衡的,如感知觉和动作在婴儿期快速发展,而抽象逻辑思维在婴儿期还没有萌芽。

(四)儿童心理发展的关键期

关键期是指个体获得特定技能或行为模式最敏感、最迅速的时期,又称敏感期。对关键期的研究源于 20 世纪 30 年代奥地利习性学家洛伦茨(K. Z. Lorenz,1903—1989,见图0-1),他在研究小鸭、小鹅的习性时发现,它们通常将出生后第一眼看到的对象当作自己的母亲,并对其产生偏好和追随反应。洛伦茨称此现象为"印刻"(imprinting),印刻发生的时期即为关键期。关键期最基本的特征是它只发生在个体生命中一个固定的短暂时期。如小鸭的追随行为只出现在其出生后 24 h 内,若超出这一时间,印刻现象就不容易出现了。

图 0-1　洛伦茨与小鸭

后来很多心理学研究发现，儿童心理发展也存在关键期，例如，2—3岁是学习口语的关键期，0—5岁是感知觉发展的关键期等。在关键期内对儿童施加教育影响，可以起到事半功倍的效果；而错过了关键期或缺失关键期的教育，往往事倍功半，甚至难以通过后期的教育训练得以改进。因此，教育必须遵循儿童心理发展的规律，在心理发展的关键期内给予儿童合适的教育，促使其更好地发展。

专栏　人类首张"大脑图表"

2022年4月6日，顶级学术期刊《自然》（*Nature*）在线发表涵盖人类整个生命周期的首张"大脑图表"，这是由全球超过200家研究机构组成的国际研究小组共同完成的一项开创性研究，研究对象涵盖从16周大的胎儿到100岁的老人。

这张图表（见图0-2）按年龄绘制了几个关键的大脑指标，一些指标在个体发育的早期就达到了峰值。例如，脑容量在受孕后17周到3岁之间增加了约70%，皮质下灰质的体积在12岁前达到顶峰，而白质的体积往往在30岁左右才达到峰值。这是人类探索大脑毕生发展的全新的里程碑，揭示了人类的大脑是如何在生命早期迅速扩张，然后随着年龄的增长慢慢萎缩的发展轨迹。

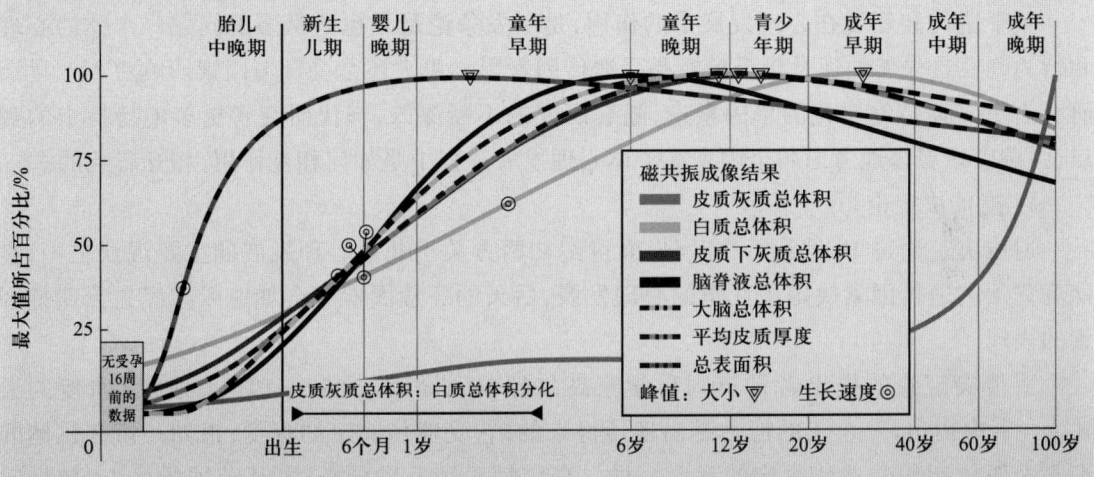

图0-2　大脑毕生发展的神经影像里程碑

在图0-2中，横坐标为年龄，其中受孕后16周内无磁共振成像结果，受孕16周后到出生为胎儿中晚期，出生后到6个月为新生儿期，6个月到1岁为婴儿晚期，1岁到6岁为童年早期，6岁到12岁为童年晚期，12岁到20岁为青少年期，20岁到40岁为成年早期，40岁到60岁为成年中期，60岁到100岁为成年晚期；纵坐标为最大值所占百分比；图注为磁共振成像的结果，七条线分别代表皮质灰质总体积、白质总体积、皮质下灰质总体积、脑脊液总体积、大脑总体积、平均皮质厚度和总表面积，三角形为其大小的峰值，圆形为其生长速度的峰值。

这个跨越全球六大洲的国际合作研究成果汇集了可能是有史以来最大的磁共振成

像（magnetic resonance imaging, MRI）数据集，这些数据来自全球100多项研究的10万余次人脑扫描结果。由中国科学家领导的"中国彩巢计划"和"3R可重复性脑联盟"等受邀参与了这一国际大型脑科学项目，为"大脑图表"的绘制做出了重要贡献。

"大脑图表"未来可辅助各年龄段脑健康和脑疾病诊断的数字化测评，不过对于其可否被应用于临床实践，尚需要系统化研究的验证。

三、儿童心理发展的基本问题

在心理发展基本原理或规律方面，心理学家最关注的主要有三个基本问题：第一，心理发展是由遗传决定的还是由环境决定的？ 第二，心理发展是主动的还是被动的？ 第三，心理发展是阶段的还是连续的？ 这三个基本问题引发了心理学家的争论，形成了不同的心理学流派。直到今天，这三个问题仍然是争论的焦点。

（一）遗传决定论与环境决定论的争论

关于遗传和环境在心理发展中的作用，是引发争论最早也是最多的问题。个体的心理和行为到底是先天的还是后天的？ 是受遗传因素影响更大还是受环境因素影响更大？ 早期研究者更多地持绝对化的单因素论，随着研究的不断深入，当代研究者更多地持折中的观点，强调应该更多地考虑两个因素在个体心理发展过程中是如何相互作用、相互影响的。

1. 遗传决定论

遗传决定论是19世纪后半叶到20世纪初西方关于儿童心理发展的主要观点之一，它认为先天的遗传因素决定了儿童的心理发展，后天的环境因素只会加速或减缓先天遗传因素的表现。

遗传决定论的提出者是英国科学家高尔顿（F. Galton, 1822—1911），他在《遗传的天才》一书中指出，一个人的能力是由遗传得来的，它受遗传决定的程度，正如一切有机体的形态及躯体组织受遗传决定的程度一样。高尔顿采用家谱分析法，从英国的名人（包括政治家、军官、法官、科学家、文学家、艺术家等）中选出977人，调查他们的直系亲属中有多少人与他们同样有名。结果显示：名人的直系亲属中有332人也同样有名，而与此相对的是，普通人家族中出现名人的比例要低得多。高尔顿推论，之所以出现如此大的差别，是因为能力受遗传决定。美国心理学家霍尔（G. S. Hall, 1844—1924）也是遗传决定论的代表，他的"一两的遗传胜过一吨的教育"的观点，将遗传的作用夸大到了极致。

我国传统文化中也有遗传决定论的思想。例如，"龙生龙，凤生凤，老鼠的儿子会打洞""虎父无犬子""桂实生桂，桐实生桐"等都折射出遗传决定论的思想。孟子的"性善论"认为"人性之善也，犹水之就下也。人无有不善，水无有不下"，强调了先天遗传的重要性。

遗传决定论强调，儿童心理发展是由先天的遗传基因决定的，儿童的智商和个性特征等在受精卵时就已经确定了,环境仅仅影响遗传因素发挥作用的速度,并不能影响个体发展的本质。遗传决定论过分夸大了先天遗传的作用,忽视了后天环境与教育对儿童心理发展的塑造作用。

2. 环境决定论

环境决定论否认遗传因素在个体心理发展过程中的决定性作用,认为个体后天的生活环境和教育指导在其发展过程中有着绝对的影响力。

洛克(J. Locke,1632—1704)和华生都是典型的环境决定论的代表。洛克提出的"白板说"认为,人的心灵在出生时像一块纯洁无瑕的白板,一切知识和观点都是通过后天经验获得的。因此,父母应该为儿童创造良好的教育环境,让其成为有社会价值的人。华生提出"教育万能论":给我一打健康的婴儿,并在我自己设定的特殊环境中养育他们,那么我愿意担保,可以随便选择其中一个婴儿,把他训练成为我所选定的任何一种专家——医生、律师、艺术家、小偷,而不管他的才能、嗜好、倾向、能力、天资和他祖先的种族。这些观点都片面夸大了环境和教育在儿童心理发展中的作用,忽视了儿童的主动性、能动性和创造性,忽视了促进心理发展的内部动因。

我国古代教育思想中也存在支持环境在心理发展过程中具有绝对作用的观点。如荀子提出的"性恶论"认为,人天生就有趋利避害的自然属性,势必会产生相互争夺和破坏社会稳定等不良后果,所以要借助后天的力量——学习和礼法去约束人的欲望,从而使人心向善。荀子主张"君子居必择乡,游必就士",强调后天学习、改造的重要性。"橘生淮南则为橘,生于淮北则为枳"也是环境决定论的体现。

环境决定论在肯定儿童心理发展可塑性的同时,否定了儿童发展的自主性,因此也是片面的。

3. 相互作用论

遗传与环境的相互作用论认为,在个体心理发展中,遗传与环境之间是相互依存、相互联系的制约关系,是相互渗透、相互转化的互动关系,遗传与环境的相互作用受儿童主观能动性的影响。

皮亚杰是相互作用论的典型代表,他认为,个体的发展是一个不停演变的建构过程,在这个过程中,主体的活动是第一性的,是发展的根本原因,遗传因素和环境因素只是个体发展的必要条件。可见,皮亚杰明晰了个体的主观能动性在心理发展过程中的关键作用。杜威(J. Dewey,1859—1952)曾写道,即便在教室中,我们亦开始认识到:在仅是教科书和教师才有发言权的时候,发展智慧和性格的学习便不会发生;不管学生的经验背景在某一时期是如何贫乏和微薄的,只有当他的经验有机会做出一点贡献的时候,他才真正受到教育。由此从强调个体的主体性地位出发,杜威提出了"教育即生活""教育即生长""教育即经验的改造"的观点。他认为,儿童的发展取决于其经验的改组和改造过程,取决于儿童与外在环境的相互作用。

我国传统文化中也有许多关于遗传与环境相互作用的思想,孔子在 2 500 多年前就提出"性相近也,习相远也"的人性论观点,阐述了遗传和环境的关系。墨子早于洛克 2 000多年就提出了与"白板说"类似的观点,《墨子·所染》中说:"染于苍则苍,染于黄则黄,所入者变,其色亦变,五入必,而已则为五色矣。故染不可不慎也!"这些都生动形象地说明了人在环境中的可塑性。

现代心理学家大都主张遗传和环境是相互作用的关系,遗传因素影响着儿童的行为和经历,而外在环境也影响着遗传因素的表达。所以,儿童的气质、智力、人格等,都是先天遗传和后天环境长期相互作用、相互影响、相互转化的结果。

(二)主动与被动的争论

心理发展主动与被动的争论是与心理发展动力相关的问题,即在儿童心理发展中,是内因更重要,还是外因更重要。早期研究者多持极端的观念:"机能理论"派认为,儿童心理发展的动力来自机体内部,是儿童主动发出的,外因对儿童心理发展的作用微乎其微;而"机械理论"派认为,儿童心理发展的动力来自外界环境,儿童是被动接受的,不受其主观能动性的影响。

目前大多数心理学家在这一问题上持一种辩证的观点,即认为儿童心理的发展是内因、外因不断相互作用的结果。在儿童与环境相互作用的过程中,环境向儿童提出的要求所引起的儿童新的需要与儿童已有的心理发展水平或心理状态之间的矛盾,是儿童心理发展的内因或内部矛盾,这个内部矛盾是儿童心理不断向前发展的动力。

(三)连续论与阶段论的争论

关于心理发展连续论与阶段论的争论,实质上是关于心理发展是量变还是质变的问题。

连续论观点认为,儿童心理发展是一个累加的量变过程,这个过程是逐渐的、连续的、没有突然变化的,就像是一条平滑向上的曲线(如图0-3A所示)。行为主义学派、社会学习学派是连续论的代表,他们强调发展是由外部环境决定的,认为发展是儿童习得行为不断增加的过程,其理论的核心在于儿童心理发展只有量变,没有质变。

阶段论观点认为,儿童心理发展的过程可以划分出不同的阶段,每个阶段都有需要达到的发展目标,都有该阶段的发展特征;儿童心理由低级向高级逐级发展,在发展过程中变化是突然出现的,不是渐变的(如图0-3B所示)。精神分析学派、认知结构学派是阶段论的代表,他们强调内部因素、生物学因素对儿童发展的制约作用,其理论观点的核心在于儿童心理发展没有量变,只有质变。

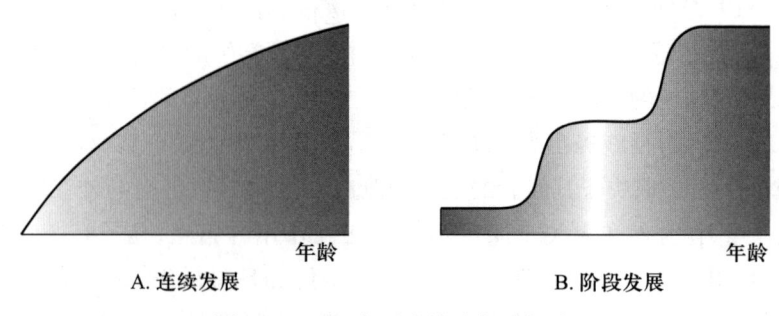

A. 连续发展　　　　　　　　　　　B. 阶段发展

图0-3　心理发展连续论与阶段论

目前大多数发展心理学家所持的是辩证的观点,认为儿童心理发展既不单纯是连续的、渐进的,也不单纯是阶段的、间断的,而是一个既有连续性又有阶段性的过程,不仅有量变,也有质变。心理发展是一个有序的、连续的、阶段的发展过程。

四、儿童发展心理学的研究任务

儿童发展心理学是发展心理学的重要组成部分,其研究任务可以概括为"4W",即 what(是什么),描述儿童心理发展的特点与规律;when(什么时候),探索儿童心理发展的时间轨迹;why(什么原因),分析儿童心理发展的原因及机制,揭示儿童心理发展的实质、动力和内在机制;how(怎么办),探索儿童心理健康发展的促进与干预策略。

(一)描述儿童心理发展的特点与规律

儿童心理发展不同阶段的划分以年龄特征为主,每个年龄阶段都有其一般特征、典型特征及本质特征。因此,儿童发展心理学的第一个研究任务就是描述儿童在不同年龄阶段的心理发展特点,研究每一个心理现象,如感觉、知觉、情绪、记忆、想象、注意等,从质变到量变的发展过程,总结儿童心理发展的规律。对这些问题的探讨,一方面能为儿童教育等提供重要依据,另一方面能为儿童异常发育提供诊断标准和干预指导。

(二)探索儿童心理发展的时间轨迹

在了解儿童心理发展的特点和规律后,我们就要进一步了解各种心理现象发展变化的时间点,找到心理发展的关键期,绘制儿童心理发展的时间轨迹,从而为儿童在不同发展阶段和时间点提供与之相适应的养育模式和学习内容,帮助儿童在最恰当的时间、以最恰当的方式掌握知识和技能。这是儿童发展心理学的第二个研究任务。

(三)分析儿童心理发展的原因及机制

如前所述,儿童心理发展会受到遗传因素和环境因素(如家庭、学校、社会)的共同作用和影响。因此,儿童发展心理学的第三个研究任务就是探究影响儿童心理发展的原因,揭示遗传和环境等因素是如何在儿童心理发展过程中发挥作用的。例如,在心理发展的不同阶段,是单一因素起作用还是遗传和环境交互影响;遗传和环境对不同年龄阶段个体产生的影响是否相同;等等。

(四)探索儿童心理健康发展的促进与干预策略

在了解了儿童心理发展的特点与规律、时间轨迹、原因及机制之后,就可以为家庭教育、学校教育、社会教育等提供理论指导和技术支持,让家庭和学校更加科学、适宜地开展教育,让社会提供更好的环境,以促进儿童健康成长。同时,掌握必要的儿童心理发展知识也可以为儿童心理咨询与治疗提供理论和方法指导,有助于深入准确地帮助有心理及行为障碍的儿童,如孤独症儿童、唐氏综合征儿童、听障儿童等,对他们开展科学有效的矫正治疗和教育训练。这是儿童发展心理学的第四个研究任务。

第二节   儿童发展心理学的变迁

每个学科都有其产生和发展的历史,儿童发展心理学也不例外。从早期思辨的"儿童观"到科学儿童心理学的诞生,再到儿童发展心理学内涵的不断拓展,几百年的演变和发展经历了从思辨到科学、从简单到复杂、从单一领域到交叉学科发展的过程。随着时代的发展,未来儿童发展心理学将涉及更加多样的主题、更细的领域划分和更深入的研究。

一、儿童观的演变

儿童观与儿童发展心理学有着极为密切的关系,甚至可以说,特定历史发展阶段的儿童观在一定程度上主导了当时人们的教育观念和思维方式,并制约着当时儿童心理学的发展。所谓儿童观,是指成人对儿童的认识、看法以及与儿童有关的一系列观念的总和,具体涉及儿童的特性、权利与地位,儿童期的意义以及教育和儿童发展之间的关系等问题。[①] 不同的时代、不同的文化、不同的地域可能会产生不同形态的儿童观。

(一)西方儿童观的演变

1. 古希腊、古罗马时期的儿童观

在古希腊、古罗马时期的社会和家庭中,儿童是父母的私有财产,儿童没有地位和权利。但此时,也有一些思想家、教育家开始关注儿童的生活、成长和教育。如柏拉图(Plato,前427—前347)强调游戏在儿童生活中的意义,亚里士多德(Aristotle,前384—前322)首次对儿童生长发育的年龄进行了分期,要求遵循自然施教,并且要求制定法规,禁止暴弃婴儿。

2. 中世纪的儿童观

中世纪的西方受"原罪说"的影响,认为人生来就具有"原罪",因此儿童需要被严加管制,被动地依附成人。当时流行的"预成论"认为,儿童和成年人的区别仅仅在于尺寸大小、知识多寡,而否认二者在身心特征上的重大差异,主张像对待成人一样对待儿童;并且,法律条例中并没有明显区分成年人犯罪和未成年人犯罪。受这两种儿童观的影响,当时的儿童是不受重视的,其应有的独特需求和内在价值被社会所忽视。这种儿童观也反映在当时的艺术和日常生活中。例如,在中世纪的油画中(如图0-4所示),儿童就是缩小版的成人,

---

① 顾明远.教育大辞典:增订合编本[M].上海:上海教育出版社,1998:318.

他们在着装、表情等方面都同成人一样。[①]

图 0-4 中世纪油画中的儿童

3. 文艺复兴时期的儿童观

文艺复兴时期,人们开始重新审视"人"的价值,以夸美纽斯(J. A. Comenius,1592—1670)为代表的人文主义教育家从当时新的人类观(经验思维带来人的认识的转变,人是完全可以认识的、自由的、有规律的活动体)引申出新的儿童观,认为儿童是自由而具有发展可能性的存在,将儿童从传统社会的从属关系中解放了出来。夸美纽斯提出了教育适应自然的原则,一方面指的是教育要适应大自然的规律,另一方面指的是教育要适应儿童的身心发展规律。此外,夸美纽斯还提出了量力性和因材施教的原则,为科学儿童观的诞生做出了非常大的理论贡献。

4. 近代的儿童观

近代西方的儿童观发生了一场划时代的革命,在"自由、平等、博爱"的社会思潮中,以"尊重儿童"为核心的儿童观逐渐为世人所接受。

洛克的"白板说"强调培养儿童兴趣和独立能力的重要性,指出父母应该为儿童提供良好的教育,使之成为对社会有贡献的人。卢梭(J. Rousseau,1712—1778)在其著作《爱弥儿》中提出"自然教育理论",主张成人要尊重儿童,对儿童进行教育必须遵守"自然的法则",即顺应儿童的自然本性,而非干涉和限制儿童发展的自由。卢梭是西方新旧儿童观的分水岭,从卢梭开始,研究者才真正系统地在教育理论上逐步实现了由尊重人权向尊重童权的过渡,开启了儿童研究的大门。

此后,裴斯泰洛齐(J. H. Pestalozzi,1746—1827)和福禄培尔(F. W. A. Froebel,1782—

_____

① 贝克.儿童发展:第 5 版[M].吴颖,等译.南京:江苏教育出版社,2002:12.

1852)等继承并发展了卢梭自然主义的儿童观。裴斯泰洛齐提出要进行心理学化的教育;福禄培尔创办了第一所名为"幼儿园"的学前教育机构,并且为儿童设计"恩物"(即专门的玩具),帮助儿童活动、思考和创造。这些工作推动了心理学领域对儿童心理发展研究的重视,也使西方的儿童观在科学研究的基础上逐步建立。

5. 现代的儿童观

进入 20 世纪,西方兴起了儿童中心主义教育的思潮,社会更加重视对儿童的教育,强调儿童个体的发展。杜威提出破除儿童"无知""无能"的观念,主张儿童应是教育的中心;还没达到成熟阶段的儿童期是人未来发展的关键时期,要通过教育开发儿童的潜能。蒙台梭利(M. Montessori,1870—1952)、德可乐利(O. Decroly,1871—1932)、罗素(B. Russell,1872—1970)等教育家也主张支持儿童中心主义。这是教育领域的一次大变革,也是儿童观现代化的一大进步。

特别是 20 世纪 50 年代以后,以皮亚杰、弗洛伊德、华生、斯金纳和维果茨基等为代表的心理学家对儿童发展特点进行了系列的研究,并将研究成果推广到实际应用中,这进一步加深了人们对儿童的科学认识,也在一定程度上影响了现代儿童观的走向。

21 世纪的西方儿童观强调整个社会要关爱所有儿童,注重儿童身心健康发展,促进儿童的全面发展,还重视对儿童权利的保障。儿童权利包括生存和发展的权利、受教育的权利、不被歧视的权利、参与社会生活的权利等。由此,西方儿童观变得更加成熟,更成体系。

(二)我国儿童观的演变

我国古代有许多关于儿童心理发展的表述,比如孟子的"性善论"、荀子的"性恶论"、墨子的"染丝说"等。随着不同阶段社会的发展与需求的变化,加上西方儿童观的影响,我国儿童观的演变大致经历了五个阶段。[①]

1. 五四运动以前的"家庭本位"儿童观

在五四运动以前,人们把儿童看作"小大人",看作个体的财产、家庭的附属,当时的儿童观仍处在古代封建社会等级观念的枷锁中。

2. 五四运动至新中国成立的"儿童本位"儿童观

在西方兴起儿童中心主义的同时,五四运动使这股思潮在中国大地生根发芽。陶行知(1891—1946)提出关注儿童早期教育的重要性——"凡人生所需之重要习惯、倾向、态度,多数可以在六岁以前培养成功"[②],并强调儿童有不同于成人的生理和心理特点。此外,我国学者也开始开展儿童心理发展的相关研究。陈鹤琴(1892—1982)是我国最早以观察实验的方法研究儿童发展心理的学者之一,他通过日记法观察和记录了自己儿子的心理发展,并在此基础上完成了《儿童心理之研究》(1925)一书。

---

① 刘秋凤.五四运动以来我国儿童观的历史演进与反思[J].现代教育论丛,2020(4):69-77.

② 华中师范学院教育科学研究所.陶行知全集:第 1 卷[M].长沙:湖南教育出版社,1984:618.

3. 新中国成立至改革开放的"社会本位"儿童观

新中国成立之初,相关文件就提出要促进儿童"全面发展",教育任务主要在于培养社会主义事业的接班人,更多地强调儿童的社会属性和使命。例如,1957年下发全国各地使用和征求意见的《幼儿园教育工作指南(初稿)》指出:"我国幼儿教育的目的是向幼儿进行共产主义教育,使儿童的身心在入小学前获得全面的发展,并为培养社会主义及共产主义祖国的建设人才打好基础"。此外,相关文件强调教育和环境在儿童发展中的主导作用,将分科教学的模式引入幼儿教育,注重儿童智力和体力的发展,培养儿童优良品德和习惯的形成。在这一时期,国家对儿童身心发展的规律有一定的认识,在一定程度上体现了对儿童的尊重,但认识仍较为笼统、不够深入。

4. 改革开放至20世纪末"儿童本位"儿童观的再次确立

改革开放以来,我国学者就儿童早期发展与教育等方面进行了大量的科学研究,翻译并引进国外先进的研究成果;国家颁布了幼儿教育的相关法规,如1996年发布的《幼儿园工作规程》将"尊重、爱护幼儿"写进了第一章总则中,并在全社会倡导"爱护儿童,教育儿童,为儿童作表率,为儿童办实事"的公民意识。

5. 21世纪"儿童本位"儿童观的现代化内涵追寻

21世纪以来,"儿童本位"的现代化内涵不断丰富:强调儿童是正在发展的个体,也是社会发展的载体;强调儿童不仅有其内在生动的精神生活,而且有外在丰富的文化活动。人们对于儿童的认识更为深刻,原因一方面在于社会主义现代化发展的催化,另一方面在于儿童观自身发展的内在张力的释放。

二、科学儿童心理学的诞生

在19世纪中后期的西方社会中,人们逐渐开始重视儿童,并且愿意了解儿童,一些研究者还对儿童进行了观察研究。19世纪自然科学三大发现(能量守恒和转换定律、细胞学说、进化论)深刻揭示了生物界在结构上的统一性、在进化上的共同起源,让人们意识到自然界中各种事物的内在联系,它们在对欧洲思想界产生巨大影响的同时,也影响了心理学界的研究,使研究者开始从发展的视角看待动物心理和儿童心理。

(一)科学儿童心理学诞生前的准备

在科学儿童心理学诞生前,许多研究者对儿童心理发展进行了观察研究并撰写了相关著作(如表0-1所示),这些研究为科学儿童心理学的诞生奠定了基础。但由于这些研究大多只限于对儿童感知觉、动作、语言发展的研究,且多为使用日记法或者传记法的观察研究,研究方法和结果缺乏科学性,不具有普遍的理论和实践意义。因此,这些研究及其结论只能说是推动了科学儿童心理学的诞生。

表 0-1　儿童心理学的相关著作

学者	国家	出版年	书名	内容
提德曼	德国	1787 年	《儿童心理发展的观察》	用日记法观察记录了自己孩子的发展
罗别许	法国	1863 年	《儿童心理发展史》	偏重儿童生理发展的研究
席格门	法国	1851 年	《儿童与世界》	记录了他的儿子出生以后语言和动作等方面的发展
库斯漠	德国	1859 年	《新生儿心理生活的研究》	对多个婴儿进行观察实验,如,将糖水、盐水等分别放在新生儿口中来观察他们的反应
太因	法国	1876 年	《儿童与民族语言的研究》	侧重研究儿童和种族的语言发展,没有涉及其他心理学变量
达尔文	法国	1876 年	《一个婴儿的传略》	观察、记录自己孩子的心理发展,包括婴儿动作、表情、观念发展等

（二）科学儿童心理学诞生的标志

德国生理学家和实验心理学家普莱尔（W. T. Preyer，1841—1897，见图 0-5）是科学儿童心理学的创始人。他对自己的孩子从出生到 3 岁的变化进行了系统观察,有时还进行了一些实验性的观察,最后把这些观察记录整理成《儿童心理》一书。该书于 1882 年出版。《儿童心理》被认为是第一部科学的、系统的儿童心理学著作,是科学儿童心理学诞生的标志。

《儿童心理》包含儿童感知的发展、儿童意志(或动作)的发展和儿童理智(或言语)的发展三个部分的内容。

第一部分,儿童感知的发展,关注了儿童在感知和情感两个方面的发展特点,包括视觉、听觉、肤觉、嗅觉、味觉和机体觉的发展以及情绪、情感的发展。

图 0-5　普莱尔

第二部分,儿童意志(或动作)的发展,关注了儿童坐立、抓握、指向以及其他相关运动模式的形成与发展。

第三部分,儿童理智(或言语)的发展,关注了儿童的语言理解、社会认知以及言语和思维之间的关系。

《儿童心理》是世界上第一部系统研究儿童心理发展的著作,它研究了儿童的心理特点,并对儿童的身体发育和心理发展进行了专门的论述。相对于前人研究内容和方法的局限性,《儿童心理》的研究内容拓展到儿童感知、动作、言语、意志等多个方面,并采用观察法、实验法等科学研究方法对儿童心理发展的特点进行横断比较和纵向追踪。《儿童心理》

一经出版就受到国际心理学界的高度重视和同行学者的青睐,先后被译成十几种文字,快速向全世界推广,儿童心理学随之发展起来。

除了对婴儿期和童年早期的心理学研究外,普莱尔始终认为生理发展和心理发展是不可能割裂的,二者应该相互依赖并且互为补充。在《儿童心理》问世四年后,普莱尔完成了《胚胎生理学》(1886 年)一书,从生理学角度看待胚胎和胎儿的发育和发展。两本著作结合起来包含了胚胎发展和个体出生后早期发展两个方面,为后人示范了如何从跨学科的视角将生理发展与心理发展整合运用于儿童心理的研究,为发展心理学提供了理论和方法的双重经验,进一步推动了科学儿童心理学的发展。

三、儿童心理学的发展

随着科学儿童心理学的诞生,儿童心理学正式成为一门独立的学科,许多心理学家致力于传播和推动儿童发展心理学,聚焦儿童成长的各个阶段,不断丰富研究内容和研究方法。

(一)20 世纪:儿童心理学作为一门独立学科蓬勃发展

随着科学儿童心理学的不断发展,许多学者从不同的视角开展了儿童心理相关的科学研究,并基于推演理论和实证研究不断丰富和拓展其内涵。

精神分析学派的创始人弗洛伊德建立了心理学史上第一个系统的人格理论。他将儿童人格的发展划分为五个阶段:口唇期(oral stage)、肛门期(anal stage)、性器期(phallic stage)、潜伏期(latency stage)和生殖期(genital stage)。弗洛伊德认为,个体在童年期经历的这些发展阶段会影响其成年期的人格。皮亚杰的认知发展阶段理论将儿童的认知发展分成四个阶段:感知运动阶段(sensorimotor stage)、前运算阶段(preoperational stage)、具体运算阶段(concrete operational stage)和形式运算阶段(formal operational stage)。行为主义学派的创始人华生率先采用实验法研究了新生儿情绪反应的条件反射,他提出了行为主义的儿童发展理论并撰写了《婴儿和儿童的心理学关怀》一书。后来斯金纳和班杜拉从不同视角发展了华生的经典行为主义理论,丰富了儿童发展和学习行为的内涵。以上理论和观点将在下一章儿童发展心理学理论中做进一步介绍。

20 世纪初,随着一些西方儿童心理学著作——《儿童心理学纲要》《儿童心理学》等被陆续翻译出版,我国心理学家陈鹤琴、黄翼(1903—1944)、孙国华(1902—1958)等都在儿童发展心理学的本土化研究方面做出了重要的贡献。

1962 年,中国现代心理学的奠基人之一朱智贤编写的《儿童心理学》一书出版。该书系统地阐述了儿童心理发展的特点和规律,是我国第一部贯彻马克思主义观点、批判地吸收国外科学成就并联系我国实际的专业性教材,标志着中国儿童心理学科学体系的确立。2019 年,《儿童心理学》第 6 版出版,这是一部历经半个多世纪长盛不衰的优秀教材。朱智贤坚持用辩证唯物主义的观点研究儿童心理学中重大的理论问题,探讨了儿童心理发展中关于先天与后天的关系、内因与外因的关系、教育与发展的关系,以及年龄特点与个别特点的关系等问题。1988 年,朱智贤与林崇德合著的《儿童心理学史》一书出版,这本书不仅包含当时世界范围内发展心理学的发展历程和最新进展,而且系统地论述了中国发展心理学的发展,是我国第一部发展心理学史专著。

为了推进建设中国特色的发展心理学与教育心理学,朱智贤领导中国心理学工作者坚定地走中国特色的道路[①]:1985 年创办的心理学学术刊物——《心理发展与教育》(朱智贤曾任该刊主编),至今仍是国内唯一的发展心理学与教育心理学专业学术刊物;1989 年出版的《心理学大辞典》(朱智贤主编),是我国第一部大型心理学工具书,彻底解决了新中国成立以来我国心理学界没有工具书的问题;1990 年出版的专著《中国儿童青少年心理发展与教育》(朱智贤主编),收集了中国儿童青少年心理发展特点的第一手数据,内容包括我国儿童青少年的感知觉、注意、记忆、言语、思维、情感、意志、气质、性格、个性、自我意识、品德等方面的发展特点,以及家庭教育、不同民族儿童青少年心理发展的比较研究等;朱智贤的弟子林崇德于 1978 年开始开展中小学生能力发展和培养的实验研究;等等。

时至今日,朱智贤关于儿童心理学的学科特性、研究对象以及研究方法等基本理论问题的认识与研究,仍指导了儿童发展心理学理论和实践的发展,为培养我国儿童心理学和发展心理学专业人才,以及为促进儿童青少年身心健康成长,贡献了巨大力量。

(二)21 世纪:儿童心理学的发展新趋势

杨美玲等收集了最具国际影响力的儿童发展心理学学术期刊——《儿童发展》(*Child Development*)在 1990—2021 年发表的实证类论文并进行计量分析。[②] 其中,对于 2010—2021 年热点话题的分析显示:一方面,与儿童认知能力相关的研究大量涌现,研究重点探究了工作记忆、抑制控制、言语能力等基本认知能力的发展机制;另一方面,研究基于对不良发展环境个体的关注,为儿童认知发展的相关社会政策和教育实践提供参考。总的来说,儿童发展心理学的研究热点从关注儿童群体特征与发展规律,逐渐过渡到更加重视对儿童认知能力发展机制的探讨。儿童发展心理学的发展将始终以儿童认知和社会性发展为核心,借助纵向研究设计和跨学科研究方法,不断拓展研究的深度和广度。

在过去一百多年的研究中,儿童心理学作为一门独立学科取得了长足的进步,未来儿童发展心理学研究将何去何从?综合儿童发展心理学各方面的研究进展及发展趋势,我们有以下四点展望:

1. 理论研究的整合与完善

在现有心理发展理论的基础上,未来研究将进一步完善与补充未成熟理论,更多关注儿童融入社会之后的身心变化,系统研究某心理结构的发生机制、神经机制以及与之相关的心理状态的发展等,为儿童的健康发展提供理论支撑。此外,系统开展发展心理学教材建设活

---

① 白学军,林崇德.论朱智贤学派:儿童心理学理论与实验的创新[J].心理与行为研究,2014,12(6):721–726.

② 杨美玲,翟舒怡,梁君英,等.国际儿童发展心理学近三十年发展动向:基于《儿童发展》的文献计量分析[J].应用心理学,2022,28(2):99–106.

动,联系我国实际,结合国内外心理学领域的最新研究成果,编写、修订能够体现我国现有学术水平的适用于综合大学和高等师范院校教学的儿童发展心理学教材。

2. 研究方法的多样与创新

一是融入跨学科研究,扩大不同学科间的交流与合作。例如,使用脑科学、遗传学、人工智能等领域的科学技术,探究心理学变量的神经机制、遗传因素等。二是增加跨文化研究,基于多文化视角来探讨不同文化环境对儿童心理发展的影响的异同。三是创新实验范式,采用更多的非语言方法。例如,以游戏任务等方式来取代听故事、看图片以及语言反馈等,在游戏中运用角色扮演以了解儿童的真实想法。

3. 研究内容的扩展与聚焦

近年来,儿童发展心理学研究者在认知发展、社会性发展、超常儿童和弱势群体等方面已有许多富有成效的研究。未来研究,一方面要在社会发展的大环境下进行研究内容的进一步扩展,如从社会环境方面对处境不利儿童的身心发展进行研究;另一方面,也要对某些心理现象和特殊儿童群体进行聚焦性的深入研究,如超常儿童、孤独症儿童、多动症儿童等。此外,要系统研究我国儿童心理发展特点,收集我国儿童在感知觉、注意、记忆、言语、思维等方面发展的一手数据,并进行分析和归纳,发展具有中国特色的儿童发展心理学,增强文化自信自强。

4. 研究应用的转化与实践

研究的最终目的是用获得的结论和发展规律指导实践活动。如何将儿童发展心理学的研究成果应用于教育教学实践,将是未来研究的主要取向之一。在满足儿童发展心理学专业理论工作者研究需要的同时,要做到科教融合,尽可能地满足广大教育工作者的实际需要,为儿童的心理发展、脑智发育和教育教学实践提供有意义的指导。坚持以儿童为中心发展教育,发展素质教育,强化学前教育、特殊教育的普惠性发展。特别是针对一些特殊群体的儿童,如孤独症儿童、听障儿童等,提出治疗和教育指导,以提高这些儿童的社会认知和社会行为能力。

第三节　儿童发展心理学的研究方法

现代儿童发展心理学之所以被称为一门科学,很大程度上是因为心理学家使用了科学的方法来研究儿童心理发展的过程。科学的方法意味着客观和事实,即采用科学的研究设计、使用科学的研究方法,通过控制无关变量、采用科学程序和方法收集的数据,而不是凭借主观观点来验证理论和假设。

一、儿童发展心理学的研究设计

（一）横断研究设计

横断研究设计（cross-sectional research design）是指在同一时间段内，对多组不同年龄阶段个体的心理发展水平进行横向比较的研究设计，提供了不同年龄组个体发展的差异的信息。例如，为考察音乐学习是否具有敏感期，研究者招募了一批在 2—18 岁开始音乐训练的职业音乐家，并按开始训练的时间将被试划分为 0—5 岁、6—11 岁、12—17 岁，以及 18 岁之后四个年龄阶段，结果发现，在控制训练总时长后，开始音乐训练的年龄阶段只与部分音乐能力有关，而与音乐成就并不相关，这一结果不支持音乐学习存在敏感期的假设。[①]

横断研究设计是儿童发展心理学中常用的研究设计，其优点有：第一，研究者能在较短时间内获得同一年龄或不同年龄个体发展的相似性和差异性信息；第二，测量结果不受练习效应的影响，且能避免研究结果受社会文化变迁的影响；第三，能在短时间内获得大量信息，被试流失少，节省研究所用的人力、物力、财力。

但横断研究设计也存在一些不足。最主要的不足是，横断研究设计获得的与年龄相关的研究结果可能并不真正反映了发展本身，而是混淆了同辈效应（cohort effect）。同辈效应是指与个体或群体成长所处时代相关的社会环境、历史时期和历史事件等因素的不同所造成的心理发展的差异，对发展研究结果的干扰效应，即不同年龄组个体之间的差异可能是个体所处时代的社会历史因素和文化因素导致的，而不是发展和成熟本身导致的。此外，由于横断研究设计只进行一次测量，因此无法获得关于个体心理发展连续变化的数据资料。

（二）纵向研究设计

纵向研究设计（longitudinal research design）是对同一个体或群体在不同年龄阶段的某种心理活动进行重复多次观测的研究设计。纵向研究考察的是个体随着年龄增长和时间推移而发生的变化，提供了个体在某个阶段发展变化的一般轨迹。例如，一项研究考察了音乐训练对儿童大脑和认知发展的影响。[②]研究人员选择了三组有相同社会经济背景的儿童：第一组儿童接受为期两年的音乐训练；第二组儿童接受为期两年的足球或游泳等体育训练；第三组儿童为控制组，不接受任何系统的训练。结果显示，两年后，接受音乐训练的儿童在音乐相关的听觉任务中比其他两组儿童表现得更好；接受音乐训练或体育训练的儿童在一般的抑制控制活动中都表现出比控制组儿童更强的大脑神经激活，这说明音乐训练和体育

① WESSELDIJK L W, MOSING M A, ULLÉN F. Why is an early start of training related to musical skills in adulthood? A genetically informative study [J]. Psychological science, 2021, 32 (1): 3–13.

② HABIBI A, DAMASIO A, IIARI B, et al. Childhood music training induces change in micro and macroscopic brain structure: results from a longitudinal study [J]. Cerebral cortex, 2018, 28 (12): 4336–4347.

训练都能促进儿童执行功能的发展。

近年来,纵向研究设计在发展心理学研究中得到了越来越多的重视,与横断研究相比,其优点是明显的:第一,纵向研究设计由于进行了长期的追踪,有助于研究者系统、详尽地了解某一个体或群体心理连续发展变化的规律;第二,纵向研究有助于揭示个体心理发展过程中某些因素(如,家庭、学校、同伴等)的影响,探索心理发展过程中相关因素的因果关系;第三,那些在短期内无法获得的个体发展结果,只能采用纵向研究来进行考察,如个体的认知发展。

纵向研究设计也存在着不足:第一,纵向研究耗时较长,容易造成被试的流失;第二,反复多次的测量,使研究结果可能会受练习效应的影响;第三,由于时间的延续,长期追踪的研究结果可能受社会变迁、被试生活环境变化的影响。

(三)聚合交叉研究设计

聚合交叉研究设计(cross-sequential research design)也称为序列研究设计(sequential research design),它是将横断研究设计和纵向研究设计结合在一起的研究设计。例如,为考察 3—9 岁儿童道德认知的发展特点,研究者可以选择 3 岁、5 岁、7 岁的儿童各一组作为研究对象,并对他们进行连续两年的纵向追踪研究。两年之后就能获得 3—9 岁儿童道德认知发展过程的信息(如图 0-6 所示)。

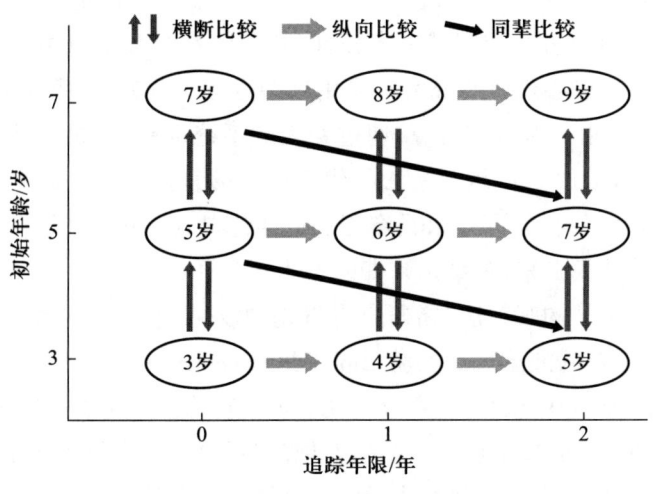

图 0-6　聚合交叉设计示例

聚合交叉研究设计通过选择不同年龄组的个体作为研究对象,在相对较短的时间里对所有研究对象进行多次测量。其克服了横断研究设计和纵向研究设计各自的缺点,能获得这两类设计单独实施无法取得的效果。具体来说:聚合交叉研究设计既可以快速获得各个年龄段发展的总体状况和特点,又能掌握各个年龄段个体心理发展的连续变化特点,比较节省时间;由于聚合交叉研究设计可以选取成长在不同时代的群体分别对其进行追踪研究,因此能考察社会变迁等因素对个体心理发展产生的影响。聚合交叉研究设计的缺点是,取样比较复杂,且成本较高。

在聚合交叉研究中能进行三种比较:第一种是横断比较,可以获得同一时间点不同年龄组儿童的道德认知发展特点;第二种是纵向比较,可以获得各个年龄组儿童道德认知随年龄增长的变化特点;第三种是同辈比较,可以对比两组年龄相同但所处历史时期不同的儿童,其道德认知特点是否存在显著差异,若无显著差异,则说明社会变迁因素并未影响儿童道德认知的发展,排除了发展研究中可能存在的同辈效应的干扰。聚合交叉研究不仅大大缩短了研究时间,还能获得较长时间段内儿童心理发展的连续变化数据,既高效又省力。

二、儿童发展心理学的研究方法

儿童发展心理学常用的研究方法主要有:观察法、访谈法、问卷法、标准化测验、实验法、生理心理学方法。

(一)观察法

观察法是指研究者借用自己的感官或仪器设备,有计划有目的地记录被试的行为,并据此分析被试内在心理活动及其发展特点的一种研究方法。根据研究者是否对观察情境进行干涉,可以分为自然观察法和实验室观察法。

自然观察法是指研究者对观察情境不作任何干涉,在自然情境中对被试的行为进行观察记录。早期的儿童发展心理学研究大都采用这种方法。例如,普莱尔的《儿童心理学》一书,就是普莱尔以他的儿子为研究对象,通过每天的系统观察,记录其从出生到3岁的心理发展特点,最终整理成册的。自然观察法的优点是能够直接观察个体在自然情境中的行为反应,获得第一手研究资料,研究结果具有很高的生态效度;不足之处在于某些特定的行为在自然情境下不易被诱发出来,观察起来费时费力。

实验室观察法也称结构观察法,指研究者事先创设一个情境,在特定情境中观察被试的行为表现。例如,班杜拉的波波玩偶实验(Bobo doll experiment)考察了儿童是否能通过观察和模仿来习得攻击行为。研究者将儿童分为观看攻击行为组和观看非攻击行为组,通过单向玻璃观察儿童在新环境中的攻击行为。结果发现,观看攻击行为组的儿童对玩偶表现出了更多的攻击行为。由此可见,实验室观察法的优点是能诱发个体在自然情境中不易被观察到的行为,研究结果更容易被重复验证,可靠性相对较高;其不足之处在于生态效度较低。

无论是自然观察法还是实验观察法,研究结果都可能受到"霍桑效应"的影响,即当个体知道自己被观察时,可能会调整自己的行为,那么被观察到的行为将不再代表其在自然情境中会真实发生的行为。

(二)访谈法

访谈法是指研究者通过与被试进行交谈,了解和收集被试心理与行为数据资料的一种研究方法。根据研究目的和研究对象,访谈的问题和内容会事先拟定好。根据访谈的提问和反应方式,通常将访谈分为结构化访谈、非结构化访谈和半结构化访谈。

结构化访谈(structured interview)中的所有问题都是研究者事先拟定好的、标准化的问题,即针对每一个被试,问题的内容和出现顺序完全一样。这是一种有指导性的、正式的访谈。非结构化访谈(unstructured interview)是一种非指导性的、非正式的、无标准化问题的访谈,访谈以自由问答的方式开始和进行,因此对每个被试的访谈内容都可能不一样。非结构化访谈的灵活性大,对访谈者的要求较高。半结构化访谈(semi-structured interview)是一种介于结构化访谈和非结构化访谈之间的访谈法,它需要研究者事先拟定访谈内容和问题,但是可根据被试的作答反应灵活选择接下来的访谈问题,甚至可以加入一些新的问题。与结构化访谈相比,半结构化访谈虽然具有一定的指导性,但没有那么正式,且具有较高的灵活性,在儿童发展心理学研究中更为常用。

对儿童发展心理学研究来说,访谈法的优点是:如果儿童没有正确理解某一问题,研究者可以考虑重新措辞或反复解释,直到儿童理解为止;研究者可以针对某一问题对儿童进行深度访谈和研究;对于不识字的儿童,研究者可以选择访谈法进行研究。其不足之处在于:在实施访谈之前,研究者需要接受足够多的专业训练;面对面的访谈可能会使儿童感到不舒服,尤其在涉及一些私密的问题时;当面记录和录音可能会对儿童的反应造成影响。

(三)问卷法

问卷法是指采用由一系列统一、严格设计的题目构成的调查问卷或量表,来获得个体心理与行为数据资料的一种研究方法。

与访谈法相比,问卷法要更为详尽、完整和易于控制。采用问卷法可以使研究不受时间和空间的限制,能在较短时间内完成大量数据资料的收集,研究时间短、效率高、范围广且易于操作;由于问卷法具有较好的匿名性,那些不适合采用访谈法询问的较为私密的问题,可使用问卷法进行研究。此外,由于问卷题目经过了标准化设计,便于对资料进行定量统计分析,因此问卷法在儿童发展心理学研究中具有广阔的应用前景。但问卷法也存在不足之处:首先,问卷法易受社会赞许效应的影响,即被试可能会倾向于做出符合大多数人预期和赞许的回答,而不表达自己的真实想法;其次,问卷法对被试的言语发展水平有一定的要求,因此不适合用在年幼的儿童身上;最后,由被试自我报告获得的数据具有一定的主观性,因此问卷法获得的数据资料还需要辅以其他更为客观的指标。

(四)标准化测验

标准化测验是指运用某一标准化量表来测量儿童心理发展水平和特点的一种研究方法。标准化测验拥有一套实施和计分的统一程序,通常都制定了常模。将个体的得分与常模分数进行对比,不仅可以获得心理发展的个别差异数据,也可以获得某一心理变量在各个年龄段的发展差异数据。

目前国内用于测量心理发展水平的常用测验有四种。一是中国比内测验,1982年由吴天敏(1910—1985)主持修订完成,测验包括说出物体、辨别图形、推断情景、指出缺点、时间计算等 51 个项目,是智力测验的工具之一,适合 2—18 岁的儿童,农村儿童和城市儿童共用一套题。二是瑞文标准推理测验,由张厚粲(1927—2022)于 1989 年主持修订完成,考察个体对于图形的观察、类比、推理和分析能力,共 60 个题目,也是智力测验的一种,适合 5—70 岁的人群,常模为城市常模。三是卡特尔 16 种人格因素问卷:该测验最初由卡特尔(R. B. Cattell, 1905—1998)编制而成,包括测量乐群性和聪慧性等 16 种人格特质的项目,适用于 16 岁以上的个体。1988 年由祝蓓里和戴忠恒等对其进行了中国化修订,并制定了包括全国成人(男、女)、全国大学生(男、女)、全国中学生(男、女)在内的九个常模。四是中国儿童青少年心理发育标准化测验[①],2011 年由董奇和林崇德编制而成,包括中国儿童青少年认知能力测验、语文学业成就测验和数学学业成就测验。其中,认知能力测验由注意能力、记忆能力、视知觉—空间能力以及推理能力等四部分测验组成,适用于 6—15 岁的儿童和青少年;语文学业成就测验包括语文积累和阅读两方面,数学学业成就测验测量了数学内容和数学能力两个维度,学业成就测验适用于九年义务教育阶段的儿童青少年。该测验具有良好的信度和效度,且向研究者开放免费使用。

标准化测验的优点在于测验结果可直接与常模进行对比,以获得个体差异信息或群体差异信息。其不足之处在于:对施测人员要求较高,需要进行专门的培训;陌生的施测环境可能会对儿童的行为表现造成不良的影响,违反人的行为是一贯的、稳定的测验假设;常模更新存在一定的困难,可能出现常模老化的现象。

(五)实验法

实验法是指在控制其他无关变量保持不变的前提下,有计划、有目的地改变实验条件(自变量),并观察和记录随之而来的个体心理或行为(因变量)的变化,以探究因果关系是否存在。实验法的核心特征是严密的控制和对被试的随机分配。被分配到实验组(experimental group)的被试接受实验处理;被分配到控制组(control group)的被试不接受实验处理或者接受另一种实验处理。在儿童发展心理学研究中,常用的实验法有自然实验和实验室实验。

自然实验是在日常生活情境中,通过改变一种或者几种影响个体心理或行为的条件,来研究个体随之而来的心理或行为变化。例如,为考察教学中教师言语表达的轻微变化对儿童日后参与科学问题积极性的影响,研究者选取了来自 45 所幼儿园的 130 位教师,并将他们分为两组:一组教师观看的教学培训视频要求其在教学中多使用"行为取向"的语言,强调科学是可以通过一系列动作来实现的,如先观察、后猜想、再检查等;另一组教师作为控制组,观看的是普通的教学视频,要求其在教学中更多使用"身份取向"的语言,强调科学家的身份,如对儿童说"开动你们科学家的大脑"。结果发现:三天后,"行为取向"组教师所

---

① 董奇,林崇德.中国儿童青少年心理发育标准化测验简介[M].北京:科学出版社,2011:1–14.

教的幼儿,比起"身份取向"组教师所教的幼儿,科学参与性更高。[①]

自然实验的优点是把实验寓于真实生活和学习情境中,儿童不知道自己参与了实验,因此更能得出接近他们真实反应的研究结果;具有较高的生态效度,研究结果更易推广。但其缺点在于实验情境的不可控性,容易受突发事件的影响,从而影响研究结果的可靠性。

实验室实验是指在严格控制的特定情境中,通过改变某些条件来考察个体心理与行为变化。例如,为考察自我损益对儿童公平分配行为的影响,研究者将4—6岁的儿童分为两组:一组为得到分配奖赏的当事人,一组为给别人分奖赏的旁观者。结果发现,当事人组儿童更倾向于把多余的奖赏分配给别人,而不是浪费掉;旁观者组儿童则更倾向于把多余的奖赏浪费掉,以显示出自己的公平。[②]

相比于自然实验,实验室实验具有较高的可控性,研究结果的可重复性较高。但其不足之处在于,实验情境可能脱离了儿童平时的生活情境,研究结果不易推广,生态效度较低。

(六)生理心理学方法

生理心理学方法是指使用认知神经科学或生理学等技术搜集个体心理或行为数据资料的研究方法。包括电生理测量方法、神经成像技术、生理指标测量等。

最常用的电生理测量方法是脑电图(electroencephalogram,EEG)技术,它记录的大脑自发活动时的脑电波变化,是脑神经细胞的电生理活动在大脑皮质或头皮表面的总体反映。事件相关电位(event-related potentials,ERP)以EEG为基础,反映特殊的脑诱发电位,即一种外加刺激(例如,让被试看一张图片或听一段音乐)引起的脑区电位变化。例如,为考察发展性阅读障碍儿童汉字识别的早期加工,研究者对比了阅读障碍儿童和正常儿童对汉字刺激的加工是否在ERP早期成分上存在差异。结果发现,正常儿童左脑枕区的P1(即P100,其中P表示正波,100表示潜伏期在100 ms左右)波幅显著大于阅读障碍组儿童,但阅读障碍组儿童左枕颞区N170(N表示负波)波幅显著大于正常儿童。这说明发展性阅读障碍儿童存在明显的早期感知觉加工问题,对后续的认知活动有消极影响。[③]

神经成像技术,特别是功能磁共振成像(functional magnetic resonance imaging,fMRI)技术,近年来在儿童发展心理学研究中得到非常广泛的应用。如,由左西年主持的"中国彩巢计划",关注了中国人脑的"成长",并计划在2013—2022年建立中国人脑毕生发展的常模轨线。作为这项计划的开端"成长在中国"——学龄儿童青少年脑与行为生长曲线项目,

① RHODES M, CARDARELLI A, LESLIE S J. Asking young children to "do science" instead of "be scientists" increases science engagement in a randomized field experiment[J]. Proceedings of the national academy of sciences, 2020, 117(18): 9808-9814.

② XIE D, PEI M, SU Y. "Favoring my playmate seems fair": inhibitory control and theory of mind in preschoolers' self-disadvantaging behaviors[J]. Journal of experimental child psychology, 2019, 184: 158-173.

③ 周路平,李海燕.发展性阅读障碍儿童汉字识别的早期加工:一项ERP研究[J].心理科学,2011,34(1): 108-111.

在开展五年后(2017 年)已取得了初步的研究成果。[①]"中国彩巢计划"受邀成为"国际人脑图表联盟"的研究成员之一,联盟成员共同建立了人类首张大脑图表,揭示出大脑的毕生发展过程。[②]

生理指标测量包括对心率、皮质醇等的测量。如,有研究考察了 11—17 岁学龄儿童的静息心率与其攻击性之间的关系,发现低静息心率与高水平的主动性攻击、更高的冲动性和精神病性攻击有显著相关关系。[③]皮质醇是肾上腺皮质分泌的一种激素,其浓度的高低与个体感知到的压力水平密切相关。目前,皮质醇水平已经作为一种指标应用于气质、情绪、同伴关系和儿童心理病理的研究当中。

三、儿童发展心理学研究方法的新趋势和新进展

随着研究的不断深入和现代科学技术的发展,儿童发展心理学研究方法有了一些新进展。主要表现为三个方面的四个新进展:在数据收集方面,儿童发展心理学研究的跨学科整合;在数据分析方面,一是多变量统计分析方法的大量使用,二是个体定向的统计分析方法的发展和运用;在结果应用方面,重视现实需求和应用价值。

(一)儿童发展心理学研究的跨学科整合

儿童发展心理学研究的跨学科整合,不仅包括学科内各个心理学分支与发展心理学的整合,还包括其他学科领域与发展心理学的整合。前者主要包括儿童发展心理学与认知心理学、社会心理学、教育心理学、生理心理学等的整合;后者主要包括发展心理学与分子遗传学、生理学、认知神经科学等学科领域的整合,并逐渐发展出了发展认知神经科学这门新兴学科。

跨学科整合的优点包括:结合分子遗传学,能够直接考察遗传因素对儿童发展的影响中,起作用的基因位点;结合生理学和认知神经科学,相比于单纯从行为层面进行考察,能得到更加敏感和客观的指标;研究一些无法用传统发展心理学方法进行研究的特殊群体,如对失语症儿童、自闭症儿童的研究无法采用传统的问卷法或访谈法,但是可以采用认知神经科学的研究方法;等等。

(二)多变量统计分析方法的大量使用

随着数据收集方法的发展,儿童发展心理学研究对数据统计分析方法的要求也越来越高。除了传统的多变量统计分析方法,如回归分析、因子分析、聚类分析、方差分析之外,新的、更复杂的多变量统计分析方法,如结构方程模型、多水平线性模型、生长曲线模型等在儿

---

①　杨宁,何叶,张喆,等. 彩巢计划:"成长在中国"[J].科学通报,2017,62(26):3008–3022.

②　BETHLEHEM R A I, SEIDLITZ J, WHITE S R, et al. Brain charts for the human lifespan[J]. Nature, 2022, 604 (7906):525–533.

③　RAINE A, FUNG A L C, PORTNOY J, et al. Low heart rate as a risk factor for child and adolescent proactive aggressive and impulsive psychopathic behavior[J]. Aggressive behavior, 2014, 40(4):290–299.

童发展心理学研究中也得到了越来越多的运用。

在儿童发展心理学研究中,一些变量往往难以进行直接测量,只能使用一些外显的指标去间接地测量这些变量。如儿童的气质类型、人格特质、学习动机等,这些变量称为潜变量。传统的统计分析方法不能有效地处理这些潜变量,而结构方程模型则能很好地处理潜变量及其与外显指标之间的关系。结构方程模型通常分为测量模型和结构模型,测量模型用于分析、验证研究所使用的工具是否具有良好的结构效度,即验证性因素分析;结构模型则用于检验变量之间的假设关系是否存在,可以用来构建变量间复杂、整合的模型,并检验变量间的直接效应和间接效应。

多水平线性模型(hierarchical linear modeling,HLM)是近年来儿童发展心理学研究中比较流行的一种多变量统计分析方法,主要用于嵌套数据的处理和分析。嵌套数据指的是观测数据在单位上具有嵌套的关系,如学生嵌套于班级、班级嵌套于学校等,此时与学生相关的变量(如,智力水平、学习成绩)处于最低层次(水平 1),班级相关变量(如班级氛围、教师教学风格)处于中间层次(水平 2),学校相关变量(如办学理念,学习氛围)处于最高层次(水平 3)。在多水平线性模型中,研究者感兴趣的结果变量总是位于层次结构的最低层次。[①]例如,研究者要探讨学生智力水平是否会影响学生的学习成绩,若使用传统的回归分析,只从学生层面进行分析,这会忽视学校或班级间固有的差异,即忽视学校氛围或班级氛围等变量在学生智力和成绩关系间所起的作用,同时样本不独立也违背了传统回归分析对残差独立的假设。若使用传统的方差分析,从班级或学校层面进行比较,会假定处于同一班级或同一学校的学生具有相同的智力水平,忽视学生的个体差异。多水平线性模型能很好地克服传统回归分析和方差分析的不足,能够有效地分离出嵌套数据中个体差异和群体差异对结果变量的影响,在儿童发展心理学研究中具有更广泛地用途。生长曲线模型(growth curve model)是多水平线性模型的一个特例,主要用于分析纵向数据。

儿童发展心理学研究的特殊性在于高度关注儿童的发展过程,因此当前越来越多的研究使用纵向研究设计来考察儿童随时间推移的发展变化及其影响因素。这些纵向数据包含对被试某一特征进行重复多次测量所得的数据,对这类数据进行分析从而得出该特征随时间变化的趋势或者发展规律的方法即为生长曲线模型。生长曲线模型从水平和速率两个方面考察了儿童的发展,兼顾环境因素及个体差异对儿童发展的影响,是一种对纵向数据进行分析和处理的理想方法,在实际研究中逐渐受到学者的重视。

(三)个体定向的统计分析方法的发展和运用

长期以来,发展心理学研究主要采取变量定向(variable-oriented)的统计分析方法,即关注的问题是变量与变量之间的关系。运用这种统计分析方法所揭示的是群体的平均心理过程,描述的是平均的变量关系或发展模式。但是,这种平均的发展模式并不能代表每一

---

① WOLTMAN H, FELDSTAIN A, MACKAY J C, et al. An introduction to hierarchical linear modeling[J]. Tutorials in quantitative methods for psychology, 2012, 8(1): 52-69.

个人,由平均模式得出的研究结论可能不全面,甚至对一些个体来说是错误的。发展的过程是存在个体差异的,考察这种差异也是儿童发展心理学研究的重要任务之一。个体定向(person-oriented)的统计分析方法的出现有助于研究者探讨发展过程的个体差异,因而逐渐成为发展心理学研究的主要方法思路之一。[①]

与传统的变量定向的统计分析方法相比,个体定向的统计分析方法关注的是个体的发展模式而非变量本身;目的是找到发展模式或变量间相互作用模式相似或同质的一组个体,而不是获得群体平均的发展模式。

(四)重视现实需求和应用价值

发展心理学的功能是描述、解释、预测和控制。基础研究所提供的描述、解释和预测性知识虽然是解决实际问题的理论基础,但当将基础研究迁移到现实问题的解决中时,就好比将"理想照进现实",存在着从价值观到可操控性的巨大差异。党的二十大报告指出,要"重视心理健康和精神卫生"。在经济社会快速转型过程中,生活节奏加快,竞争愈发激烈,人们的心理健康问题及其带来的社会问题日益突出。例如,据《中国国民心理健康发展报告(2021—2022)》,在3万余名参加调查的青少年中,有14.8%的青少年存在不同程度的抑郁风险。这些问题都亟待心理工作者去解决。为了满足国家和社会的需要,儿童发展心理学越来越注重以问题为导向进行应用研究,探索如何通过对个体进行干预来达到预期的改变,进而将研究结果推广到实际的教育教学实践中。

【本章小结】

儿童发展心理学是研究儿童心理发生、发展的特点和规律的学科。儿童心理在发展过程中遵循整体性、社会性和规律性,且存在发展的关键期,关于儿童心理发展的基本问题,研究者的争论主要集中在遗传决定论与环境决定论、主动与被动、阶段论与连续论三个方面。研究者从关注到儿童心理发展的重要性到科学儿童心理学的诞生经历了较长的时间。研究设计和研究方法的改进,促使我们对儿童心理的了解越来越清晰,并为未来的儿童发展与教育研究提供更好的参考。

【实践·反思·探究】

1. 结合你的成长经历,你认为遗传和环境哪个在心理发展中发挥更重要的作用?为什么?

2. 在学习本章内容之后,你认为儿童发展心理学的研究有何意义?

[①] 纪林芹,张文新.发展心理学研究中个体定向的理论与方法[J].心理科学进展,2011,19(11):1563–1571.

如何针对实际问题开展儿童发展心理学研究?

3. 请就你感兴趣的儿童成长中的某一现象,设计一项研究来探究该现象随年龄增长的变化。

【推荐阅读】

[1] 朱智贤,林崇德.朱智贤全集:第6卷:儿童心理学史[M].2版.北京:北京师范大学出版社,2002.

[2] 米勒.发展心理学研究方法[M].陈英和,译.北京:北京师范大学出版社,2015.

[3] 沈德立.实验儿童心理学:揭开儿童心理与行为之谜[M].北京:北京师范大学出版社,2013.

第一章
儿童发展心理学理论

【学习目标】

- 了解儿童心理发展的动因、阶段以及相关概念。
- 掌握各理论的核心观点及其贡献与局限。
- 理解各理论对儿童发展解读的区别与联系。
- 结合儿童发展心理学理论恰当地理解和塑造儿童行为,关注儿童心理健康。

【知识导图】

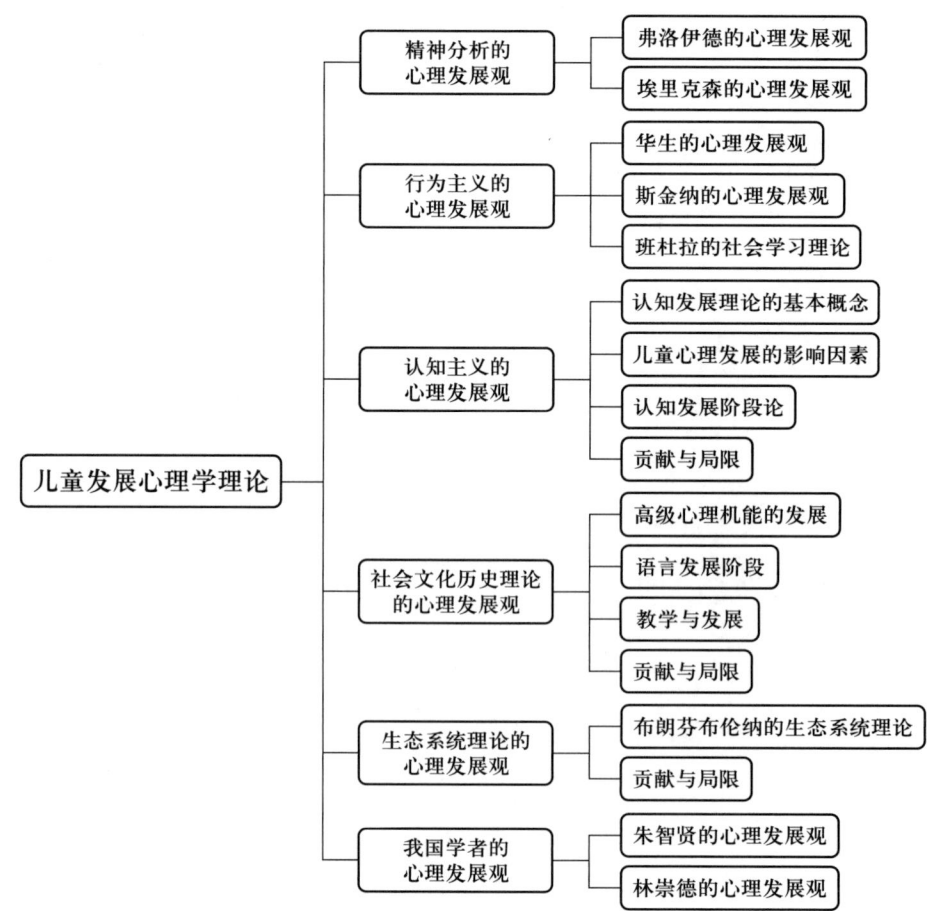

【案例导入】

儿童在电视、电影或游戏里看到的暴力画面,会不会增加他们的攻击行为呢? 这是许多家长和教师都非常关注的问题,也是令他们感到疑惑的问题。其实,早在 60 多年前,班杜拉就开展了相关实验来探讨儿童是否会通过观察和模仿而习得攻击行为,这个实验就是"波波玩偶实验"。在这个实验中,班杜拉将儿童置于攻击性和非攻击性两种不同的情境:在攻击性情境中,班杜拉让儿童观看一位成人殴打一个与儿童体形接近的充气玩具———"波波玩偶",除了对玩偶进行身体攻击之外,成人还对其进行语言攻击;而在非攻击性情境中,成人仅仅是在摆弄玩具。随后班杜拉将这些儿童置于没有成人的相似情境中,以观察他们是否模仿了成人的行为。结果发现:攻击性情境中的儿童会模仿之前看到的成人的攻击行为,对"波波玩偶"进行猛烈的攻击,不管是男孩还是女孩都会表现出攻击行为。这表明儿童的攻击行为是可以通过观察和模仿而习得的,同时也为班杜拉创建社会学习理论提供重要基础。社会学习理论认为,学习是在观察和与其他人的交往中形成的。时至今日,儿童发展心理学的研究者仍在依据班杜拉的社会学习理论来探究儿童观察与模仿对其行为的影响。

在心理学领域,有诸多如班杜拉社会学习理论这样的经典理论,这些理论较为深刻和系统地揭示了儿童发展的动因及规律。本章将回顾儿童发展心理学的主要流派及其理论体系,以期通过理论学习来促进我们对儿童发展规律的了解,从而指导儿童教育实践。

第一节　精神分析的心理发展观

精神分析是心理学的一个重要流派,其在心理学乃至其他学科领域都具有极大的影响力。精神分析的代表人物有弗洛伊德、荣格、阿德勒、埃里克森、霍妮、弗洛姆等。其中,以弗洛伊德和埃里克森的发展理论最为著名。弗洛伊德以其经典的性理论著称,而埃里克森在性理论的基础上发展出了其独具特色的心理发展观,二者既有联系又存在区别。

一、弗洛伊德的心理发展观

弗洛伊德(S. Freud, 1856—1939,见图 1-1),奥地利精神病医生、心理学家、哲学家,精神分析学派创始人,被誉为"精神分析之父"。弗洛伊德的心理发展理论主要体现在其人格结构理论和人格发展阶段理论上,其理论的核心是认为支配人类行为的能量源于潜意识的力比多,即性本能,力比多是性冲动的能量之源。弗洛伊德所谓的"性"是一个非常宽泛的术语,指所有与身体获得快感相关的活动。

(一)人格结构理论

弗洛伊德将个体的意识领域分为三个层次:意识、前意识和潜意识。前意识和潜意识共同构成了人的无意识。意识是指可觉察到的心理活动,前意识是指平时并未被意识到但可以随时从无意识中回忆起来的经验,而潜意识很难或根本不能进入意识。前意识处于潜意识和意识之间,担负着"稽查者"的任务,防止潜意识的本能和欲望随意进入意识之中。

弗洛伊德认为完整的人格结构由三个部分组成:本我、自我和超我。个体的冲突和焦虑大多源自三者的不平衡。

图 1-1   弗洛伊德

本我存在于潜意识之中,是人格中最原始的部分,也是人格中驱动力最强的部分,位于人格结构的最底层,是与生俱来的。在个体发展的早期,个体的行为活动主要受本我的主导,遵循快乐原则,即一切为了满足自身欲望而不考虑行为的后果。例如,婴儿天生就会通过吸吮来满足消除饥饿的需要。对本我或力比多的强调,是弗洛伊德心理发展理论的重要标志。

自我是从本我中发展出来的,位于人格结构的中间层,属于意识结构的部分。弗洛伊德把本我与自我的关系类比为马与骑手的关系:马提供牵引能量,而骑手有决定目标并引导马朝目标前进的权利。自我是本我与外界世界的"调解员",因此自我遵循现实原则,既考虑到本我又考虑到现实世界的规则,使本我的愿望以现实可以接受的方式得以实现。

超我是人格结构中的管制者,位于人格结构的最高层,在儿童3—6岁时发展出来,遵循完美原则,属于人格结构中的道德部分。它是道德化的自我,由社会规范、伦理道德、价值观念内化而来,超我的形成是社会化的结果。超我包括良心和自我理想两个部分,这两部分有不同的含义:通常来说良心是消极的、惩罚性的,它规定了儿童不能干什么;而自我理想则是积极的、抽象的,它是儿童努力追求的目标,是儿童前进的动力。

(二)人格发展阶段理论

弗洛伊德关于心理发展阶段的理论主要是围绕其提出的性本能展开的。他认为,个体的发展就是性心理的发展,在发展的不同阶段,性本能会通过个体特定的器官释放出来。据此,他把儿童心理发展分为五个阶段。

1. 口唇期(0—1岁)

这个时期儿童性本能的释放器官主要在口唇,儿童的人格主要由本我组成。在口唇期,儿童主要通过吸吮、咀嚼、吞咽、咬等口唇活动来获得快感。在这个时期,儿童快感满足过多或过少,都会对其心理与行为发展产生影响。例如,如果婴儿在饥饿时经常喝不到奶或者断奶太早,就会发生固着,使得其在未来仍可能沉溺于一些口唇活动(表现为咬指甲、吃铅笔头、过度饮食、抽烟等),并且易形成过度依赖他人、具有攻击性的人格。

2. 肛门期(1—3 岁)

这个时期儿童性本能的释放器官从口唇转移至肛门,排便是儿童满足其性本能的重要方式。此时,儿童随意排便的性本能冲动会与社会规范产生冲突,父母对儿童的大小便训练也会引起他们之间的矛盾冲突。在大小便训练中,如果父母管制过于严苛或过早进行训练,那么就会导致儿童焦虑,使其在成年后出现压抑、强迫、吝啬、洁癖等;但如父母管制过于松散,儿童在成年后会出现生活杂乱、挥霍无度等。所以在这个时期,父母对儿童的训练和管制应该适度。在肛门期,儿童逐渐发展出自我。

3. 性器期(3—6 岁)

这个时期儿童性本能的释放器官主要集中在生殖器上,性本能的满足来自对性器官的刺激。弗洛伊德认为,在这个时期男孩会产生"恋母情结",女孩会产生"恋父情结",即儿童会把异性父母当成性爱的对象,而把同性父母视为对手。儿童对异性父母的这种情结会因为害怕父母的反对和惩罚而陷入冲突与焦虑之中。在这个过程中,儿童又有可能对同性父母产生认同,即男孩与父亲、女孩与母亲会建立一种情感联系,促使儿童努力成为像他(她)那样的人,拥有他(她)那样的爱好、说话方式、处事方式,认同他(她)的价值观等。这个时期对儿童发展出健康的人格至关重要,顺利解决性器期的冲突,可以促使"超我"得到发展。

4. 潜伏期(6—11、12 岁)

这个时期儿童的性冲动处于暂停期,他们缺乏对性的兴趣,因此这是一个较平静的时期。儿童的性冲动主要转移到学习、建立和维持同伴关系、游戏等活动中,特别在学校学习以及与同伴、外界环境的互动中,儿童获得了一些行为规范,形成了一定的社会价值观。在这个时期,自我和超我得到更大发展。

5. 生殖期(11、12 岁以后)

这个时期是人格发展的最后一个阶段,即所谓的青春期。女孩约从 11 岁,男孩约从 13 岁开始进入青春期。青春期个体最重要的任务是摆脱父母对自己的控制,争取自己追求自由和独立的权利。青春期的到来再次唤醒了个体的性冲动,表现为对异性的爱慕与追求。弗洛伊德认为,这个时期的性发展尤为重要,如果发展顺利,个体就会形成较成熟的性心理;反之,则会导致性变态、性倒错等。

(三)贡献与局限

弗洛伊德打破了传统心理学只研究意识、行为的禁锢,侧重探讨个体内心深处受压抑的无意识心理活动对其生存与发展的影响,大大丰富了心理学的研究内容。弗洛伊德重视童年经验对个体发展的影响,认为人格障碍产生的原因之一就是童年经验造成的心理印记或创伤;他主张对无意识领域进行探索,从而发掘个体被压抑到潜意识的心理矛盾,为从更深层次探讨心理疾病的原因提供了重要途径。他的人格发展阶段理论提出了心理发展阶段的划分标准,并将心理发展划分为口唇期、肛门期、性器期、潜伏期和生殖期五个阶段,为现代的儿童发展与教育提供了重要参考。

弗洛伊德的精神分析理论源自他对精神病患者的研究,以对精神病患者的研究来阐释常态个体的发展规律,这限制了其理论的发展。同时,弗洛伊德的理论具有明显的非理性倾向:一方面体现在他忽视意识的重要作用,夸大潜意识在个体发展中的意义;另一方面体现在他主张人类发展的能量源于性本能的发展,夸大了性本能的作用。此外,弗洛伊德过分强调性本能,他把个体本能化、生物化,无视人所具有的社会属性。

二、埃里克森的心理发展观

埃里克森(E. H. Erikson,1902—1994,见图 1-2)出生于德国法兰克福,美国精神病学家、发展心理学家和精神分析学家。埃里克森在弗洛伊德人格发展阶段理论的基础上将人格的发展扩展至生命全程,提出人格发展的八个阶段理论。其中前五个阶段与弗洛伊德人格发展阶段理论的五个阶段相对应,是埃里克森对弗洛伊德人格发展阶段理论的重述和改造。与弗洛伊德以性本能为核心的理论不同,埃里克森更强调社会文化因素对个体成长的影响,强调自我的独立作用,因此其理论也被称为"心理社会发展理论"。

图 1-2　埃里克森

(一)心理社会发展理论

埃里克森认为发展是连续的、渐进的,在每一个发展阶段个体都有一种主要冲突(心理社会危机)、都有特定的任务,各发展阶段的顺序是不变的,只有完成了上一个发展阶段的任务,才能顺利过渡到下一个发展阶段。

1. 信任感对不信任感(0—1 岁,婴儿期,对应口唇期)

婴儿刚刚来到这个世界时,与世界唯一的联系就是其主要照料者(如,父母)。如果能得到照料者的悉心照料而产生信任感,婴儿就会感到这个世界是安全的、充满爱意的,从而发展出希望的品质;反之,婴儿就会产生不信任感。埃里克森也强调在发展过程中需要一些不信任感和怀疑去应对这个世界中的危险。但如果这种不信任感超过信任感,婴儿就会产生怀疑和焦虑,甚至缺乏安全感。

2. 自主感对害羞与怀疑(1—3 岁,童年早期,对应肛门期)

在这一阶段,儿童逐渐掌握了说话、走、跑等技能,自我也逐渐发展起来,儿童开始"有意志"地决定做什么或不做什么。因此,在这个阶段,照料者要有意识地承担起控制儿童行为使之符合社会规范的任务,但如果过分严厉,又会伤害儿童的自主感,使儿童感到害羞,并产生怀疑。因此,照料者要把握住"度",才能有利于儿童在这一阶段形成良好的意志品质。

3. 主动感对内疚感(3—6 岁,学前期,对应性器期)

这一阶段的儿童处于学前期,较前两个阶段能接触到更多的人和事,思维也会变得更加丰富。他们体验着目标的实现,试图像大人一样做事,试图为自身的行为负责,他们的行为通常是目标导向的,但并非总是对的。在这一阶段,如果儿童的主动探究行为得到父母恰当的肯定,通常会让儿童变得主动和自信;反之,儿童会感到内疚和自卑。

4. 勤奋感对自卑感(6—12岁,学龄期,对应潜伏期)

这一阶段的儿童基本步入小学,学习成为他们最主要的任务。如果儿童能顺利地完成学习任务,他们就会获得勤奋感,并对今后的独立生活和要承担的其他任务充满信心;反之,他们就会产生自卑感。这一阶段冲突的成功解决在很大程度上依赖周围人对儿童付出努力的回应。如果儿童总是遭到驳斥,很少得到表扬与支持,就会形成自卑感。在这一阶段,如果儿童的勤奋感大于自卑感,他们就会发展出"能力"的品质。

5. 自我同一性对角色混乱(12—20岁,青少年期,对应生殖期)

自我同一性即个体对"我是谁"这个问题的思考,处于这一阶段的青少年通常会对自己成年的角色感到困惑,对将来要做的事感到迷茫。在这一阶段,社会和同伴对青少年的发展起着非常关键的作用。青少年利用各种可以获得的信息,通过和他人的比较,来对自身进行定位,从而获得同一感,体验着"忠实"的实现。否则,青少年会出现同一性混乱,对自己的未来不清晰,变得茫然、盲目。埃里克森提出"合法延缓期"的概念,即这一阶段的青少年自觉没有足够的准备和能力来应对危机、承担责任,因而会适当延缓自我同一性的发展以作为进入社会前的缓冲。

6. 亲密感对孤独感(20—40岁,成年早期)

这一阶段个体的主要任务是与他人结成伴侣或伙伴,建立亲密关系,形成爱的品质。埃里克森认为,男性和女性只有在建立了自我同一性的基础上,才能顺利建立亲密关系。因为自我同一性是个体对自身的认知,只有对自己定位清晰才能在与他人的交往中更加顺利。当然,这种亲密关系不仅仅局限在爱情,也包括亲情、友情等。亲密感的获得可以降低个体的孤独感。

7. 繁殖感对停滞感(40—65岁,成年中期)

这一阶段个体的主要任务是繁殖,体验"关怀"的实现。"繁殖"的标准由文化来界定,"繁殖"不仅包括代际传递,也包括个体承担工作、生活中的责任。例如,一个人既可以从生育和抚养下一代中获得"繁殖感",也能从工作(例如,培养学生、完成项目)中获得"繁殖感"。成人不能或者不愿意承担这些"繁殖"责任,就会变得停滞或自我中心。

8. 自我完善感对失望感(65岁之后,老年期)

这一阶段的个体已步入暮年,主要任务是自我完善,避免失望。他们通常会回顾自己的一生,从而评估自己的过去是否已达到一个标准,或者思考自己的人生是否圆满、是否留有遗憾、是否有意义。如果个体对自己的过去感到满意,他们就会有一种成就感、自我整合感,会坦然面对死亡;反之,他们会对自己产生失望感,会更加孤独和恐惧。

(二)贡献与局限

与弗洛伊德以性本能为核心的理论不同,埃里克森基于其在社会文化环境中的研究将社会文化因素引入发展阶段理论。他指出在理想情况下,在个体发展的每个阶段,个体的需求和社会之间都有一种契合,个体的发展不可避免地受到社会文化因素的影响。埃里克森在继承弗洛伊德人格发展阶段理论的同时,又将人格的发展扩展至生命全程,将人格发展分为八个阶段,让我们意识到人的一生是不停发展的一生。埃里克森的理论极大地促进了精神分析理论的发展,并为发展心理学研究提供了一个更广阔的视角。

尽管埃里克森详细描述了人格发展各阶段存在的普遍问题以及相应的发展任务,但是其理论的思辨性多于科学性,缺乏实证研究的支持。此外,埃里克森的理论隐含着个人—社会发展的二因次平行论,即个人的发展与社会的发展是两个独立、平行的系统。一方面,他强调社会文化因素对个体发展的影响,认为个体的发展反映了社会的历史发展;另一方面,他的理论体现出一种先天预成论,即个体的行为模式是由先天潜能所决定的。[①]

第二节　行为主义的心理发展观

行为主义的心理发展观以其鲜明的特色——既将心理学的研究对象转向行为又将心理学的研究方法引向客观可验证的方向——奠定了其在心理学领域的地位。行为主义的代表人物有华生、桑代克、斯金纳、班杜拉等。本节主要介绍华生和斯金纳的心理发展观,以及既受行为主义影响又受认知主义影响的班杜拉的社会学习理论。

一、华生的心理发展观

华生(J. B. Watson,1878—1958,见图1-3),美国心理学家,行为主义的创始人。1913年,华生在美国《心理学评论》杂志上发表了一篇名为《行为主义者心目中的心理学》的论文,正式拉开了行为主义心理学的序幕。与精神分析不同的是,华生认为心理的本质是行为,心理学研究的对象应该是可观察到的行为,而不是那些无法验证的虚无缥缈的东西。

(一)刺激—反应理论

刺激—反应理论(S-R theory)是华生在巴甫洛夫(I. P. Pavlov,1849—1936)的经典条件反射理论的影响下提出的。华生将动物身上的条件反射应用到人类个体的身上,主张人类的一切心理现象都可以通过刺激—反应联结,即S-R来论证。他强调人

图1-3　华生

---

① 牛海群,郭本禹. 埃里克森对自我心理学的贡献[J]. 南京晓庄学院学报,2021(2):70-74.

的行为是对刺激的反应,这种刺激既包括来自个体内部的刺激也包括来自个体外部的刺激。通过控制刺激,就可以预测和控制个体的行为。华生所做的大量研究都是以此为基础的。如通过将小白鼠与小阿尔伯特害怕的声音联系起来,使得小阿尔伯特对小白鼠产生恐惧情绪。华生也进一步发现,这种条件化的情绪反应具有泛化作用。例如,小阿尔伯特对小白鼠的恐惧反应会泛化到其他类似的动物和物品身上。

> **专栏 小阿尔伯特实验**
>
> 小阿尔伯特实验是华生开展的一项关于婴儿的经典条件反射实验。实验是这样进行的:华生和他的助手把一个11个月大的婴儿——小阿尔伯特放置在一个有一只白鼠的环境中。实验开始时,小阿尔伯特对白鼠并不感到恐惧,他会伸手触摸白鼠。之后,当小阿尔伯特触摸白鼠时,华生(或者其助手)就在小阿尔伯特的身后重击一根钢棒,制造出响亮的声音。小阿尔伯特是一个坚强的小家伙,他没有立即放声大哭。但当再一次在他背后重击钢棒时,小阿尔伯特开始低声抽泣。"由于他的情况不妙",华生写道,"在随后的一个星期中,没有能够开展进一步的实验工作"。一个星期以后,小阿尔伯特再次被带进了实验室,敲击声与白鼠同时出现5次。从此之后,无论小阿尔伯特什么时候看到白鼠,他都开始哭泣并且试图爬走。[1]

在实验中,小阿尔伯特显然已经将白鼠与巨响建立了联系,并产生了哭泣的行为表现和恐惧的情绪反应。这个实验充分验证了华生的主张,即人类的行为是可以预测和控制的,刺激与反应之间的联结是可以人为建立的。但是这个实验由于伦理上的问题饱受争议。

(二)环境决定论

华生认为,儿童的发展取决于环境和教育,他主张环境决定论。

首先,华生否认遗传的作用,认为心理学不再需要本能的概念。人虽然生来就具有某种构造以使我们对外界刺激产生反应,但我们不能把生理构造和生理机能混为一谈,生理机能无法通过遗传获得,只能通过后天习得。

其次,华生主张环境和教育的重要作用。他认为心理学理论的目标是预测和控制行为,行为是有机体适应外部环境的全部活动。人类的一切行为都可以通过刺激—反应来建立,儿童的发展就是不断建立刺激—反应联结的过程,我们可以通过改变儿童发展的环境来不断塑造儿童的行为。他主张教育万能论,和洛克一样,华生也认为孩子生来是一张白纸,我们可以在这张白纸上画上我们想要的任何行为,即人是教育的产物。

(三)贡献与局限

华生的行为主义理论促进了心理学研究对象由主体意识到客观、可观察的行为的转变,

---

① 勒弗朗索瓦.孩子们:儿童心理发展:第9版[M].王全志,等译.北京:北京大学出版社,2004:59.

使心理学的研究不仅仅局限在主观意识层面。华生以自然科学常用的实验法和观察法取代了内省法,促进了心理学研究的客观性,巩固了心理学的学科地位,使心理学立于科学之林。他将实验法引入儿童心理学研究领域,也使儿童心理学得以快速发展。

　　然而,华生忽视了人与动物心理的本质区别,将动物身上的条件反射直接应用到人类身上,具有生物主义倾向。同时,华生主张一切心理现象都可以通过刺激—反应来论证,认为儿童的发展就是不断建立刺激—反应的过程,完全忽视了个体的主观性和能动性,夸大了环境和教育的作用,使其理论极具机械主义色彩。

二、斯金纳的心理发展观

　　斯金纳(B. F. Skinner,1904—1990,见图1-4),美国心理学家,新行为主义的主要代表人物,操作性条件反射的提出者。

(一)操作性条件反射

图1-4　斯金纳

　　斯金纳认为个体是主动地对刺激进行选择,而不是被动地对刺激做出反应。他设计了一个动物实验仪器,即"斯金纳箱",来考察操作性条件反射。箱内设置了一个杠杆,箱外有一装置记录动物的动作。小白鼠在箱内可自由活动,当它在无意中按压杠杆时,就会有食物掉进箱子下方的盘中。研究发现,小白鼠经过多次反复地按压杠杆后,学会了通过按压杠杆这一行为来获得食物。操作性条件反射的特点是:强化刺激是伴随行为反应发生的。在上述实验中,食物对小白鼠来说就是一种强化刺激,而按压杠杆是小白鼠习得的行为。

　　斯金纳提出,人类的行为模式和动物相似,人类的多数行为也是通过操作性条件反射习得的。人往往会重复能产生愉快结果的行为,避免重复会导致不愉快结果的行为。儿童的行为也可以通过操作性条件反射来进行塑造。

　　操作性条件反射的核心概念是强化,它是行为塑造的基础,任何可以提高行为发生可能性的刺激都被视作强化物。强化分为正强化和负强化。正强化是给予个体积极的刺激来增加未来积极行为发生的可能性,比如家长为了鼓励孩子努力学习会在孩子取得好成绩时给予一定的物质奖励。负强化是指减弱或撤销原来存在的消极刺激来增加未来积极行为发生的可能性,如家长在孩子取得好成绩时撤销之前对孩子的某种惩罚。

　　在这里我们还需要注意区分强化与惩罚。正强化和负强化实质上都是为了增加未来积极行为发生的可能性。而惩罚是在行为发生之后呈现或者加强某种消极刺激,从而降低或消除未来消极行为发生的可能性。惩罚也分为正惩罚和负惩罚。前者是通过呈现一个消极刺激来减少或消除消极行为,如学生不遵守课堂纪律,教师在课堂上公开点名批评;后者是通过消除一个积极的刺激来减少或消除消极行为,如在孩子成绩退步时,父母减少他每周的娱乐时间。将操作性条件反射应用于行为塑造和矫正时,斯金纳主张多用强化而少用惩罚,他认为强化得到的效果,不论从行为塑造还是认知发展上,往往都要优于惩罚。

(二)贡献与局限

斯金纳打破了传统行为主义"没有刺激,就没有反应"的错误观点,他对待实验研究的科学、严谨的态度也让他备受尊崇,他的实验研究系统性强,严格遵循科学的描述原则,为儿童行为的塑造与发展提供了重要的参考。其理论中的"正强化"和"负强化"概念在今天的儿童教育中仍经常可见。

但是,作为一名激进的行为主义学者,斯金纳将行为主义对环境、对客观事物的强调发挥到了极致,他将主观事物拒之门外,忽视了个体的内部心理机制,在一定程度上限制了心理学的发展。此外,斯金纳基于对动物行为的研究,将动物研究得出来的结论或规律推及人类,也具有过度简单化与生物化的倾向。

三、班杜拉的社会学习理论

班杜拉(A. Bandura,1925—2021,见图 1-5),美国当代心理学家,新行为主义的主要代表人物之一,社会学习理论的创始人。

不同于华生和斯金纳,班杜拉受认知心理学的影响,其理论既有行为主义的特征又有认知主义的色彩。班杜拉强调人类与动物不同,人类具有认知能力,是积极的信息加工者,人类能够主动思考行为和结果之间的关系。

图 1-5　班杜拉

(一)观察学习理论

观察学习是指通过观察他人的行为及其结果而进行的学习,它在班杜拉的社会学习理论中占据非常重要的地位。班杜拉认为,人类的大部分学习都是观察学习。如本章"案例导入"所述,班杜拉用"波波玩偶实验"(如图 1-6 所示)验证了观察学习的存在。

班杜拉认为观察学习包括注意过程、保持过程、动作再现过程和动机过程。

1. 注意过程

注意是观察学习的开始,儿童往往会根据自己的兴趣、他人或社会的评价等来选择恰当的观察对象,学习他们身上的某些行为或品质。儿童观察与模仿的对象称为榜样,榜样通常具有一定的权威性、典型性、生动性、积极性,如教师、优秀的同伴、明星等。班杜拉认为,榜样可能是真实的人,也可能是符号化的人,如书本中的人物、卡通人物或者影视剧里的角色等。

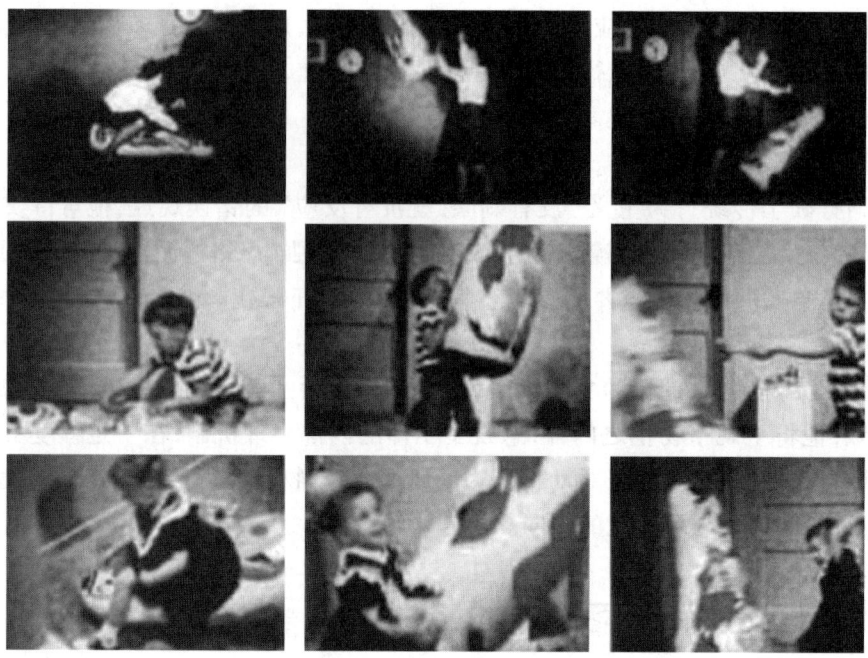

图 1-6　波波玩偶实验[1]

2. 保持过程

当儿童选择了特定的观察对象及其行为后,往往需要对观察对象的行为进行记忆。保持过程即把观察到的经验转换成表象和符号存储在记忆中的过程。当观察对象不在身边时,儿童可以用这些表象和符号来指导自己的行为,从而使这些经验存储在长时记忆中。

3. 动作再现过程

动作再现过程即将头脑中的表象和符号转化成外显行为的过程。儿童只有不断重复动作,悉心练习,并根据反馈信息,对照自身动作和榜样动作不断进行自我矫正和调整,才能形成熟练的、正确的行为反应。

4. 动机过程

动机过程即观察者因表现所观察到的行为而受到奖励的过程。观察者并不会把习得的行为都表现出来,他们可以选择性地表现习得的行为。是否表现出习得的行为取决于强化引起的动机作用大小。没有动机就没有习得与表现之分,即观察者有时会为了获得奖励而去习得并表现出相应的行为,这一过程也体现了观察者的主动性。

（二）强化理论

班杜拉将强化分为直接强化、替代强化、自我强化三种。

1. 直接强化

直接强化是指对儿童的行为直接进行干预和控制。例如,在儿童表现出预期行为时,给

---

① GILLIBRAND R, LAM V, O'DONNEL V L. Developmental psychology[M].2nd ed. Harlow:Pearson/Prentice Hall, 2016:34.

儿童提供一定的奖品。班杜拉认为直接强化并非塑造行为的唯一途径,强调观察学习和榜样的重要性。

2. 替代强化

替代强化是指通过对榜样(如权威人物、同伴)的积极行为进行强化,以间接增加儿童的积极行为出现的可能性。例如,儿童看到班级里助人为乐的同学得到老师的表扬时,他也会学着做一些助人为乐的事情。

3. 自我强化

自我强化较为高级,是社会化的结果。自我强化具有一定的灵活性,即儿童会根据一定的原则和标准设置目标,当自己的行为达到期望目标时,便对自己进行一些精神上或物质上的奖励。

(三)自我效能感理论

班杜拉认为自我效能感是指个体对自己在特定环境中是否有能力执行某种行为的预期,也可理解为是个体对于完成某种任务的信心和胜任感。班杜拉将预期分为结果预期和效果预期。结果预期是个体对某种行为能否产生某种结果的预测;效果预期是个体对自身能否成功完成某种行为的预测。自我效能感对儿童的发展极为重要,尤其是当下社会竞争激烈,儿童也面临着巨大的压力,很多儿童会对自身的能力产生不正确的认知,从而导致消极的自我评价。自我效能感高的儿童倾向于对自身能力产生积极的评价,因而敢于从事一些有难度的任务;而自我效能感低的儿童往往对自身能力的评价较低,做事情畏首畏尾,害怕失败。此外,自我效能感还会影响儿童对任务的兴趣以及努力程度。

班杜拉指出,儿童的自我效能感受以下四个方面因素的影响:

1. 直接经验

儿童,特别是低龄儿童对社会规则和制度知之甚少,有时候需要一些外在提示来指导他们的行为。一旦他们开始自由活动,他们会更多地了解自己的行为及结果,这些经验建立在个体自身行动的基础上,因此称为"直接经验"。直接经验是儿童直接操作获得的经验,它可以让儿童更加直观和深刻地体会到自身的效能,是儿童自我效能感的主要来源之一。

2. 间接经验

间接经验是指不需要个体直接去做某件事情,而是通过观察别人的行为及其行为的后果来对自身进行估量。例如,儿童看到和自己能力差不多的同学参加英语竞赛得了奖,他们就会觉得自己也有这个能力获奖。

3. 言语劝说

他人的言语劝说有时是儿童做出决定的关键,当迟疑的时候,或许别人一句"你可以的"就能激发儿童的自信,提升儿童的自我效能感。

4. 情绪唤起

情绪唤起是人类情绪、情感反应的一种生理和心理状态。班杜拉认为情绪和生理状态也影响自我效能感的形成:平和、中等强度的情绪有利于自我效能感的形成,而紧张、焦虑等情绪状态或者高度的情绪唤起会削弱自我效能感。

（四）交互决定论

班杜拉认为,行为、个人的内部因素和外部环境因素是相互作用、是交互决定的,如图1-7 所示。

班杜拉反对把儿童看作环境影响的消极接受者,他认为儿童是积极的、有思想的,他们可以直接或间接(通过表现出的行为)地改变和塑造环境。同时,他们塑造的环境又反过来影响他们自身以及他们的行为;他们的行为也在不断改变着他们自身的态度、信念和能力等。例

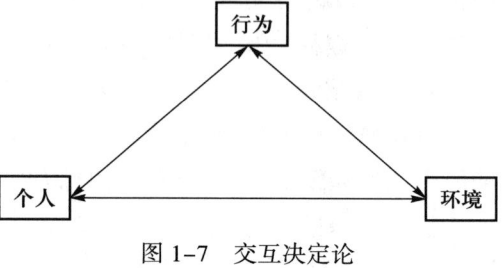

图 1-7　交互决定论

如,年幼的儿童发现可以通过哭闹来获得想要的东西,他们就逐渐习得了这种行为,形成了一种通过哭闹就能获得想要的东西的环境。稍大一些,儿童就会发现环境发生了变化,他们发现自己无法再通过哭闹来获得想要的东西,这个时候他们就会学着改变行为。由此可见行为、个人、环境三者是相互作用的。

（五）贡献与局限

班杜拉的观察学习理论强调观察学习对儿童社会性发展的重要作用,也由此强调创设良好的社会环境对儿童成长的重要意义,为榜样教育工作提供了重要启示。班杜拉提出的一系列理论都是建立在其丰富的实证研究基础之上的,为研究者提供了可验证、可重复的机会。班杜拉将认知主义思想融入行为主义,将个人看作积极的信息加工者,主张行为、个人、环境三者是相互作用、交互决定的,在一定程度上打破了行为主义的局限性。此外,班杜拉提出的自我效能感理论对当今的心理学研究及教育实践仍具有启发意义。

但是,班杜拉的理论缺乏一个内在统一的框架,因而无法进一步将各个概念做一个清楚的梳理。也有学者指出,作为一名行为主义心理学家,班杜拉的理论归根结底无法摆脱行为主义的本质,他仍坚持行为主义所强调的刺激—反应和强化原理,虽然他在自己的理论中引入了"认知"这个概念,但并未对个体认知加工的过程与结果进行探讨和说明。

第三节　认知主义的心理发展观

认知主义学派受格式塔心理学的启发,强调人类的高级加工过程。与行为主义者强调的"刺激(S)—反应(R)"不同,认知主义主张刺激与反应之间存在着以认知为基础的中介过程,即"S—O—R"。认知主义心理学家主张个体在发展过程中是主动适应环境的。认知主义的儿童发展理论中最具影响力的是皮亚杰的理论,此外,与皮亚杰同一时期的维果茨基

的理论也在发展心理学中具有重要的地位。

皮亚杰(J. Piaget,1896—1980,见图1-8),出生于瑞士,儿童心理学家。皮亚杰认为,儿童的发展是一个适应的过程,主客体之间存在相互作用,儿童在不断适应的过程中向更高层次的阶段发展。关于儿童发展,皮亚杰提出了两个问题:一是,儿童需要具备什么样的特征与能力才能适应他们所处的环境?二是,对儿童的发展进行分类并且排序的最有效的方式是什么?皮亚杰关于儿童发展的理论也是基于对这两个问题的回答。[①]

图1-8　皮亚杰

一、认知发展理论的基本概念

1. 认知结构

认知结构是一种内在的心理结构而非生理结构,在一定程度上反映了个体的认知发展水平,它在儿童主动探索外界环境的过程中得到发展。

2. 图式

图式是有组织的行为模式,是儿童在认识周围世界的过程中,与外界环境相互作用而形成的一种独特的认知结构。例如,刚出生时,婴儿的吸吮图式是一种将各种物体放入嘴中,然后吸吮它们的行为模式;随着婴儿的发展,吸吮图式会变得越来越分化,这时他们会将物体分为可吸吮和不可吸吮两类。[②]

3. 同化与顺应

儿童的认知发展是一个适应过程,这种适应过程是通过"同化"和"顺应"两种方式实现的。同化是指儿童利用已有图式吸收新事物,使图式更加丰富,这种图式的改变是一种量变。顺应是指儿童已有图式和新事物之间存在矛盾,儿童无法利用已有图式吸收、理解新事物,这时儿童就需要对已有图式进行修正,这种修正是一种质变。

4. 平衡

皮亚杰认为,儿童在适应社会的过程中,需要不断地进行调整,从而取得其内部与外部环境的平衡。他主张将平衡定义为有机体已有图式或认知结构与外部世界交互作用而实现的平衡。当儿童已有的图式或认知结构与现实世界的客观事实相矛盾时,儿童处于不平衡状态。皮亚杰指出,平衡是动态的平衡,个体会不断地从平衡到不平衡,再从不平衡到平衡,这是一个螺旋上升的过程。例如,儿童对"车"这个概念的了解是有轮子转动的、能载人的交通工具(图式),当儿童看到"自行车"时会根据已有的图式将其归类于"车"(平衡),但当儿童学习到"风车"这个概念时会发现"风车"与已有关于"车"的图式不符(不平衡),即"风车"与儿童已有的图式存在冲突,儿童就会修正已有图式从而达到一个新的平衡状态。

① 勒弗朗索瓦. 孩子们:儿童心理发展:第9版[M]. 王全志,等译. 北京:北京大学出版社,2004:72.

② MILLER P H. Theories of developmental psychology[M].6th ed. New York:Worth Publishers,2016:34.

二、儿童心理发展的影响因素

作为一个交互论者,皮亚杰认为,儿童心理发展是先天因素和环境因素相互作用的产物。他提出了涵盖四个因素的发展公式:发展=生理成熟+物理经验+社会经验+平衡。[①]

1. 生理成熟

生理成熟主要涉及大脑的发育,以及生理器官和神经系统的成熟,这是儿童发展的准备条件。

2. 物理经验

物理经验主要强调儿童对于环境的体验,是儿童在与外界事物接触过程中不断发生和发展出来的经验或能力。

3. 社会经验

社会经验主要强调文化和教育对儿童发展的影响。不同文化中的儿童在某一心理能力的发展上可能会表现出时间早晚的差异,他们对于一些概念的解释也可能存在差异。

4. 平衡

受生理成熟、物理经验以及社会经验的影响,儿童的心理发展出现短暂的不平衡,促使其去改变和调整,通过同化、顺应来重建平衡。皮亚杰认为,平衡是儿童心理发展的决定性因素。

三、认知发展阶段论

皮亚杰认为儿童的发展遵循一定的顺序,前一个阶段的发展是后一个阶段发展的基础。阶段与阶段之间存在着质的差异,而阶段内只存在量的差异。皮亚杰将儿童认知发展划分为四个主要阶段:感知运动阶段、前运算阶段、具体运算阶段和形式运算阶段。

1. 感知运动阶段(0—2岁)

这一阶段的儿童主要通过感官和动作来探索和适应外部环境,具有一些简单的动作图式。例如,婴儿会通过吸吮、抓取来认识和分辨物体。这一阶段的儿童逐渐有了客体永久性的观念,即知道物体在看不见、摸不着时仍存在。例如,儿童可以意识到被布遮盖的玩具并没有消失。

感知运动阶段又可分为如表1-1所示的六个亚阶段。

表1-1 感知运动阶段的六个亚阶段

亚阶段名称	年龄	特点
反射活动阶段	0—1个月	婴儿不断重复一些先天性反射,开始对某些特定的刺激做出反应

---

① MILLER P H. Theories of developmental psychology [M].6th ed. New York: Worth Publishers, 2016:64.

续表

亚阶段名称	年龄	特点
初级循环反应阶段	1—4 个月	婴儿开始重复那些具有偶发性且往往能引发较好结果的行为。这一阶段的行为通常是以婴儿的身体为中心的
二级循环反应阶段	4—8 个月	该阶段婴儿的行为依旧是重复的,但此时婴儿的行为是面向外部世界的。婴儿开始有意识地摸索周围物体和改变环境,以重复那些可以产生愉悦体验的行为
二级循环反应的协调阶段	8—12 个月	该阶段婴儿的行为更复杂,可以将一些动作或计划联系在一起。他们的认知结构也逐渐变得整合和有组织性
三级循环反应阶段	12—18 个月	该阶段儿童开始验证他们已经形成的图式,并在不断试验的过程中摸索出外部事物的更多特性
智慧的综合阶段	18—24 个月	该阶段儿童已经形成了客体永久性,对世界有了初步的认识。他们开始追求自己想要的事物,逐渐开始向前运算阶段过渡

2. 前运算阶段(2—7 岁)

这一阶段的儿童主要通过语言和表象来探索外部世界。他们不再依赖具体的动作,而可以以头脑中存储的表象为媒介来探索世界,思维的速度和灵活性都有了明显的提高。但这一时期儿童的思维仍存在一定的局限性,主要表现为:自我中心、泛灵论、思维的不可逆性、思维的不守恒性等。

(1)自我中心

自我中心是指儿童只能从自己的立场和观点去认识事物,很难客观地从他人的观点去认识事物。皮亚杰利用"三山实验"证明了儿童思维的自我中心主义。"三山实验"的材料是一个有三座高低不同的假山的模型,这个模型被摆放在桌子中央,桌子四周各放一把椅子。首先要求儿童从四个不同的角度对三座假山进行观察;然后让儿童坐在其中的一把椅子上,将玩具娃娃放在桌边另一把椅子上;最后要求儿童从四张不同角度的"三山"图片中指出哪一张是玩具娃娃看到的"三山"。研究发现,处于前运算阶段的儿童无法完成这个任务,他们只能从自己的角度来描述"三山"的形状。

(2)泛灵论

泛灵论是指儿童为一切物质赋予了生命的色彩,如他们认为用力拽布娃娃的胳膊,布娃娃会感到疼痛。

(3)思维的不可逆性

思维的不可逆性是指儿童无法在心理上设想一个动作的倒转顺序,即儿童可以正向推理某一事物,但无法反推这一事物。例如,儿童知道自己有一个哥哥,但是当被问道:"你哥哥有弟弟(或妹妹)吗?"他们通常无法回答。

(4)思维的不守恒性

守恒性是指儿童可以认识到物体的物理属性不会随着其外在形态的变化而变化。前运算阶段的儿童尚未获得物体守恒性的观念。例如,用两个容积相等但是形状不同的杯子装等量的水,一个杯子是细而长的,另一个杯子是矮而粗的,前运算阶段的儿童倾向于判断细而长的杯子里装的水更多。

3. 具体运算阶段(7—12岁)

儿童在7岁左右进入具体运算阶段,这一阶段的儿童获得了思维的可逆性、守恒性并且思维去自我中心化。儿童对守恒概念的掌握,存在一定的顺序,最先掌握的是数量守恒,然后依次是物质守恒、长度守恒、面积守恒、重量守恒,最后掌握的是体积守恒。这一阶段的儿童也开始学习使用逻辑思维来解决实际问题,逐渐掌握了类包含、空间关系、排序等更高级的认知概念。例如,具体运算阶段的儿童可以根据大小或形状对事物进行分类和排序,也可以根据某些共同的特征来对物体进行分类。

此外,具体运算阶段的儿童能够进行一定的演绎推理,但是他们的思维仍无法脱离具体的事物。这也是具体运算阶段和形式运算阶段最主要的区别。

4. 形式运算阶段(12岁以后)

形式运算阶段的儿童可以从具体的概念转向抽象的概念,他们的思维摆脱了具体事物的限制,能够在事物不在眼前时对事物进行假设和逻辑推理。例如,儿童可以想象并假设一些从未经历过的行为的可能结果和后果。在形式运算阶段,儿童发展出用逻辑思维来解决问题的能力,这对他们未来的发展至关重要。

四、贡献与局限

皮亚杰主张,儿童的心理发展主要源于主客体之间的相互作用,儿童在不断适应的过程中向更高层次的阶段发展。皮亚杰按个体认知发展水平的差异划分出四个认知发展阶段,为教育教学实践提供了理论参照。该理论对认知的关注与见解为之后的发展心理学家提供了一个新的研究视角和灵感,为儿童教育与发展研究提供了启示,也促进了儿童心理学和认知心理学等学科的发展。

皮亚杰的理论也存在着一些局限。首先,皮亚杰忽视了文化和社会环境对儿童的重要影响,他只看到了主体对客体的适应,将儿童心理发展的实质看作生物的适应过程,在一定程度上具有生物学化倾向。其次,皮亚杰的认知发展阶段划分在一定程度上低估了儿童的认知能力,而且对发展机制的解释并不充分。此外,也有学者指出,皮亚杰理论中推论性观点较多,例如,皮亚杰对儿童自我中心化等的描述更多来自他对婴儿的语言和行为的观察。

第四节   社会文化历史理论的心理发展观

维果茨基(L. Vygotsky,1896—1934,见图1-9),苏联心理学家,社会文化历史理论的创始人之一。与皮亚杰一样,维果茨基主要探索人类的高级心理机能,如认知与语言、学习与发展的关系问题。

一、高级心理机能的发展

图 1-9　维果茨基

维果茨基认为,个体有两类心理机能:一类是低级心理机能,如感觉、知觉、不随意注意、形象记忆、情绪、冲动性意志、直观的动作思维;另一类是高级心理机能,主要包括观察(有目的的知觉)、随意注意、词的逻辑记忆、抽象思维、高级情感、预见性意志等。低级心理机能是个体直接被动地适应外部客体的心理形式,它们的灵活性较低,较多地依赖个体已有的生理构造和机能,是种系发展的结果。而高级心理机能是个体在低级心理机能的基础上,通过社会交往而形成的,它受社会和文化的影响。可以说,个体的生理结构(人脑)是高级心理机能形成的物质基础,与外部客体的交往过程是高级心理机能形成的社会基础。维果茨基强调的交往更多的是人与人之间的交往,例如,儿童与父母、老师、同伴、兄弟姐妹的交往。高级心理机能是主动、间接、相对复杂且抽象的。

维果茨基从文化历史的角度出发,致力于研究高级心理机能的发展,因为他认为高级心理机能是人特有的,是人与动物的本质区别。这些高级心理机能(如,随意注意、抽象思维、高级情感等)的发生和发展是通过物质工具和心理工具实现的。人类在进化早期使用物质工具进行物质生产,使用的物质工具愈是复杂、高级,人类的物质生产也就愈复杂、高级。人类只有使用物质工具,才能最终脱离动物界;在物质工具的基础上,人类发展了心理工具,包括符号、记号乃至词、语言等,人类运用这些心理工具进行心理操作和精神生产。物质工具和心理工具之间的关系就像人与外部世界一样,可以相互作用。此外,既然高级心理机能源于社会历史文化,那么其难免存在一定的文化差异。

二、语言发展阶段

语言是文化得以传承的基础,也是儿童形成高级心理机能的重要工具。维果茨基认为,语言让儿童成为更有组织性、更为有效的问题解决者。他指出,儿童的语言发展存在一个内化过程,并将儿童的语言发展分为三个阶段:外部言语阶段、自我中心言语阶段和内部言语阶段。

1. 外部言语阶段(0—3 岁)

在外部言语阶段,儿童的语言往往不涉及智力活动,只是通过简单的与外部世界的出声交流以实现自己的愿望,表达自己的感情。

2. 自我中心言语阶段(3—7 岁)

自我中心言语在外部言语与内部言语之间架起了一座桥梁。儿童通常用这种自我中心言语来指导或提示自己的活动。例如,在画小狗时,儿童可能会出声提示自己:"先来画头,然后是眼睛……"

3. 内部言语阶段(7岁以上)

大约到了7岁时,儿童就出现了内部言语。他们可以默默地"用语言思考",用语言来影响自己。内部言语使儿童的思维与行为具有一定的指向性和集中性,是一种更高级的语言形式。

三、教学与发展

(一)最近发展区

维果茨基指出,儿童的发展存在两种水平:一种是现有水平,即儿童通过自身的努力能达到的水平;另一种是潜在水平,即儿童在外界物体或他人的帮助下能达到的水平。这两种水平之间的距离即为最近发展区。最近发展区不仅体现在儿童问题解决层面(智力层面),也体现在儿童的情感层面。

维果茨基提出的最近发展区从动态角度对儿童进行了评价,看到了儿童的潜在能力和当前的基础。维果茨基认为发展只能通过观察变化的过程来理解,而不能通过观察一个发展时刻来理解,发展的过程往往比结果更重要。他倾向于在观察儿童发展的过程中推测儿童的内部思维。

最近发展区思想可以有效指导教育教学,更好地促进儿童发展。例如,我们常说的"跳一跳摘桃子"便是最近发展区思想的体现。教师或家长在给儿童设定目标、布置任务时,如果能按照儿童的最近发展区安排,往往会产生更好的效果。这一思想同时也是"支架式教学"的来源,要灵活设计"教学支架",根据儿童的表现而不断改变教学内容以适应儿童的发展。这样就可以保证成人在教育教学上付出的努力都体现在"最近发展区"中,为儿童提供的支持的性质和水平始终能根据儿童对当前学习内容的吸收程度来不断调整,只有这样,儿童的学习才能更好地促进其发展。同时,最近发展区也同样启示我们要遵循因材施教的原则。

(二)最佳学习期

维果茨基还提出"最佳学习期"的概念,即儿童的学习存在最佳时期,如果在这个时期内提供教学,就能更好地促进儿童的发展。如果错过了学习某一技能的最佳时期,从发展的角度来看是不利的,这会造成儿童发展的迟滞甚至障碍。因此,家长和教师要把握儿童各方面学习的最佳时期,让教学走在发展的前面,不错过最佳学习期。

四、贡献与局限

维果茨基的心理发展观强调社会文化历史的作用,主张只有把个体放到其所处的社会和文化情境中去研究才能对个体的发展做出最好的解释,这为心理发展研究提供了一个有价值的视角。此外,维果茨基提出的最近发展区、支架式教学等对当今教育教学仍有重要的影响,特别在结构化教学中应用广泛。但是,维果茨基并未看到高级心理机能的发展与个体生物性之间的关系,他将心理机能的自然发展过程与社会文化历史发展过程对立起来是缺乏科学依据的。

第五节 生态系统理论的心理发展观

传统的关于儿童发展研究往往以儿童的某一行为或心理为中心,研究这种行为或心理在特定环境中的特点及其发展变化。而生态系统理论的出现为儿童发展研究提供了一个与众不同的视角。生态系统理论是由布朗芬布伦纳提出的个体发展模型,这个模型强调他人和环境对儿童发展的影响。与以往研究涉及的环境相比,生态系统理论强调的环境范围更广。

一、布朗芬布伦纳的生态系统理论

布朗芬布伦纳(U. Bronfenbrenner,1917—2005,见图1-10),美国生态心理学家,生态系统理论的奠基人。布朗芬布伦纳认为,儿童的发展更多的是源于儿童与周围环境进行的相互作用,环境会对儿童的发展产生重要影响。

布朗芬布伦纳的生态系统理论强调,个体嵌套在一系列相互影响的环境系统之中,个体的发展过程就是一个与外在环境系统相互作用的过程。他把生态系统分为微观系统、中间系统、外层系统以及宏观系统四个层次,并且指出生态系统的结构就像"套娃"玩具一样,一层套一层,也类似于一个同心圆结构(如图1-11所示)。

图1-10 布朗芬布伦纳

(一)微观系统

微观系统处于生态系统结构的中心,是这个嵌套结构的最里层,是儿童直接接触或参与其中的环境。对儿童来说,微观系统通常包括学校、家庭、社区等。微观系统具有以下特点:首先,这个系统是动态的,会随着儿童的成长而发展变化。例如,对于婴儿来说,他的微观系统就是家庭,但是在成长的过程中,这个微观系统还会包括学校、社区等。其次,微观系统中的个体与儿童之间存在相互作用。例如,父母教养方式会影响儿童的发展,同时儿童的特点也会影响父母的教养方式;教师对学生的教育教学方式也会受学生特点的影响。

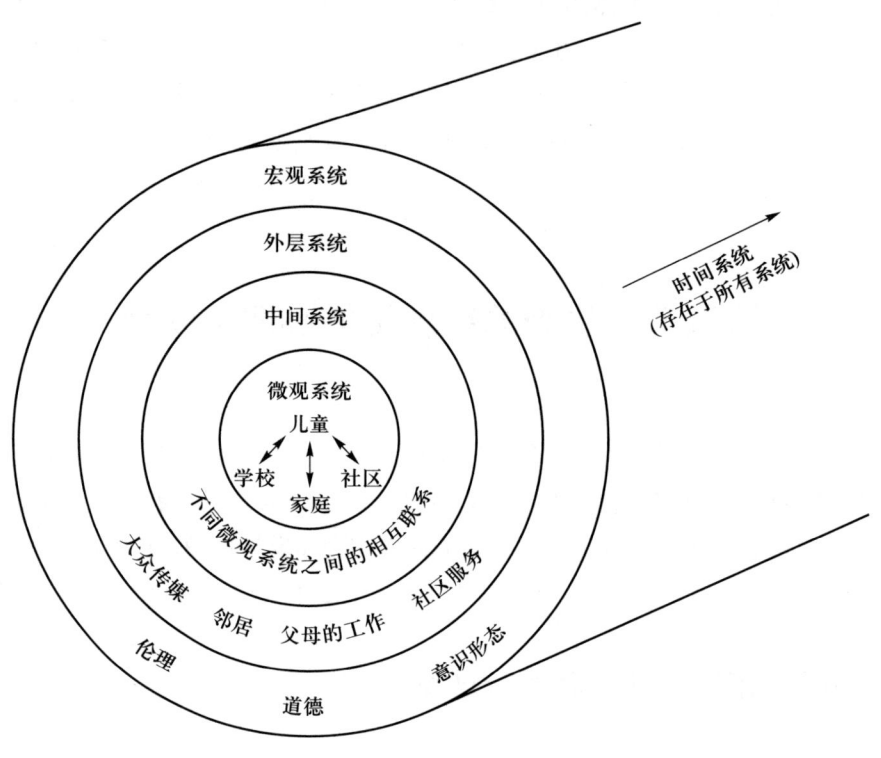

图 1-11 生态系统理论的结构

(二)中间系统

中间系统是由不同微观系统之间的相互联系而组成的系统。儿童在中间系统中的发展在很大程度上取决于其在微观系统中的表现。布朗芬布伦纳认为,如果各微观系统之间存在较强的积极联系,那么发展可能实现最优化;相反,微观系统之间的非积极联系会导致消极的发展结果。例如,儿童在社区中学会了与同伴友好相处,那么他步入学校时也能很好地与他人建立友谊;如果儿童在家庭中过分依赖父母,那么他进入学校时的独立性就会很差。

(三)外层系统

外层系统是指那些儿童并未直接参与但却对他们的发展产生影响的系统,即社会环境,如大众传媒、邻居、社区服务等。外层系统也包括与儿童相关的他人所处的微观系统,如父母的工作(地点、环境等)、经济收入、社会地位,老师的家庭环境、受教育程度等。

（四）宏观系统

宏观系统处于生态系统的最外层,指的是存在于以上三个系统中的文化、亚文化和社会环境,如伦理、道德、意识形态等。宏观系统为其他系统提供支持,它规定如何对待儿童,如何培养儿童,儿童应该努力的目标是什么,等等。在不同社会文化中,这些观念是不同的,但是这些观念会影响儿童在家庭、学校、社区等生态系统中获得知识经验的过程。

除了上述的四种系统之外,布朗芬布伦纳还提出了一个时间系统。时间系统存在于与儿童相关的所有系统中,即微观系统、中间系统、外层系统和宏观系统都会随着时间的推移而不断发展变化,而这些系统的变化又会影响儿童发展的方向。因此,环境并不是以一成不变的方式影响儿童发展的,它对儿童发展的影响是动态的、不断变化的。

布朗芬布伦纳认为,儿童是环境的产品和生产者,儿童在发展中通过与不断变化的环境的复杂互动,形成一个既相互依赖又相互影响的系统。

二、贡献与局限

布朗芬布伦纳的生态系统理论是一个灵活的、动态的理论,不仅适用于儿童的发展,也可以解释其他年龄阶段个体的发展。它将生物学、环境和教育有机结合在一起,强调个体既能适应环境也能创造环境,为理解个体的心理发展提供了一个更为开阔的视角。

但该理论也具有一定的局限性。首先,它未能全面地解释个体的发展,过分强调环境因素的作用,在一定程度上忽视了生物因素的影响。其次,有学者认为,按照该理论的说法我们无法勾勒出个体连贯发展的一般模式,因为它只强调了发展中的影响因素,而没有提出一个关于人类发展的系统的理论模式。

第六节　我国学者的心理发展观

中国传统文化中蕴含丰富的发展心理学的思想,如孔子的"性相近也,习相远也"强调了后天因素对个体心理发展的影响。中国的发展心理学研究始于 20 世纪三四十年代,由最初的模仿,到探索出有中国特色的发展心理学理论,离不开众多心理学家的努力。致力于发展心理学中国化研究的心理学家有朱智贤和林崇德等。

一、朱智贤的心理发展观

朱智贤（1908—1991,见图 1-12）,江苏赣榆人,北京师范大学

图 1-12　朱智贤

教授,中国现代心理学家、教育家,中国心理学的奠基人之一。1962 年,朱智贤所著的《儿童心理学》的出版,标志着中国儿童心理学科学体系的形成。朱智贤引领的儿童心理学研究为儿童心理学中国化做出了巨大贡献,为我国儿童心理学的发展奠定了理论基础。同时他培养了数以千计的心理学工作者和教育理论工作者,打开了我国儿童发展心理学的新局面。

(一)儿童心理学的研究对象、任务和方法

朱智贤认为,儿童心理学是一门研究儿童心理发展规律,以及儿童各年龄阶段心理特征的科学。他提出我国儿童心理学工作者的总任务是:在儿童实践工作者和儿童理论工作者的共同努力下,建立一个既能吸收、融合古今中外一切优秀者的实践经验和科学理论,又能有效地为我国各项儿童事业服务的、具有中国特色的、现代化的儿童心理学。同时,作为一名马克思主义者,朱智贤强调儿童心理学的研究应坚持唯物辩证法,遵循客观性、实践性、矛盾性、教育性、理论与实际结合、一般与个别结合的原则。他指出,观察法和实验法是儿童研究最主要的方法,同时谈话法、问卷法和作品分析法等辅助方法也很重要。他还强调,应综合运用多种方法来开展儿童心理学研究。

(二)儿童心理发展的基本规律

在探讨儿童心理发展的基本规律时,朱智贤从辩证唯物主义的观点出发,系统地阐述了以下四个基本问题:[1]

1. 先天与后天的关系

关于先天和后天的关系,朱智贤主张先天来自后天,后天决定先天。他认为,先天因素,如基因和生理因素,是儿童发展的生物前提,为儿童后天的各种发展提供了可能性;而后天因素,如环境和教育,则将这种可能性变为现实性,决定着儿童心理发展的方向和内容。

2. 内因与外因的关系

朱智贤认为,环境和教育不是机械地决定儿童心理发展,环境和教育在决定儿童心理发展的同时不可避免地受到儿童内部因素的影响。这个内部因素主要指心理发展的内部矛盾,即儿童新的发展需要与其原有水平之间的矛盾。内部矛盾的产生推动儿童在环境和教育的作用下朝着新的需要和水平发展(如图 1-13 所示)。

3. 教育与发展的关系

朱智贤认为,儿童心理发展不是由外因机械决定的,也不是由内因孤立决定的,而是由适合于内因的一

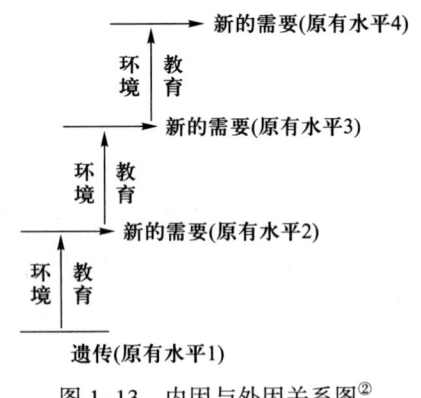

图 1-13 内因与外因关系图[2]

---

① 林崇德.发展心理学[M].3 版.北京:人民教育出版社,2018:55-57.

② 朱智贤.儿童心理学[M].5 版.北京:人民教育出版社,2009:79.

定的外因决定的。即只有那些适合儿童内因的教育因素才能促进儿童的心理发展。他提出教育与发展的关系如图1-14所示：反复实施的教育促进儿童不断领会和掌握知识、经验，儿童将掌握的知识、经验不断内化后就可以实现自身的发展。

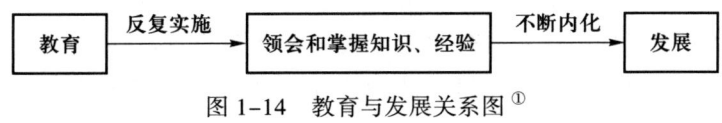

图1-14　教育与发展关系图[①]

4. 年龄特征与个别特点的关系

年龄特征与个别特点的关系强调儿童在发展过程中既存在普遍性也存在特殊性。儿童发展的不同阶段对应着不同的年龄阶段，儿童在某个年龄阶段表现出一些共有的特征，即所有儿童在这个年龄阶段都具有的一般特征。但同一个年龄阶段中又存在个体差异性，即每个儿童都有别于同年龄阶段的其他儿童，都有其特殊性，即个别特点，如生长在不同环境和教育条件下的儿童往往存在差异性。

（三）儿童心理发展的基本阶段

朱智贤在参考国外研究的基础上开展了大量的本土化研究，从而提出了符合我国国情、有中国特色的儿童心理发展阶段划分。朱智贤的阶段划分标准不同于先前我们所论述的弗洛伊德的性心理分期标准、皮亚杰的智力或思维分期标准、埃里克森的个性特征分期标准等，而是以儿童重要的特殊矛盾或质的特点为分期标准，既看到了儿童的普遍性又看到了独特性。

朱智贤按照年龄特征，将儿童的心理发展分为六个阶段：乳儿期或婴儿前期（出生至一岁）、婴儿期（一岁至三岁）、幼儿期或学龄前期（三岁至六七岁）、童年期或学龄初期（六七岁至十一二岁）、少年期或学龄中期（十一二岁至十四五岁）、青年初期或学龄晚期（十四五岁至十七八岁）。[②] 他强调在各个年龄阶段，儿童心理发展主要包括认知发展和社会性发展两个部分。在儿童认知发展中，思维占有重要地位；在儿童社会性发展中，人格占有重要地位。

（四）朱智贤对我国儿童发展心理学的贡献

朱智贤对我国儿童发展心理学的贡献除了提出儿童发展的基本规律和基本阶段外，还体现在其对基本理论研究事业的高度重视，他曾说："基本理论研究关系着我国心理学坚持什么方向、走什么道路的大问题，关系着我们的心理学能否具有中国特色、成为真正科学的大问题。"[③]

朱智贤极力主张学术创新，坚持用辩证唯物主义的观点探讨心理发展的基本理论问题；

① 林崇德. 发展心理学［M］.3版. 北京：人民教育出版社，2018：56.

② 朱智贤. 儿童心理学［M］.5版. 北京：人民教育出版社，2009：84.

③ 车文博. 中国理论心理学［M］. 北京：首都师范大学出版社，2010：433.

主张组织各方面的人才,融合多学科的知识,系统地研究心理学;强调进一步加强研究方法的改革和现代化;强调坚持理论联系实际,大力提倡发展心理学的应用。[①] 朱智贤还强调实践创新,系统开展了发展心理学教材的建设活动;系统研究了中国儿童青少年心理发展特点;创办《心理发展与教育》杂志并主编《心理学大词典》。[②]

此外,朱智贤还主张用系统和现代化的方法来研究心理学,特别强调儿童发展心理学的中国化问题,并进行了大量的本土化研究,探索出我国儿童心理发展的特点。

二、林崇德的心理发展观

林崇德(1942—　,见图1-15),浙江宁波人,北京师范大学心理学院博士生导师、教授,师从朱智贤教授,参与修订了我国第一本发展心理学教材《儿童心理学》,领衔主编了本科生和研究生教材《发展心理学》,为我国培养了一大批心理学领域的高素质人才。

(一)智能和非智力因素

林崇德长期从事发展心理学和教育心理学的研究,曾长期致力于思维理论研究,他围绕儿童青少年认知能力发展,开展了大量有关中小学生智能促进的研究,促成了思维理论领域的重大突破。

林崇德主张,心理能力发展的实质是智力和能力的发展,即智能的发展。智能就是人在适应环境的过程中,成功解决某种问题且表现出良好适应性的个性心理特征,其核心成分是思维。

图1-15　林崇德

据此,他创建了如图1-16所示的思维的"三棱结构"模型,提出了聚焦思维结构的智力理论。思维结构由思维的材料、思维的过程、思维的目的、思维的品质、思维的监控和思维活动中的非智力因素等六个面构成。思维的材料主要包括感性材料和理性材料两类;思维的过程包括确定目标、接受信息、加工编码、概括抽象、操作运用、获得成功;思维的目的主要强调思维的指向;思维的品质由深刻性、灵活性、独创性、批判性和敏捷性五个方面构成。儿童智能的差异实际上是思维品质的差异。

此外,思维的"三棱结构"模型强调思维活动的非智力因素,包括除了智力与能力之外,与智力活动效益发生相互作用的一切其他心理因素。林崇德着重从人格、个性方面来分析非智力因素,从非智力因素在智力活动中的效益和地位来认识和理解非智力因素。林崇德把非智力因素的培养作为发展智力、培养能力的基础,指出非智力因素的结构包括五个方面:

---

① 林崇德.追求创新:中国发展心理学研究的必由之路:纪念朱智贤教授逝世20周年[J].心理发展与教育,2011,27(2):113–117.

② 白学军,林崇德.论朱智贤学派:儿童心理学理论与实验的创新[J].心理与行为研究,2014,12(6):721–726.

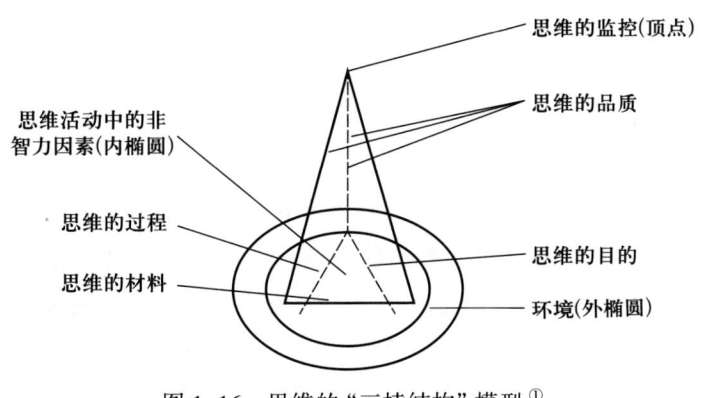

图 1-16　思维的"三棱结构"模型[1]

情感过程,意志过程,个性意识倾向性(如理想、动机、兴趣等),气质,性格。他强调学生的学习活动是智力与非智力因素的综合。在中小学教育中,非智力因素在智力活动中对智力因素发展的教育功能可以概括为动力功能、定型功能、补偿功能。[2] 例如,非智力因素中的个性意识倾向性可以提供活动的内驱动力;气质在活动中起着定型作用;而性格可以弥补智力与能力在某方面的缺陷或不足。

(二)教育与发展

林崇德指出,任何一个儿童、青少年的发展主要来自教育教学和自身的学习,教育教学和学习是整个心理发展的主要源泉。[3] 关于教育与发展,他主张了解并掌握学生心理发展的基本规律是做好教育工作的前提;培养思维品质是发展学生智力、培养其能力的突破口;要注重学科能力的培养;等等。学科能力是学科教育与学生智能发展的结晶,其包含学生掌握某学科的特殊能力,学生学习某学科的智力活动及其与智力与能力相关的成分,学生学习某学科的学习能力、学习策略与学习方法。[4]

(三)林崇德对我国心理学的贡献

林崇德秉承朱智贤"心理学研究中国化"的思想,进一步提出心理学研究中国化的途径:摄取—选择—中国化。他提出,中国心理学工作者应该以中华文化为背景、以中国人为研究对象,探讨中国人的心理发展现象和规律,建构中国的发展心理学理论体系,最终为中国人的发展服务。[5]

林崇德始终坚持"心理学研究中国化"的这一理念,为中国心理学的发展指明了方向。他先后撰写了多本具有中国特色的心理学教材,为我国的教育工作者以及心理学研究者提

① 辛自强.从心理学理论到教育实践:林崇德学术思想简介[J].国家教育行政学院学报,2006(2):8-13.
② 林崇德,俞国良.对"非智力因素"争议问题的几点看法[J].中国教育学刊,1994(2):25-29.
③ 刘微.教育的出发点:心理发展[N].中国教育报,2000-07-19(02).
④ 辛自强.从心理学理论到教育实践:林崇德学术思想简介[J].国家教育行政学院学报,2006(2):8-13.
⑤ 辛自强.从心理学理论到教育实践:林崇德学术思想简介[J].国家教育行政学院学报,2006(2):8-13.

供了宝贵的参考资料。

【本章小结】

　　弗洛伊德认为,性本能是支配人类行动的能量,他把儿童心理发展分为五个阶段。埃里克森更强调社会文化因素对个体发展的影响,强调自我的独立作用,他在弗洛伊德理论的基础上将发展理论扩展至生命全程。华生主张环境决定论,否认遗传的作用;斯金纳强调强化在儿童发展中的重要作用;班杜拉指出观察学习的重要地位。皮亚杰强调同化和顺应的作用,将儿童认知发展划分为四个阶段:感知运动阶段、前运算阶段、具体运算阶段、形式运算阶段。维果茨基的最近发展区、最佳学习期等思想对当代教育的启发意义颇深。生态系统理论强调个体的发展受环境系统的影响,将这些系统按照同心圆结构分为:微观系统、中间系统、外部系统和宏观系统。我国心理学家朱智贤先生秉持着开创有中国特色的心理学的理念,坚持用辩证唯物主义的观点探讨了儿童心理发展中关于先天与后天的关系、内因与外因的关系、教育与发展的关系、年龄特征与个别特点的关系等心理发展的基本理论问题;林崇德教授坚持走"心理学研究中国化"的道路,建构中国发展心理学理论体系,提出了心理学研究中国化的途径。

【实践·反思·探究】

　　1. 弗洛伊德认为儿童心理发展的核心是什么？其在儿童心理发展各阶段是如何体现的？

　　2. 如何理解自我同一性？如何解决青春期自我同一性和角色混乱的矛盾？

　　3. 行为主义的心理发展观存在哪些局限？

　　4. 举例说明斯金纳的操作性条件反射在教育实践过程中的应用。

　　5. 如何利用班杜拉的观察学习理论来对儿童的发展进行干预？

　　6. 结合皮亚杰的理论,理解儿童发展的本质和阶段并举例说明儿童在各发展阶段的实际表现。

　　7. 家长和教师在教育过程中如何应用维果茨基的最近发展区？

　　8. 举例说明生态系统理论。

　　9. 简述朱智贤、林崇德对我国儿童发展心理学的贡献。

【推荐阅读】

［1］谢弗,等.发展心理学:儿童与青少年:第9版［M］.邹泓,等译.北京:中国轻工业出版社,2016.

［2］林崇德.发展心理学［M］.3版.北京:人民教育出版社,2018.

［3］桑标,刘俊升.儿童发展心理学［M］.2版.北京:高等教育出版社,2022.

［4］朱智贤.儿童心理学［M］.5版.北京:人民教育出版社,2009.

［5］费尔德曼.费尔德曼发展心理学:第4版［M］.苏彦捷,等译.浙江:浙江教育出版社,2021.

第二章
儿童脑的发育

【学习目标】

- 掌握脑的基本结构及其发育过程。
- 了解脑发育的影响因素。
- 了解促进儿童脑发育的措施。

【知识导图】

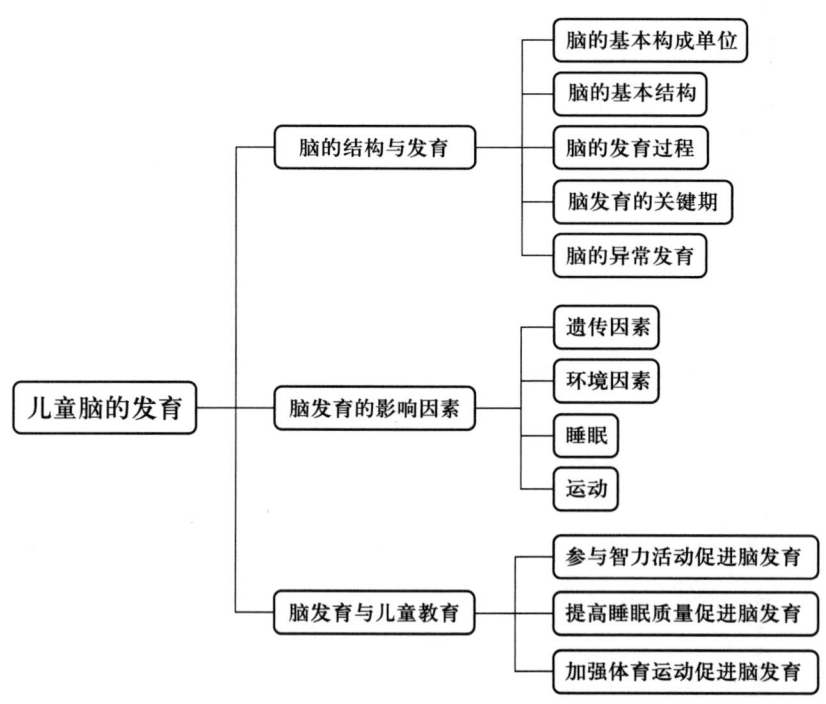

【案例导入】

1952 年夏天，5 岁的 H 在骑自行车时遭遇了车祸。这场车祸损伤了他的额叶并让他昏迷了两个星期。事故并没有引起 H 和他的家人的重视，他醒来之后只休养了两个星期就回到幼儿园了。然而，身体上的康复并不意味着这场车祸给 H 带来的伤害消失了。额叶的损伤让 H 的执行功能受到了影响：他的注意力变得难以集中，在计划、组织和自我监控方面出现了障碍。随着年龄的增长，这种负面影响扩大到了 H 生活的各个方面。H 在高中时的成绩不是很理想，后来他因为成绩太差而被大学退学两次。在工作后，他需要在老板的支持和指导下才能完成任务，在老板去世后，H 很快失业了。H 的家庭生活也不顺利，由于没有良好的收入，H 的婚姻在维持了约 30 年后以离婚告终。尽管在离婚后 H 与前妻共同抚养孩子，但因为 H 难以维持生计，他很少参与到孩子们的生活中。[1]

　　脑是人体的"总司令"，是人体最精密最复杂的器官，是人类思维与智力的源泉。脑控制着感觉、知觉、注意、运动、记忆、理解、决策、语言、思维等认知活动。脑的结构与功能一旦发生异常（如脑损伤等），将导致个体相应的认知活动障碍，如感觉麻痹、瘫痪、失忆，甚至产生反社会行为，严重影响个体的正常生活。在个体发育与成长过程中，遗传因素、成长环境、生活习惯等众多因素都会显著影响脑的结构与功能的发育与成熟。

第一节　脑的结构与发育

　　人脑是高度发展的组织，能够接收和处理来自个体内部和外部环境的信息，保持内部环境的稳定，并指导个体的行动，从而适应环境并做出有利于个体的反应。为了有效地处理信息，脑把各种信息通过特定的传导通路最终汇聚到大脑皮质，以综合处理不同类型的信息。脑的整体结构就是为个体有效收集与综合处理信息服务的，而各种感官是专门收集各类信息的"机构"。各种感官将环境中不同类型的物理或化学信号，转换成神经脉冲信号。这种统一的信号传入中枢，为进行信息的综合处理准备了条件。因此，人脑是一个特殊的信息处理器，它能在使用过程中不断提高其处理能力。

---

① 　BRENNER L A, DISE-LEWIS J E, BARTLES S K, et al. The long-term impact and rehabilitation of pediatric traumatic brain injury: a 50-year follow-up case study [J]. Journal of head trauma rehabilitation, 2007, 22(1): 56–64.

【概念辨析】

脑和大脑是两个概念。大脑属于脑的一部分。具体而言,脑由大脑、间脑、脑干(包括中脑、脑桥和延髓)和小脑组成;大脑又称端脑,由两侧大脑半球借胼胝体连接而成,表面覆盖一层大脑皮质,形成不均匀的脑沟。

一、脑的基本构成单位

脑的基本构成单位是神经元(亦称神经细胞)和神经胶质细胞。

(一)神经元

神经元(neuron)是一种高度分化的细胞,是神经系统的基本结构和功能单位之一。人脑内的神经元数量达约 10^{11} 个。尽管神经元的形态与功能多种多样,但结构上大致都可分成胞体和突起两部分(如图 2-1 所示)。突起又分树突和轴突两种。轴突往往很长,由细胞的轴丘向远端延伸,其直径较为均匀,开始一段称为始段,离开胞体若干距离后开始出现髓鞘,成为神经纤维。神经纤维分为有髓纤维与无髓纤维两种,但实际上所谓的无髓纤维也有一薄层髓鞘,并非完全无髓鞘。树突起始部位较粗,经反复分支逐渐变细,最终呈树枝状。树突表面的细胞膜上有许多受体,可以接收其他神经元发出的刺激信号。某些树突表面会伸出许多小的突起,称树突棘。树突棘与其他神经元轴突末梢接触形成突触,对进入神经元的刺激信号具有一定的调节作用。

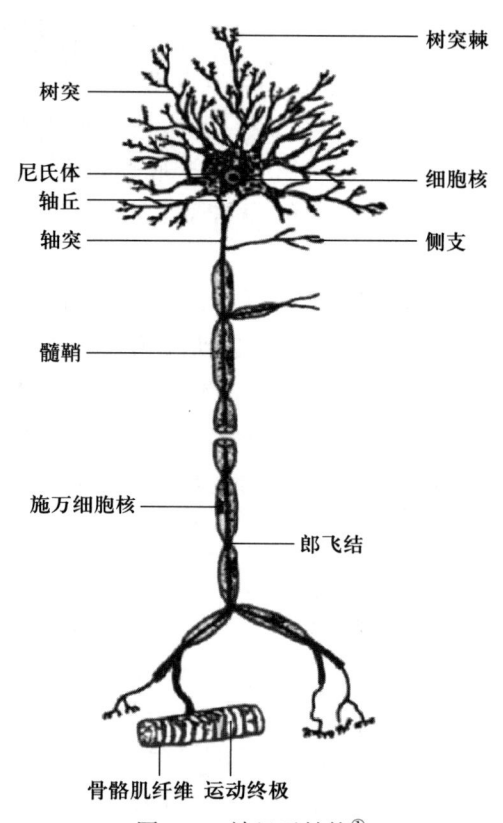

图 2-1 神经元结构[1]

脑内大量神经元之间在结构上并没有原生质相连,仅互相接触,其接触的部位称为突触(如图 2-2 所示)。根据接触部位的不同,突触可分为:轴突—胞体式突触、轴突—树突式突触、轴突—轴突式突触。一个神经元的轴突末梢反复分支,末端膨大呈杯状或球状,称为突触小体,也称为终扣。突触小体与突触后神经元的胞体或突起接触。一个突触前神经元可与许多突触后神经元形成突触,一个突触后神经元也可与许多突触前神经元的轴突末梢形成突触。突触分为三个部分:突触前膜、突触间隙、突触后膜。靠近突触前膜的轴浆内含有线粒体和突触小泡(囊泡),突触小泡的直径为 30—60 nm,其中含有神经递质。在突触前膜的内侧有由致密突起和网格形成的囊泡栏栅,其空隙处正好容纳一

---

① 贝尔,柯勒斯,帕罗蒂斯.神经科学:探索脑:第 2 版:中文版[M].王建军,主译.北京:高等教育出版社,2004:46.

个突触小泡,囊泡栅栏有引导突触小泡与突触前膜接触的作用,促进突触小泡内神经递质的释放。当突触前神经元传来的冲动到达突触小体时,突触小泡内的神经递质即从突触前膜释放出来,进入突触间隙,并作用于突触后膜上的受体,从而引起突触后神经元发生兴奋性突触后电位(excitatory postsynaptic potential,EPSP)或抑制性突触后电位(inhibitory postsynaptic potential,IPSP)。

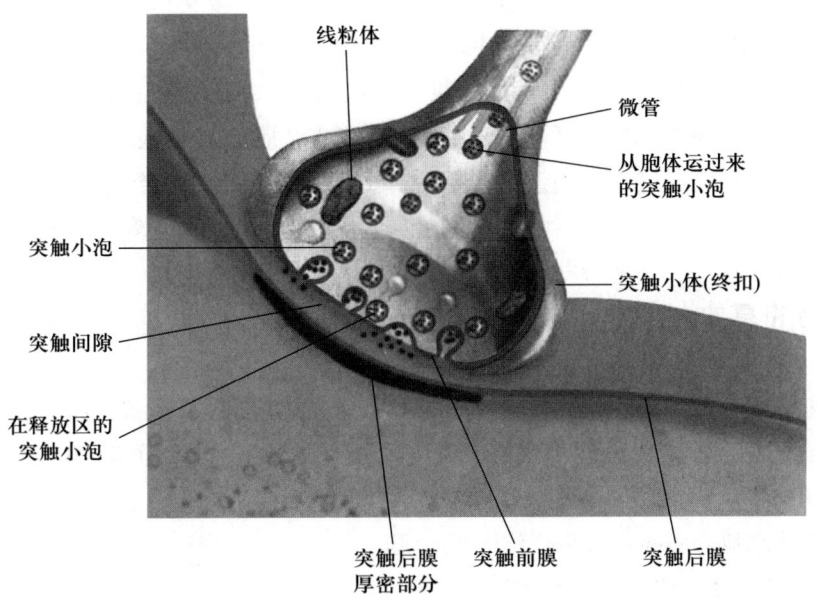

图 2-2 突触结构[①]

神经元的基本功能是通过接收、整合、传导和输出信息实现信息交换。为实现以上基本功能,神经元包括四个功能分区:一是输入(感受)区,就一个运动神经元来讲,胞体或树突膜上的受体是接收传入信息的输入区,该区可以产生突触后电位(局部电位);二是整合(触发冲动)区,始段属于整合区或触发冲动区,众多的突触后电位在此汇总,并且当达到阈电位时在此产生动作电位;三是冲动传导区,轴突属于传导冲动区,在其中动作电位以不衰减的方式传向所支配的靶器官;四是输出(分泌)区,轴突末梢的突触小体是信息输出区,神经递质在此通过胞吐方式释放到突触间隙。

(二)神经胶质细胞

除了神经元,脑内还有数量众多的神经胶质细胞(亦称神经胶质)。神经胶质细胞也有突起,但无树突和轴突之分。在哺乳类动物中,神经胶质细胞与神经元的数量之比约为 10:1。中枢神经系统中的神经胶质细胞主要有星形胶质细胞、少突胶质细胞(与前者合称为大胶质细胞)和小胶质细胞等。

神经胶质细胞的主要功能有:第一,支持作用,如星形胶质细胞的突起交织成网,支持

---

① 卡尔森.生理心理学:走进行为神经科学的世界:第九版·全彩[M].苏彦捷,等译.北京:中国轻工业出版社,2017:42.

着神经元的胞体和纤维。第二,绝缘作用,如少突胶质细胞和施万细胞分别构成中枢和外周神经纤维的髓鞘,使神经纤维之间的活动互不干扰,加速神经冲动的传导速度。第三,屏障作用,如星形胶质细胞的部分突起末端膨大,终止在毛细血管表面(血管周足),覆盖了毛细血管表面积的85%,是血—脑屏障的重要组成部分。第四,营养作用,如星形胶质细胞可以产生神经营养因子,维持神经元的生长、发育和生存。第五,修复和再生作用,如小胶质细胞可转变为巨噬细胞,通过吞噬作用清除因衰老、疾病而变性的神经元及细胞碎片;星形胶质细胞则通过增生繁殖,填补神经元死亡后留下的缺损,但如果增生过度,可能成为脑瘤发病的原因。第六,调节神经元周围环境物质,如星形胶质细胞通过细胞膜上的钠钾泵将钾离子泵入胞内,并经细胞间通道(缝隙连接)将钾离子迅速分散到其他神经胶质细胞内,使神经元周围的钾离子不致过分增多而干扰神经元的活动。第七,摄取神经递质。

二、脑的基本结构

脑是中枢神经系统中最重要的结构,是结构最复杂、功能最为完善的组织。总体来讲,脑是思维的器官,是心理、意识的物质载体。人脑可分大脑(cerebrum)、间脑(diencephalon)、脑干(brain stem)和小脑(cerebellum)等部分(如图2-3所示)。

大脑,又称端脑(telencephalon)位于整个脑的最上端,是脑的最高级部位,它略呈半球状,包括左、右两个半球。分布于大脑半球沟、回表面的灰质即大脑皮质。大脑皮质下为白质,主要是神经纤维。白质内包埋有一些灰质核团,称为基底神经节(或称基底核)。大脑的作用是调节脑的高级认知功能和情绪功能。

间脑位于大脑与中脑之间,分为上丘脑、背侧丘脑(简称丘脑)、后丘脑、底丘脑和下丘脑,在昼夜节律、感知觉、运动、激素分泌、情绪反应、生命活动(如体温、心血管运动和呼吸运动等)中起到重要的调节作用。

脑干位于大脑下方,连接间脑和脊髓,呈不规则的柱状。脑干自上而下由中脑、脑桥、延髓组成。中脑位于脑桥之上,恰好是整个脑的中点。中脑是视觉与听觉的反射中枢,控制瞳孔、眼球、眼部肌肉等的活动。脑桥位于中脑与延髓之间,脑桥的白质神经纤维通到小脑皮质,可将神经冲动自小脑一半球传至另一半球,使之发挥协调身体两侧肌肉活动的作用。脑桥对人的睡眠有调节和控制作用。延髓居于脑干的最下端,与脊髓相连,其主要功能是控制呼吸、心跳、消化等。网状系统(reticular

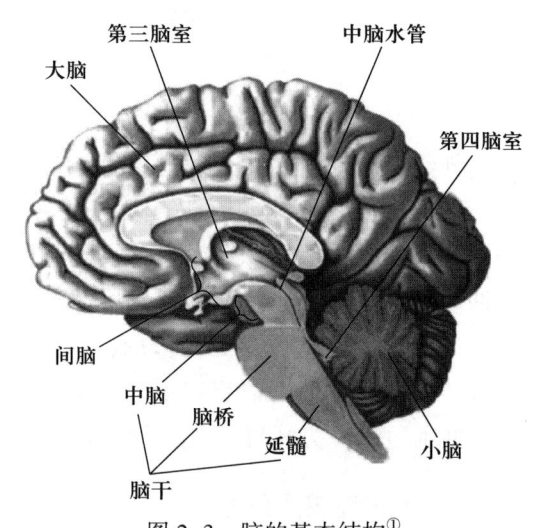

图2-3　脑的基本结构①

（图中标注：第三脑室、大脑、中脑水管、第四脑室、间脑、中脑、脑桥、延髓、小脑、脑干）

---

①　贝尔,柯勒斯,帕罗蒂斯.神经科学:探索脑:第2版:中文版[M].王建军,主译.北京:高等教育出版社,2004:178.

system）居于脑干的中央，是由许多错综复杂的神经元集合而成的网状结构，主要功能是控制觉醒、注意、睡眠等不同层次的意识状态。

小脑位于大脑的后下方，颅后窝内，在延髓和脑桥的背面，通过小脑上脚、小脑中脚和小脑下脚分别与中脑、脑桥和延髓相连。小脑以中间的蚓部分成两侧膨大的小脑半球。小脑表面的灰质为小脑皮质，灰质下为白质；白质内有数对核团，称小脑深部核团。小脑是运动的重要调节中枢，在维持身体平衡方面起着重要作用。小脑接收来自前庭器官的信息，通过传出联系，改变躯体不同部分肌肉的张力，使躯体在重力作用下做加速或旋转运动时仍能保持姿势平衡。

考虑到大脑在人类心理活动中的重要作用，下面对大脑的结构和功能做详细说明。

（一）大脑皮质

大脑皮质为大脑半球的外表面结构，厚度约 3 mm，分布着中枢神经系统多数的神经元。大脑半球可分为额叶（frontal lobe）、顶叶（parietal lobe）、颞叶（temporal lobe）和枕叶（occipital lobe）（如图 2-4 所示）。额叶位于中央沟前方、大脑外侧裂之上，是大脑结构中最高级的组织，包括初级运动皮质、前运动皮质、额叶眼区、前额叶皮质和额极等，参与感觉、运动、记忆、决策、情绪等高级认知活动。顶叶位于中央沟之后，包括中央后回、后顶皮质、缘上回、楔前叶等。额叶与人的情绪、情感、人格等有关，常常被称为脑的命令和控制中心，决策、自我控制等高级认知活动就在这里进行。顶叶有许多功能，其中最重要的就是感觉和运动功能，如果一侧顶叶受损，很有可能引起对侧肢体感觉和运动障碍。颞叶位于大脑外侧裂之下，包括上颞叶皮质、中颞叶皮质和下颞叶皮质。从功能分区来看，颞叶包括听觉言语中枢和听觉皮质区，与记忆相关的海马体位于颞叶内侧面。枕叶位于大脑半球的后端，包括初级视觉皮质和外纹状皮质，主要参与视觉信息处理。

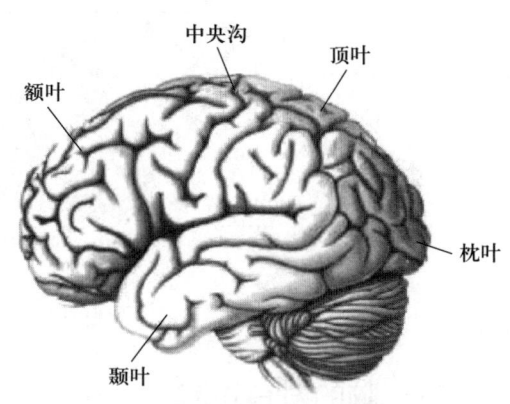

图 2-4　大脑皮质的结构[1]

（二）大脑的偏侧化

大脑分成左、右两半球，左半球接收来自人体右侧的感觉信息，如触觉、视觉等，并控制人体右侧的动作；右半球接收来自人体左侧的感觉信息，并控制人体左侧的动作。大脑两半球通过巨大的轴突纤维束——胼胝体连接，构成一个完整的统一体。来自外界的信息经胼胝体传递至对侧半球，人的每一种活动都是两半球信息交换、综合的结果。但两半球结构上的差异，使一侧的大脑半球在神经功能或认知过程上相对于另一侧大脑半球更占优势。左

---

① 贝尔，柯勒斯，帕罗蒂斯.神经科学：探索脑：第 2 版：中文版［M］.王建军，主译.北京：高等教育出版社，2004：179.

半球主要包括言语中枢、听觉中枢、决策中枢,右半球主要包括空间视觉中枢、非言语中枢。人的语言功能,包括说话、书写和计算等能力多由左半球负责的;右半球则负责描述空间结构和临摹等。

斯佩里等人开展的"裂脑人"相关研究,为大脑的偏侧化提供证据。研究者对药物治疗无效的癫痫病人,采用切断胼胝体的办法进行治疗,称其为"裂脑人"。斯佩里采用一系列精细的心理学实验来测验"裂脑人"的心理和行为活动。例如,向"裂脑人"左脑"输入"举手或屈膝的命令,结果发现,病人的右侧身体服从了命令,而左侧身体却不听指挥;把"裂脑人"的双眼蒙上以后,用手接触他/她身体左侧的任何部分,结果发现,他/她都说不出被接触的部位;让"裂脑人"拿起"钥匙"并说出名称,结果发现,他/她拿起的是钥匙,但是说出的却是戒指(如图 2–5 所示)。

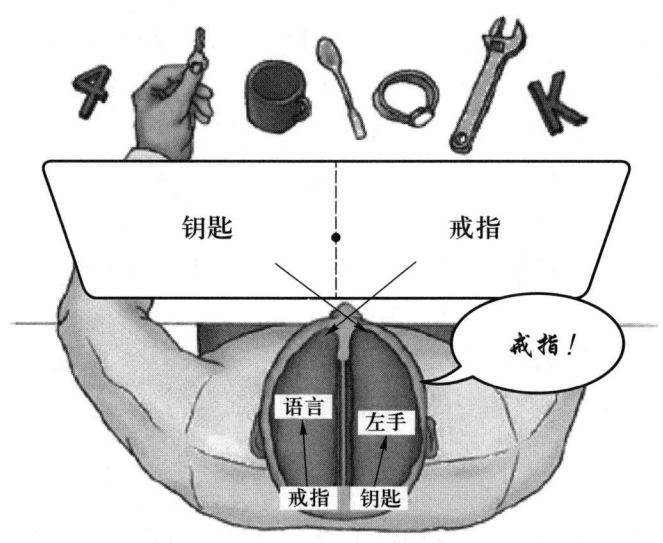

图 2–5 "裂脑人"实验示意图[①]

三、脑的发育过程

脑的发育是一个缓慢的、循序渐进的过程,脑有自己的发育时间表。一般来说,脑发育在受孕 2 周后开始,在个体成年早期完成。

妊娠 3—4 周,随着受精卵的不断分裂,位于胚胎背侧的外胚层开始部分增厚形成神经板,这是生物体所有神经组织的发源地。神经板先是在中央凹形成神经沟,随后两侧的突起部分在神经沟背部上方汇合形成管状结构,即神经管。

妊娠 2—3 个月,神经管将进一步分化产生脑和脊髓。神经管的发育过程包括三个阶段。首先是三脑泡阶段,神经管前部发育分化为初级脑泡,并膨胀为 3 个脑泡,即前脑泡、中

---

① 韩世辉,朱滢 . 认知神经科学［M］. 广东:广东高等教育出版社,2007:232.

脑泡和后脑泡(如图 2-6A 所示)。其次是五脑泡阶段:前脑泡分化为端脑泡和间脑泡;中脑泡不进一步分化,其与周围的细胞形成中脑;后脑泡分化为后脑泡和末脑泡。最后是成熟阶段:端脑泡发育成大脑半球,间脑泡分化为丘脑和下丘脑,同时间脑泡向外侧膨胀形成视泡,进一步发育成视网膜和视神经(如图 2-6B 所示);后脑泡将形成脑桥和小脑,末脑泡将形成延髓。脊髓由神经管后端发育而成。随着脑各部分的发育,神经管就在脑中形成一个连续的脑室系统。在神经板—神经管—脑的发育过程中,神经细胞又是如何形成的呢? 最初从外胚层分化形成的神经板仅由一层上皮性质的细胞(即神经上皮细胞)构成。神经管成形后,神经上皮细胞增至两层、三层……神经上皮细胞迅速分裂增殖并向两个方向分化:一方面分化形成神经细胞,另一方面分化形成神经胶质细胞。

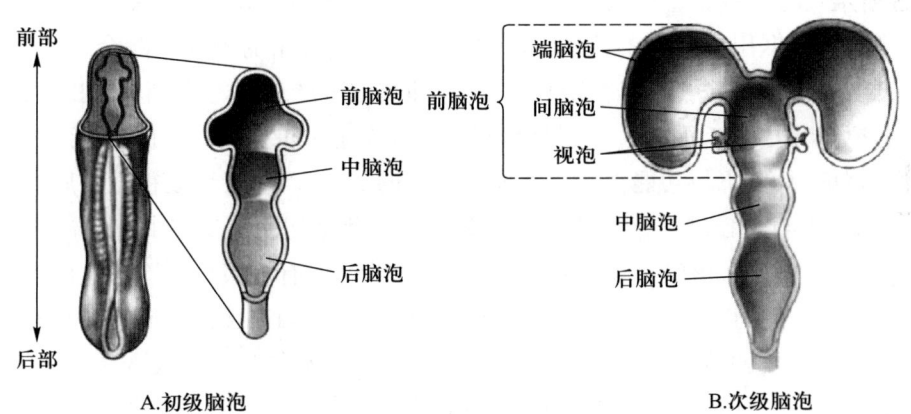

图 2-6 初级脑泡和次级脑泡[①]

妊娠 3—5 个月,神经板细胞成批离开神经管壁,它们分别移动到特定的位置,然后发育成熟为神经细胞。一旦一个神经板细胞迁移到它的目的地,它通常沿着两条道路的其中一条前进:一是分化成一个成熟的神经细胞,分别伸出轴突、树突,形成神经突触;二是通过凋亡收缩。生长锥促进轴突的发育。生长锥是轴突边缘形成的小结构,生长锥上发生的细胞过程促进轴实向特定目标和远离其他目标的生长,此过程由分子引导形成。树突的形成是通过不同的过程进行的,这些过程被认为是由控制钙调节转录基因驱动的。

妊娠 5 个月至出生前,神经细胞之间开始建立突触连接,中枢神经系统是在这些成熟神经细胞之间建立连接之后形成的。早期树突表现为粗大的条索,从细胞体延伸出来的"刺"(即树突棘)很少。随着树突的成熟,树突棘的数量和密度增加,从而增加了树突与相邻轴突接触的机会(如图 2-7A 所示)。树突和轴突之间的连接是神经元之间建立突触连接的基础。突触是两个脑细胞之间的接触点,第一个突触通常在妊娠第 23 周左右被观察到。在妊娠最后 3 个月,胎儿脑发育进入快速生长期,从第 28 周到第 40 周,胎儿脑的体积能增加将近一倍。这一阶段胎儿的脑发育不仅体现在形成突触的各种类型的神经细胞数量的增加,而且

① 贝尔,柯勒斯,帕罗蒂斯.神经科学:探索脑:第 2 版:中文版[M].王建军,主译.北京:高等教育出版社,2004:169-170.

体现在神经细胞开始了髓鞘化(相当于给电线外面加上绝缘层),进一步促进脑的结构完整和功能提升。髓鞘化始于胚胎发育的第 6 个月,在这个过程中,神经元的轴突被少突胶质细胞形成的复杂细胞膜包裹,最终促进了神经元的活动和交流,因为这种绝缘使有髓轴突比无髓轴突能更快地传输电信号。髓鞘化完成的时间取决于发生髓鞘的脑区。某些感觉和运动区域是在学龄前期前后完成的,而涉及更高认知功能的区域,如前额叶皮质,这个过程直到青少年期或成年早期才能完成。

新生儿的脑神经细胞数量已经非常多,其数量与成人基本相当。但是新生儿脑的重量与成人不同,主要是因为新生儿脑神经细胞的髓鞘化没有完成,突触连接的数量还不够。通常从出生直到 3 岁,脑神经细胞的髓鞘化仍不断进行,神经突触的数量也在增加。一般到 3 岁时,个体神经突触的数量达到巅峰状态,3—12 岁时会一直维持在此状态。

到 14 岁时,根据用进废退的原则,那些比较完整的、常用的神经回路会被留下,而那些不常用的则会被淘汰。这一过程就是突触修剪,即突触生产过剩之后,未使用的和过剩的突触就会被剪掉(如图 2-7B 所示)。突触修剪对于脑发育至关重要。每个皮质区的神经元都被有选择性地修剪,只留下与功能上适当的处理中心的连接。例如,切断视觉皮质与脊髓的连接,切断运动皮质与上丘的连接。细胞凋亡和突触修剪是切断不适当的连接的两种主要方法。在细胞凋亡过程中,神经元被杀死,与神经元相关的所有连接也消除了。而在突触修剪过程中,神经元不会死亡,只是将轴突从功能上不适当的突触连接处缩回。突触修剪的目的是在脑中移除不必要的神经元结构。随着脑的发育,神经功能连接需要变得更具针对性,幼时形成的简单连接逐渐被复杂结构所取代。通过突触修剪可以进一步提高脑特定区域的“网络”能力。从幼儿期到成年期,脑的几个区域的灰质体积减小。一项针对 4—21 岁个体的研究表明,灰质体积变小最初发生在初级感觉运动区,然后扩散到前额叶、顶叶和枕叶,最后是颞叶。[1] 这一结果已经被重复验证了很多次。灰质体积减小在整个青少年期都在持续,尤其是在外侧和上部前额叶。青少年期前额叶灰质体积的减小被认为至少部分反映了突触修剪。

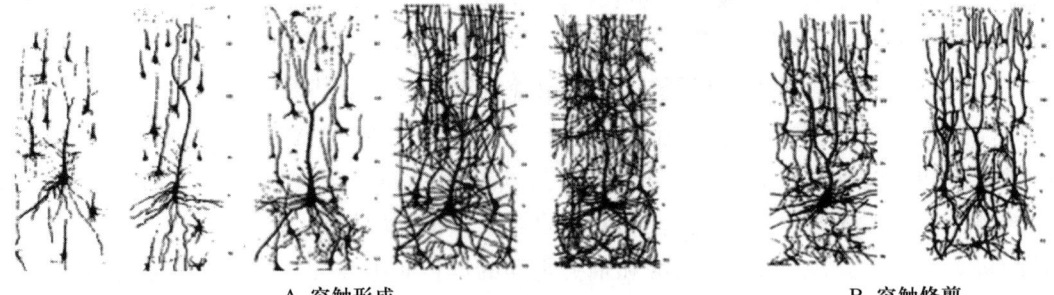

A. 突触形成　　　　　　　　　　　　　　　　B. 突触修剪

图 2-7　突触形成和突触修剪 [2]

①　BLAKEMORE S J. The social brain in adolescence[J]. Nature reviews neuroscience, 2008, 9(4): 267-277.

②　ROSSBY S P, SULSER F. Antidepressants: beyond the synapse[M]//Antidepressants: New pharmacological strategies. Totowa, N.J.: Humana Press, 1997: 195-212.

四、脑发育的关键期

在发育的关键期，脑在结构与功能上都有很强的适应和重组的能力，易受环境的影响，此时脑功能的建立要比成熟后更容易。关键期内，丰富的环境刺激给个体带来丰富的经验，这些经验促进了突触形成和相应脑功能的发育。

一个备受关注的脑发育关键期是视觉功能发展的关键期。人类视神经元的发育关键期约在出生后 6 个月内，如果婴儿在这一关键期内得不到足够的光刺激，其大脑视觉皮质中树突分支的数量和突触的数量都比在光刺激足够的环境中长大的婴儿少得多。视觉系统在个体出生前就开始发育了，因此婴儿刚出生时就可以对视觉刺激做出反应，但对物体细节、颜色和亮度的感知需要在出生后逐渐发展。2—6 个月大的婴儿可以区分熟悉的和新异的视觉刺激，并表现出对新刺激的注意偏好，即对新刺激的注视和追踪。这种视觉追踪能力由初级视觉皮质等区域调控，并在出生后 6 个月内迅速成熟。[1] 类似地，在对人脸的处理方面，6 个月大、9 个月大的婴儿和成年人具有同等的辨别两张人脸的能力，而只有 6 个月大的婴儿可以辨别两张猴脸。[2]

另一个比较有共识的脑发育关键期是语言发展关键期。大脑语言功能区神经细胞的髓鞘化开始时，语言才能获得发展。语言理解区神经细胞的髓鞘化比语言发音区神经细胞的髓鞘化早开始 6 个月。也就是说，大约出生 6 个月后，婴儿开始理解语言，大约 1 岁后，婴儿开始学习说话。即出生 6 个月后，个体就进入了语言发展的关键期。研究发现，婴儿出生后不久，几乎能适应所有语言的声音，但随着经验的积累，其对母语的适应能力最强。[3] 这种知觉偏差是学习语言的基础。婴儿分辨相似语言的能力在 3—4 个月大的时候就已经出现了，但对母语和非母语差别的感知和神经适应性直到 2 岁左右才完全建立起来。[4] 研究发现，婴儿在出生后就能根据声音辨别声源方向。起初这种定位能力更偏向于一种皮质下的反射性事件，但随着经验的丰富，这种定位能力转变为一种皮质事件，为儿童探索周围环境服务，并在 1 岁左右发展成熟。[5]

相对而言，一些高级心理过程发展较为缓慢，涉及的脑发育关键期时间更长。如涉及记忆、决策和情绪的神经系统在儿童期之后仍在继续发育。

① HOGDSON T. Processes of visuospatial attention and working memory [M]. Springer International Publishing, 2019: 372.

② PASCALIS O, SCOTT L S, KELLY D J, et al. Plasticity of face processing in infancy [J]. Proceedings of the national academy of sciences, 2005, 102(14): 5297–5300.

③ KUHL P K, TSAO F M, LIU H M. Foreign-language experience in infancy: effects of short-term exposure and social interaction on phonetic learning [J]. Proceedings of the national academy of sciences, 2003, 100(15): 9096–9101.

④ GERVAIN J. Plasticity in early language acquisition: the effects of prenatal and early childhood experience [J]. Current opinion in neurobiology, 2015, 35: 13–20.

⑤ 张向葵，桑标. 发展心理学 [M]. 北京: 北京教育科学出版社, 2012: 96.

五、脑的异常发育

脑的异常发育,表现为多种形式的先天性脑发育不良,以及由缺氧等后天因素造成的脑发育不良。脑的异常发育会导致脑组织体积减小、神经细胞发育不健全或受损等,从而导致以生长发育异常为特征的病症。下面关注两类目前较为常见的、由脑的异常发育导致的儿童发育障碍。

自闭症(autism),又称孤独症,是广泛性发育障碍(pervasive developmental disorder,PDD)的一种。据中央电视台财经频道 2023 年 4 月 2 日报道,目前中国自闭症患者超 1 300 万人,以每年近 20 万的速度增长,自闭症发病率已占各类精神残疾首位。虽然目前仍无法确定自闭症的确切病因,但已有越来越多的证据表明其与脑的异常发育有关。从神经学角度来看,自闭症的症状可能与大脑内某些神经回路的发育异常有关。例如,许多自闭症患者存在突触连通性的严重发育不良,这会影响其大脑内神经元之间的信息传递和处理方式。自闭症的治疗,除了采用一些行为疗法及结构化干预、家庭支持以外,针对患者的社会性脑功能损伤,一些研究者开始采用经颅磁刺激或经颅直流电刺激对患者的背外侧前额叶及颞顶联合区进行治疗,以改善患者语言交流、社会认知、情感、行为等方面存在的问题。但是,由于自闭症发病机制的复杂性,目前的治疗手段并不能彻底改善自闭症的所有症状,因此通常采用多种治疗方案相结合,以期达到更好的治疗效果。

注意缺陷多动障碍(attention deficit hyperactivity disorder,ADHD)又称多动症,是一种多见于儿童的精神障碍,主要表现为,与年龄和发育水平不相称的注意定向障碍和注意持续时间短暂、活动过度和冲动,常伴有学习困难、品行障碍和适应不良。[①]注意缺陷多动障碍患者存在额叶发育滞后,导致其对冲动或情绪的抑制能力不足。同时前额叶—纹状体及前额叶—杏仁核环路的异常影响患者对自己行为等的控制。右侧纹状体体积的减小也是注意缺陷多动障碍的核心特征之一,这会导致纹状体及前额叶皮质部单胺水平降低,从而造成短时记忆的障碍。同时,注意缺陷多动障碍患者右侧尾状核较左侧体积更大,这导致额叶到纹状体网络的信息传递存在差速,造成更显著的注意障碍。根据目前的脑机制研究,注意缺陷多动障碍患者的脑结构和功能异常大多与额叶有关,因此除了行为治疗和药物治疗以外,有研究者采用经颅磁刺激或经颅直流电刺激针对患者的额叶进行干预,从而使其症状得到改善。

第二节　脑发育的影响因素

许多研究表明,脑发育受许多因素的影响,如遗传因素、环境因素、睡眠、运动等。

---

① RUOTSALAINEN I, RENVALL V, GORBACH T, et al. Aerobic fitness, but not physical activity, is associated with grey matter volume in adolescents[J]. Behavioural brain research, 2019, 362: 122–130.

一、遗传因素

大量的神经影像学和遗传学研究结果表明,人类某些受遗传因素影响而导致的基因异常表达和基因突变与脑功能异常和疾病密切相关。2022 年 2 月,美国加州大学圣地亚哥分校多模态成像和遗传学中心的研究团队在《科学》(Science)上发表了团队研究成果。[①] 他们使用遗传信息脑图谱对儿童和成人进行了区域皮质表面积和厚度的全基因组关联研究,以探讨与人类大脑发育最为相关的基因位点。结果发现,成年期的皮质遗传结构变异主要受神经发育的早期阶段的影响,特别是与皮质表面积发育有关的变异区域。研究者通过联合分析识别基因位点,发现许多重要的基因与神经发育障碍或痴呆症有关。此外,研究者分析了皮质层表型,即由基因型产生的可以观察或鉴定的特征与遗传相关矩阵,结果发现,大多数表型,特别是边缘系统和感觉运动区域,都表现出丰富的遗传特性。尤其在解剖位置接近的区域以及两侧的大脑半球对称区域之间存在较高的遗传相关性。用基因组结构方程模型来估计不同表型间的遗传效应发现,倒置等位基因与大脑皮质表面积的减小有关,并且与腹侧皮质厚度的增加存在正相关关系。总体来说,这项研究系统揭示了人类大脑早期发育的遗传机制,以及基因变异与大脑皮质发育之间的关系。在另一项研究中,研究者对 250 名脑瘫患者及其父母进行了基因组蛋白质编码测序,结果发现,当 FBXO31 和 RHoB 基因发生突变时,会导致儿童的脑瘫,表现为脑室周围白质软化与胼胝体变薄等。[②]

二、环境因素

儿童就像海绵一样,吸收环境中的刺激,学习识别面孔、理解语言等。儿童所处的环境造就其大脑的发展过程。许多研究也表明,外部环境能够影响儿童的大脑发育。例如,父母对子女早期教养的敏感性会影响儿童的脑结构,具体来说,早期父母较高的教养敏感性与儿童 8 岁时较大的脑容量和灰质体积有关。[③] 采用前瞻性研究方法,采集儿童在 12 岁时与母亲的互动情况,以及这些儿童在大约 12 岁和 16 岁时的脑结构的研究结果发现,母亲的积极行为会影响儿童脑结构的变化,具体表现为儿童 12 岁时母亲较多的积极行为与儿童之后 4 年内右侧杏仁核体积增长的减弱,以及左侧和右侧眶额皮层厚度降低的速度加快有关。[④] 童

①　MAKOWSKI C, VAN DER MEER, D, DONG, W, et al. Discovery of genomic loci of the human cerebral cortex using genetically informed brain atlases[J]. Science, 2022, 375(6580): 522–528.

②　JIN S C, LEWIS S A, BAKHTIARI S, et al. Mutations disrupting neuritogenesis genes confer risk for cerebral palsy[J]. Nature genetics, 2020, 52(10): 1046–1056.

③　KOK R, THIJSSEN S, BAKERMANS-KRANENBURG M J, et al. Normal variation in early parental sensitivity predicts child structural brain development[J]. Journal of the American academy of child & adolescent psychiatry, 2015, 54(10): 824–831.

④　WHITTLE S, SIMMONS J G, DENNISON M, et al. Positive parenting predicts the development of adolescent brain structure: a longitudinal study[J]. Developmental cognitive neuroscience, 2014, 8: 7–17.

年期逆境（如遭遇忽视或者虐待）会破坏下丘脑—垂体—肾上腺轴（hypothalamic-pitutitary-adrenal axis，HPA 轴）的发育和功能。[1] HPA 轴是一个可塑性系统，暴露在极端或慢性压力下会导致该系统功能的改变，导致糖皮质激素分泌过多或过少，并在大脑中产生相关影响。例如，儿童面对逆境时 HPA 轴激活导致糖皮质激素的释放，可能导致大脑中糖皮质激素受体浓度高的区域（包括海马、杏仁核和前额叶皮质）发生结构和功能变化。[2]

三、睡眠

睡眠通常被认为是一种休息状态。但实际上，脑大部分区域的神经元在睡眠期间仍保持活跃，这种神经活动消耗了大量的能量。睡眠可分为快速眼动睡眠（rapid eye movement sleep，REM sleep）和非快速眼动睡眠（non-rapid eye movement sleep，NREM sleep）。这两种睡眠状态在胎儿期就已出现。

神经系统发育来自两方面的刺激：一方面是外在刺激，另一方面是内在刺激。外在刺激是指儿童处于觉醒状态时接受到的环境刺激，如视觉和听觉刺激都能促进脑发育，觉醒状态也是进行社会互动和学习的最佳时间。内在刺激是指源自个体自身的生物学因素或内部信号，能对神经系统发育产生影响。内在刺激可能来自基因表达、神经元的活动、荷尔蒙水平、细胞间的信号传递等。内在刺激只出现于快速眼动睡眠，因此快速眼动睡眠是内在刺激产生的基础，也是神经系统发育的基础。研究者总结有关婴儿期、儿童期和青春期个体的睡眠与认知的研究，发现睡眠在个体脑发育中起着至关重要的作用。[3] 自我报告睡眠质量较差的14—16 岁青少年，表现出脑岛激活增加，而背外侧前额叶与脑岛以及背外侧前额叶与纹状体之间的功能连接较低。这表明，睡眠缺乏影响了脑岛的发育进程，并削弱脑区的功能连接，这可能对脑功能产生消极影响。总体来说，睡眠与儿童大脑发育和认知之间存在相互关系。

四、运动

运动不仅可以诱导更好的神经可塑性与认知储备，甚至可以抵消脑部的病变。[4] 儿童期和青春期是人体迅速生长发育的关键时期，涉及情绪和自我调节等的关键脑区在个体出生时并未发育完全，会在儿童期和青春期继续发育。增加运动可以促进儿童特定脑

---

① MCLAUGHLIN K A, SHERIDAN M A, LAMBERT H K. Childhood adversity and neural development: deprivation and threat as distinct dimensions of early experience [J]. Neuroscience & biobehavioral reviews, 2014, 47: 578–591.

② HUANG Y F, WEI L. Nonlinear Moderation effect of vagal regulation on the link between childhood trauma and adolescent internalizing and externalizing sumpters [J]. Journal of youth and adolescence, 2023, 53: 217–228.

③ MASON G M, LOKHANDWALA S, RIGGINS T, et al. Sleep and human cognitive development [J]. Sleep medicine reviews, 2021, 57: 101472.

④ ARIDA R M, TEIXEIRA-MACHADO L. The contribution of physical exercise to brain resilience [J]. Frontiers in behavioral neuroscience, 2021: 279.

区的发展并调节大规模神经回路的结构与功能,以促进儿童认知、情绪和行为等方面的发展,并降低心理问题出现的风险。运动对脑发育的积极影响主要体现在前额叶皮质的结构和功能方面,包括皮质边缘、额顶网络与默认网络等。研究发现,有氧运动与前额叶皮质、运动区、顶叶区、颞叶区和枕叶区的灰质外观形态,以及额叶下缘更大的白质体积相关。[1][2] 还有研究发现,有氧运动与海马体、基底神经节更大的皮层下体积相关,进而引发海马体的记忆编码和工作记忆表现的增强。[3] 此外,有研究考察了儿童的抑郁情况及其脑结构,结果发现,运动参与度与儿童的海马体体积存在正相关关系;而运动参与度和海马体体积仅与男孩的抑郁症状呈负相关关系。[4] 这说明通过运动来抵抗抑郁症状可能对于男孩来说更为有效。

第三节　脑发育与儿童教育

脑发育受遗传和环境等多种因素的影响。因此,可以通过后天的教育来促进儿童的脑发育。如参与智力活动、提高睡眠质量和加强体育运动等。

一、参与智力活动促进脑发育

开展琴、棋、书、画等文体活动有利于全面提升学生的综合素养,这是深化教育改革的一项有力措施。其中,围棋作为一种传统的棋类活动被认为不仅具有娱乐功能,而且还具有教育功能。[5] 围棋是一项需要高级智能参与的活动,需要大脑皮质多个区域的参与。随着脑成像技术的发展,近二十年来研究者从脑结构到功能,从静息态到任务态,对围棋专家和新手进行了多种对比,揭示了记忆、计算等高级认知功能及相关的脑结构和功能在围棋活动中的重要作用。结果发现,围棋专家经过长期训练其额叶存在更大的白质区域[6];与新手相

① ESTEBAN-CORNEJO I, MORA-GONZALEZ J, CADENAS-SANCHEZ C, et al. Fitness, cortical thickness and surface area in overweight/obese children: the mediating role of body composition and relationship with intelligence[J]. Neuroimage, 2019, 186: 771–781.

② HERTING M M, KEENAN M F, NAGEL B J. Aerobic fitness linked to cortical brain development in adolescent males: preliminary findings suggest a possible role of BDNF genotype[J]. Frontiers in human neuroscience, 2016, 10: 327.

③ RUOTSALAINEN I, RENVALL V, GORBACH T, et al. Aerobic fitness, but not physical activity, is associated with grey matter volume in adolescents[J]. Behavioural brain research, 2019, 362: 122–130.

④ GORHAM L S, JERNIGAN T, HUDZIAK J, et al. Involvement in sports, hippocampal volume, and depressive symptoms in children[J]. Biological psychiatry: Cognitive neuroscience and neuroimaging, 2019, 4(5): 484–492.

⑤ 闫红. 围棋教育功能的探索[J]. 新课程·中旬, 2016(9): 238.

⑥ LEE B, PARK J Y, JUNG W H, et al. White matter neuroplastic changes in long-term trained players of the game of "Baduk" (GO): a voxel-based diffusion-tensor imaging study[J]. Neuroimage, 2010, 52(1): 9–19.

比,围棋专家在杏仁核区域的大脑灰质体积出现下降,而在伏隔核脑区则出现上升趋势[1]。一项研究考察了业余棋手在思考围棋问题时脑区激活情况,结果表明,激活脑区主要包括双侧额叶的额上回、额中回和额下回,左额内侧回、右侧中央后回、右楔叶和右梭状回等。[2]以上结果均说明围棋活动是一种复杂的认知活动,而接受围棋训练会促进儿童相关脑区的发育。

对儿童的围棋教学不应该忽视其自身脑发育规律,根据儿童的年龄特点,5 岁以下的儿童大脑认知功能发育不完全,可能无法完成较多计算和较为复杂的判断,也无法保持较长的有效注意,因此不适合学习围棋。

二、提高睡眠质量促进脑发育

随着社会节奏加快和社会压力增大,越来越多的人处于不同程度的睡眠剥夺状态。《中国儿童发展报告(2021)》显示,我国中小学生每日人均睡眠时间少于 8 h,50% 的学生存在睡眠剥夺的情况。睡眠剥夺是个体入睡功能障碍的一种表现形式,即睡眠时间没有满足机体处于清醒状态和保持警觉所需的时间。研究表明,睡眠剥夺会导致个体大脑的过度疲劳,影响从短时记忆向长时记忆的转换过程,影响对信息的编码、检索和存储等,并且对儿童的学习造成不良影响。[3][4]睡眠剥夺对记忆和学习的影响是一个复杂的过程,受到睡眠不同阶段和周期时长、中枢神经系统的突触可塑性和脑结构等多方面因素的综合影响。研究表明,睡眠障碍患者的脑电波呈现更多的觉醒波形和高频的 β 波形,这些觉醒打断了非快速眼动睡眠和快速眼动睡眠之间的交替循环,导致睡眠潜伏期变长,总体睡眠时间变短。[5]此外,睡眠剥夺通过影响突触可塑性导致个体记忆功能减退。具体来说,睡眠剥夺可导致海马体中谷氨酸受体表达减少、乙酰胆碱信号通路被抑制,损害海马体的突触可塑性和齿状回长时程增强,最终引起海马体功能减退和学习记忆损害。[6]相关脑成像研究也发现,睡眠剥夺患者记忆减退程度与睡眠时间的减少和右侧海马体体积缩小有关。[7]

①　BILALIĆ M, CAMPITELLI G.14 studies of the activation and structural changes of the brain associated with expertise [J]. The cambridge handbook of expertise and expert performance, 2018: 233.

②　胡瑜,黄和林 . 弈棋风格的 fMRI 证据[J]. 心理科学, 2013(3): 616–621.

③　NEWBURY C R, CROWLEY R, RASTLE K, et al. Sleep deprivation and memory: meta-analytic reviews of studies on sleep deprivation before and after learning[J]. Psychological bulletin, 2021, 147(11): 1215.

④　YANG X, CHEN H, LI S, et al. Association of sleep duration with the morbidity and mortality of coronary artery disease: a meta-analysis of prospective studies[J]. Heart, lung and circulation, 2015, 24(12): 1180–1190.

⑤　OSORIO-FORERO A, CARDIS R, VANTOMME G, et al. Noradrenergic circuit control of non-REM sleep substates [J]. Current biology, 2021, 31(22): 5009–5023.

⑥　苗素云,倪丽艳,王利,等 . Orexin 受体功能在睡眠剥夺大鼠空间学习记忆和海马齿状回细胞增殖中的作用 [J]. 山东大学学报(医学版), 2019, 57(1): 41–47, 54.

⑦　黄伟伟,吕鑫,鲁姗姗,等 . 慢性失眠患者空间记忆功能与睡眠结构及海马体积的相关性[J]. 中华神经科杂志, 2017, 50(8): 599–605.

一方面,良好的睡眠有助于减少疲倦和恢复精力。睡眠时期脑内突触连接强度下降至基线水平,在此期间没有进行增强和巩固的突触和新的突触会被清除,防止突触活动的"过饱和",为参与新的大脑活动做好准备。另一方面,睡眠过程中存在积极的学习过程,即处理和巩固记忆信息。大脑会加工和处理当日接收的新信息,并且有选择地将某些信息转化并长期存储在相应的大脑皮质功能区。换句话说,睡眠时期记忆经历了重新激活与再加工的过程。

因此,帮助儿童找到适合的就寝时间和起床时间,保持充足的睡眠时间和较高的睡眠质量至关重要。睡眠时间的一致性是良好睡眠的重要组成部分,不规律的就寝时间会对睡眠质量产生负面影响,因此即使在周末,也应该尽量坚持与工作日相同的就寝时间和起床时间。此外要避免自我暗示。睡前暗示会使神经系统、身体和思想变得更加清醒和活跃,在生理上产生更多的焦虑感,从而加剧交感神经系统的活动,使入睡变得困难。

三、加强体育运动促进脑发育

众所周知,运动对大脑有许多积极的影响。一些脑功能和脑血流动力学对照研究的结果也支持这样的观点,即运动可能会影响青少年自上而下的控制[1]和学习所需的神经资源(如图 2-8 所示)。在持续注意和抑制的任务中,低体能儿童表现出体感皮质、岛叶皮质、前扣带皮质、顶叶皮质和前额叶中部区域的异常激活模式。[2]此外,有氧运动会影响大规模神经网络内在功能的改变,包括静息状态下默认网络、认知控制网络和运动网络的激活模式等。[3]总之,运动可以通过改变前额叶的结构与功能,以及前额叶皮质与大规模神经网络整合与细化,加强和改善自上而下的控制过程,最终引发儿童认知和行为的改变。

加强体育运动对促进儿童脑发育十分重要。首先,要有计划地运动。不管是短期的运动,还是长期的运动,都应该有一个明确的计划和目标,包括一天要运动多少,要选择什么样的运动类型,等等。其次,要正确、健康地运动。运动前要充分热身;请教教练或是老师正确的热身和运动方法;大量运动过后不宜马上用餐或者洗澡,也不能用餐或是洗澡之后就马上去运动,这都是不健康的习惯。最后,要适当运动。做运动也不能急于求成,要注意休息。

---

①　KRAFFT C E, PIERCE J E, SCHWARZ N F, et al. An eight month randomized controlled exercise intervention alters resting state synchrony in overweight children[J]. Neuroscience, 2014, 256: 445-455.

②　CHADDOCK L, ERICKSON K I, PRAKASH R S, et al. A functional MRI investigation of the association between childhood aerobic fitness and neurocognitive control[J]. Biological psychology, 2012, 89(1): 260-268.

③　CHADDOCK-HEYMAN L, ERICKSON K I, CHAPPELL M A, et al. Aerobic fitness is associated with greater hippocampal cerebral blood flow in children[J]. Developmental cognitive neuroscience, 2016, 20: 52-58.

图 2-8   运动影响大脑结构和功能进而促进青春期心理健康的理论模型 [①]

【本章小结】

脑发育是一个缓慢、循序渐进的过程,而且脑发育会受到许多因素的影响。学习脑发育的基本原理,掌握脑发育的基本规律和影响因素,有助于我们在日常生活中了解脑发育的各个关键时期,更重要的是要避免一些不利因素对脑发育的影响,让脑健康地发育起来。

【实践·反思·探究】

1. 儿童脑发育的过程是怎样的?

2. 影响儿童脑发育的因素有哪些?

3. 可以采取哪些措施来促进儿童的脑发育?

【推荐阅读】

［1］贝尔,柯勒斯,帕罗蒂斯.神经科学:探索脑:第2版:中文版［M］.王建军,主译.北京:高等教育出版社,2004.

［2］刘洪波,冯士刚.脑与认知科学基础［M］.北京:清华大学出版社,2021.

［3］孙久荣.脑科学导论［M］.北京:北京大学出版社,2001.

---

①   BELCHER B R, ZINK J, AZAD A, et al. The roles of physical activity, exercise, and fitness in promoting resilience during adolescence: effects on mental well-being and brain development［J］. Biological psychiatry: cognitive neuroscience and neuroimaging, 2021, 6(2): 225–237.

第三章
儿童感知觉的发展

【学习目标】

- 了解感知觉的概念及其分类。
- 掌握儿童视觉、听觉,以及视知觉、听知觉的发展特点。
- 掌握促进儿童感知觉发展的方法。

【知识导图】

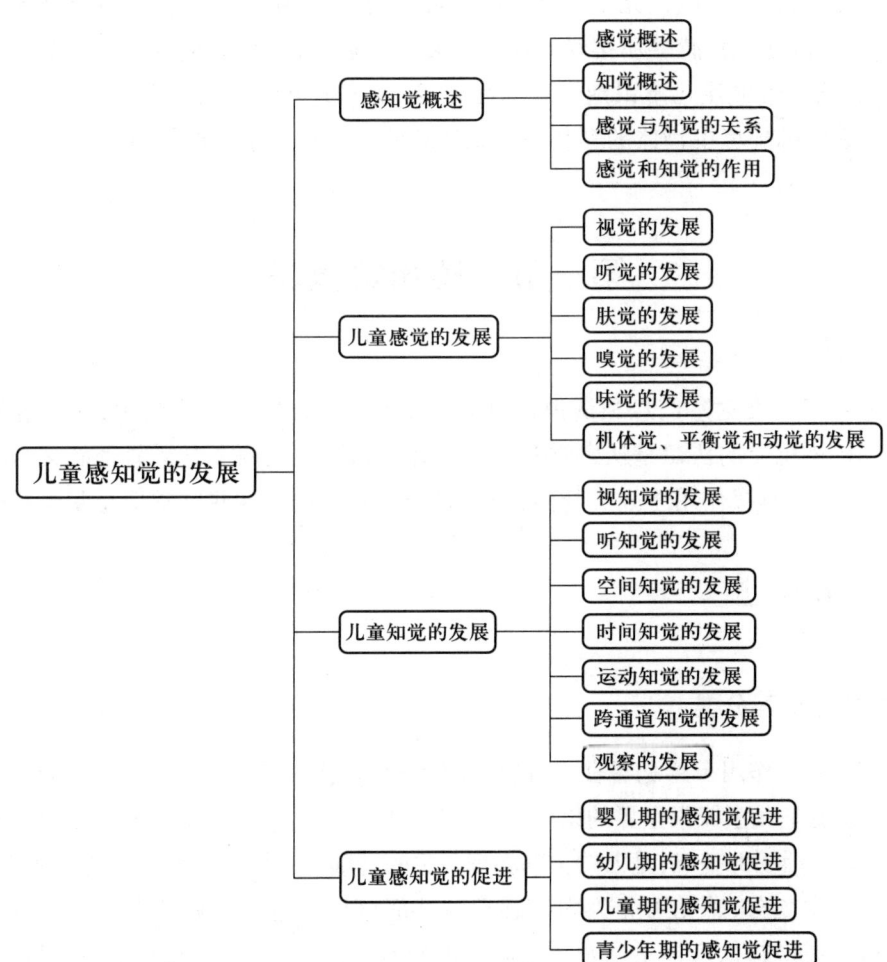

【案例导入】

夏日的清晨,3岁的贝贝正在吃早餐。远远看到有人向他招手,走近一看才发现是奶奶。奶奶拿出一个五颜六色的玩具送给他,贝贝伸出手来抓住玩具,玩具软软的。贝贝稍微用力捏了一下玩具,玩具就开始唱儿歌了。贝贝开心地笑了,他很喜欢这个玩具,一直拿在手里玩。过了一会儿,爷爷奶奶带着贝贝下楼去玩,爷爷牵着贝贝的左手,贝贝认真地看着楼梯,小心翼翼地一步一步走下去。因为他还记得上次踩空台阶时摔跤了,摔得很痛。爷爷奶奶带贝贝去骑木马,贝贝选择了他喜欢的红色木马,坐上去摇啊摇。骑过木马之后,奶奶拿出一根奶酪棒,贝贝马上把它放进嘴里,又香又甜的味道让他开心地笑了起来。

儿童看似简单的生活中包含了大量的感知觉信息,感知觉的发展保证了儿童最基本的日常生活。例如,视觉可以让儿童看到周围环境中的物体,听觉可以让儿童听到周围环境中的声音,触觉可以让儿童感受所接触物体的软硬和冷热等信息,味觉可以让儿童感受到食物的味道,面孔知觉可以让儿童识别他人的面孔,深度知觉可以让儿童避免危险,颜色知觉可以让儿童认识周围环境中物体的颜色……感知觉的发展对儿童是至关重要的。

第一节　感知觉概述

感知觉对于人类觉察信息和认识世界的重要性不言而喻。在生活中,人们对外部世界信息和内部机体感受的认识是从感觉开始的。感觉和知觉是两个联系紧密而又有所区别的心理过程:感觉是直接作用于人类身体器官的信息,而知觉将这些感觉信息赋予意义。

一、感觉概述

（一）感觉及其分类

感觉是刺激物作用于感觉器官,经过神经系统的信息加工所产生的对该刺激物的个别属性的反映。感觉是儿童探索世界的第一步,是最初级的认识活动。同时,感觉也是知觉、记忆、思维等复杂认识活动的基础,是人的全部心理现象的基础,是最简单、最基本的心理活动。

按刺激来源划分,感觉可分为内部感觉和外部感觉。内部感觉是指由有机体内部刺激引起的,反映内脏器官、身体平衡及自身状态的感觉,主要包括机体觉(也称内脏感觉)、平衡觉和动觉。外部感觉是指由外部刺激引起的，反映外部事物个别属性的感觉，主要包括视觉、听觉、肤觉、嗅觉和味觉。

感觉通道在新生儿出生前便已基本形成，新生儿出生后接受光、声、味等刺激，表现出视觉、听觉、肤觉、嗅觉、味觉、动觉等方面的反应。

（二）感觉的规律

1. 感受性与感觉阈限

感受性是指感觉器官对适宜刺激的感觉能力，或者说是人对刺激的感觉灵敏程度。不同的个体对同一刺激的感受性是不同的，比如，当同样的痛觉刺激（如打疫苗）作用于痛觉感受性强和痛觉感受性弱的个体时，两者的感受是不同的。刺激并不是在任何强度下都能被人清晰地觉察，研究者把感官能够觉察到的强度最小、最弱的刺激称为感觉的绝对阈限，即产生感觉体验需要的最小物理刺激量，其操作性定义为有一半次数能够觉察到感觉信息的刺激水平。

2. 感觉适应

感觉适应是指感觉系统对持续作用的刺激的反应逐渐减弱的现象。感觉适应既可以表现为感受性的提高，也可以表现为感受性的降低。例如，进入非常安静的房间一段时间后，连针掉落在地上的声音都可以听见，而进入机器轰鸣的工厂一段时间后，甚至连正常音量大小的对话都难以听清楚，这都是听觉适应的表现。《子曰全集·孔子家语·六本》所言"与善人居，如入芝兰之室，久而不闻其香，即与之化矣；与不善人居，如入鲍鱼之肆，久而不闻其臭，亦与之化矣。"描述的就是嗅觉适应。但是人类对痛觉的适应是较难的，因此，痛觉作为危险刺激的信号颇具生物学意义。

3. 感觉对比

感觉对比是指不同刺激作用于同一感觉器官后，其感受性发生变化的现象。感觉对比使人类对不同刺激的感觉产生差别，从而更好地辨别事物或刺激。根据刺激呈现的时间差异，感觉对比可分为同时对比和继时对比。同时对比是指两个刺激同时作用于同一感受器时产生的感觉对比现象，如"鹤立鸡群"时鹤非常显眼，但在鹤群中，这只鹤则平平无奇。继时对比是指两个刺激先后作用于同一感受器时产生的感觉对比现象，如吃完糖果再吃葡萄会觉得葡萄很酸，而吃完苦瓜再吃葡萄会觉得葡萄很甜。

4. 联觉

联觉是指一个刺激不止引起一种感觉，而是引起多种感觉的心理现象。联觉是两种或以上感觉相互作用的表现，如温度—颜色联觉、音调—颜色联觉等。当人们听到歌曲"五星红旗迎风飘扬，胜利歌声多么响亮……"时脑海中会浮现五星红旗的鲜明形象并产生温暖的感觉，这就是音调—颜色及音调—温度联觉的体现。

5. 感觉补偿

感觉补偿是指某种感觉缺失后由其他感觉能力突出发展来弥补的现象。例如，盲人播音员虽然失去了视觉，但是他们的听觉和触觉非常发达，可以通过较强的听觉能力来收听和模仿声音,也可以通过触摸盲文来"阅读"并播报新闻。

二、知觉概述

(一)知觉及其分类

知觉是直接作用于感觉器官的客观事物在脑中的整体反映,是人对感觉信息的选择、组织和解释过程。感觉是相对被动的过程,人们被动地接收来自外部世界的刺激信息;而知觉是相对主动的过程,人们主动地对感觉到的事物进行解释。吉布森认为,知觉是一个激活了的有机体为了认识世界而表现出来的主动行为,知觉过程就是分类、解释、分析和整合来自感觉器官和人脑刺激的心理过程。[①] 在 5 个月左右的婴儿身上就可观察到知觉的表现。如,婴儿在玩玩具时,不仅会通过视觉观察玩具,通过手触摸玩具,而且会不断改变观察和触摸玩具的角度和方式来了解玩具的形状、大小、颜色等特征,形成对玩具的整体知觉。在适当的引导下,6 岁儿童的知觉初步具备了一定的目的性、持续性和概括性,但他们自觉组织和支配自己的知觉的能力还较差。随着年龄的增长和教育的影响,到小学阶段,儿童知觉的目的性和持续性不断发展,且其知觉分析与综合能力也不断提高。

我们可以从不同的角度对知觉进行分类。根据知觉对象是否为人,可以将知觉分为社会知觉和物体知觉:社会知觉是对人的知觉;对除人以外的其他各种物体的知觉都称为物体知觉。根据知觉中哪一种感受器的活动占主导地位,可以将知觉分为视知觉、听知觉、嗅知觉、味知觉和触摸知觉等。根据事物的时间、空间和运动等特性,可以将知觉分为时间知觉、空间知觉和运动知觉等。

(二)知觉的基本特性

知觉过程是个体不同的感觉器官感受存在于客观世界的物体及其属性、关系等内容的过程。在这个过程中,人们会综合已有经验和事物本身来共同完成对客观世界的知觉。知觉具有理解性、整体性、选择性和恒常性等四种特性。

1. 知觉的理解性

知觉的理解性是指人们会根据已有经验来对客观事物进行描述和解释,并以此为依据赋予其意义的组织加工过程。例如,《画杨桃》一文中的主人公按照所看见的将杨桃画成了五角星的样子,而同学们却根据已有的对杨桃的经验,认为文中主人公所画的不是杨桃,老师从主人公的角度出发,引导同学们从不同的角度观察杨桃,这都是知觉理解性的体现。但知觉理解性有时也会对人们的知觉过程造成困扰,因为人们对客观事物的理解在很大程度上受到已有经验的影响,所以容易形成知觉定式,即个体会根据已有经验对某些特定知觉对

---

① 费尔德曼.儿童发展心理学:费尔德曼带你开启孩子的成长之路:第 8 版[M].苏彦捷,等译.北京:机械工业出版社,2021:115.

象表现出认知加工的倾向性。例如,看到长发的背影就认为是女性。

2. 知觉的整体性

知觉的对象是由不同部分和属性组成的,但人们在知觉过程中总是把客观事物作为一个整体来感知,即把客观事物的个别属性综合为整体来反映,这就是知觉的整体性。例如,"窥一斑而知全豹",人们会借助已有的知识经验,主动发掘刺激物的个别属性所反映的整体特征,从而得出合乎逻辑或者有意义的知觉解释。

3. 知觉的选择性

知觉的选择性是指个体根据自己的需要与兴趣,有目的地把某些刺激信息或刺激的某些方面作为知觉对象而把其他事物作为背景进行组织加工的过程。知觉的选择性在某些程度上会受到客观刺激物本身特点的影响。例如,强度大、对比鲜明的刺激物就容易成为我们的知觉对象,而强度小、对比模糊的刺激物较易成为背景。例如,"万绿丛中一点红"中的"红"就容易被加工为知觉对象,而"绿"则容易被加工为背景。

4. 知觉的恒常性

当知觉对象的物理特性在一定范围内发生变化时,知觉形象并不因此发生相应的变化,知觉的这种特性称为知觉的恒常性。知觉的恒常性是儿童经验积累而使知觉完善的结果。生命初期,视觉恒常性的建立尤为重要,因为这一时期的婴儿通过它来稳定地认识世界。如果视觉恒常性不存在,看到任何物体都要去重新认识,那么婴儿将会生活在惊慌之中。视觉恒常性主要包括大小恒常性、亮度恒常性、颜色恒常性和形状恒常性。

大小恒常性是指客体从远到近或从近到远,它们在视网膜上投影的大小发生变化,但个体知觉到的客体大小仍保持不变的现象。有研究者指出,出生 3 个月以内的婴儿不具有大小恒常性,但到 5—7 个月大时,婴儿开始表现出最基础的大小恒常性;4 个月大的婴儿是否具备这种能力要看他们的双眼线索是否成熟。[①]

亮度恒常性是指当客体处在光线亮度不断变化的环境中时,个体知觉到的客体亮度仍保持不变的现象。如色泽黯淡的衣服不论在昏暗的灯光下还是在太阳下总是让人感觉到它的黯淡。只要物体不是特别小,这种能力可以出现在 7 周大的婴儿身上。[②]

颜色恒常性是指对颜色的知觉不随光照颜色的改变而改变。比如五星红旗不论在什么样的光线下,人们总把它知觉为红色的。有研究者对比了 20 周大的婴儿和 9 周大的婴儿的颜色知觉,结果发现,20 周大的婴儿表现出颜色恒常性,而 9 周大的婴儿则没有表现出颜色恒常性。[③]

形状恒常性是指客体的形状在一定范围内发生变化后,人们对其的知觉结果并不发生变化,依然知觉为原来的那个对象的现象。形状恒常性是建立在人们已有生活经验和知识

①　ASLIN R N. Motor aspects of visual development in infancy [M] //Handbook of infant preception, 1987: 43–47.

②　DANNEMILLER J L. The early phase of dark adaptation in human infants [J]. Vision research, 1985, 25 (2): 207–212.

③　DANNEMILLER J L. A test of color constancy in 9-and 20-week-old human infants following simulated illuminant changes [J]. Developmental psychology, 1989, 25 (2): 171–184.

基础上的,最常见于面部知觉,如不论一个熟悉的人做出什么表情、脸部怎么扭曲,人们仍将他知觉为原来的样子。

客体永恒性是知觉恒常性的进一步发展,是指即使客体从视野中消失了,人们知道客体依旧存在于客观世界,只是当前无法看到而已。皮亚杰指出,从出生到两个月,婴儿没有任何客体永恒性的概念;2—4 个月大的婴儿开始出现客体永恒性的萌芽,但仅被动地期望消失物品再出现,并不会积极地进行探索;4—8 个月大的婴儿则开始探索那些部分消失在视野中的物品,例如,掀开遮挡玩具的布;8—12 个月大的婴儿开始出现主动寻找消失物品的行为,可以找到之前消失在视野中且被完全遮挡的物品;1—1.5 岁的婴儿则可以在物体发生位移后积极寻找,且不会再出现 A 非 B 错误(即将物品放在 A 处,婴儿能够重复在 A 处找到;但将物品从 A 处移至 B 处后,婴儿即使看到物品在 B 处也会去 A 处寻找);1.5 岁以后,儿童可以主动寻找被遮挡后位移的物品。皮亚杰认为,发展到此阶段的儿童可以建构消失后位移物体的表象,并且可以运用各种动作寻找物体,即儿童形成了对客体永恒性的顿悟。此时,无论遮盖物多复杂,无论看不见的物体的位移多复杂,儿童依然坚信物体是存在的。

三、感觉与知觉的关系

感觉是人脑对直接作用于感觉器官的客观事物的个别属性的反映,而这并不能使个体充分了解客观世界,因此,在个体感知世界的过程中,大脑总是在积极地对感觉信息进行选择、组织和解释,然后把客体的个别属性综合整理成一个完整的客体加以识别和赋予意义。感觉是知觉过程的重要组成部分,是知觉的前提和基础。知觉是感觉的深入和发展,人对客观事物个别属性的反映越丰富、越精确,由此形成的知觉就越完整、越清晰。知觉以感觉为基础,但又不同于感觉,两者既紧密联系又相互区别。

(一)感觉与知觉的联系

1. 两者都是人脑对客观事物的主观反映

感觉与知觉不可能凭空产生,感知觉的产生源于客观事物的存在。因此,感觉过程和知觉过程都是人脑对客观事物的主观反映。

2. 两者都是对当前直接作用于感觉器官的客观事物的反映

感觉和知觉是人脑对客观事物或现象的直接的、具体的反映,只有当感觉和知觉对象直接作用于感觉器官并使之产生某种活动,感觉和知觉才能产生。如果客观事物或现象在感觉器官所及范围内消失,那么感觉活动和知觉活动都会随之停止。

3. 两者都与人脑的活动紧密相关

感觉和知觉都是人脑对作用于感觉器官的刺激信息的处理过程,没有人脑对刺激信息的接收、加工与处理,仅凭感觉器官是不会也不能产生感觉的,更无法在此基础上形成知觉。

（二）感觉与知觉的区别

1. 反映客观事物的内容不同

感觉是人脑对直接作用于感觉器官的客观事物的个别属性的反映,而知觉则是人脑对直接作用于感觉器官的客观事物的各种属性、各个部分及其相互关系的整体的、综合的反映。两者反映的内容在层次上存在差异。

2. 产生的基础不同

感觉的产生是生理和心理活动综合作用的结果,它产生的基础是感觉器官的生理机制和刺激信息的物理特性,不需要或很少需要人的知识经验,因此相同的刺激信息会引起相似的感觉。而知觉是纯粹的心理活动,它产生的基础是感觉和知识经验,因此由于知识经验的差异,不同的人对同一刺激信息的感觉输入可能会产生不同的知觉。

3. 生理机制不同

感觉是单一分析器活动的结果,知觉是多种分析器协同活动的结果。知觉的形成和发展需要多种分析器共同参与,以对复杂刺激物多种属性及其相互关系进行整合。由于知觉的形成离不开人已有的知识经验,因此知觉过程包含当前刺激信息引起的兴奋活动,以及与过去相应的知识经验之间暂时神经联系的恢复过程。

四、感觉和知觉的作用

感觉和知觉是人认识客观事物的初级阶段,是人的心理活动的基础。如果没有感觉和知觉,人就不可能产生记忆、思维、想象、意志等复杂的心理活动。因此,感觉和知觉是人的正常心理活动形成、发展和完善的基础,是人认识世界的开端。

感觉和知觉是婴儿出生后认识客观世界的最初的方式。同样,幼儿的思维水平依然相对较低,以直观动作思维和具体形象思维为主,因而也需要借助大量从感觉和知觉获得的直接经验来认识事物。感觉和知觉在儿童期及之后的发展过程中依然发挥重要作用,为个体发展提供了丰富的直接经验,其在个体探索周围世界、增长经验等方面依然占据主导地位。

第二节　儿童感觉的发展

从新生儿发展为成熟的个体,人的感觉是如何发展和完善的呢？虽然新生儿的感觉世界缺乏成熟个体区分事物的清晰度和稳定性,但是新生儿的感觉器官已经有了初步的发展,即新生儿具备了初步的感觉,如视觉、听觉和触觉等。随着个体不断成长,他们各方面的感觉能力也在不断发展,直至成熟。

一、视觉的发展

视觉是眼睛辨别外界物体明暗、颜色和形状等特性的感觉,是人类获取外界信息的主要渠道。婴儿的视觉系统(包括眼睛和视神经系统等)在出生后迅速发展,这与眼睛及大脑皮质视觉中枢的迅速成熟是分不开的。新生儿已经具备一定的眼睛运动和定向能力,能够转动自己的眼球看到那些刚好出现在他们视野中的物体[①],但是他们将视觉定向到单一目标(尤其是面孔)的能力是非常有限的。新生儿可以看清距离自己 20—36 cm 的物体,但看不清超出这一距离范围的物体。

在新生儿眼中,世界是模糊的(如图 3-1A 所示),而不是清晰的(如图 3-1B 所示)。出生 1 个月之后,虽然婴儿的视力水平有所提高,但仍很难看清细节。3 个月大的婴儿的视觉功能已经充分整合,即他们可以把来自两只眼睛的成像信息结合起来得到有关深度和运动方面的信息,并且视线能够从一个物体转向另一个物体。随着时间的推移,婴儿的视觉系统进一步发展,5—6 个月大的婴儿已经具备视觉控制能力,即可以控制注视最近出现在视野中的物体,并表现出够物行为和抓握动作。1 岁大的婴儿已经具备远近空间意识的视觉运动控制能力。[②]

随着认知功能的发展,儿童逐渐学会在复杂的环境中正确地运用视觉。特别是进入学龄期后,儿童的视觉感受性不断发展以适应学习活动,7 岁时儿童视觉感受性的增长尤为显著。7—15 岁儿童视觉差别感受性的增长也非常明显,在这一阶段,眼睛肌肉的调节能力也不断发展,尤其是 10 岁时发展最快。这对儿童的学习活动是非常重要的,因为儿童在学习过程中,需根据学习需求不断将视线在近处和远处的学习对象间转移。

A   B

图 3-1 新生儿眼中的世界

① HUNNIUS S, GEUZE R H, GEERT P V, Associations between the developmental trajectories of visual scanning and disengagement of attention in infants[J]. Infant Behavior and Development, 2006, 29(1): 108–125.

② ATKINSON J. The developing visual brain[M]. Oxford: Oxford University Press, 2000: 43–57.

接下来从视觉集中、视敏度和颜色视觉三个方面分别介绍儿童视觉的发展。最后,介绍视觉严重损伤儿童的发展。

（一）视觉集中

视觉集中是指通过双眼肌肉的协调,把视线集中在适当的位置以观察物体。由于新生儿的眼肌不能很好地协调运动,出生后 2—3 周,新生儿的双眼活动不协调,表现为一只眼睛偏右,另一只眼睛偏左,或者两眼对合在一起。同时,婴儿遇到光线时,眼睛会眯成一条缝或完全闭合。因此,为了避免婴儿眼肌平衡失调而造成斜视,不能将婴儿长期放在光源的一侧。出生 3 周的婴儿能将视线集中在物体上;出生两个月的婴儿出现集中的视觉活动,表现为视线能够追随在水平方向移动的物体;出生 3 个月的婴儿的视觉更加集中和灵活,表现为能追随物体做圆周运动,以及对熟悉的照料者的面孔能够维持较长时间的视觉集中,此时,成人可以使用反复隐藏面孔后出现的游戏来激发婴儿的兴趣。随着年龄的增长,婴儿视觉集中的时间和距离逐渐增加:3—5 周的婴儿能对 1—1.5 m 处的物体注视约 5 s;到 3 个月大时,其注视范围扩展至 4—7 m,对物体的单次注视时间可延长至 7—10 s。半岁大的婴儿能够注视距离较远的物体,如远处的房屋、鸟儿、树木等,此时他们对周围环境的观察更具主动性。

（二）视敏度

视敏度是指视觉系统精确地辨别物体在形体上最小差异的能力,俗称"视力"。研究表明,婴儿在 6 m 处所见的物体的清晰度,如同视力正常的成人在 60—180 m 处所见的一样。或者说,近视的成人不戴眼镜时所看到的世界与婴儿眼中的世界是类似的。研究表明,婴儿的视敏度在出生后 4 个月内迅速发展,6 个月大的婴儿的视敏度已与成人的视敏度水平非常接近。[1][2] 一般而言,学前晚期儿童的视敏度要优于学前初期儿童的视敏度。例如,4—5 岁儿童能够看到某一图形的平均距离为 2.1 m,5—6 岁儿童为 2.7 m,而 6—7 岁儿童为 3 m。

儿童的视敏度是可以通过训练而有所提高的。学前初期可提高 15%—20%,学前晚期可提高 30% 左右。[3] 儿童视敏度发展最快的时期是在 7 岁左右,学龄中期增长速度又有些加快。但由于学龄期儿童阅读量的增加,容易导致眼睛疲劳并使儿童的视敏度下降。有研究者对小学一至三年级的儿童进行了为期 16 周、以开放性运动技能为主的三种球类运动(包括足球、乒乓球、羽毛球)训练后发现,该训练对提高小学低年级学生动态视敏度有积极作用,且大球类运动效果更佳。[4] 类似地,研究者通过对小学四年级近视儿童进行为期 16 周

① CORROW S, GRANRUD C E, MATHISON J, et al. Infants and adults use line junction information to perceive 3D shape[J]. Journal of vision, 2012, 12(1): 8.

② 莫伊雷尔. 婴儿是如何学会看东西的?[J]. 健康研究, 2023, 43(3): 361–364.

③ 朱智贤. 儿童心理学[M]. 6 版. 北京: 人民教育出版社, 2018: 190.

④ 金刚, 陈健, 陈钢, 等. 三项球类运动改善小学低年级学生动态视敏度的效果[J]. 中国康复理论与实践, 2019, 25(11): 1279–1282.

的结合视觉任务的闭锁性技能身体活动(如跑、跳、投)训练发现,其可改善小学近视儿童的视功能,降低近视儿童的近视程度,在一定程度上抑制近视发展进程,即该训练可以作为恢复近视儿童的视力水平,促进儿童眼健康的一种有效手段。[①]

(三)颜色视觉

颜色视觉是指不同波长的光作用于视觉器官所引起的感觉,是婴儿视觉能力发展的重要方面。婴儿的颜色视觉发展相当快,以至于很多研究者认为颜色视觉是儿童早期心理装置的重要成分。采用习惯化技术对婴儿的颜色视觉进行研究发现,新生儿已能区分黄色、橙色、红色、绿色、青绿色与灰色,但不能区分蓝色、紫色与黄绿色。婴儿的颜色视觉发展很快,1 个月大时就能区分蓝色、紫色、黄绿色与灰色,两个月大时能区分黄色与红色,3—4 个月大的婴儿的颜色视觉已和成人相似。[②]

(四)视觉严重损伤儿童的发展

对视觉严重损伤儿童的发展研究证明了视觉、动作探索、社会交往和对世界的理解之间的相互依赖性。对视敏度在 20/800 或更差的儿童在学前期进行的追踪研究发现,这些儿童在动作和认知功能等方面的发展上都表现出严重的迟滞。[③]视觉损伤严重影响了儿童对动作的探索和对空间的理解,他们必须依赖声音来定位物体;但是声音定位要晚 6 个月左右才能发展到跟视觉一样的准确性。[④]同样地,视觉障碍儿童在社会交往中也存在巨大的困难,他们难以进行眼神接触和模仿等。研究表明,失明儿童很少主动与同伴和教师接触,当与他人交往时,他们较难理解他人的反应,也难以做出恰当的回应。[⑤]父母、教师和专业养育者可以通过丰富的语言刺激,以及将声音与触觉相结合的方法,来缓解儿童视力损伤所带来的发展障碍。

随着科技的发展,目前也有多种手段可以对视觉损伤儿童进行相应的治疗和训练而使其视力有所恢复。例如,视知觉训练和视功能训练等都能有效改善弱视儿童的视觉表征和双眼视功能。[⑥]儿童期弱视是由先天或者早期发育异常所导致的视力低下,在我国的发病率为 2%—4%,研究发现,单眼遮盖疗法对 8 岁以下弱视儿童的治疗效果较好,知觉学习在弱

①　周晟,周冲,谈强,等.闭锁性技能身体活动结合动态视觉任务改善四年级近视儿童视功能的效果[J].中国康复理论与实践,2020,26(12):1383-1389.

②　MARSDEN R E. The early color sense-further experiments[J]. Yhologal review, 1903, 10(3):297-300.

③　HATTON D D, BAILEY Jr, D B, BRUCHINALAND M R, et al. Developmental growth curves of preschool children with vision impairments[J]. Child development, 1997, 68(5):788-806.

④　LITOVSKY R Y. Developmental changes in the precedence effect: estimates of minimum audible angle[J]. Journal of the acoustical society of america, 1997, 102(3):1739-1745.

⑤　Preisler G M. Early patterns of interaction between blind infants and their sighted mothers[J]. Child: care, health and development, 1991, 17(2):65-90.

⑥　张敏,林宇驰,蒋平,等.视知觉训练治疗对弱视儿童视觉表征和双眼视功能的影响[J].国际眼科杂志,2019,19(9):1629-1632.

视治疗中的应用也逐渐受到关注。[1]

二、听觉的发展

听觉是指声波作用于听觉器官,使其感受细胞兴奋,并通过听神经发出冲动,经各级听觉中枢分析后引起的感觉。胎儿在 20 周内发育出耳朵结构,20 周后听觉神经系统开始发育,25 周左右听觉神经系统开始发挥作用。[2] 到第 28 周时,胎儿对靠近母亲腹部的声响会出现紧闭眼睑的反应,此时那些不能以这种方式做出反应的胎儿,在出生后常出现听力障碍。相比正常儿童,早期由于听力障碍或其他原因无法正常接收声音刺激的儿童在心理理论获得上将出现迟滞[3],并出现更多的行为问题[4] 和言语功能发育障碍[5]。

出生后的几天内,新生儿就已经能对声音刺激的某些特征表现敏感。例如,时长更短、频率变化更大的声音刺激将引起新生儿更强的颞叶激活。[6] 此外,新生儿左侧顶叶对元音的变化更为敏感,而语调变化则引发右侧颞叶更大程度的激活,即大脑对声音刺激的加工表现出一定的偏侧化。[7]

在听觉辨认方面,刚出生几天的婴儿就能区分几种不同的声音,如区分按升调组合的音与按降调组合的音,以及单音节词与多音节词。[8][9] 6 个月大的婴儿能察觉到由近前转到 90 cm 之外的声音[10],5—6 岁的儿童能听到距离 55—65 cm 处的钟表走动声,6—8 岁的儿童能听到距离 100—110 cm 处的钟表走动声。在音强上,成年人可以听出小到 1—2 dB 的强度

[1] 黄杰,叶翔,温莹. 知觉学习在弱视治疗中的应用[J]. 眼科新进展,2016,36(6):588-591.

[2] LECANUET J P, GAUTHERON B, LOCATELLI A, et al. What sounds reach fetuses:biological and nonbiological modeling of the transmission of pure tones[J]. Developmental psychobiology:the journal of the international society for developmental psychobiology, 1998, 33(3):203-219.

[3] WELLMAN H M, PETERSON C C. Deafness, thought bubbles, and theory-of-mind development[J]. Developmental psychology, 2013, 49(12):2357-2367.

[4] PETERSON C, SLAUGHTER V, MOORE C, et al. Peer social skills and theory of mind in children with autism, deafness, or typical development[J]. Developmental psychology, 2015, 52(1):46-57.

[5] RIEFFE C, NETTEN A P, BROEKHOF E, et al. The role of the environment in children's emotion socialization[M]// Educating deaf learners:creating a global evidence base. New York:Oxford University Press, 2015:369-388.

[6] MINAGAWA-KAWAI Y, VAN DER LELY H, RAMUS F, et al. Optical brain imaging reveals general auditory and language-specific processing in early infant development[J]. Cerebral cortex, 2011, 21(2):254-261.

[7] ARIMITSU T, UCHIDA-OTA M, YAGIHASHI T, et al. Functional hemispheric specialization in processing phonemic and prosodic auditory changes in neonates.[J]Frontiers in psychology, 2011, 2, Article 202.

[8] BIJELJAC-BABIC R, BERTONCINI J, MEHLER J. How do 4-day-old infants categorize multisyllabic utterances?[J]. Developmental psychology, 1993, 29(4):711-721.

[9] SANSAVINI A, BERTONCINI J, GIOVANELLI G. Newborns discriminate the rhythm of multisyllabic stressed words [J]. Developmental psychology, 1997, 33(1):3-11.

[10] MOFFITT A R. Intensity discrimination and cardiac reaction in young infants[J]. Developmental psychology, 1973, 8 (3):357-359.

差异[①],5—7 个月大的婴儿仅能区分 6 dB 以上的差异。在频率上,1 个月大的婴儿能辨别 200 Hz 与 500 Hz 的纯音[②];对于 1 000—3 000 Hz 的声音5—8 个月大的婴儿能觉察出 2% 的频率差异(成人为 1%),而在 4 000 Hz 左右的高频声音上,这时期的婴儿的敏感性接近 成人[③]。

总体说来,0—3 个月大的婴儿的听觉主要是脑干听觉中枢的反射性反应。3 个月后,婴儿有意义的听觉活动逐渐发展。6 个月大的婴儿能够敏感地识别母亲的声音。7 个月以后,婴儿听觉发展和语言发展联系起来。之后,随着年龄的增长,特别是在学习语言、接触音乐和接受听觉训练的过程中,儿童的听觉迅速发展起来。

儿童在十二三岁以前,听觉感受性一直在增长,8 岁儿童的听觉感受性比 6 岁儿童的几乎增加一倍。儿童的听觉感受性在 14—19 岁到达顶峰,换句话说,这一时期儿童的听力是最好的。在发展过程中要重视对儿童听觉器官的保护。中耳炎是听力障碍的主要诱因,尽量不要让水和异物进入儿童的耳朵,同时要避免儿童长时间使用耳机,使儿童远离噪声污染,否则易导致不可逆转的听力损伤。

三、肤觉的发展

肤觉是皮肤受物理或化学刺激所产生的触压、痛、温、冷等感觉的总称。肤觉包括触觉、痛觉和温度觉等,其对个体的生命具有直接的生物学意义。

(一)触觉

触觉的发展是儿童各种感觉发展的基础,对儿童的心理发展也具有重要作用。在妊娠第 49 天,胎儿就已经有了初步的触觉反应[④];两个月时,胎儿能对细而尖的触觉刺激产生反应;到 4 个月时,他们就会通过吸吮自己的大拇指来安慰自己了。胎儿在母亲子宫里通过自身的活动感受外部环境,刚开始时,当胎儿无意间碰到子宫内的一些组织,会有非常"胆小的"回避反应;但再过些时间,他们的手和身体的其他部分建立联系后,胎儿会主动抓握脐带,也会尝试抚摸自己的脸。新生儿明显表现出对触摸的敏感:轻轻摸一下刚出生的婴儿的面颊,他们会转过头来;轻轻抚摸其嘴角,他们会自发性地微笑。

儿童,特别是婴儿对外界的触觉探索活动,主要是通过口腔触觉来完成的。3 个月大的婴儿在吸吮时,对熟悉的物体,他们的吸吮速度会逐渐降低,即出现"习惯化"现象;如果换

---

①   SINNOTT J M, ASLIN R N. Frequency and intensity discrimination in human infants and adults[J]. Journal of the acoustical society of America, 1985, 78(6): 1986–1992.

②   WORMITH S J, PANKHURST D, MOFFITT A R. Frequency discrimination by young infants[J]. Child development, 1975: 272–275.

③   OLSHO L W, SCHOON C, SAKAI R, et al. Preliminary data on frequency discrimination in infancy[J]. The journal of the acoustical society of America, 71(2): 509–511.

④   谷传华. 儿童心理学[M]. 北京:中国轻工业出版社, 2010: 86.

成新物体,婴儿会用力吸吮且吸吮速度也会提高,即出现"去习惯化"现象。6个月大的婴儿倾向于把所有东西都放到嘴里,通过嘴对物体进行感觉,获取物体的结构信息。1个月大的婴儿能凭口腔触觉辨别不同软硬程度的乳头,4个月大的婴儿则能同时辨别不同形状和不同软硬程度的乳头。出生4个月以后,婴儿已具有成熟的够物行为,视触协调能力已发展起来。5—6个月大的婴儿出现了听觉和触觉的协调,并在6个月左右开始出现手眼协调动作。但有研究者分析了8—9个月大的婴儿对新物体的探索行为,发现口腔活动出现的频率仍较高。[①] 实质上,早期的口腔触觉探索活动是弥补儿童尚未发展起来的其他探索活动的方式。而且,在相当长的时间内,儿童仍然以口腔的触觉探索作为对其他探索活动的补充。例如,一两岁儿童拿到东西也常常先往嘴里送。

此外,手部触觉也是儿童认识外界的主要渠道。抓握反应就属于手的本能性的触觉反应,当有物体接触到新生儿的手心时,新生儿会立即收起手指,紧握该物体。婴儿还会表现出一些无意识的手部触觉活动。例如,当婴儿的手无意中碰到被子的边缘时,会沿着边缘抚摸被子。

触觉作为联系成人和儿童的有效手段显得十分重要。把手放在哭泣的新生儿胸部轻轻地抚摸,可以让他们平息下来,这对早产儿也同样有效。在与成人交流的过程中,婴儿可以通过触觉产生对成人积极的视觉注意。随着年龄增长,儿童对触摸的敏感性和敏锐度会逐渐降低,但所有年龄段的个体都认为轻柔、缓慢地抚摸皮肤将令人愉快。[②] 触觉敏感性与亲社会行为有关。此外研究发现,注意缺陷多动障碍儿童在触觉敏感性方面表现较差[③];聋哑儿童通过触觉辨别大小的能力与正常儿童无明显差异[④];而智力低下的儿童的触觉长度知觉能力显著低于正常儿童,并且在触觉长度知觉方面,他们左右手功能的分化程度也明显低于正常儿童[⑤]。

（二）痛觉

对于相同强度的痛觉刺激,婴儿可能比成人体验到更强烈的痛感。[⑥] 由于神经发育不够成熟,婴儿的痛觉冲动由未髓鞘化的神经纤维传递到脊髓。这些神经纤维缺少抑制性神经递质,同时婴儿下行抑制功能尚不完全,因此婴儿的痛觉耐受性可能比3岁以上的儿童低30%—50%。[⑦]

① KOPP C B, SIGMAN M, PARMELEE A H. Longitudinal study of sensorimotor development [J]. Developmental psychology, 1974, 10(5): 687–695.

② CROY I, SEHLSTEDT I, WASLING H B, et al. Gentle touch perception: from early childhood to adolescence [J]. Developmental cognitive neuroscience, 2019, 35: 81–86.

③ DELLAPIAZZA F, MICHELON C, VERNHET C, et al. Sensory processing related to attention in children with ASD, ADHD, or typical development: results from the ELENA cohort [J]. European child & adolescent psychiatry, 2021, 30: 283–291.

④ 张增慧.7—12岁学龄儿童、聋哑儿童及成人视、触大小知觉实验研究 [J]. 心理科学通讯, 1985(3): 28–33, 66–67.

⑤ 李新旺,李永鑫,丁新华. 弱智儿童与正常儿童触觉长度知觉的对比研究 [J]. 心理科学, 2000(2): 240–241.

⑥ 刘慧晨,陈坚. 婴儿的痛觉 [J]. 心理科学进展, 2020, 28(10): 1723–1732.

⑦ SLATER R, WORLEY A, FABRIZI L, et al. Evoked potentials generated by noxious stimulation in the human infant brain [J]. European journal of pain, 2010, 14(3): 321–326.

　　研究发现,与正常儿童相比,5—8 岁孤独症组男童的痛觉阈限高于正常组男童,孤独症组女童与正常组女童的痛觉阈限无显著差异,正常组和孤独症组儿童的痛觉阈限都随着年龄增长而不断提高。[1]

　　婴儿痛觉反射的持续时间长于成人。[2]研究发现,与成人不同,在接受痛觉刺激时,婴儿的杏仁核、眶额区皮质并未被激活。[3]经常抚慰或摇晃婴儿身体可以使他们体验到更多的正性情绪,有效降低婴儿的疼痛感受。[4]

（三）温度觉

　　婴儿调控体温的中枢神经尚未发育完善,身体的肌肉组织也比较少,他们调节温度的能力很有限,难以适应过高或者过低的温度,也不能很好地适应温度的变化。婴儿入睡后,其新陈代谢水平不能及时下降,体内的热量以出汗的方式释放,因此婴儿在睡觉时容易出汗。

　　冷热感觉阈限值随儿童年龄增长呈提高的趋势,这可能与 C 纤维(人体传播疼痛的两种纤维之一)数量的减少以及表皮神经密度的下降有关。[5]

四、嗅觉的发展

　　嗅觉是指挥发性物质作用于嗅觉器官产生的感觉。嗅觉器官早在胎儿 30 天时即在头部产生,称作鼻基板;7 周时,胎儿的嗅上皮已固定在鼻腔上部;6 个月时,胎儿鼻孔拓通,嗅细胞开始接收刺激,嗅觉结构在胎儿 7—8 个月时形成。从进化论角度,嗅觉可以帮助哺乳动物觅食,帮助母亲保护幼仔免受天敌的捕食,还可以帮助母亲和幼仔互相辨认。人类的嗅觉虽然没有其他一些哺乳动物发达,但仍具有相当大的生存价值。母亲在分娩后不久,就能通过气味辨认出自己的孩子;婴儿也是如此,母乳喂养的 1—2 周大的婴儿,能够通过乳房和腋下分泌的气味来辨认自己的母亲。[6][7]只有母乳喂养的婴儿才有能力在出生后的几周

　　① 李晋,宋天佳,孟凡超,等.孤独症与正常儿童的痛阈比较研究[J].中国疼痛医学杂志,2015,21(12):908-913.

　　② CORNELISSEN L, FABRIZI L, PATTEN D, et al. Postnatal temporal, spatial and modality tuning of nociceptive cutaneous flexion reflexes in human infants[J]. PloS one, 2013, 8(10): e76470.

　　③ GOKSAN S, HARTLEY C, EMERY F, et al. Correction: fMRI reveals neural activity overlap between adult and infant pain[J]. Elife, 2015, 4: e08663.

　　④ ATKINSON N H, GENNIS H, RACINE N, et al. Caregiver emotional availability, caregiver soothing behaviors, and infant pain during immunization[J]. Journal of pediatric psychology, 2015, 40(10): 1105-1114.

　　⑤ BESNÉ I, DESCOMBES C, BRETON L. Effect of age and anatomical site on density of sensory innervation in human epidermis[J]. Archives of dermatology, 2002, 138(11): 1445-1450.

　　⑥ PORTER R H, CERNOCH J M, BALOGH R D. Odor signatures and kin recognition[J]. Physiology & behavior, 1985, 34(3): 445-448.

　　⑦ PORTER R H. Olfaction and human kin recognition[J]. Genetica, 1998, 104(3): 259-263.

内就能辨认出自己母亲的气味。[①] 母乳喂养的婴儿在 4 天大时,就能表现出更喜欢自己母亲身上的气味,而不喜欢一个身份不明的女性身上的气味;奶瓶喂养的婴儿表现出更喜欢正处在哺乳期的女性身上散发的气味。有研究将一只干净的胸罩与一只婴儿母亲的胸罩分别放在出生 2—7 天的婴儿头部两侧,然后观察记录婴儿转头的方向和次数;结果发现,新生儿明显更偏爱其母亲的胸罩,转向其的次数较多。[②]

新生儿对一些食物的气味做出的反应与成人的反应有着惊人的相似,这表明对一些气味的偏好是天生的。例如,香蕉和巧克力的气味会引起婴儿放松和愉悦的面部表情,而坏鸡蛋的气味会让婴儿双眉紧锁。[③] 当将少许氨水放至婴儿鼻孔一侧时,不足 6 天大的婴儿就能很快将头扭向另一边去。[④] 脑电图研究还发现,新生儿在出生后 20—30 min,就能对香水做出反应。[⑤]

儿童的生活经历对其嗅觉偏好有一定影响。有研究者对北京市 7 个城区 15 所学校的 1 755 名中小学生进行调查,结果发现在既往接触过挥发性有机溶剂的学生中,有 23.8% 的学生对这些实验试剂的气味表现出不同程度的喜好,0.8% 的学生对这类物质表现出偏好。[⑥] 如果养育者在照看儿童时,身上常带有某种气味,儿童将偏好该气味,并且将该气味与放松和愉悦的情绪相联结。

嗅觉对人类而言有自我保护的功能,敏锐的嗅觉可以帮助人们及早发现危险。有研究发现,薰衣草精油的气味可以减少先天智力障碍儿童的攻击行为,增加其亲社会行为。[⑦] 嗅觉随着脑成熟和经验的积累而不断发展,1 岁左右,婴儿嗅觉能力已经和成人大体相当。嗅觉的改善一直延续到成年期,然后发生衰退。

五、味觉的发展

味觉是可溶性物质作用于味觉器官产生的感觉。胎儿在 3 个月时已会张嘴和吞咽,味觉感受器在此时开始发育;4 个月时开始接收味觉刺激;6 个月时味觉感受器发育完成。

味觉是新生儿出生时最发达的感觉,它具有生命保护意义。出生仅 2 h 的婴儿就能对

① SCHAAL B, MARLIER L, SOUSSIGNAN R. Olfactory function in the human fetus: evidence from selective neonatal responsiveness to the odor of amniotic fluid[J]. Behavioral neuroscience, 1998, 112(6): 1438-1449.

② 庞丽娟,李辉. 婴儿心理学[M]. 杭州:浙江教育出版社,1993:60.

③ STEINER J E. Human facial expressions in response to taste and smell stimulation[M]//Advances in child development and behavior. Orlando, F. I.: Academic Press, 1979: 257-295.

④ RIESER J, YONAS A, Wikner K. Radial localization of odors by human newborns[J]. Child development, 1976: 856-859.

⑤ 王振宇. 幼儿心理学[M]. 北京:人民教育出版社,2012:37.

⑥ 吕宪祥,赵成正,赵苓,等. 北京市部分中小学生对挥发性有机溶剂喜好程度调查[J]. 中国药物依赖性通报,1995,4(1):34-39.

⑦ RANJAN A. Effects of aromatherapy and breathing exercise on aggression in intellectual disability[J]. Journal of disability management and rehabilitation, 2016, 2(2): 73-77.

不同的味道表现出不同的反应[①]：甜味刺激诱发婴儿"满意"的表情，并诱发婴儿的吸吮动作，吸吮动作使婴儿有浅浅的似微笑面容（如图 3-2 所示）；酸味刺激诱发婴儿嘴唇撅起，并伴有皱鼻和眨眼（如图 3-3 所示）；苦味刺激则诱发婴儿厌恶和拒绝的表情，并经常伴有吐出和想要呕吐的动作（如图 3-4 所示）。这种味觉偏好反应将有利于婴儿选择成长所需的略带甜味的母乳。

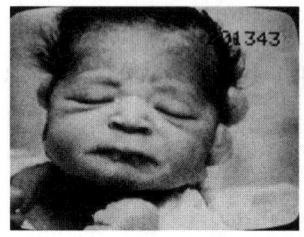 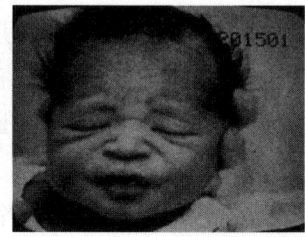 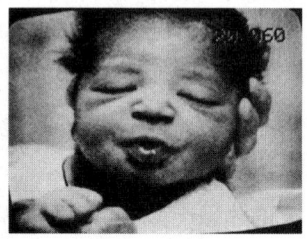

图 3-2   甜味刺激诱发的婴儿面部表情

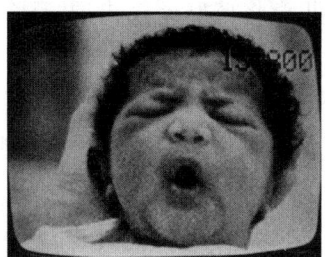 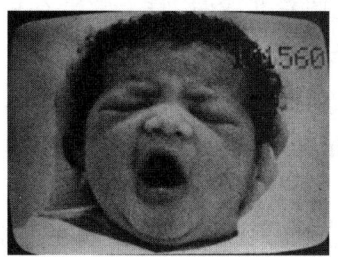

图 3-3   酸味刺激诱发的婴儿　　　　图 3-4   苦味刺激诱发的婴儿
　　　　　　面部表情　　　　　　　　　　　　　面部表情

婴儿对甜味表现出偏好。出生 2—3 天的婴儿对浓度为 15% 的蔗糖溶液的吸吮时间明显加长，吸吮停顿的时间和次数明显减少。[②] 把蔗糖喂给正在哭叫的婴儿，能够使他们安静下来。[③] 而把奎宁（味苦）喂给婴儿，婴儿就会表现出厌恶的表情；要是把玉米油或者水喂给婴儿，他们几乎没有什么反应。[④]

对咸味感知的发展与甜味、酸味和苦味不同，婴儿出生时对咸味的反应要么是无动于衷的，要么是拒绝的。但是到 4 个月大时，婴儿就开始愿意选择咸味了。这一变化为婴儿接受

① ROSENSTEIN D, OSTER H. Differential facial responses to four basic tastes in newborns[J]. Child development, 1988: 1555-1568.

② CROOK C K, LIPSITT L P. Neonatal nutritive sucking: effects of taste stimulation upon sucking rhythm and heart rate [J]. Child development, 1976, 47(2): 518-522.

③ NOWLIS G H, KESSEN W. Human newborns differentiate differing concentrations of sucrose and glucose[J]. Science, 1976, 191(4229): 865-866.

④ GRAILLON A, BARR R G, YOUNG S N, et al. Differential response to intraoral sucrose, quinine and corn oil in crying human newborns[J]. Physiology & behavior, 1997, 62(2): 317-325.

固体食物做好了准备。^①"天然食品是好的"这种信念可以在 5 岁甚至更小年龄建立起来，在这一时期要尽量少给婴儿吃加工食品、饮料和重口味的食物。

六、机体觉、平衡觉和动觉的发展

（一）机体觉

机体觉是机体内部器官受到刺激而产生的感觉，又称内脏感觉。当各种内脏器官工作正常时，各种感觉融合为一种感觉，即自我感觉。婴儿一出生就具有机体觉，但在会走路之前，机体觉很难获得充分的发展。

（二）平衡觉

平衡觉是指个体觉察身体的位置、动作、自觉感受及自身平衡稳定状态的复合感觉。为了理解和领会周围的环境，婴儿必须能够平衡他们的身体，调整他们的运动。研究表明，即使是新生儿也能知道转动他们的头部以适应视域中物体的运动。^②随着运动控制方面的进步，婴儿对自己身体姿态的调整也越来越精确，他们慢慢学会通过感受身体的倾斜和重力的变化来调整自己的姿势和动作，婴儿慢慢学会抬头、翻身、坐立和爬行等基本动作，这些动作都需要依赖平衡觉来保持身体稳定。

平衡感是天生的，并随着经验的增加和运动控制能力的增强而不断得到优化。和成人一样，婴儿内部控制系统会对影响身体姿态平衡的刺激做出自动的反应。^③

（三）动觉

动觉是指由本体感觉器产生的、个体辨别身体各部位运动和姿势的感觉。在幼儿期，儿童开始学会站立、行走和奔跑等复杂的运动技能。他们会依靠平衡觉来感知身体的倾斜和位置，从而保持稳定的姿势。同时，他们也开始学会在有平衡挑战的活动（如跳跃、跳绳和骑车等）中，更加精确地协调自己的动作。

运动的物体更能吸引婴儿的注意，婴儿主要根据静止的物体来辨别物体运动。8 周大的婴儿仅能察觉与自己相向运动的物体，即此时婴儿已经形成辨别运动物体和静止物体的能力；16 周大的婴儿才能察觉与自己同向运动的物体。随后儿童会逐渐掌握复杂的运动技能，能够准确感知身体的位置、动作的力度和方向，并通过不断练习来改善运动的协调性和精准性。

---

① BEAUCHAMP G K, COWART B J, MORAN M. Developmental changes in salt acceptability in human infants[J]. Developmental psychobiology, 2010, 19（1）: 17–25.

② JOUEN F, LEPECQ J C, GAPENNE O, et al. Optic flow sensitivity in neonates[J]. Infant behavior and development, 2000, 23（3–4）: 271–284.

③ BERTENTHAL B I, ROSE J L, BAI D L. Perception-action coupling in the development of visual control of posture[J]. Journal of experimental psychology: human perception and performance, 1997, 23（6）: 1631–1643.

第三节 儿童知觉的发展

当个体处于客观世界时,刺激作用于感官,因而个体被动地接收刺激信息。但知觉是一个主动的过程,即个体会自行组织和解释其接收到的感觉信息。感觉是知觉产生的前提,而知觉的形成过程绝非各种感觉信息的简单相加,知觉在很大程度上需要已有知识经验的参与。因此,提及个体的知觉发展,往往很难判断知觉是何时开始的,知觉是何时促使思维的萌芽和发展的……但研究者也通过不断努力总结出人类知觉发展的进程,包括视知觉、听知觉、空间知觉、时间知觉、运动知觉、跨通道知觉和观察等。

一、视知觉的发展

个体刚出生时就能表现出明显的视觉偏好,可能的原因有两点:一是大脑视觉皮质的正常发展需要输入相应的视觉刺激,婴儿运用视觉能力的先天倾向具有高度的适应性;二是婴儿视觉倾向注意的对象,正是那些对他们的发展非常重要的刺激,如母亲的面孔。发展心理学家范茨在 1963 年设计了一个经典实验来观察婴儿的视觉偏好。[①] 在实验中,婴儿躺在小隔间中观察上方成对的刺激,研究者通过观察婴儿眼睛里反射的物体来判断他们正在看什么。结果发现,婴儿更喜欢看复杂的、带图案的视觉刺激。范茨的研究推动了研究者对婴儿视觉偏好的认识和探索。后续研究不断证明,婴儿天生偏好某些特征的刺激。例如,新生儿更倾向注视三角形的边和顶点。[②] 刚出生几分钟的婴儿对特定颜色、形状和结构的刺激表现出偏好:他们喜欢曲线胜过直线,喜欢三维图形胜过二维图形,喜欢人脸图形胜过非人脸图形,等等。这种先天的偏好反映了婴儿大脑中可能存在能够对特定的模式、方位、形状和运动方向进行反应的高度专门化的细胞。

在遗传因素的基础上,环境因素对婴儿视觉偏好的影响不断加深。仅在出生几小时后,婴儿对母亲面孔的喜爱就胜过了其他人的面孔。类似地,6—9 个月大的婴儿可以区分男性和女性的面孔,也能区分不同人的面孔,但难以区分其他物种(如大猩猩)的面孔。4—6 岁的儿童更加偏爱高吸引力的面孔。[③] 这些研究结果说明,遗传因素和环境因素共同影响和决定了个体的视觉偏好。下面将从颜色、图案和面孔三个方面进一步探讨在遗传因素和环境因素的共同作用下,儿童视知觉的发展。

---

①　FANTZ R L. Pattern Vision in Newborn Infants［J］. Science, 1963, 140（3564）: 296–297.

②　SALAPATEK P, KESSEN W. Visual scanning of triangles by the human newborn［J］. Journal of experimental child psychology, 1966, 3（2）: 155–167.

③　唐卫海,钟汝波,许晓旭,等. 面孔吸引力和信息正确性对幼儿选择性信任的影响［J］. 心理学报, 2019, 51（1）: 71–84.

（一）颜色知觉

如前文颜色视觉部分所述，很小的婴儿便能看到和意识到颜色的不同。2—4个月大的婴儿，其颜色知觉已开始发展；4个月时，婴儿已经能够对颜色视觉进行加工，即形成颜色知觉。[①] 婴儿看到的蓝色、黄色和红色等基本颜色，与成人看到的基本是匹配的，此时，哪怕在光照条件差异很大的情况下，婴儿仍能保持颜色知觉的正确性。

1. 颜色辨别

1.5岁儿童的同色配对能力很差，约20%的2岁儿童可以完成同色配对，而几乎100%的2.5—3岁儿童可以完成同色配对。学前早期，儿童开始能够正确地辨别红、黄、绿等颜色，但对橙、青等混合色，和色度不同的颜色，如粉红、酒红等，辨别能力有限。儿童对颜色的辨别能力随年龄增长逐步提高。到学前晚期，儿童一般能很好地辨别各种常见颜色，也能知道各种色调的细微差别（比如红和紫、青和蓝）。研究发现，学前晚期儿童对黄、红、绿三种颜色的辨认正确率最高，对12种颜色的辨认正确率从高到低为黄、红、绿、橙、白、浅蓝、紫、深棕、品红、蓝、棕、深绿，但其对某些颜色辨别的正确率仍较低。[②] 此时，颜色辨别困难已不再是由于视觉系统感知存在问题，而是由于对颜色的表征不成熟。在学龄期，儿童对颜色的差别感受性有显著发展，如四至六年级儿童的颜色差别感受性较一年级儿童的增长率达60%。

2. 颜色命名

儿童将自己看到的颜色与相应的颜色名称联系起来的能力要晚一些才会出现。研究发现，1.5岁的儿童几乎不能正确命名任何颜色；约40%的2岁儿童会进行颜色命名，但正确率极低；有80%的2.5岁儿童会对颜色进行命名，但正确率仅有25%。[③] 尽管儿童在2岁左右便已经学会了颜色名称，但其颜色命名的一致性和准确性直到4岁时也未达到较为成熟的水平。有研究者让儿童对8种颜色（红、白、黄、绿、蓝、橙、紫、黑）进行命名，结果发现3岁儿童颜色命名的正确率为50%，4岁为67%，5岁达到90%，6岁为95%。[④] 这说明儿童对颜色正确命名的能力随着年龄增长而不断提高，在5—6岁达到较为成熟的状态。但儿童用词语来标识差异较小的颜色（如青和蓝），或者根据词语指示来选择相应颜色的能力仍有待发展，这些能力会随年龄增长不断成熟。

3. 颜色偏好

4个月时，婴儿已表现出颜色偏好，此时红色物体最能够引起婴儿的兴奋；2—3岁时，儿童更偏爱颜色鲜明的暖色，如红、黄等。刘少英等人的研究发现，学前儿童最喜欢的颜色依次为红、黄、橙、蓝、紫、绿；在该阶段，儿童对颜色的偏好不存在年龄差异，但存在显著

① SCHIFFMAN H R. Sensation and Perception［M］.5th ed. Hoboken, N. J.: John Wiley & Sons, 2001: 129.

② 张增慧, 林仲贤, 茅于燕. 1.5岁—3岁幼儿的同色配对、颜色爱好及颜色命名的初步研究［J］. 心理科学通讯, 1984（1）: 9-15, 66.

③ FRANKLIN A, CLIFFORD A, WILLIAMSON E, et al. Color term knowledge does not affect categorical perception of color in toddlers［J］. Journal of experimental child psychology, 2005, 90（2）: 114-141.

④ 林仲贤, 张增慧, 韩布新, 等. 3—6岁不同民族儿童颜色命名发展的比较［J］. 心理学报, 2001（4）: 333-337.

的性别差异,即女孩最喜欢的颜色是红色,而男孩最喜欢的颜色是蓝色。[①] 儿童常常会将其感兴趣的物品以一种特殊的颜色来命名,自闭症儿童也存在对特殊颜色的强烈偏爱或者厌恶。[②]

(二)图案知觉

相对于单一的刺激,新生儿更喜欢看图案。婴儿会对图案的各个部分做出单独的反应,他们会对物体的轮廓表现出明显的偏爱。例如,在看人脸时,1 个月大的婴儿关注人脸的边缘轮廓部分——发际线和下颌线;到 2—3 个月时,他们开始仔细观看图案的内部特征,开始将图案的各个部分知觉为一个有组织的整体。随着婴儿不断长大,他们越来越喜欢复杂的图案。研究发现,3 周大的婴儿注视 6×6 方格图形的时间长于 12×12 方格图形和 24×24 方格图形;6 周大的婴儿更喜欢稍微复杂点的方格图形;3 个月大的婴儿更喜欢注视格子很小的方格图形。[③] 对此,有观点认为是由于复杂图形包含更多轮廓线的缘故,即"轮廓密度理论"。线条是组成形象的最为敏感的视觉符号,是人类表达情感和认知的基本语言之一。刘少英等人对 4 岁幼儿线条偏好的实验研究发现,幼儿更喜欢比较复杂的线条,如旋涡线、曲线、弧形线、波浪线等,且这一偏好不存在显著的性别差异。[④]

幼儿在学习辨认物体形状的过程中,形状配对较为容易,而形状命名则相对困难。基于此,诸多研究发现,2—6 岁儿童会偏好依据物体的形状对物体进行分类,且随着年龄增长,他们对形状的偏好愈发明显。[⑤] 而李富洪等人的研究发现,儿童对图案的偏爱与他们对形状的偏爱在对物体分类过程中占有同样的地位,尤其是在物体的共享特征较为复杂时,儿童更偏爱依据图案而不是形状进行分类。[⑥] 物体表面的视觉特征,如图案或纹理等,是个体感知物体信息的重要线索,有助于个体的物体识别。进入小学后,儿童对熟悉图案的辨认能力要优于对不熟悉图案的辨认能力,且随年龄增长,其对图案的辨认能力不断提升。[⑦]

(三)面孔知觉

刚出生 2 天的婴儿就可以分辨人脸和其他刺激。在出生后的几周内,婴儿的视觉距离约为 20 cm,接近母亲怀抱婴儿时,婴儿与母亲面孔的距离。通过视觉线索对面孔知觉的再

---

① 刘少英,葛列众,朱瑶.4—6 岁幼儿颜色偏好实验研究[J].心理科学,2004(3):669–670.

② SCHIFFMAN H R. Sensation and Perception[M].5th ed. Hoboken, N. J.: John Wiley & Sons, 2001:131.

③ KARMEL B Z, MAISEL E B. A neuronal activity model for infant visual attention[M]//Infant perception:From sensation to cognition. Orlando, F. I.: Academic Press, 1975:77–131.

④ 刘少英,葛列众,朱瑶.4 岁幼儿线条偏好实验研究[J].心理科学,2006,29(3):733–734.

⑤ AUGIER L, THIBAU J P. The benefits and costs of comparisons in a novel object categorization task: interactions with development[J]. Psychonomic bulletin & review, 2013, 20: 1126–1132.

⑥ LI F, LI Z, CAO B, et al. Children prefer pattern over shape during complex categorization: pattern preference of children[J]. PsyCh Journal, 2020, 9(6):819–831.

⑦ 田学红,钟晨音,郑碧波.7—11 岁儿童图形辨认的发展研究[J].心理科学,2004(4):874–875,838.

认,能帮助婴儿辨认自己的母亲。国外研究发现,3 个月大的婴儿更偏好本种族人的面孔[1];
4 个月大的婴儿对本种族面孔和其他种族面孔均能进行整体加工,而 8 个月大的婴儿仅对
本种族面孔进行整体加工,不对其他种族面孔进行整体加工[2]。国内研究也发现,幼儿在加工
不同种族的面孔时存在视觉策略上的差异,表现为幼儿更多关注同种族面孔的鼻子和嘴巴
区域,而看其他种族面孔时更关注眼睛。[3] 儿童不断发展的面孔知觉能力,帮助他们建立早
期的社会关系,有助于他们对环境的适应。

早在 1963 年,范茨就得出婴儿对有图形结构的对象更感兴趣的结论,即图形视觉理
论。[4] 从图 3-5 中可以看出,婴儿对面孔的注视时间远多于其他对象。约 6 周大的婴儿对着
黑色背景中的两只眼睛就会微笑,到 6 个月大时,婴儿才会只对完整的面孔微笑。在对不同
情绪面孔的识别方面,4—7 个月大的婴儿能分辨高兴、生气的面部表情;7—10 个月大的婴
儿开始对他人的情感表达做出有序而有意义的整体反应,他们对高兴的面部表情的反应不
同于悲伤或恐惧的面部表情,甚至对用模型表现出细微差异的面部表情也有不同反应。[5]

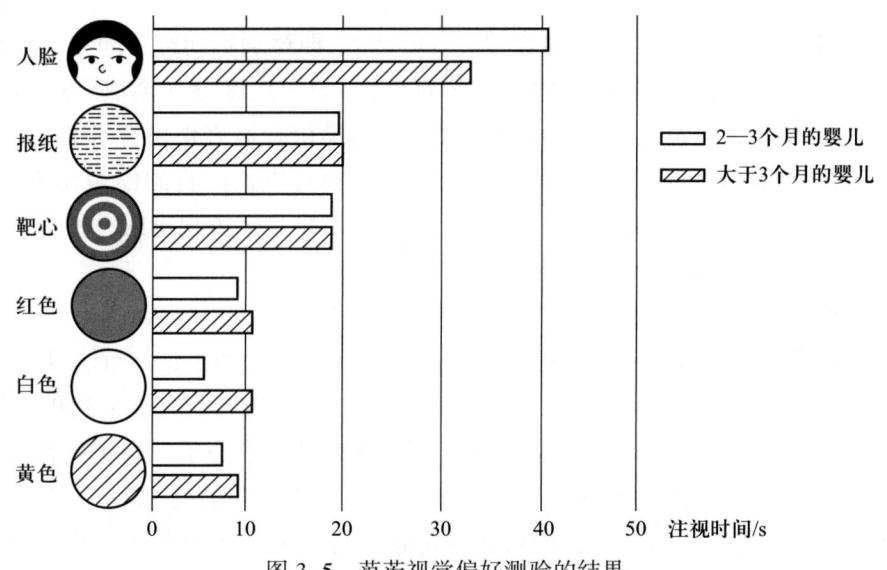

图 3-5　范茨视觉偏好测验的结果

眼动仪的有效运用帮助我们更好地了解儿童面孔加工的整个过程。眼动研究表明,幼
儿在面孔加工过程中,对不同部位信息的关注度差异很大。在面孔加工的早期阶段,鼻子具

①　KELLY D J, LIU S, GE L, et al. Cross-race preferences for same-race faces extend beyond the African versus
Caucasian contrast in 3-month-old infants[J]. Infancy, 2010, 11(1): 87–95.

②　FERGUSON K T, KULKOFSKY S, CASHON C H, et al. The development of specialized processing of own-race faces
in infancy[J]. Infancy, 2009, 14(3): 263–284.

③　王乾东,胡超,傅根跃.幼儿面孔加工异族效应的眼动研究[J].心理学报,2013,45(2):169–178.

④　FANTZ R L. Pattern vision in newborn infants[J]. Science, 1963, 140: 296–297.

⑤　LUDEMANN P M. Generalized discrimination of positive facial expressions by seven-and ten-month-old infants[J].
Child development, 1991, 62(1): 55–67.

有绝对的位置优势。赵倩等人的研究发现,在不同的任务情境中,5—6 岁儿童对卡通面孔的首次注视点落在鼻子和眼睛上的概率最大。[①] 此外,在面孔加工过程中,约 5 周大的婴儿更多地注视面孔的边缘;两个月大的婴儿会把更多的视线集中到面孔的内部特征上来,尤其是眼睛。在不同加工阶段对面孔有选择的注视,帮助儿童组织出一个完整的面部知觉。

二、听知觉的发展

听知觉是指把来自听觉通路的信息转化成对目标的解释和体验的过程。听知觉能力是感知觉统合能力的一个重要组成部分,是儿童语言能力发展的基础,对儿童学习能力的发展有十分重要的作用。听知觉与前庭觉和视觉系统紧密合作,基于对声音、语言的理解,帮助儿童与环境建立良好联结,提供空间定向及距离感知的信息。

(一)听觉辨别

听觉辨别指的是个体接受和辨别各种声音的能力,即辨别不同声音间差异的能力。新生儿能够区分人的语音声和自然界中的非语音声,但却无法区分人类语音声和与人类语言属性接近的哺乳动物(如,猕猴)的叫声。婴儿对人类语音声表现出特别的关注:出生仅 1 个月的婴儿在听到成人讲话时,其肌肉运动的停顿会与成人语音的停顿同步,并表现出对"婴儿语"的偏好。婴儿语是指成人与婴儿交流时,不自主地表现出的一种特殊的语言形式,具有语速较慢、音调较高、语音波形变化幅度大的特点。

1. 声音区分

婴儿能够区分不同的声音。在一项经典研究中,研究者在一组 1—5 个月大的婴儿每次吸奶时,就会播放"ba"的人声录音。[②] 刚开始时,婴儿对于声音的兴趣使得他们用力地吸吮,然而很快他们便会习惯于这种声音,吸吮不像开始时那样有力了。当研究者将录音换成"pa"音,婴儿立刻表现出新的兴趣并且再次用力吸吮。更有趣的是,婴儿可以区分不同的语音:4 个月大的婴儿可以区分自己的名字与其他相似的发音;5 个月大的婴儿能够区分大段英语和西班牙语,即使这两种语言的长度、音节数目和语速都相同。

2. 声音情感

到 3 个月大时,婴儿能通过听觉信息来感受他人的情感,他们能够区分成人悲伤的声音和快乐的声音。早期的行为研究表明,与其他种类的情绪性语音(生气、悲伤和中性情绪的语音)相比,快乐的语音能引发新生儿更多的睁眼反应。[③] 事件相关电位研究进一步表明,刚

---

① 赵倩,王静梅,徐侃鸿,等.不同任务情境中5～6岁儿童卡通面孔加工的眼动研究[J].心理发展与教育,2013,29(5):457-465.

② EIMAS P D, SIQUELAND E R, JUSCZYK P W, VIGORITO J. Speech perception in infants[J]. Science, 1917,171:303-306.

③ MASTROPIERI D, TURKEWITZ G. Prenatal experience and neonatal responsiveness to vocal expressions of emotion[J]. Developmental psychobiology, 1999, 35(3), 204-214.

出生 5 天的新生儿在听到快乐语音与恐惧语音时的脑电反应存在差异[1]，新生儿还能区分愤怒语音与恐惧语音[2]。7 个月大的婴儿在听到快乐语音时，右侧额下皮质的激活更明显，成人研究也发现了类似的结果。

3. 听觉偏好

相较于陌生人的声音婴儿更喜欢母亲的声音，未满 1 周的婴儿就能从多种声音背景中辨别出母亲的声音。当母亲在婴儿看不见的地方呼唤婴儿的名字时，婴儿的头会转向母亲的方向，但他们对其他女性的呼唤却毫无反应。同样，婴儿在听自己母亲的声音录音时所吸的奶，比听其他不熟悉的女性的声音录音时所吸的奶要更多一些。对母亲声音的偏好将有助于婴儿的语言学习和形成对母亲的依恋。而且相对于外语，他们更愿意听其母亲讲母语[3]，4 个月大的婴儿在听母语时有更强的颞叶激活，而无意义语音所引发的婴儿反应较弱[4]。

（二）听觉定位

听觉定位使我们能确定声音来自哪个方向。新生儿表现出一种原始的听觉定位能力，出生仅 3 天的婴儿就已能将头和眼睛转向声音传来的大致方向。到 4 个月大时，婴儿能在黑暗中准确地够向发声物体。在出生后的 6 个月中，婴儿对声音进行精确定位的能力大幅提升，与视觉定位能力达到同等水平。此时，婴儿开始对声音的远近做出判断，在黑暗中，如果发声物体超出了他们所能够达到的范围，婴儿便不会尽力去寻找发声物体。相对于成人，婴儿在听觉定位的准确性方面还有些欠缺。因为有效的听觉定位需要个体觉察一个声音到达双耳的时间的细微差异。例如，若右耳先听到声音，就说明声音源在个体右侧。由于婴儿的头围比成人的小，因此同样的声音到达婴儿两只耳朵的时间差小于成人，这使婴儿在定位声音源时存在困难。尽管如此，婴儿对声音的回应有助于他们对环境进行视觉性和触觉性探索。

（三）音乐知觉

音乐知觉是指人们对音乐的形式与结构（节奏、旋律、和声等）的细微变化的知觉能力。胎儿在母体内便对音乐有所反应，如果播放旋律与胎儿心跳节律相同的优美乐曲，胎儿便会安静下来。研究发现，出生 24 h 内的新生儿听音乐时的吸吮时间会明显延长，而且他们已

---

① CHENG Y, LEE S Y, CHEN H Y, et al. Voice and emotion processing in the human neonatal brain[J]. Journal of cognitive neuroscience, 2012, 24(6): 1411-1419.

② ZHANG D, LIU Y, HOU X, et al. Discrimination of fearful and angry emotional voices in sleeping human neonates: a study of the mismatch brain responses[J]. Frontiers in behavioral neuroscience, 2014, 8: 422.

③ SPENCE M J, DECASPER A J. Prenatal experience with low-frequency maternal-voice sounds influence neonatal perception of maternal voice samples[J]. Infant behavior and development, 1987, 10(2): 133-142.

④ MINAGAWA-KAWAI Y, VAN DER LELY H, RAMUS F, et al. Optical brain imaging reveals general auditory and language-specific processing in early infant development[J]. Cerebral cortex, 2011, 21(2): 254-261.

能够区分乐音与噪声。[1]5 个月大的婴儿能感觉到音乐旋律的变化[2]；给新生儿呈现一段音乐,他们自发的吸吮、哭闹和肢体运动会与音乐的节奏同步[3]。但与语音知觉能力不同,音乐知觉如果不常用将会逐渐衰退。

三、空间知觉的发展

空间知觉是指人脑对物体大小、形状、方位、距离等空间特征的反映。因为我们两只眼睛的位置不同,同一对象在双眼视网膜上的成像有所区别,协调这些差异就产生双眼视觉。针对同一对象,两只眼睛会提供不同的视觉图像给大脑,将来自两只眼睛的视觉图像结合起来,就能得到深度和运动等方面的信息。虽然 1 个月左右大的婴儿就能够用两只眼睛同时注视同一对象,但是婴儿的双眼视觉约在 14 周时才能发展成熟。在成熟的双眼视觉的基础上,儿童逐渐发展出丰富的空间知觉。

(一)大小知觉

大小知觉是指个体对物体的长度、面积和体积等特征的知觉。研究发现,2 岁大的儿童按照成人的言语信息选择大小不同的物体的正确率为 60%,能用语言说明物体大小的正确率为 40%。[4]3 岁大的儿童可以辨别相似图形的大小,但难以辨别不相似图形如三角形和正方形的大小,在整个学前阶段,这个任务对儿童来说都非常困难。随着年龄的增长,儿童对物体大小的辨别能力会不断提升。

(二)方位知觉

方位知觉是个体对自身或物体所处的位置和方向的知觉,包括对物体所处的方向及其同自己之间的距离的认识。其他感觉器官同样能产生方位知觉,在这里我们主要关注依赖视觉信息的方位知觉。研究发现,新生儿在没有产生双眼视觉的时候就可以在一定程度上辨别物体的方向。[5]也就是说,单眼线索是婴儿早期方位知觉的主要来源。

到学前期,儿童已经可以很好地辨别前后、上下、左右等简单的空间方位,但在复杂或抽象的空间方位的辨别上还存在一些困难,比如相对左右。一年级儿童在相对左右的辨别中仍存在困难,例如在对"向右转"的指令做出反应时部分儿童会犯错。学龄期儿童对空间方位

①　WALK D. Perceptual development monterey brooks [M]. Cole Publishing Company, 1981: 61–63.

②　CHANG H W, TREHUB S E. Auditory processing of relational information by young infants [J]. Journal of experimental child psychology, 1977, 24 (2): 324–331.

③　PROVASI J, ANDERSON D I, BARBU-ROTH M. Rhythm perception, production, and synchronization during the perinatal period [J]. Front psychol, 2014, 18 (5): 1048.

④　杨期正,王默君,陈珊. 婴幼儿判别物体大小能力发展的初步研究 [J]. 心理科学通讯, 1981 (2): 16–22, 66.

⑤　YONAS A, GRANRUD C E, PETTERSEN L. Infants'sensitivity to relative size information for distance [J]. Developmental psychology, 1985, 21 (1): 161–167.

的认知经历了从具体到抽象的发展过程。这是由于具体的方位信息是客观且固定的,而抽象的方位信息会相对变化。小学儿童已经可以辨别与具体事物相联系的空间方位特征,例如可以根据路标信息推断自己当前的方位。但当空间方位特征与抽象的空间概念相联系时,对小学低年级儿童来说,辨别起来还是有一定难度的,如根据"小鸡在小鸭的左边,小兔在小鸭的右边,小狗在小鸡的左边"推断四只小动物的相对位置。儿童方位知觉发展的重要内容之一是空间方位编码能力的发展。研究发现,7 岁儿童的空间方位编码成绩显著低于 9 岁和 11 岁儿童。[①] 这提示我们,7 岁左右是儿童空间方位认知中某些抽象方位概念发展的关键期。

(三)深度知觉

深度知觉是判断不同对象之间距离的能力,影响儿童对环境的理解以及对自己运动状态的掌握。新生儿在出生一到两周内完全不具有双眼的深度知觉,出生两周后才有深度知觉出现。最初新生儿通过运动深度线索(kinetic depth cues)对深度进行感知;5—6 个月大时,他们开始通过图示深度线索(pictorial depth cues)感知深度;之后,随着双眼线索的有效应用,深度知觉的精细程度不断增加。吉布森和沃克等人设计的视崖实验表明,大部分 6—14 个月大的婴儿都拒绝从深渊的一侧爬向母亲。[②] 这表明,这一时期婴儿的深度知觉已经发展得相当成熟。然而,该实验未能指出婴儿的深度知觉何时出现,因为只有在婴儿学会爬行之后才能进行该实验。之后,有研究者通过让 2—3 个月大的婴儿俯卧在地板和视崖上并检测其心率,从而得出婴儿能否区分深度的结论——即使两个月大的婴儿也能分辨出视崖两侧的不同。[③] 研究者认为,爬行经验和视崖回避存在正相关关系,即那些有更多爬行经验的婴儿能够在视崖实验中有更显著的表现。[④] 例如,他们更能回避视崖的一侧,并且将他们从视崖上方缓慢放下时,他们会表现出明显的心率加快。婴儿能控制自己运动时就已产生了对深度的恐惧,深度知觉对于婴儿理解环境的布局以及指导自己的运动都非常重要。例如,当婴儿学会爬行时,深度知觉可以帮助他们远离危险的楼梯。

四、时间知觉的发展

时间知觉是个体对客观事物运动的延续性和顺序性的反映。有研究者从宏观的角度将时间知觉定义为人们对过去、现在、未来知觉的经验或观念,包括个体对过去、现在、未来所持有的观点和态度。[⑤] 近年来,研究者对儿童时间知觉的不同方面进行了探讨,以了解儿童

---

① 田学红,方格,方富熹.小学儿童空间物体位置编码(I)[J].心理学报,2001(4):354-361.

② GIBSON E, WALK R D. The "visual cliff"[J]. Scientific American, 1960, 202(4):64-71.

③ KRETCH K S, ADOLPH K E. No bridge too high: infants decide whether to cross based on the probability of falling not the severity of the potential fall[J]. Developmental science, 2013, 16(3):336-351

④ BERTENTHAL B I, CAMPOS J J. A systems approach to the organizing effects of self-produced locomotion during infancy[M]//Advances in infancy research. New York: Ablex Publishing, 1990:1-60.

⑤ 纪丽君,吴莹,杨宜音.中国人的时间知觉广度[J].心理学报,2023,55(3):421-434.

时间知觉的发展情况。

（一）时间单位

通过让儿童在不同时间单位间进行比较，可以探究儿童对时间单位的认识。在学前阶段，儿童首先可以区分白天和夜晚，然后可以区分上午和下午，最后理解年份、周几、日期。对学前儿童而言，最难理解的是钟点。随着不断的学习，儿童开始认识整点钟，如9:00、12:00，然后是半点钟，如9:30、12:30等。进入小学后，儿童的时间知觉迅速发展，他们对时间单位的理解愈发确切，他们对于小时、日和周等生活中常用时间单位的理解较为容易，而对于不常用的时间单位，诸如月、季等比较长的时间单位的理解仍有待发展。

（二）时间关系

儿童对时间关系（或时序关系）的认识逐渐发展。2岁时，儿童已经学会很多表达时间概念的词汇，如昨天、今天、明天等。儿童习得这些词汇说明他们已经有了时间概念。但此时儿童对时间概念的表述与客观事实不符，即他们对时间概念的认识仍存在局限，比如，他们睡了几个小时，却说只睡了几分钟。到3岁左右，儿童对时间关系的认识开始清晰起来。儿童对时间顺序的认识在4.5—5.5岁迅速发展；大部分儿童在5.5岁时便可以认识到什么是先发生的，什么是后发生的，即掌握时序认知能力。[①]

（三）未来时间

未来时间是个体主观意识到的以后的时间。儿童对未来时间的认识也在学龄前期和学龄期不断成熟。对4—6岁儿童的时间认知教学可以提高其对未来两个月的时间距离估计的准确性，但关于教学可以提高儿童准确估计更久远的未来时间的能力尚不明确。[②]学龄前儿童能在较短的时间范围内掌握时间关系的逻辑，但有时还是会把时间和空间混淆，用空间概念来代替时间概念。有研究表明，在5—9岁的儿童中，年龄越小Kappa效应（时间知觉受空间事件的影响称为Kappa效应）越明显。[③]

（四）时间间隔

5—8岁儿童估计时间间隔的研究发现，5岁儿童对时间间隔的判断不准确、不稳定，他们根本不会用时间标尺；6岁儿童的时间间隔认知能力较5岁儿童变化不大，只是在对短时距（如3 s、5 s）知觉的准确性和稳定性上略有提高；7岁时儿童大多能利用时间标尺，他们长时距知觉的准确性和稳定性有所提高。各年龄段儿童再现短时距时都表现为"错后"多

[①] 吴睿明,黄彦萍,李红,等.3.5～5.5岁儿童时序认知能力的发展研究[J].心理发展与教育,2005(3):7–12.

[②] 王小英,杨海燕,王丽娟,等.4～6岁儿童未来时间认知教学的实验研究[J].心理科学,2006(5):1063–1067,1048.

[③] 黄希庭,杨宗义,刘中华.5至9岁儿童时间观念发展的实验研究[J].西南师范学院学报(自然科学版),1980(1):67–76.

于"提前",再现长时距时则表现为"提前"多于"错后";随着年龄的增长"提前"有下降趋势、"错后"有上升趋势。[①]

五、运动知觉的发展

运动知觉是指物体的运动特性,或自身的动作在空间和时间上的位移,在人脑中的直接反映。新生儿对运动的物体表现出明显的偏爱。当移动中的物体不断靠近婴儿,几乎要碰到他的眼睛时,1 个月左右的婴儿就会防御性地眨眼睛。[②] 这说明婴儿已经能够知觉到运动的物体与自身的距离。随着年龄增长,儿童的运动知觉不断发展。

学龄期后,儿童对绘画、写字等学习活动的需求不断增加,其对手的运动知觉的需求也随之增加。因此,学龄期儿童的运动知觉不断成熟,主要表现在动作的精确性和灵活性上。鉴于此,教师在教学活动中应当循序渐进地教授儿童学习写字和绘画等,并且学习要求不能太高,持续时间不能过久,应随儿童手部骨骼肌肉和运动知觉的发展,逐步提高学习要求。有研究者讨论了学龄期儿童运动知觉发展与汉语阅读发展的关系,结果发现运动知觉的发展可以适当促进儿童阅读能力的发展。[③] 同时,也有研究者在探索使用虚拟现实技术来干预自闭症儿童,以促进其视运动知觉的发展,从而改善自闭症儿童面临的诸多生活困境。[④]

六、跨通道知觉的发展

在感知觉研究中,占主导地位的是单通道输入的信息,如前文所述的视知觉、听知觉等,但实际生活中,个体会通过各种感觉通道同时接收并加工信息,此时产生的知觉即为跨通道知觉。跨通道知觉理论考察了各个感觉系统所接收的信息是如何整合和协调起来的。一些研究者认为,婴儿出生时已具有跨通道知觉的能力,至少他们拥有某种能迅速通过经验获得这种能力的先天倾向;另一些研究者则认为,婴儿感觉系统最初呈分离状态,脑机能逐渐发展后才促进了感知觉的整合。[⑤] 两种观点虽仍未定论,但研究表明,婴儿早期就已经能够将不同感觉通道所得到的信息关联起来。研究者通常用两种方法来了解婴儿是否能够整合跨通道知觉来形成对对象的抽象表征。第一种方法是探讨婴儿是否能够在转换不同知觉方式过程中积累经验,即探讨先前的知觉结果能否提高婴儿之后的知觉认识。第二种方法是让婴儿分别用不同的知觉方式去感受同一个对象,然后让他们判断自己知觉的对象是否是同一个。

① 黄希庭,张增杰.5 至 8 岁儿童时间知觉的实验研究[J].心理学报,1979(2):166-174.

② NÁÑEZ SR J,YONAS A. Effects of luminance and texture motion on infant defensive reactions to optical collision[J].Infant behavior and development,1994,17(2):165-174.

③ 罗丹.学龄儿童整体运动知觉发展与汉语阅读发展的关系:快慢速知觉系统的影响[D].天津师范大学,2022.

④ 丹豫晋.自闭症儿童视运动知觉生活困境与虚拟现实(VR)干预前景[J].体育与科学,2021,42(2):106-113.

⑤ BAHRICK L E,FLOM R,LICKLITER R. Intersensory redundancy facilitates discrimination of tempo in 3-month-old infants[J].Developmental psychobiology,2010,41(4):352-363.

视觉和触觉信息的整合发生在 1 个月左右大的婴儿身上。例如,研究者先将一个特殊的橡皮奶嘴给出生 1 个月的婴儿吸吮(一半婴儿吸吮光滑奶嘴,另一半婴儿吸吮上面有 8 个小硬块的奶嘴),然后让他们同时看两个塑料球状体 20 s,球状体在视觉上分别和他们先前吸吮过的奶嘴相似和不同。结果发现,婴儿更多地注视那些与他们吸吮过的奶嘴相似的球状体。[1] 随后,婴儿对视觉和听觉信息的整合逐渐发展起来。3—4 个月大的婴儿可以将看到的成人嘴唇活动与听到的声音联系起来,甚至他们能将说话人的具体特征,如成人还是小孩,以及情绪状态,如开心还是难过,同恰当的人联系起来。[2][3] 婴儿在 4—6 个月大时已经能够将陌生面孔与相应的声音进行匹配。[4] 还有研究发现,6—12 个月大的婴儿已经能比较清楚地分辨手中的物体和所见对象是否匹配。[5] 随着婴儿不断成长,他们逐渐能够将视觉、听觉、触觉等多通道信息整合起来,形成完整的跨通道知觉能力。丰富多彩的生活环境和良好充分的亲子互动,为婴儿跨通道知觉的发展提供了坚实的基础,而跨通道知觉的发展则是儿童各方面心理发展的基础。

七、观察的发展

观察是一种有目的的、有计划的、较持久的精细知觉活动,是知觉的一种特殊形式。观察是人类对客观世界的主动认识过程,儿童可以通过观察从外部环境中获取信息并学习新技能。培养儿童的观察力对其认知发展具有重要意义。观察的特征主要有目的性、精确性、持续性和逻辑性。

(一)观察的目的性

观察的目的性,是指在观察的过程中,儿童需要知道要去注意什么、寻找什么,即观察要有选择性和针对性。在整个学前期,儿童观察的目的性是不断发展的。3 岁儿童的观察已经有一定的目的性,但水平较低;4—5 岁儿童观察的目的性有很大的提高,能用言语表达自己的观察目的;6 岁儿童在观察时的目的性更强,能按活动的任务或成人的要求来进行观察,并且可以用内部言语支配和调节自己的知觉活动。[6]

① BURR D,GORI M. Multisensory integration develops late in humans[M]//The neural bases of multisensory processes. Boca Raton, F. L.: CRC Press, 2012: 97–98.

② BAHRICK L E, NETTO D, HERNANDEZ-KEIF M. Intermodal perception of adult and child faces and voices by infants[J]. Child development, 1998, 69(5): 1263–1275.

③ WALKER H A, THYE S R, SIMPSON B, et al. Network exchange theory: recent developments and new directions[J]. Social psychology quarterly, 2000, 63(4): 324–337.

④ BAHRICK L E, HERNANDEZ-REIF M, FLOM R. The development of infant learning about specific face-voice relations[J]. Developmental psychology, 2005, 41(3): 541–552.

⑤ ORLIAN E K, ROSE S A. Speed vs. thoroughness in infant visual information processing[J]. Infant behavior and development, 1997, 20(3): 371–381.

⑥ 姚平子,熊易群,王启苹,等. 幼儿观察力发展的实验研究[J]. 心理发展与教育, 1985(2): 18–23.

（二）观察的精确性

观察的精确性，是指在观察过程中，儿童根据观察目的对观察对象的细节部分进行观察的精确程度。学前儿童的观察通常是比较模糊和笼统的，通常只看到事物的大概轮廓就得出结论，不再深入下去，这可能是因为该阶段儿童的注意无法长时间集中和稳定于同一观察对象。随着年龄增长，儿童对事物的观察愈发仔细、精确，50% 以上的 6 岁儿童在观察精确性测验中可以达到完全正确。进入小学阶段，儿童观察的精确性有所提高，但一年级儿童只能描述客体的个别部分或颜色等简单属性，难以描述细节；到三年级后，儿童描述的精确性明显提升，到五年级时亦有所发展。[①]

（三）观察的持续性

观察的持续性，是指在观察过程中，儿童稳定的观察所保持的时间长短。学前初期儿童的观察常常不能持久，注意对象容易转移。在教育的影响下，儿童逐步学会持续地注意、观察某一事物，并且随着年龄的增长，儿童观察的持续时间会有所增加。当然，观察的事物必须适合儿童的经验或兴趣。

（四）观察的逻辑性

观察的逻辑性，是指在观察过程中，儿童从事物的表象发现其内部相互关系的能力。学前初期儿童还不善于从事物中发现其内在联系和一般性质，但是他们具有探索的意识，能按自己的认知结构形成个人的对象逻辑。对 3—9 岁儿童的研究发现，3 岁和 4 岁儿童根本不会考虑图画之间的关系；5 岁儿童有时会考虑图画之间的关系；到六七岁时，儿童能采用一定的策略观察图画，但并没有明显提高；到小学中期，观察图画的能力明显提高。小学高年级儿童可以将自己的观察内容进行一定组织后进行阐述，其观察的深度和效能明显提升。[②]在教育的影响下，随着年龄的增长，儿童观察事物的能力不断提高，注意稳定性不断提高，儿童发现事物之间内部联系和概括总结的能力也不断提高。

第四节　儿童感知觉的促进

通过训练可以有效促进儿童感知觉能力的发展，进而帮助他们顺利发展其他心理品质。不同年龄的儿童，其感知觉有不同的发展水平和特点，必须采取适应其发展阶段的训练方法，才能达到促进其感知觉能力不断发展的目的。

① 王唯.小学儿童观察能力研究报告[J].心理发展与教育，1985（3）：26-32.
② 李文姣.儿童绘画与观察力培养的实证研究[J].成都理工大学学报（社会科学版），2017，25（2）：113-118.

一、婴儿期的感知觉促进

婴儿期是个体感知觉迅速发展的时期,父母在这个时期给予婴儿恰当的刺激,能帮助婴儿提高认知和觉察能力,更好地适应环境。

(一)视觉刺激

为婴儿提供各种视觉刺激,例如,用颜色鲜艳和形状各异的玩具吸引他们的注意。可以使用黑白对比明显的图案卡片,或者给婴儿展示丰富多样的图像、照片,帮助他们辨认、观察和记忆不同事物。需要注意的是,如果是悬挂着的视觉刺激,不要悬挂得太多、太高或太靠近婴儿,以免婴儿注意不到,或者碰伤他;悬挂的物品也要经常调换前后、左右的位置,防止造成婴儿斜视或对眼。

(二)听觉刺激

让婴儿接触各种声音和音乐,例如播放轻快愉悦的音乐,或者和他们说话,给他们唱歌、讲故事,这都能促进婴儿对声音的感知和反应。也可以使用各种声音玩具,如摇铃、响铃等,让婴儿发现声音的来源和变化。

(三)触觉刺激

婴儿的皮肤对触觉刺激非常敏感,家长可以用柔软的布料、羽毛等轻轻触碰他们的皮肤。按摩也是一种有效的触觉刺激方式,可以促进婴儿的血液循环,调节其生理状态。例如,有研究发现,母亲对新生儿的抚摸可以校正新生儿的呼吸性窦性心律不齐。[①]

(四)味觉刺激和嗅觉刺激

给婴儿提供一些安全的、适合他们年龄的食物,让他们品尝不同的味道。同时,通过让他们闻一些自然气味等,也可以刺激他们的嗅觉感知。

(五)运动刺激

婴儿的感知觉发展与他们的运动发展密切相关。为婴儿提供安全的、适宜的运动空间,如柔软的活动垫、摇篮等,可以促进婴儿主动翻身、爬行、坐、立等动作的发展,进而拓展他们的感知领域。

(六)情感互动

与婴儿进行亲密的情感互动,如拥抱、亲吻、摇晃,以及注视他们的眼睛,可以增强婴儿

---

① VAN PUYVELDE M, GORISSEN A S, PATTYN N, et al. Does touch matter? The impact of stroking versus non-stroking maternal touch on cardio-respiratory processes in mothers and infants[J]. Physiology & behavior, 2019, 207: 55–63.

对情感刺激的感知和反应。这种亲密的互动有助于婴儿与父母或其他照料者之间建立信任感并获得安全感。

总之,通过提供多样化、适宜的感官体验和情感互动,可以促进婴儿感知觉的发展。在这一过程中,要关注婴儿的兴趣和需求,提供安全和温暖的环境,与他们建立良好的情感连接。

二、幼儿期的感知觉促进

幼儿的感官系统发展迅速,他们对外界的刺激非常敏感,能够更准确地感知视觉、听觉、肤觉、嗅觉和味觉等刺激,并通过这些刺激来认识和探索世界。幼儿对周围的人、物体和环境有浓厚的兴趣,他们通过观察和研究这些外部刺激来建立对世界的认知。

(一)多样化的感官刺激

让幼儿接触不同材质、颜色、形状等的刺激物,通过触摸、听、看等感官活动来丰富他们的感知经验。

(二)游戏和互动活动

设计游戏和互动活动并让幼儿参与其中。例如,拼图、记忆游戏等可以提高幼儿对细节、模式和序列的注意和感知能力。与家人、朋友、教师的交流和互动,以及参加集体游戏和团体活动,都能够促进幼儿感知觉的发展。

(三)探索自然环境

带幼儿到户外,让他们与自然环境接触,感知大自然的美丽和变化。通过观察植物、动物、天空、水流等,增强幼儿对自然事物的感知。

(四)艺术活动

通过绘画、手工制作等艺术活动,促进幼儿的手眼协调及其创造力的发挥,提高他们对形状、颜色和图案的感知能力。

(五)视听媒体

适度利用高质量的视听媒体资源,如优质的儿童绘本、动画片等,来扩展幼儿的感知领域。

(六)运动训练

可以结合蜗牛板、大陀螺、滑梯、独角椅等组合项目加强对幼儿前庭觉、视知觉、听知觉的训练。利用滑板、羊角球、平衡木等器材强化幼儿本体感觉。

幼儿感知觉的促进,重要的是要为幼儿提供一个丰富多样的学习环境,并根据他们的兴趣和发展阶段,创造适宜的学习机会。同时,要注意保护幼儿的安全和健康,确保幼儿在合适、安全的环境下进行活动。

三、儿童期的感知觉促进

在小学阶段,儿童各感觉通道有显著发展,其知觉的有意性、目的性逐渐增强,知觉的分析综合能力不断提高。但在小学低年级,儿童的感知觉具有很大的情绪性,往往受兴趣的支配。

(一)视觉刺激

为儿童提供丰富多样的视觉刺激,如引导儿童观察自然景物、建筑物、艺术品等,并鼓励他们描述和讨论所看到的内容,培养儿童的观察和分析能力。

(二)听觉刺激

给予儿童多样化的听觉刺激。可以请他们聆听不同类型和风格的音乐,参与声音模仿游戏,以培养儿童对声音的辨别和欣赏能力。

(三)触觉刺激

为儿童提供各种触觉体验,如触摸不同材质的物品、参与手工制作、进行户外活动等。这些活动可以促进儿童对物体材质、形状和温度等的感知,同时也能锻炼他们的手眼协调能力。

(四)味觉和嗅觉刺激

在适当的场合引导儿童品尝不同口味的食物,感受食物的味道。还可以让他们闻一些香料、花卉等,培养其嗅觉的敏感性。

(五)运动刺激

为儿童提供各种运动和锻炼活动,如体育课、户外游戏、舞蹈等。这些活动可以促进儿童对身体的感知,提高其身体协调能力和空间意识。

(六)情感互动

与儿童进行情感互动,建立良好的亲子关系、同伴关系和师生关系。鼓励儿童表达自己的想法和感受,培养他们的情感认知和社交技能。

(七)多感官综合刺激

在教学和活动中尽可能多地综合运用不同感官的刺激,例如使用多媒体教具,结合实践操作、角色扮演等。

儿童期感知觉的促进,重要的是根据儿童的年龄和兴趣,提供丰富、有趣的感官体验和学习机会。教师和家长可以共同努力,创造积极、富有创造性的学习环境,为儿童全面发展打下良好的基础。

四、青少年期的感知觉促进

青少年的感官系统变得更加敏感,他们对于感官刺激的感知更为强烈。这可能使青少年对外界环境更为敏感,并对刺激做出更强烈的反应。同时青少年可以更好地将不同感官输入的信息整合在一起,形成更全面的感知体验,来理解和完成特定的情境和任务。

(一)视觉刺激

鼓励青少年进行观察和探索,为青少年提供多样化的视觉刺激。如艺术作品、自然风景、影视作品等。鼓励青少年尝试摄影、绘画等视觉艺术形式,培养其观察和分析的能力。

(二)听觉刺激

为青少年提供多样的声音体验。如欣赏不同类型的音乐、参与音乐制作、听演唱会等。此外,也可以鼓励青少年参与有声读物、广播剧、戏剧等活动,培养他们对声音的敏感性和欣赏能力。

(三)触觉刺激

鼓励青少年积极参与体育运动、手工制作和户外活动,为青少年提供丰富的触觉体验,以促进他们对触觉刺激的感知。

(四)味觉和嗅觉刺激

引导青少年参与美食制作和品尝,通过尝试不同食材和调味品的组合,培养他们对味觉刺激的感知和鉴赏能力。此外,也可以带青少年参观花卉园、香料市场等,体验不同的气味。

(五)运动刺激

鼓励青少年进行多样化的运动和锻炼活动,如各类体育运动、舞蹈、瑜伽等。这些活动可以提高他们对身体的感知,增强其协调性和灵活性。

(六)情感互动

与青少年进行积极的情感互动,建立支持和理解的关系。鼓励他们表达自己的情感,促进青少年社交技能的发展。

（七）多感官综合刺激

在学习和生活中为青少年创造多感官参与的学习环境,充分利用多媒体教具、实践操作和互动游戏等,为青少年呈现不同感官的刺激。

青少年期感知觉的促进,重要的是根据青少年的兴趣和特点,提供有挑战性和有意义的感官体验和学习机会。教育者、家长和社会要共同努力,为青少年创造积极、丰富的成长环境,支持青少年的全面发展。

【本章小结】

感觉和知觉过程是个体产生和成熟最早的心理过程,个体通过感觉和知觉来认识自身和外部世界。感知觉是人类一切活动的基础,是人们认识世界的开端,是人们获得经验的源泉。人类感知觉的产生是从胎儿期开始的,并在生物个体完全形成时就已经开始发挥作用。根据蒙台梭利的观点,儿童主要是通过基本感觉,从周围的环境中获得经验的,她将3—7岁称为"感觉敏感期"。在这一时期,"感觉发展在所有高等智能活动发展之先"。同时,婴幼儿时期各种感知觉的顺利发展为记忆、思维、想象等高级认知能力的发展奠定了良好的基础。

【实践·反思·探究】

1. 简述感觉与知觉的关系。
2. 简述空间知觉的分类及其发展。
3. 简述婴儿肤觉、嗅觉、味觉的基本发展过程和生存意义。
4. 简述儿童观察的特征。
5. 在感知觉活动设计原则下,独立设计一个活动来提高儿童的感知能力。

【推荐阅读】

［1］戈尔茨坦,布洛克摩尔.感觉与知觉:第10版［M］.张明,等译.北京:中国轻工业出版社,2018.

［2］施夫曼.感觉与知觉:第5版［M］.李光山,等译.西安:西安交通大学出版社,2014.

［3］方富熹,方格.儿童发展心理学［M］.北京:人民教育出版社,2005.

［4］陈英和.认知发展心理学［M］.北京:北京师范大学出版社,2013.

［5］伯克.伯克毕生发展心理学:从0岁到青少年:第7版［M］.陈会昌,等译.北京:中国人民大学出版社,2022.

第四章
儿童记忆的发展

【学习目标】

- 了解儿童记忆发展的阶段性特点。
- 了解儿童元记忆发展的特点和影响因素。
- 能够利用科学的记忆策略和元记忆策略等促进儿童记忆发展。

【知识导图】

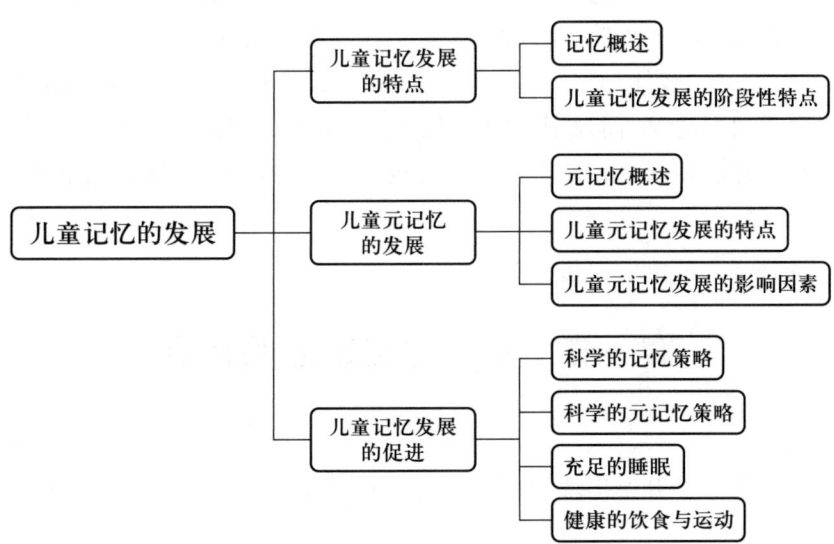

【案例导入】

当我试图追溯最早期的记忆时,脑海里总会浮现出一个情景:天空飘落着鹅毛大雪,我被抱在襁褓之中,大人们走在宽阔的环山土路上,去拜访一个亲戚……很长一段时间内,我都坚定不移地把这个模糊画面视作我记忆卷轴的开篇,骄傲地将其当成自己记事早的证据。在某一天,当我试图细化这段记忆时,却发现我并不能回想起任何细节,现实中家乡也并不存在这样一条宽阔的山路。我开始怀疑,我这段所谓的"最早记忆"只是基于长辈描述而构造的虚假存在。

我真正印象深刻的童年情景是关于一条裙子的,我至今仍能够清晰地回忆起当时的一切。那是一个夏季的晴天,长辈给四岁的我买了一条白色的连衣纱裙,蓬蓬的裙摆上装饰着三四层红色花朵,让我感觉自己像一个公主,我开心地穿上裙子在家附近玩耍。但非常悲伤的是,没过多久,由网纱堆叠成的裙摆就被刮破了一个大洞。我因裙子被刮破而伤心欲绝的同时,还被家人狠狠地骂了一顿,简直是雪上加霜。

记忆常被简单地解释为"过去的事物留在脑中的印象"。实际上,作为一种基本的心理过程,记忆联结着人的心理活动,是人们学习、工作和生活的基本机能。人类的记忆可以分为客体记忆和元记忆。客体记忆(即通常所说的记忆)是我们通常所研究的对信息进行编码、存储和提取的加工过程;而元记忆则是人对自己的客体记忆的认知、评价和监控。通过本章的学习,我们将了解记忆和元记忆的发展规律,并能够有针对性地、有策略地提升儿童记忆效果。

第一节   儿童记忆发展的特点

人类的记忆在婴儿期开始出现和发展,随后记忆容量逐渐增加,记忆的质量也不断提高。

一、记忆概述

记忆是在大脑中积累和保存个体经验的认知过程,从信息加工的角度讲,就是人脑对外界输入的信息进行编码、存储和提取的过程。记忆是儿童进行思维、想象等高级心理活动的基础。

(一)记忆的过程

记忆由识记、保持、回忆或再认三个环节组成(如图4-1所示),分别对应信息加工理论中,对输入信息的编码、存储和提取过程。识记是指信息的最初加工,个体通过对事物特征进行认识和区分从而形成一种心理表征。保持是个体把感知过的事物以一定的形式存储在头脑中。回忆或再认是存储在头脑中的信息在之后某一时间的恢复。其中,回忆是在一定诱因的作用下,过去经历的事物在个体头脑中的再现过程;再认是过去经历的事物重新出现时,能够被个体识别和确认的心理过程。

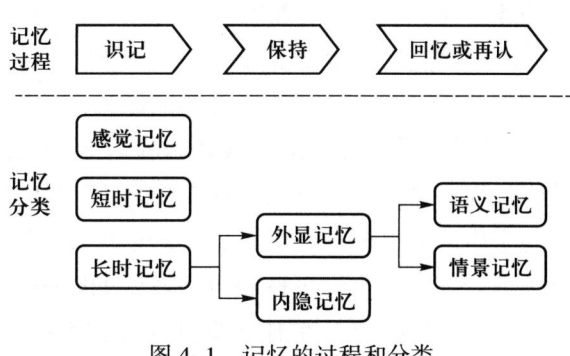

图 4-1 记忆的过程和分类

根据识记是否有目的,可以把识记分为无意识记和有意识记。无意识记是指事先没有预定的目的,也不需要任何意志努力的识记。人们的许多知识经验,特别是日常生活经验、谚语、传说、故事等,大多是通过无意识记获得的。而有意识记是指事先有预定的目的,并运用一定方法,必要时需要做一定意志努力的识记。在实际生活中,掌握系统的科学知识、技能,以及识记那些不能自然而然记住的事物,必须依靠有意识记。在一般情况下,有意识记的效果比无意识记的要好得多。

根据识记时对材料是否理解,可以把识记分为机械识记和意义识记(理解识记)。机械识记是指在材料本身无内在联系或不理解其意义的情况下,按照材料的顺序,通过机械重复的方式而进行的识记,机械识记的主要方法就是反复强化。意义识记是指在理解材料内容的基础上,通过理解材料的内在联系而进行的识记。意义识记的基本条件是理解,即运用已有的知识经验,积极地进行思维,理解识记材料的意义及其内在联系,从而把它记住。在个体一生的记忆活动中,机械识记占据主要的地位,如果没有机械识记,意义识记难以形成和发展。

(二)记忆的分类

对记忆的分类如图 4-1 所示。

1. 感觉记忆、短时记忆和长时记忆

根据保持时间,记忆可分为感觉记忆、短时记忆和长时记忆。

感觉记忆(sensory memory),又称瞬时记忆是指刺激物刚停止作用,事物映象在脑中持续仅一瞬间就很快消失。感觉记忆的特点是形象性强,保持时间短,约为 1 s,但记忆容量大。短时记忆(short-term memory)是保持时间在 1 min 以内的记忆,记忆内容如不经复述很快就会衰退或消失,其容量一般是在 7±2 个组块,平均值为 7。由于涉及对输入信息的暂时保持和操作,短时记忆一般也被称为工作记忆(working memory),工作记忆由语音回路、视觉空间模板、中央执行系统和情景缓冲区四个部分组成。长时记忆(long-term memory)是指信息经过充分、有一定深度的加工后,长时间保持下来的记忆。从时间上看,保持时间超过 1 min 的记忆都是长时记忆。长时记忆的容量很大,所存储的信息也都经过意义编码。

2. 外显记忆和内隐记忆

根据对记忆信息进行编码与检索时是否受到意识控制,可将长时记忆分为外显记忆和内隐记忆。外显记忆是指需要有意识的努力才能回忆或再认的记忆,是过去经验对当前活动的有意识影响;而内隐记忆是指在不需要意识或有意回忆的条件下,个体的过去经验对当前任务自动产生影响的现象。

3. 语义记忆和情景记忆

外显记忆被进一步分为语义记忆和情景记忆。语义记忆(semantic memory)是对概念、事实、意义和其他形式的一般知识的记忆,主要涉及知识的获得、表征和组织以及对知识的检索过程。语义记忆为人类所特有的,随个体抽象思维能力和实践活动的发展而不断提高,且与个体语义组织和概念关系分类能力的发展有关。情景记忆(episodic memory)是个体有意识地记住经历过的事件和事件发生的时间、地点的能力,与个人亲身经历紧密相关,即存储何时、在哪里、发生了什么事件的记忆系统。其中,对事件中客体的记忆叫项目记忆;对事件中客体呈现的条件,如客体与客体之间、客体与时间或空间背景之间的记忆叫联结记忆。情景记忆涉及个体生活中的特定事件,是心理时间旅行、自传体记忆等功能的基础,对个体自我的形成、适应性行为等的发展都有重要影响。

二、儿童记忆发展的阶段性特点

新生儿第一次条件反射的出现标志着儿童记忆的开始。之后,儿童的记忆能力不断发展,记忆的准确性随年龄增长而提高。具体而言,在婴儿期、幼儿期、儿童期和青少年期,记忆的发展表现出不同特点。

(一)婴儿期记忆的发展特点

新生儿的记忆以无意识记为主,提取信息的方式主要为再认。与熟悉的事物相比,婴儿更喜欢观察新异刺激,这表明婴儿已经有了辨认刺激新旧的能力,即记忆再认。研究者让4—12个月大的婴儿完成面孔和物体再认(新异与熟悉)测试,结果发现,对于10个月大的婴儿,相比于新异面孔或熟悉物体,熟悉面孔或者新异物体诱发的神经激活程度更大。[①]

婴儿期是记忆发展的第一个高峰期和关键期,特别是出生后的第1年,婴儿的记忆能力会经历快速的发展和变化。

1. 1岁内工作记忆的发展

婴儿的工作记忆在出生后几个月内便开始发展,例如,婴儿能够记住一些简单的歌曲或词语。在变化觉察实验任务中,成人一般能记住3—4个项目,而7—12个月大的婴儿在类似的实验任务中可以记住约2个项目。此外,由于婴儿在注意目标的同时,能够保持对相关信息的短暂记忆,因此注意对工作记忆的影响在婴儿期尤为明显。

① WEBB S J, LONG J D, NELSON C A. A longitudinal investigation of visual event-related potentials in the first year of life[J]. Developmental science, 2005, 8(6):605–616.

2. 1岁内长时记忆的发展

在出生3个月内,婴儿的记忆主要依赖感官印象,其记忆较为短暂,通常只有几秒钟或几分钟。在3—6个月,婴儿开始发展出更复杂的记忆能力,包括对语音、语言、人脸等信息的处理和存储,其记忆保持时间也开始延长。3个月大的婴儿能够在一周内保持对一种特定动作或声音的记忆。到6个月大时,婴儿记忆的保持时间可进一步延长至数周。在6—12个月时,婴儿开始能够记住更复杂的事物和事件,如玩具、家庭成员、日常惯例等,这意味着婴儿的情景记忆已经开始发展,此时婴儿记忆的保持时间也进一步延长,可以维持数周到数月,婴儿开始出现大量模仿动作,如模仿成人的表情。

3. 1岁后记忆的发展

1岁以后,符号表征能力的发展促使婴儿的记忆表象中增添了符号表象内容,同时回忆再现能力也开始发展,这个时期的婴儿已经能够进行简单的目标搜索任务了。此时,情景记忆中的联结记忆开始发展,例如,16个月大的婴儿能够记住实验中道具的具体特征,20个月大的婴儿能表现出对道具特征的记忆,以及对事件的延迟回忆(1个月的延迟)。在2岁时,婴儿获得了延迟模仿能力,延迟模仿能力的出现标志着婴儿表象记忆和再现能力的初步成熟。婴儿的言语记忆在出生后第2年出现,此后随着言语的发展,婴儿的回忆和再认能力逐渐提高。

（二）幼儿期记忆的发展特点

3—5岁儿童对特定事件、关联和情景信息存在快速遗忘的现象,即"儿童失忆症"。但当成年人报告其第一次记忆的落点时,大部分发生在3岁半到5岁之前,并且在这之后,个体能记住的事件大幅增加。这意味着,个体的记忆能力在幼儿期经历了快速发展。幼儿期是记忆发展的第二个高峰期和关键期。幼儿期记忆的发展主要体现在四个方面:记忆容量的增长,有意识记的发展,由机械识记向意义识记的转变,形象记忆与语词记忆的发展。

1. 幼儿期记忆容量的增长

幼儿的记忆容量随年龄增长而增长。一方面,伴随着活动能力的不断增强,幼儿的社交范围迅速扩大,幼儿原本有限的记忆范围也随之扩大。幼儿记忆的对象不仅包括动作、情绪和具体形象,还扩大到了语词。同时幼儿逐渐能系统化地存储知识和经验,从而形成一定的知识结构。另一方面,幼儿能正确回忆出的刺激的最大长度或数量也随年龄增长而不断增加,但增加的速度随年龄的增长呈现下降趋势。此外,一般情况下,记忆的内容会随着时间推移而衰退,但幼儿的记忆表现出特殊的"记忆回涨现象"。姚清如等使用录音机播放识记材料的录音,并在之后的几天内持续记录小班、中班、大班幼儿的记忆情况,结果证实了,幼儿存在明显的记忆回涨现象(如图4-2所示)[①]:在识记后最初的几天内,记忆成绩虽有波动但总体呈下降趋势,随后记忆成绩又逐渐提高,并在第5—7天内,达到一个记忆高峰,之后又逐渐衰减。相比于其他时间点,在记忆回涨高峰引导幼儿进行复述,更能有效巩固记忆效果。

---

① 姚清如,陈碧光,吴三淑,等.幼儿记忆回涨实验研究[J].心理科学,1996(1):16-18,63.

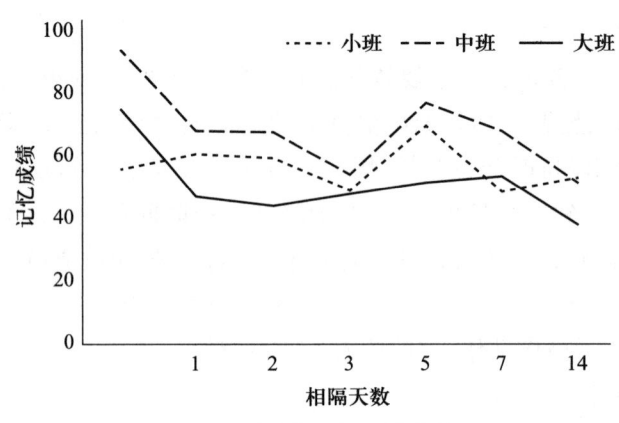

图 4-2　幼儿记忆回涨曲线

2. 幼儿期有意识记的发展

幼儿记忆的目的不稳定,以无意识记为主,有意识记能力逐渐发展。幼儿对于信息的存储和提取大多是在无意中进行的,没有明确的目的,也少有意识参与,因此那些形象鲜明、具体生动的刺激对象很容易自然而然地被幼儿记住。如较有意学习而言,亲子绘本阅读,作为一种能激发幼儿兴趣、不以学习陌生词汇为外显目的的亲子活动更能激发幼儿学习词汇的积极性。3 岁时幼儿基本只有无意识记。随后,在成人的引导下,幼儿的有意识记开始出现。五六岁时,幼儿的有意识记开始迅速发展,这时的幼儿不仅能通过努力有目的地去识记目标刺激材料,而且还能使用一些简单的记忆策略,如自言自语、自我重复等来帮助识记。

3. 幼儿期由机械识记向意义识记的转变

尽管意义识记的效果往往优于机械识记,但由于幼儿对许多识记材料难以理解,他们主要通过机械识记来获取所需的知识经验。随着年龄的增长,幼儿在简单重复的机械识记过程中加入了更多的理解和组织成分,他们能更好地将信息进行分类和组织,形成更加有序的记忆,机械识记和意义识记效果间的差距逐渐缩小。例如,幼儿在向他人讲述自己熟悉的绘本故事时,往往不是按照原文一字不落地进行复述,而是或多或少地对原材料进行一定的组织加工,省略或加入某些情节,或对故事细节进行改动。

4. 幼儿期形象记忆与语词记忆的发展

由于对具体刺激的加工比对抽象刺激的加工更占优势,总体而言,相比于语词记忆,幼儿的形象记忆占优势。形象记忆是以感知过的事物形象为内容的记忆。3—4 岁幼儿的形象记忆和语词记忆的发展水平都相对较低。随着年龄的增长,这两种记忆能力都逐渐提高,并且语词记忆的发展速度要快于形象记忆,因此幼儿的语词记忆的发展水平会逐渐赶上形象记忆的发展水平。

形象和语词的相互联系能够改善记忆效果。如当幼儿识记生疏的事物或图像材料(如牙的图片)时,形象虽起作用,但因幼儿不能正确命名,形象的作用受到很大限制;而当幼儿识记生疏的语词材料(如"牙"这个汉字)时,因缺少具体形象的支撑,语词也难以发挥应有的作用。这两种情况下,记忆效果都会受限。此外,记忆表征的形象化激活有助于记忆提取。朱文佳等在5岁半的幼儿游览某场景后的第二天,让其中一半的幼儿直接进行回忆,而让另一半幼儿画出游览过的场景,边画边回忆;结果发现,绘画组幼儿能回忆起更多的信息,且绘画组幼儿对场景信息的记忆准确率大幅高于非绘画组幼儿。[①]

总体来说,幼儿记忆的准确性较低。一方面表现为,幼儿记忆的完整性很差,在回忆时常出现顺序颠倒、脱节、遗漏等现象。另一方面表现为,幼儿记忆易受暗示,幼儿对某对象的编码、存储和提取的可靠性易受外在环境的影响。幼儿常常将目标事件与无关的信息混淆在一起,也容易受到诸如提问者的期望、诱导等外在因素的影响,从而影响记忆的准确性。但在这一时期,幼儿开始学习一些记忆方法,如重复、组织、联想等。这些记忆方法可以帮助幼儿更好地记住信息,提高其记忆效率。

（三）儿童期记忆的发展特点

儿童期记忆的发展主要体现在四个方面:记忆容量增加;有意识记快速发展,记忆策略逐渐形成;意义识记逐渐发展;形象记忆发挥重要作用,语词记忆逐渐发展。

1. 记忆容量增加

随着年龄的增长,儿童的记忆容量也在不断增加。吴卫国和苏彦捷测量了一至六年级儿童顺背和倒背的数字广度,结果如图4-3所示[②]:随着年级的增加,儿童顺背和倒背的数字广度均持续上升,其中二、三年级和五、六年级是发展相对快速的时期。顺背在小学三年级以后发展变缓,六年级儿童的顺背记忆广度与成人没有显著差异;而在倒背记忆广度上,六年级儿童与成人之间仍存在显著差异,因此小学后期的发展可能主要是倒背记忆广度的发展。相比于顺背任务,倒背任务除了需要对信息进行存储外,还需要进一步对信息进行运算,这种运算与工作记忆的视觉空间模板和中央执行系统的转换功能有关,更需要工作记忆各子成分间的协作。

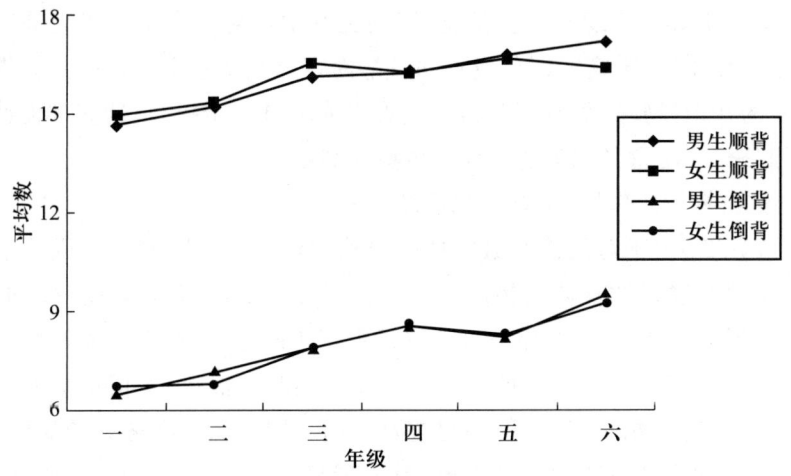

图4-3　不同年级男生、女生顺背和倒背数字广度的平均数

---

① 朱文佳,蔡志刚,林泳海.绘画对幼儿记忆影响的实验研究[J].学前教育研究,2004(5):29-31.

② 吴卫国,苏彦捷.6～12岁小学生数字记忆广度的发展[J].宁波大学学报(教育科学版),2008(4):62-67,132.

　　儿童记忆容量的增加,使他们能够记住更长的词语和句子,并且能够处理更长的信息序列。例如,在阅读任务中,儿童能够记住更长的故事情节,并且能够理解和记忆更长的句子。这与儿童情景记忆中联结记忆的发展有关,有研究者通过简单的三重记忆任务考察了7—11岁儿童的空间、时间和项目间联结记忆的发展,结果发现:空间联结记忆在9岁左右达到成人水平;时间联结记忆在11岁以后达到成人水平;但项目间联结记忆在儿童期发展缓慢。[①]

　　2. 有意识记快速发展,记忆策略逐渐形成

　　儿童刚进入小学时,无意识记占主导地位。特别是对于那些物理性质明显的对象,如颜色鲜明、生动形象的插画,儿童无意识记的效果较好。当对象符合儿童的兴趣,能激发儿童强烈的动机,能带来愉快、生气和惊奇等强烈情绪时,儿童的无意识记的效果也较好。此外,多种感官参与也会改善无意识记的效果。直到小学中高年级,儿童有意识记的发展水平才赶上并超过无意识记。

　　在有意识记中,儿童会通过一系列策略帮助记忆。记忆策略是学习者采用的接收信息、提取信息的方式,影响记忆效果。儿童常见的记忆策略有复述(如重复诵读、抄写)、组织(如列提纲、选择要点)和精加工(如类比、想象)。受益于快速增长的知识水平,儿童期是记忆策略稳定使用的转折期,随着年龄的增长,儿童记忆策略的使用和效果也逐渐增加。在儿童早期,儿童多采用单一的复述策略;随着学业知识复杂程度的增加,在教师的鼓励和引导下,儿童会有意识地探索新的记忆策略,并根据不同情境调整自己的策略,记忆策略逐渐多样化。到儿童晚期,当策略使用逐渐成熟时,儿童通常会直接提取使用最流畅、自己感觉效果最好的记忆策略,儿童的记忆策略又呈现出单一化的特点。

　　3. 意义识记逐渐发展

　　儿童的机械识记和意义识记都在不断发展,但意义识记的效果总是好于机械识记。在小学阶段,各学科的学习均要求儿童在理解的基础上识记,儿童必须学会分析事物之间的联系,对所学内容进行思维加工。因而在这一阶段,意义识记迅速发展并逐渐占据主导地位,儿童开始学习如何更好地组织和分类信息,以便更好地记忆。小学三年级是记忆发展的关键转折期,在小学高年级,丰富的课程设置和教学内容对儿童意义识记的能力提出了更高的要求,同时儿童的知识经验日益丰富,其言语、思维能力进一步提高,这些都促使儿童的意义识记迅速发展起来,且使意义识记的主导地位更为突出。

　　4. 形象记忆发挥重要作用,语词记忆逐渐发展

　　小学低年级儿童,由于对具体刺激的加工仍然占优势,生活经验少,因此他们更容易记住与第一信号系统相联系的具体实物形象。随着年龄的增长,儿童识记材料的数量和准确性均不断增加。到了中高年级,儿童掌握的词汇量仍不断增加,此时儿童所学的课本内容大多是抽象的词、数字或符号,儿童对抽象刺激的加工逐渐占优势,语词记忆渐渐占据主导地位,形象记忆的优势地位相对降低,但仍起重要作用。周世杰和龚耀先的研究发现,儿童对语词材料的记忆能力在7—15岁持续上升,其发展峰值在13岁左右;儿童对形象材料(图

---

　　① LEE J K, WENDELKEN C, BUNGE S A, et al. A time and place for everything: developmental differences in the building blocks of episodic memory [J]. Child development, 2016, 87(1): 194–210.

片)的记忆能力在 7—11 岁发展较快,在 11 岁左右达到峰值后不再有明显上升。[①]

(四)青少年期记忆的发展特点

青少年期记忆的发展特点包括记忆容量逐步增加、记忆效率提高、长时记忆能力增强。这些特点为青少年的学习和生活提供了有力的支持和保障,同时也为他们的未来发展奠定了坚实的基础。

1. 记忆容量逐步增加

随着年龄的增长,青少年的记忆容量逐步增加,主要表现在工作记忆容量的增加和长时记忆容量的增加。这可能得益于脑神经网络的发育和复杂化。在青少年期,个体工作记忆广度逐渐发展到与成人类似的水平,其中,词语广度、视觉广度和空间广度在 14 岁时基本达到成人水平,而视觉广度在 14 岁之后持续增加,到 16 岁达到一个高峰,之后略微降低。青少年的长时记忆任务的多样性和复杂性较之前有所增加,这源于青少年需要处理更加复杂的学习任务,例如学习新的科学概念、历史事件、数学问题等,完成这些任务需要更大的长时记忆容量,因此使青少年的长时记忆容量得到进一步锻炼。

2. 记忆效率提高

首先,青少年的联想能力不断增强。这意味着他们能够通过将新旧信息进行联系和整合,从而更好地记住新信息。这种联想能力不仅有助于提高记忆效率,还有助于青少年创造力和想象力的发展。其次,与年少时相比,青少年开始意识到自己的记忆能力,并能通过主动采取不同的策略来弥补自己的短处,开始有意识地运用各种记忆策略,如复述、组织、联想等,来提高自己的记忆效率。此外,青少年开始更加关注自我,并将记忆与个人经历联系起来,这种自我参照效应可以帮助青少年更好地编码和检索信息,提高记忆效率。

3. 长时记忆能力增强

青少年的长时记忆能力不断增强,这意味着他们能够将重要的信息保持更长的时间,甚至伴随他们一生。尤其是语义记忆能力的增强,使青少年能更好地理解词汇和概念的含义,并将其联系起来形成更丰富的知识结构。这种长时记忆能力对于青少年的学习和生活都有重要的影响,因为他们在当下和未来都需要不断回忆过去的经验和知识。

第二节　儿童元记忆的发展

元记忆是元认知的一种重要形式,它是个体所具有的与自己的记忆活动有关的信念及监控系统。元记忆包括对记忆系统的内容、功能的认识和评价,以及对记忆过程的监控。元记忆能力,就是个体对自己记忆状态的评估能力和以这种评估为依据对自己的记忆进行调

---

① 周世杰,龚耀先.学龄期儿童记忆发展特点研究[J].中国心理卫生杂志,2004(9):610-612.

节和控制的能力,包括元记忆监测能力和元记忆控制能力,二者存在交互影响。

一、元记忆概述

(一)元记忆的结构及成分

元记忆是一个庞杂的记忆信息加工系统,它主要由以下三种互相影响、互相牵制的成分构成:一是元记忆知识(metamemory knowledge),即个体拥有的关于记忆活动的一切知识,它是整个元记忆信息加工系统的基础;二是元记忆监测(metamemory monitoring),即在个体记忆过程中实时产生的对记忆活动水平的一种有意识判断,个体依据这种判断可以计划之后的记忆活动,它是元记忆控制的基础;三是元记忆控制(metamemory control),即个体实施在元记忆监测阶段制订的对记忆活动的计划,它有助于对个体的记忆活动进行更加准确的监测。个体的元记忆信息加工系统由上述三种成分构建而成,是个体心理能力的综合体现。其中,元记忆监测在这一系统中处于核心位置。个体在记忆过程中通过元记忆信息加工系统,既可以全面了解自身的记忆情况,同时还可以对记忆情况进行适时的监测和调节,从而达到高效率记忆的目的。

依据记忆在元水平(即元记忆)和客体水平(即客体记忆)之间信息流方向的不同,存在两种主要作用——控制和监测。元记忆控制以元记忆监测为基础,但元记忆监测也需要来自元记忆控制的行为反馈数据。如图4-4所示,如果信息流是从元水平流向客体水平的,则为控制作用;如果信息流是从客体水平流向元水平的,则为监测作用。

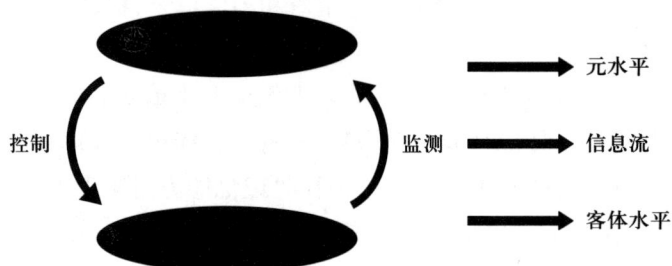

图4-4   记忆的两水平模型

元记忆监测是元水平从客体水平获得信息,并依据该信息形成对客体记忆的各种类型的主观判断或评价,从而改变元水平的状态。元记忆控制是指根据元水平的信息对客体水平的记忆加工过程的发动或中止、确定学习时间的分配以及加工策略的选择和运用等,其中确定学习时间的分配是元记忆控制在记忆加工过程中的主要功能之一。

(二)元记忆的分类

1. 前瞻性元记忆和回溯性元记忆

根据元记忆监测活动发生的时间,可以将元记忆分为前瞻性元记忆(prospective meta memory,

PM)和回溯性元记忆(retrospective metamemory,RM)。前瞻性元记忆指监测活动发生在认知活动之前,例如:学习判断(judgment of learning,JOL),指学习者对已经学过的内容在未来某一时刻的测验中能正确回忆出来的可能性的预测;难易度判断(ease of learning,EOL),是学习者对即将开始学习的任务的难易程度的判断;知晓感判断(feeling of knowing,FOK)指学习者对学习内容在随后的再认任务中能正确再认的可能性的判断。回溯性元记忆指监测活动发生在认知活动之后,最为典型的回溯性元记忆是信心判断(judgment of confidence,JOC),指对学习者回忆出来的内容是否正确的判断。

2. 程序性元记忆和陈述性元记忆

元记忆包括程序性元记忆和陈述性元记忆。程序性元记忆是一个人对自己记忆能力的表征和理解,包括监控和调节自己记忆表现的能力。陈述性元记忆包括与记忆任务和策略相关的知识,特别是关于内部策略(即心理意象、心理组织、心理复述)的知识,关于外部策略的知识,以及关于任务特征的知识(即延迟的影响、信息量)。

二、儿童元记忆发展的特点

与记忆相似,元记忆能力同样随儿童年龄增长而发展变化,展现出阶段性特点。

(一)儿童元记忆发展的阶段性特点

1. 婴儿期和幼儿期元记忆的发展

元记忆作为一种高级认知活动,与大脑的发育是息息相关的,而大脑的发育与成熟离不开自然成熟和经验的积累。因此,儿童元记忆能力伴随年龄增长逐渐提高,但发展较为缓慢。婴儿在 2.5 岁时就能判断自己是否知道一些事情,如判断自己是否知道一个物体的名字,这为元记忆的发展提供了基础。之后,随着大脑皮质的发育和经验的积累,元记忆能力在幼儿期得到一定的发展。有研究认为,幼儿期是儿童元记忆能力发展的重要时期。访谈研究发现,幼儿园的儿童认为重新学习以前学过的内容比学习新内容更容易,并且 3—4 岁的儿童已经能够意识到记忆较少的东西比记忆较多的东西更容易。[1] 这些结果都表明,幼儿已经发展出了元记忆能力。

尽管具有一定的元记忆能力,但幼儿对自己记忆能力的预测与其真实的记忆能力之间仍然存在着较大的差距,主要表现为明显的高估倾向,即幼儿认为自己的记忆表现良好,而实际情况可能不尽如人意。这种现象并不能简单地归因为元记忆的缺失,这可能与他们持有的与自己记忆操作效果相联系的愿望和信念有关。幼儿总是希望并相信自己能够比别人记得更好,所以他们对他人行为的预测比对自己行为的预测更准确。这种元记忆能力的表现也可能会因为幼儿所处情境的不同会有所不同。如在熟悉的游戏中,幼儿预测自己具体

---

① KREUTZER M A, LEONARD C, FLAVELL J H, et al. An interview study of children's knowledge about memory[J]. Monographs of the society for research in child development, 1975:1-60.

的表现时就会准确得多。因此,幼儿期儿童的元记忆能力伴随各种情境具有不稳定性,会受到熟悉性和经验积累的影响。

2. 儿童期元记忆的发展

在儿童期,学校的教育环境对儿童元记忆能力的发展有一定的促进作用。研究表明,小学阶段是儿童元记忆能力趋于熟练的重要时期。[①] 总体来说,元记忆能力随年龄增长而逐渐提高。在儿童初期,元记忆表现仍然会延续幼儿期的高估倾向,5—6 岁的儿童常常对自己准备进行的回忆活动做出过于乐观的估计,而年龄稍大的儿童的估计更为客观。例如,8 岁儿童相比于年龄较小的儿童来说,会对自己的记忆结果有比较理智的认识,他们在要求间隔较长时间后回忆的项目上花费更长的时间,表现出元记忆控制能力的发展,而 4 岁、6 岁儿童则没有这种认识。

另外,儿童的学业成就表现与元记忆能力的发展息息相关。随着年龄的增长,学困生的元记忆能力相比于学优生发育得更加迟缓。这就造成同年级的学优生和学困生在元记忆能力方面存在显著的差异。造成此类差异的原因可能是学优生相比于学困生能更好地进行记忆操作和策略使用,因此拥有更加丰富的元记忆知识,能够生成记忆策略,并精确、整合地使用策略。

3. 青少年期元记忆的发展

从儿童期到青少年期,元记忆水平随着年龄的增长有一定的发展。但是,学优生和学困生元记忆发展的关键期是不同的。学优生元记忆发展的关键期在儿童期到青少年期早期之间,而学困生元记忆发展的关键期主要在青少年期。研究表明,学优生和学困生的知晓感判断发展存在关键期,且学优生的关键期早于学困生的,即学优生自我监控能力发展的关键期早于学困生的。[②] 根据皮亚杰的智力发展阶段理论,智力是按一定阶段发展的,但由于环境、教育、文化和个体的动机等各种因素的影响,具体到每个个体的智力发展可以提前或推迟,但阶段的先后顺序不会改变。

(二)儿童元记忆监测的发展特点

元记忆监测是元记忆控制的基础,是元记忆的重要成分,对记忆有着重要影响。儿童元记忆监测的发展表现出以下三个特点:

1. 儿童元记忆监测发展并非匀速

研究者除了关注儿童元记忆监测准确性的发展外,还考察了不同年龄段儿童元记忆监测能力发展的速度特点,这对依据年龄特点开展教育活动很有意义。那么儿童元记忆监测能力是随着年龄的增长而匀速提高的吗? 有研究者发现:在高难度的任务上,儿童 4—5 岁时信心判断的发展速度快于学习判断和难易度判断;而 5—6 岁时,儿童信心判断的发展速

---

① ROEBERS C M, VON DER LINDEN N, SCHNEIDER W, et al. Children's metamemorial judgments in an event recall task[J]. Journal of experimental child psychology, 2007, 97(2): 117–137.

② 白学军,刘海娟,沈德立. 优生和差生 FOK 判断发展的实验研究[J]. 心理发展与教育, 2006(1): 18–22.

度会变缓,学习判断和难易度判断的发展则会加速。[①]据此,5 岁可能是儿童元记忆监测发展的过渡期,5 岁前是儿童回溯性元记忆监测发展的重要时期,而 5 岁后儿童前瞻性元记忆监测快速发展。尽管在 4 岁时儿童元记忆监测的准确性较低,但这种不准确的监测能力为儿童 5 岁时出现有效的学习判断和信心判断提供了保证。5 岁后,儿童的回溯性元记忆监测能力稳步发展,前瞻性元记忆监测能力也加快了发展进程,保证儿童在 6 岁时出现有效的元记忆监测能力。

2. 儿童不同元记忆监测的发展存在差异

有研究者推断幼儿元记忆能力十分有限,认为其监测和控制自身心理活动的能力是匮乏的。但也有研究者不认同这一观点,他们发现,4 岁儿童能在提取活动中思考其记忆活动的重要性,这说明他们具有一定的元记忆能力。此外,4 岁儿童在难易度判断、学习判断和信心判断上均表现出对自己能力水平的低估,即在三种元记忆监测上都没达到有效的程度;而 5 岁儿童仅在难易度判断上有低估,在学习判断和信心判断上均表现出有效的监测;6 岁儿童的三种元记忆监测判断均与实际记忆成绩接近。儿童三种元记忆监测能力的这种年龄差异,可能是由于学习判断和信心判断这类在学习之后进行的判断,有更多关于自身记忆程度的线索可用,所以其发展要早于学习之前进行的难易度判断。

3. 前瞻性元记忆和回溯性元记忆的发展特点

前瞻性元记忆(如学习判断)和回溯性元记忆(如信心判断)在儿童学龄前期仍在发展,随着年龄的增长,儿童的前瞻性元记忆监测和回溯性元记忆监测都会比之前更为准确。要求 4—11 岁儿童陈述他们可以产生的所有前瞻性元记忆策略时,年龄较大的儿童要比年幼儿童产生更多的策略,并且可以更好地进行描述;6 岁、8 岁和 10 岁儿童的回溯性元记忆监测与他们记住了多少项目有显著相关。相比之下,4—6 岁儿童的回溯性元记忆监测则被高估了。为了避免回溯性元记忆和前瞻性元记忆错误的负面后果,可以通过培训记忆策略来帮助儿童编码、存储和检索过去的信息,恰当地对学习过程进行调控,以有助于成功实现他们未来的目标。[②]

对儿童元记忆监测发展趋势及其特点的探讨,对于学校的教育教学实践有着重大的理论意义和应用价值,不仅可以帮助教育工作者准确把握学生元记忆监测能力发展的规律,进而有针对性地对学生进行培养和训练,也将启发学生提高对自己的记忆状态进行监测的意识及监测的准确性,最终达到提高记忆成绩的目的。

(三)儿童元记忆控制的发展特点

有效地评估当前的学习进度,并恰当地决定是否延长学习时间对儿童来说是非常重要的,这种元记忆控制能力是学业成功的重要保障。元记忆控制能力可以通过儿童能否有效地分配学习时间来反映,这种能力会随着儿童年龄的增长而得到发展。

---

① 姜英杰,严燕.4～6 岁儿童元记忆监测判断的发展[J].心理科学,2013,36(2):406-410.
② 姜英杰,严燕.4～6 岁儿童元记忆监测判断的发展[J].心理科学,2013,36(2):406-410.

年龄较大的儿童比年龄较小的儿童更善于根据任务难度来合理地分配学习时间。例如,6岁和8岁儿童在难度较大的学习材料上和难度较小的学习材料上花费的时间没有不同,而年龄稍大的10岁和12岁儿童在学习较难材料上花费的时间比在学习较简单材料上花费的时间更多。对儿童学习时间分配的研究表明,小学四、五年级是儿童元认知控制发展的重要转折期。小学四年级儿童在不同难度材料上的学习时间是相同的,而五年级和六年级的儿童在难度大的学习材料上花费的时间要更多。这说明,元记忆控制能力整体上表现出了随年级升高而提高的趋势,小学四年级儿童在不同难度材料上学习时间相同,可能是由于他们尚不能对学习材料的难度加以明确区分,这或许与他们的元记忆知识不足有关。

三、儿童元记忆发展的影响因素

儿童元记忆发展的影响因素可分为环境因素和个体因素两类。

(一)影响儿童元记忆发展的环境因素

1. 学习材料

儿童元记忆与学习材料的属性密切相关。首先,学习材料的难度会对儿童的元记忆监测产生影响。难度过高,会让儿童觉得有压力。根据心理资源限制理论的观点,任何认知任务都要占用个体的心理资源,而元记忆监测活动本质上是在认知加工过程外单独开辟的操作过程,需要占用额外的心理资源,当材料难度高时会导致个体高水平的心理负荷,影响元记忆监测的准确性。因此,随着学习材料难度的增加,儿童元记忆监测的准确性会随之下降,并且这种下降的趋势会受到年龄的影响,表现为:年龄较大的儿童相比于年龄较小的儿童,在学习困难知识时表现出更准确的元记忆监测,因为年龄较大的儿童有更高水平的心理资源分配能力。另外,学习材料的性质也会影响儿童元记忆监测的准确性。例如,相比传统的言语测验,使用非言语测验时儿童对自己记忆成绩的预测的准确性有明显提高。元记忆监测是元记忆控制的基础,个体会根据对记忆过程的监测来控制记忆活动,所以上述学习材料也会通过影响个体的元记忆监测能力进而影响其元记忆控制能力。

儿童的元记忆能力受到学习材料的难度、性质和测验呈现形式的影响。这一结论对教材的编排具有启发意义,即教材的内容、难度和呈现形式应该符合不同年龄段学生的元记忆发展水平。

2. 奖励

奖励会影响儿童的元记忆过程。奖励是一种建立在强化理论基础上的行为塑造手段,是具有信息价值的刺激手段,是引发儿童动机使其朝向目标的激励手段。根据奖励物的类别,奖励可以分为精神奖励(如获得表扬、认可或鼓励,获得荣誉称号,得到额外的关注等)和物质奖励(如获得金钱、奖品、奖状等)。

元记忆监测和元记忆控制,是以客体水平的信息为基础的,客体水平信息的变化将影响元水平信息的加工和反馈。而奖励所带有的信息价值,能通过影响儿童的心理过程从而改变儿童的行为。物质奖励和精神奖励所承载的信息和所激发的动机都不同。物质奖励所提供的信息更多集中在任务之外,并且将个体完成任务的动机指向外部,即儿童为了获得奖励而投入努力;精神奖励所提供的信息带有自我激励性质,"激发潜能""获得荣誉"将号召儿童把完成任务的动机更多地指向内部,儿童投入其中,为更好地完成任务而努力。同时,指向内部的动机能让儿童产生对学习等任务的掌控感,而指向外部的动机会使儿童产生受他人控制的感觉,对自我的掌控感能让儿童获得更高的胜任感和自我效能感。

专栏　项目分值对学习时间分配的影响 [①]

奖励是元记忆控制的重要依据。通过操纵奖励的特征可以提高儿童元记忆控制的效率,使其在重要项目上分配更多的学习时间。

作为奖励大小的一种表现形式,项目分值能够影响学习时间分配。即学习者倾向于优先注意高分值项目,并给其分配更多的注意资源,但项目分值对学习时间分配的影响受分值梯度(分值的相对差异)的影响。与此同时,阅读习惯也会影响个体的学习时间分配,对于汉语阅读者,相比于高分值项目位于左侧(与阅读习惯一致)的情况,当高分值项目位于右侧(与阅读习惯不一致)时,个体可能会多经历一个项目选择阶段,即基于阅读习惯优先注意左侧的低分值项目,然后才将更多的注意资源转换到右侧的高分值项目上。

姜英杰等人通过对比不同分值梯度下,与阅读习惯一致、不一致条件中,个体优先选择的项目和分配的学习时间的差异,考察了项目分值梯度对学习时间分配的影响。结果发现,在小分值梯度(1分、5分)下,虽然个体能够克服阅读习惯的影响,在与阅读习惯不一致条件中,对高分值项目定向投入更多注意资源,但相比于与阅读习惯一致条件中,在不一致条件中个体会经历一个较长的项目选择阶段。而在大分值梯度(1分、10分)下,个体不仅能够克服阅读习惯的影响,且在一致与不一致条件中均未出现项目选择阶段,能直接对高分值项目定向地进行学习。这可能是因为,在大分值梯度下,高分值项目带来的收益更大,使得个体能够基于价值选择优势项目,对高分值项目分配更长的学习时间。

3. 任务环境

任务环境也是影响儿童元记忆能力发展的因素之一,环境信息能够影响儿童对记忆任务难度的预判,以及对自己学习程度、知晓能力的判断,且那些具有较低元记忆水平的儿童受环境的影响更大。儿童对任务环境的熟悉程度影响其元记忆水平,表现为儿童在熟悉的情境中比在不熟悉的实验室情境下能更准确地预测自己的记忆表现。

儿童的元记忆能力也具有社会影响效应。例如,他人的期望和压力会影响儿童对自身的信心判断。此外,学校情境下的教育训练和学习指导有助于儿童元记忆监测能力的提高。那些受过记忆策略选择指导等元记忆训练的学生,其元记忆监测水平明显优于未经过训练

[①] 姜英杰,王志伟,郑明玲,等.基于价值的议程对学习时间分配影响的眼动研究[J].心理学报,2016,48(10):1229-1238.

的学生。

（二）影响儿童元记忆发展的个体因素

1. 人格特征

儿童的人格特征是影响其元记忆监测准确性的个体因素之一。人格特征主要通过影响儿童做出判断时的自信度来影响元记忆监测,儿童对于每一种元记忆监测的判断受到其人格特征的制约。具体来说,人格的内外倾特点和情绪稳定性制约着元记忆监测的准确性和稳定性。刘耀中和郭力平的研究发现,内外倾影响元记忆监测判断的水平,表现为内向者相较于外向者的判断水平更高;元记忆监测的判断水平也受情绪稳定性的影响,表现为情绪更加稳定的个体的元记忆监测判断更少出现波动,且元记忆监测判断的准确性高于情绪不稳定的个体。[1]

2. 动机

记忆是认知过程的重要环节,也是个体学习过程中不可或缺的部分。动机水平会影响个体的任务表现,也会通过影响个体对识记任务的认知来影响个体对记忆过程的信心判断。张萌等认为,自我效能感和成就动机均显著影响知晓感判断等级的高低和判断准确性,并且自我效能感和成就动机在影响知晓感判断方面有显著交互作用。[2]高成就动机只有和高自我效能感结合,才能转化为个体实际的学习动力。在自我效能感较高时,成就动机高的个体追求成功的倾向大于避免失败的倾向,成就动机低的个体避免失败的倾向大于追求成功的倾向。此外,不同的成就目标会引发个体不同的学习动机。

这对于教育教学具有重要的实践意义。教师和家长可以采取措施提高学生的成就动机和自我效能感,让学生满怀信心地学习,提高学生对记忆的监控和调节能力,进而促进学生对知识的理解与记忆。

第三节　儿童记忆发展的促进

如果把记忆比作一棵树,那么饮食和生活习惯就是孕育它的土壤,是决定它存在与否的基础;记忆策略就是促进它生长的阳光,是保证它成长与发展的关键;有效的复习是滋养它的水分和养料,是它生命力的保障,决定了一段记忆能够保持多久。众所周知,记忆是可塑的,元记忆能力是可以训练的。在先天遗传因素的基础上,科学的记忆策略和元记忆策略、充足的睡眠、健康的饮食与运动都是提高记忆表现和元记忆能力的重要因素。

---

① 刘耀中,郭力平. 元记忆监测与人格特征相互关系的实验研究[J]. 心理科学,2000(1):20-23,124-125.
② 张萌,张积家,张全信. 呈现方式、自我效能感和成就动机对 FOK 判断影响的研究[J]. 心理学报,2000(4):387-392.

一、科学的记忆策略

科学的记忆策略有三种。

（一）视觉化

在介绍什么是视觉化之前,先请你跟随以下描述做一件事:想象一下你的左脚在敲地板,然后真的用你的左脚敲下地板。如果你能看到自己的脑成像结果,你会发现你的想象过程和实际执行过程所激活的脑区有很大一部分是重合的。有研究显示,让无法移动或者做出反应的人想象自己走进客厅,会激活走路和想象相关的脑区。这就是视觉化。不难发现,视觉化对于感知的具体化是有效的。因为对于大脑而言,直接在外部世界中经历一件事和不断想象同一件事(有时还要加上想象的动作)之间的差异非常小。

视觉化之所以有效,首先是因为"多感官连接"。在视觉化过程中,人们一般都会被鼓励将现有刺激包括感觉、声音、气味等转化为视觉形象,从而在各种感官之间建立连接,并通过视觉形象整合起来。因此,要掌握视觉化记忆策略最先要训练儿童的图像转化能力。想象出的图像越清晰,细节越丰富,越能够帮助记忆。

视觉化之所以有效,其次是因为"结构化"。长时记忆中的内容必须经过短时记忆,而短时记忆的容量是有限的,只有 7 ± 2 个组块。因此,只有增加组块的容量,才有可能让更多的信息进入短时记忆进而进入长时记忆。简单来说,结构化就是对冗杂的信息进行分组。而视觉化正是通过对视觉信息进行二次加工,将看到的信息划分组块并进行存储,在减轻记忆负荷的同时又便于回忆。

对于成人来说,记忆普通材料与视觉化材料的差异不是很明显,但是对于还在迅速发展中且头脑中已有表象还不丰富的儿童来说,视觉化材料的生态效度更强,也更友好。

（二）联想记忆

心理学家普遍认为,概念是一张巨网上的节点,这些节点彼此联结。联结的类型多种多样,如因果联系(病毒—感冒)、特征联系(橘子—橙色)、种类联系(香蕉—水果)等。通过概念之间的联结来记忆概念可以称为联想记忆。关于联想记忆存在的证据,最有力的要数启动效应了。简单来说,启动效应就是前一个刺激的出现和加工会影响对后一刺激的加工。例如,当你看到"喝__"这个题目,并尝试在空格里补充一个字从而构成一个有意义的词时,你第一个想到的字大概率会是"水",这就是生活经验带来的启动效应。启动效应不只局限于概念和词汇,个体的行为和情感也会受到经历过的事件的影响。

总体来说,如果想让儿童记住什么东西,只要将其跟儿童熟悉的东西联系在一起就可以了。这样比喻可能更容易理解:当遇见一只很可爱又很活泼的山羊时,如果用一根绳子将这只山羊拴在树上,那么无论这只山羊多么活泼,它都无法跑掉了。这只山羊就是需要记住的新知识,家门口的树就是已有的知识,是儿童熟悉的东西,而那根拴住山羊的绳子就是联想。

此外,能不能拴住山羊,还取决于树够不够结实,绳子够不够有力。也就是说,记忆在一定程度上也取决于联想和已有的知识经验。如果儿童已有的知识经验非常丰富,当一个新的概念出现时能够有好几个已有概念与之形成联结;同时儿童的联想能力也很强,能够很快建立新旧概念之间的联结,那么儿童对新概念的记忆就会又快又牢。

所以,在合理适度的范围内,尽可能丰富儿童生活中的刺激,帮助儿童丰富已有的知识经验,有助于培养儿童的联想记忆能力。

(三)有效复习

早在 19 世纪,德国心理学家艾宾浩斯就对遗忘规律作了深入的研究。艾宾浩斯采用无意义音节作为实验材料,运用节省法,把重新学习所减少的时间或者次数视作记忆的指标,发现了人类遗忘的规律(如图 4-5 所示)。学习之后遗忘立即发生,并呈现先快后慢、先多后少、逐渐稳定的趋势。

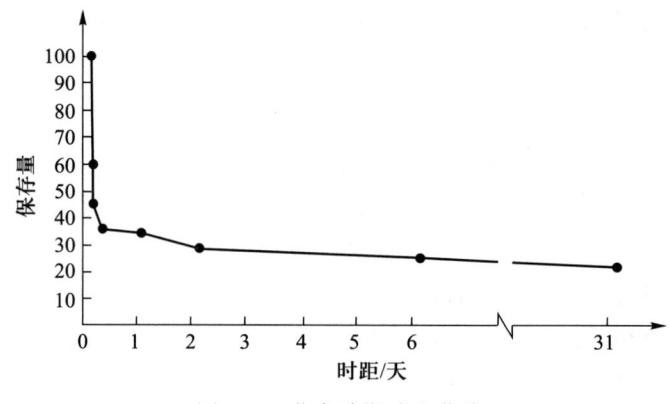

图 4-5   艾宾浩斯遗忘曲线

遗忘规律似乎为我们关上了记忆的门,但艾宾浩斯找到了钥匙——有效复习。下面是两种有效的复习方法:

1. 首尾呼应复习法

该方法的理论基础是记忆的首因效应和近因效应——材料的开始和结尾两部分的内容较难被遗忘。首尾呼应复习法的关键是将记忆材料顺序记忆之后再倒序记忆。这样一来,对首因效应敏感的个体在倒序记忆后,原来位于材料尾部的信息成了材料首部,个体便能利用自身特性提高记忆效果,对近因效应敏感的个体亦然。若记忆材料过长可将记忆材料分段,让难以记忆的中段信息成为新材料的首部或尾部。

2. FO 复习法

全称为 Five-One 复习法,即 5-1 法则。在该方法中,复习时间间隔为 5 个"1":学过的知识在 1 h 后复习第一遍,1 天后复习第二遍,1 周后复习第三遍,1 个月后复习第四遍,1 个季度后复习第五遍,之后的复习间隔就可以固定为 1 个季度。FO 复习法的关键在于每次复习时进行检查,无论忘记了什么,忘记了多少,都要立即进行重新学习和复习,以保证每次复习后都能像第一次学习结束时一样记忆深刻。

二、科学的元记忆策略

以下是提升元记忆监测能力的三种方法：

（一）提升心理资源

元记忆监测本质上是对记忆活动的判断与评估，需要消耗一定的心理资源，因此，充足的心理资源是准确进行元记忆监测的关键。下面是两种提升心理资源的方法：

第一种方法是提供难度适中的学习材料。学习材料的难度影响元记忆监测的准确性，表现为对同一年龄段的儿童，其元记忆监测的准确性随材料难度的提高而下降；而对同一难度的学习材料，元记忆监测的准确性随儿童年龄的增加而升高。其原因是对同一年龄段的儿童而言，学习简单材料比困难材料占用更少的心理资源；而学习相同难度的材料时，年龄大的儿童比年龄小的儿童消耗更少的心理资源。因此，根据儿童年龄及其心理发展的特点，提供难度适宜的学习材料，有助于提高其元记忆监测的准确性。

第二种方法是出声思维。思维的监控依赖语言，语言的组织有利于思维的监控。当思维外显化时，儿童更容易注意其思维过程，进而有助于实现自我监控。在自我监控的过程中，儿童对自己思维过程的表达应简洁清晰、逻辑清楚。教师可以为儿童的出声思维提供"模型"。例如，在教授新课时，教师可先讲自己是如何理解新知识的，是如何将新知识与旧知识联系起来的；在习题课中，教师可以将自己的思考过程表达出来，如"我是这样想的……""根据……可以得出……""要回答……还需要……"等。教师先示范，然后请学生进行模仿，引导学生修正自己的表达，避免心理资源的过度浪费。

（二）自我提问

自我提问是培养元认知监测能力常用的方法之一。教师提供一系列儿童自我观察、自我监测、自我评价的问题并列出清单，儿童在学习过程中对照清单中的问题来监控自己的学习过程和学习结果，不断进行自我反省，进而提高解决问题的能力。自我提问单在使用初期可以由教师列出清单中的问题，随着时间的推移，儿童逐渐学会根据自己的需求设计修改自我提问单，真正学会自我提问。

美籍匈牙利数学家波利亚（G. Polya，1887—1985）就解决问题的四个阶段提出了一系列自我提问的问题。具体包括：第一阶段，理解问题，这个阶段的目的在于帮助儿童理解问题情境，提出如"已知条件是什么？""未知条件是什么？"等问题。第二阶段，拟订计划，这个阶段的目的在于让儿童寻找问题的解决方案，提出如"我过去见过这类题目吗？"如果有，"是否可以用相同的方式来解答？"如果没有，"两者的区别在哪里？""我是否已经把所有的已知条件都用上了？"等问题。第三阶段，执行计划，这一阶段是计划付诸实践的阶段，也就是实际解决问题的阶段，在这一阶段儿童要认真检查每一个解题步骤，提出如"我能确定我的每一步都是对的吗？如果不对，哪里出问题了？"等问题。第四阶段，回顾，在解答完问题之后,儿童要对解题步骤和结果进行检验,提出如"我能检验所得结果的正确性吗?""我能检验每一步的推理过程吗?"等问题。

(三)提供奖励

为儿童提供及时、恰当的奖励可以提高儿童的元记忆监测和元记忆控制能力。奖励所带的信息价值,能通过影响儿童的心理过程从而改变儿童的行为。但并非所有的奖励都具有上述效果,只有适度且能够满足儿童当前需求的奖励才可以。这就要求家长和教师在提供奖励时,充分了解儿童当前的状态与需求。

三、充足的睡眠

睡眠是与生俱来的,所有的哺乳动物都有睡眠行为,只是睡眠时间、睡眠模式各有不同。睡眠如此普遍,又如此重要,一定有它的理由。在睡眠期间,我们的身体自动切换到保养模式,致力于存储能量,修复和替换受损的细胞;与此同时,我们的大脑也在清除毒素,处理白天的经历,有时候还致力于解决萦绕在脑中的问题。

睡眠可以划分为非快速眼动睡眠期和快速眼动睡眠期。非快速眼动睡眠期主要发生睡眠的前期,此时儿童的脑神经振荡活动越来越缓慢,逐渐进入更深层次的睡眠;快速眼动睡眠期主要发生在睡眠的后期,此时儿童的脑神经振荡活动类似于清醒状态下,表现出高频率、低振幅的特点,伴随着快速的眼球运动、肌肉张力的降低和梦境的出现。

睡眠为有效的记忆巩固和记忆信息由短时记忆到长时记忆的过程提供了条件。包括程序技能和情绪经历在内的非陈述性记忆主要在快速眼动睡眠期间得到巩固。睡眠剥夺研究发现,快速眼动睡眠的剥夺会损害个体对认知程序任务的记忆的巩固,但并不损害对词和概念等简单陈述性记忆的巩固。在快速眼动睡眠阶段进行睡眠剥夺还会导致个体意识水平下降、警觉水平下降,从而损害元记忆。对陈述性记忆的巩固主要在非快速眼动睡眠期间进行。由于儿童非快速眼动睡眠比成年人更多,他们拥有比成年人更强的在熟睡中将内隐知识转化为外显知识的能力。不论在午间还是夜间,睡眠都能促进儿童的记忆表现。

四、健康的饮食与运动

人体消耗能量最多的器官是脑。研究显示,成人脑重只占体重的 2%—3%,却要消耗身体总消耗能量的 20% 左右;儿童的脑每天消耗的葡萄糖量,相当于安静状态下身体总消耗能量的 66%,以及活动状态下身体总消耗能量的 40%;不光占比高,从绝对值来说,儿童的脑每天消耗的葡萄糖量也高于成人。5 岁左右的儿童,葡萄糖日消耗量达到峰值,男孩约 167.0g/ 天,女孩约 146.1g/ 天(如图 4-6 所示),分别是成人消耗量的 1.88 倍和 1.82 倍。[①] 脑得到充足的能量,才能

① KUZAWA C W, CHUGANI H T, GROSSMAN L I, et al. Metabolic costs and evolutionary implications of human brain development[J]. Proceedings of the national academy of sciences, 2014, 111(36): 13010-13015.

够保证儿童日常的学习和记忆活动。不难发现：与整个身体相比，脑的体积虽小，但能量消耗量却不少，尤其对儿童更是如此，所以保证每日充足的能量摄入是非常重要的。

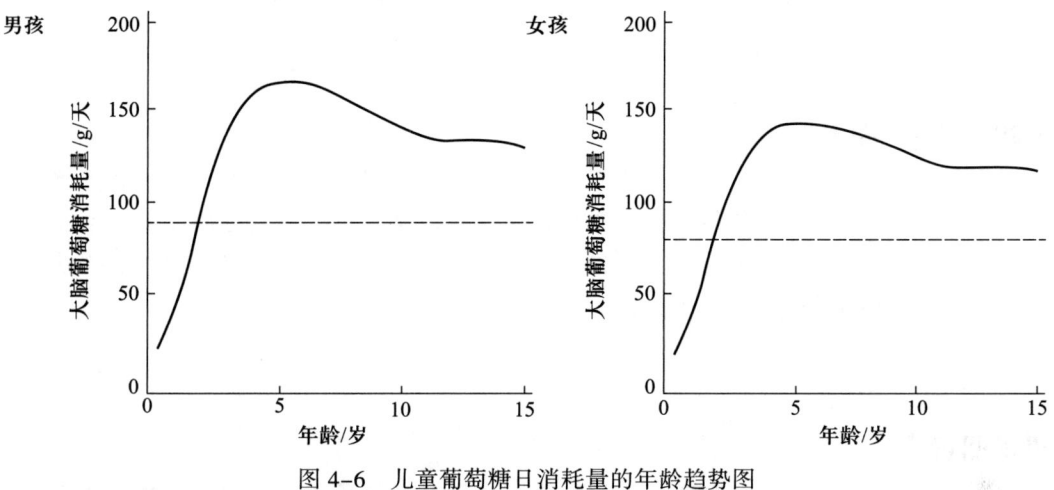

图 4-6　儿童葡萄糖日消耗量的年龄趋势图

在保证充足的能量摄入的基础上，合理的饮食结构也是非常重要的。长期高脂饮食会造成胆固醇和低密度脂蛋白水平升高，这将损害儿童的记忆能力。因此在儿童日常饮食中需要减少高脂饮食，增加蛋白质的摄入，为记忆能力的提升打好物质基础。

除了健康的饮食，运动也能够提高记忆能力。大量研究表明，运动能够增加大脑的体积（包括灰质和白质），可以软化血管，促进血液流动，保持机体平衡。动物研究发现，运动诱发海马体的变化，并且能促进神经细胞的生长、突触发生、神经保护、神经之间的相互连接和脑源性神经滋养因子的变化。但如何锻炼，选择哪种强度的锻炼才能提高记忆能力呢？在运动时机方面，有研究发现，学习后 4 h 再运动有益于脑的健康和发育，可提高个体的长时记忆能力。在运动强度方面，较一致的研究结果表明，中等强度的运动训练能够提高记忆能力。通常以运动心率作为运动强度分级标准：小强度有氧运动的运动心率为个体的最大心率的 50%—59%，中等强度有氧运动的运动心率为个体最大心率的 60%—69%，大强度有氧运动的运动心率为个体最大心率的 70%—79%。其中个体的最大心率等于 220 减去年龄（岁）。

【本章小结】

人类的记忆和元记忆从婴儿期开始发展。在整个儿童期，记忆容量逐渐增加，记忆质量也不断提高，表现为有意识记和意义识记逐渐成为儿童的主要识记方式，形象记忆虽然始终保持着优势，但抽象的语词记忆逐渐发展，且儿童会主动掌握更多的记忆策略。在青少年期，个体的记忆容量和效率进一步提高。与记忆发展相应，儿童的元记忆监测和控制能力也随年龄增加而提升，其中元记忆监测的发展并非匀速且存在类别差异。

儿童元记忆的发展受环境因素和个体因素的共同影响。结合记忆发展的特点和影响因素,可以通过科学的记忆策略和元记忆策略、充足的睡眠、健康的饮食与运动来提高儿童记忆效果和元记忆能力。

【实践·反思·探究】

1. 为什么婴儿期和幼儿期都被称为记忆发展的高峰期和关键期?
2. 如何根据儿童期记忆发展的特点来促进儿童的记忆效果?
3. 如何利用元记忆促进记忆? 元记忆发展的影响因素有哪些?
4. 请列举促进儿童记忆发展的方法。

【推荐阅读】

［1］姜英杰.儿童情景记忆及其监测能力的发展［M］.北京:科学出版社,2020.

［2］刘希平,唐卫海,钟汝波.记忆与元记忆心理学［M］.北京:北京师范大学出版社,2022.

［3］毕有余.儿童记忆策略发展及影响因素研究［M］.长春:东北师范大学出版社,2016.

第五章
儿童思维的发展

【学习目标】

- 了解思维的定义和特征。
- 理解儿童思维的发生和发展。
- 掌握儿童推理和创造性思维的发展。
- 在教学和日常生活中应用促进儿童思维发展的策略。

【知识导图】

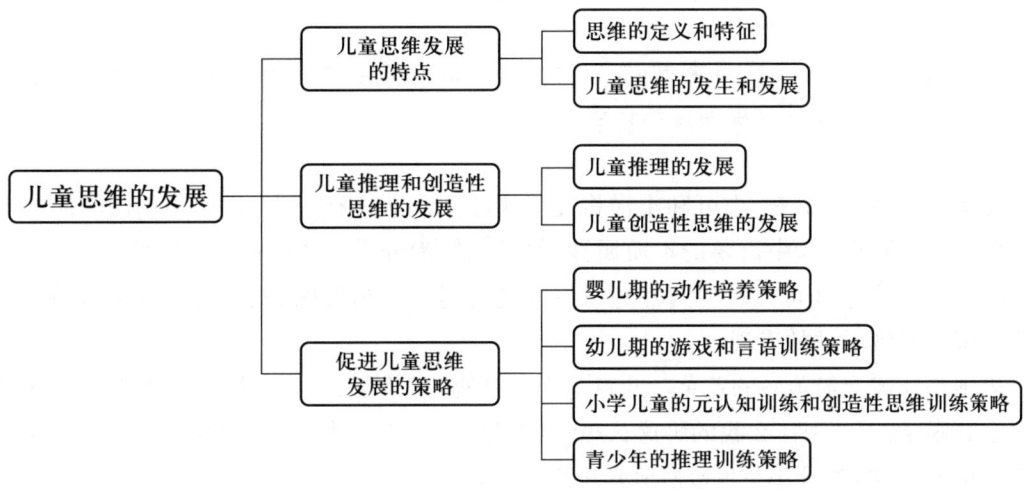

【本章导入】

　　小安、小可和小洋是幼儿园大班的三个小朋友。在户外活动的时候，她们一起玩几何拼图，在几何块旁边有一些拼图组合的图片。吴老师发现，小安、小可和小洋一直都没有按照现有的图片拼图。

　　吴老师走过去问："你们怎么不拼这个图片上的图案呀？你们会拼吗？"小安正在把几何板块按类型分类，分成三角形、正方形等几堆。听到吴老师的疑问，她转过头，看了看那个图片，对吴老师说："这个我早就会了！"小可和小洋也和她一样看过去，用很轻松的语气说："这个很简单的！"吴老师看着她们，指着其中一个图片上的图案，笑着说："你们这么厉害呀！那你们能不能把这个图案拼出来给我看呢？我不会哎！"小安笑着对吴老师说："当然可以啦！我来教你。"

　　小安从刚刚分好类的几何块里面挑出来几个平行四边形和三角形，按照图案画出的边缘一个个拼好了，拼的时候还笑着对吴老师说："你看这样很简单吧！"吴老师看到她拼完后，点点头，鼓鼓掌，笑着对她说："你真厉害，那我想问你，你可不可以用两个三角形拼出一个正方形呢？"小安看着吴老师笑了，转过头，拿起两个三角形，把它们的斜边对齐拼成了一个正方形，很轻松地对吴老师说："这不是很容易嘛！"

　　（资料来源：南京师范大学教育科学学院 2020 级本科生夏文宇的幼儿见习观察活动记录）

　　在上述案例中，小安、小可和小洋将几何块按照形状进行分类，说明她们已经能够分析事物的性质，概括出其中重要的本质属性，并以此作为分类的依据；当吴老师提出一个问题时，小安、小可和小洋可以轻松自然地解决问题。对于三角形的概念掌握、分类、理解、问题解决等都是思维活动的表现。

　　思维是地球上最美丽的花朵。儿童喜欢不停地问"为什么"："为什么要洗脸？""为什么星星会眨眼睛？""为什么我的脚这么小？""为什么太阳会落下去？"……伴随着这些"为什么"，儿童思维的这朵小花也慢慢地盛开了。

第一节　儿童思维发展的特点

　　思维是在感觉、知觉、记忆等的基础上产生和发展起来的，思维的形成标志着儿童的认知发展有了质的飞跃。本节主要介绍思维的定义和特征，以及不同年龄阶段儿童思维的发生和发展特点。

一、思维的定义和特征

（一）思维的定义

思维是个体借助语言、表象或动作实现的对客观现实间接的和概括的认识，是认识的高级形式。它以词为中介，通过概念形成、问题解决、判断和推理等形式揭示事物的本质特征和内在规律。

（二）思维的特征

间接性、概括性和问题解决性是思维的重要特征。

1. 间接性

思维的间接性是指儿童借助已有的知识经验和一定的媒介，间接地认识客观事物。例如，幼儿园的小朋友午睡后看到窗外的树木和大型玩具都变白了，知道刚刚下了大雪。虽然当时没有下雪，但他们通过窗外洁白的景色，间接地知道睡觉的时候外面下了雪。通过思维的间接性，我们可以超越感知觉提供的信息，理解和认识那些没有被直接感知到的事物，从而揭示事物的本质和规律。

2. 概括性

思维的概括性有两层含义。一是指把同一类事物的共同特征和本质特征抽取出来加以概括。例如，儿童把大小、形状、颜色各不相同的木质或塑料玩具统称为"积木"。二是指将多次感知到的事物之间的联系和关系加以概括，得出有关事物之间内在联系的结论。例如，儿童看到蚂蚁搬家、燕子低飞、青蛙鸣叫、小鱼浮上水面呼吸就得到"大雨马上要来到"的结论。由此可见，思维的概括性使儿童的认识活动摆脱了对具体事物的依赖，从而扩大了他们的认识范围，加深了他们对事物的理解。同时，思维的概括性也是科学概念、定义、定理、法则、规律等形成的前提，是思维活动能够进行迁移的基础。

3. 问题解决性

思维活动常常由一定的问题引起，以解决问题的形式出现，并围绕着问题而进行，这就是思维的问题解决性。例如，小学生完成老师在课堂上布置的作业，中学生参加科技创新类竞赛，这些思维活动都具有问题解决性。当前对儿童思维发展的研究，也较多集中在问题解决能力的发生与发展方面。对儿童早期问题解决的研究主要关注儿童的运动探索，表现为一系列基本的认知技能，如注意、记忆、感知觉和动作等的整合。[①] 例如，婴儿通过用嘴咬和砰砰敲东西来了解自己的身体和周围的物体，随着年龄的增长，他们逐渐改进他们的运动探索方式，

---

① MOLININI R M, KOZIOL N A, TRIPATHI T, et al. Measuring early problem-solving in young children with motor delays: a validation study[J]. Physical & occupational therapy in pediatrics, 2021, 41（4）: 390–409.

转向有目的的、复杂的游戏和学习活动。[①] 思维的问题解决性是儿童认知和社会化发展的重要指标,概念的形成和理解往往被看作"概念问题的解决"。不过,并不是所有思维活动都具有高度的问题解决性,例如想象活动是思维活动的一种形式,但这种思维活动的问题解决性就不太明显。

二、儿童思维的发生和发展

相比于思维,感知觉出现得更早且发展速度更快,而后是动作的发展。最初,儿童通过感知外在事物并依靠动作来进行思维活动,从而概括事物的共同属性和相互关系。因此,儿童思维的发生与发展离不开感知觉和动作的发展。

(一)思维的发生

当重复不断地在怀孕九个月的孕妇腹部前呈现读音为"babi"的声音刺激,胎儿的心率开始时会出现明显可见的下降,但很快就恢复平缓。这时,如果将"babi"替换为"biba",胎儿的心率又会发生变化。可见,胎儿可以分辨两个不同的声音刺激。在出生两个月的婴儿身上也发现了类似的情况,当向婴儿反复呈现相同的视觉刺激时,相比于新的视觉刺激,婴儿对旧刺激会表现出更短的注视时间。[②] 这种分辨两个不同刺激的能力,可以说是思维的起源,也为后续思维的形成和发展打下了坚实的基础。

婴儿期儿童的思维处于萌芽阶段,主要依靠感知觉和动作来展现其思维过程,因此,婴儿期儿童的思维水平非常低,以直观行动思维为主,具体表现为以下两个特点:

1. 思维活动具有情境局限性

这一时期,儿童正处于感知和适应世界的发展阶段,其思维活动是在对具体事物的直接感知和实际行动中进行的,对直观的事物和情境具有很高的依赖性。同时,其问题解决的行为也离不开对情境的充分感知和分析。因此,婴儿期儿童的思维存在很大的局限性,需要后期不断地发展和突破。

2. 分类能力及推理能力显著发展

尽管这一时期的儿童还不能进行复杂的分类活动,但是他们已经能够根据客体的外部表征(如颜色、形状等)对其进行区分,而且具有简单的归类能力。比如,婴儿在看到遥控器时,会先倾向于点红色的按钮。同时,在婴儿的转导推理和类比推理能力也开始萌芽。例如,在观察到爸爸按遥控器可以播放音乐后,婴儿遇到类似的遥控器时就会表现出相似的动作。

(二)幼儿思维的发展

3岁以后,儿童逐渐步入身体和脑发育的高峰期,其动作和语言都有了快速的发展。此

---

① SHUTE J V, WANG L, GRIEFF G, et al. Measuring problem solving skills via stealth assessment in an engaging video game[J]. Computers in human behavior, 2016, 18(6): 609–622.

② FANTZ R L. Visual experience in infants: decreased attention to familiar patterns relative to novel ones[J]. Science, 1964, 146(3644): 668–670.

时的儿童极具活力,对世界有着很大的好奇心,他们的思维在婴儿期思维发展的基础上,以动作和言语为前提,在不断的探索和学习中得到了进一步的发展。幼儿思维的发展表现出以下三个特点:

1. 由直观动作思维向具体形象思维过渡

在幼儿初期,儿童的思维仍以直观动作思维为主,但此时的直观动作思维与婴儿期的略有不同。肢体运动水平的发展,使在婴儿期由于动作的局限性而产生的问题在幼儿期迎刃而解,儿童问题解决的类型也逐渐地从简单的动作型问题转为复杂的任务型问题。因此,相比于婴儿,幼儿的直观动作思维更加成熟,所能解决的问题的种类和复杂程度也有所增加。例如,婴儿主要解决的问题是"我要想办法拿到那个串珠",而幼儿主要解决的问题开始偏向"我要想办法把串珠串到一根绳子上"。

随着表征能力的不断发展,幼儿开始依靠表象进行思考,其思维开始由直观动作思维向具体形象思维过渡。开始出现"象征性游戏",例如,将遥控器放到耳边假装和妈妈打电话等。

2. 具体形象思维占据主导地位

在幼儿期,儿童的思维以具体形象思维为主。具体形象思维是指儿童依靠事物在头脑中的具体形象而进行的思维,其思维过程的主要工具为表象。这一阶段幼儿的思维主要有以下特点:

(1) 内隐化

早期幼儿在解决问题时,智慧性动作较少,他们主要通过行动上的试误来寻找解决问题的方法,通过不断积累经验,形成图式。随着经验的增加,幼儿开始学会依靠表象和图式进行思维活动,试误行为逐渐减少,智慧性动作逐渐增多,思维过程不再浮于表面动作,逐渐呈现出内隐化趋势。思维的内隐化,标志着儿童的思维从伴随动作出现提前到在动作之前出现,思维开始对动作有了一定的调控作用。

(2) 具象性

具象性是幼儿借助表象进行思维的过程的体现。幼儿较容易掌握生活中事物的具体概念,但是很难掌握更概括化的抽象概念。因此,幼儿思维的过程也是大脑中的各种生动具体的形象一一展现的过程。例如,在幼儿的大脑中,苹果总是红色的,爷爷总是花白胡子、弓着腰的,警察总是开警车、穿警服、带警帽的。

(3) 表面性

幼儿思维的具象性伴随着思维的表面性。即幼儿在进行思维活动时,往往只能看到事物的表面特征,而不能看到事物之间内在的本质联系。例如,幼儿认为穿上礼服就会变成公主;如果幼儿戴上粉色变色眼镜,就会觉得世界真的都变成了粉色的。

(4) 绝对性

由于思维的具象性和表面性,幼儿的思维往往不够灵活,不能把握事物的相对状态,表现为思维的绝对性。例如,在幼儿看来,世界上只有好人和坏人,如果你让他想象一个人又好又坏,幼儿恐怕就要与你争论了:"他明明是一个好人,怎么又可以是一个坏人呢?"

（5）自我中心性

幼儿的思维是在幼儿感知世界的过程中逐渐发展的,对幼儿自身的经验有着很强的依赖性。表现为幼儿专注于自己的观点,无法理解他人的观点,不能从客观的角度认识和理解事物。皮亚杰通过"三山实验"验证了幼儿思维的自我中心性,即幼儿往往基于自己的视角来选择他人所看到的图像。幼儿教师在面向幼儿开展教学活动时,往往会举起自己的左手来引导幼儿举起右手,这种做法正是基于幼儿思维的这一特征。

3. 抽象逻辑思维萌芽

抽象逻辑思维是人类特有的思维形式,是指运用概念、判断、推理等来揭示事物的内在联系、本质联系的思维活动。在幼儿晚期,幼儿开始可以在自身认知水平和经验所及的范围内进行一些简单的逻辑推理,即出现了抽象逻辑思维的萌芽。例如,大班幼儿在玩分类游戏时,可以根据事物的共同特性将它们归为一类:"香蕉和苹果都是吃的。"[①]

（三）小学儿童思维的发展

进入小学后,儿童的思维开始在学校教育的影响下发生重大改变。小学儿童的各项心理机能均得到较大发展,思维结构和思维水平不断完善和提升。同时,从小学开始,由于学习活动开始借助大量书面语言,儿童也开始逐步掌握书面语言,其思维也逐步从具体形象思维向抽象逻辑思维过渡。小学儿童思维的发展表现出以下两个特点:

1. 由具体形象思维向抽象逻辑思维过渡

进入小学后,在学校教育和自身内在发展需求的相互作用下,儿童的思维呈现出从具体形象思维向抽象逻辑思维过渡的发展趋势。具体表现为,随着年龄的增长,小学儿童的思维成分中具体形象思维与抽象逻辑思维的占比不断变化,呈现出抽象逻辑思维占比逐渐增多的趋势,但是思维的发展也会由于智力活动的领域和性质的不同而存在一定的不平衡性。小学低年级儿童的思维仍以具体形象思维为主,仍需要依靠外部事物直观形象的属性来进行思维活动,如进行加减运算时需要借助手指来完成。随着不断的学习和发展,到了小学高年级,儿童逐步掌握了概念的本质,具备了区分主次的能力,并初步掌握了科学的概念,可以运用已有的知识经验进行更加抽象的逻辑思维活动。比如乘除法运算、古诗意义理解等。

然而,在不同的学科领域,儿童思维的发展趋势是不同的,具体表现为具体形象思维与抽象逻辑思维的占比在不同学科学习中表现不同。例如,在数学学科学习中,儿童较快达到较高的抽象逻辑水平,可以脱离具体的事物进行逻辑运算;但在同时期的语文学科学习中,儿童仍需要借助具体的事物进行对知识的理解和吸收。总的来说,虽然小学儿童的抽象逻辑思维稳步提升,但其思维活动仍然需要形象化经验的支撑,具体形象思维在小学儿童思维活动中仍占据重要地位。

2. 思维结构趋于完整,思维自觉性初步发展

到小学后期,儿童思维结构趋于完整,具体表现为思维过程更加完整,思维活动开始发

---

① 刘国雄.儿童发展［M］.北京:科学出版社,2017:216–217.

展出自觉性,可以自发监控和调节自己的思维过程。思维过程包括分析与综合、比较与分类,以及抽象与概括。随着学校教育的进行以及自身认知的不断发展,儿童逐渐学会通过分析、综合、比较、抽象、概括来掌握概念和知识经验,并由此发展出解决问题的能力。到了小学中高年级,儿童掌握的概念范围越来越广、知识积累越来越多,逐渐可以概括出事物的本质和事物之间的区别和联系,并能够独立进行逻辑论证。

思维自觉性的发展可以通过儿童言语的变化进行论证。小学儿童的言语发展迅速,最重要的表现是由外部言语向内部言语的转变。伴随着这一转变,小学儿童思维的自觉性也逐渐发展起来,即儿童可以觉察到自己的思维过程并自觉地对其进行检查和调整。小学低年级儿童的思维还不具备这一特性,这也就是为什么需要家长来帮助孩子检查作业,因为他们还不能分析自己哪里错了,以及为什么会出错。而到了小学高年级,儿童可以说出自己解决问题的方案和过程,并且能够对结果进行综合分析,这一能力的发展也离不开教师的正确引导。

(四)青少年思维的发展

小学阶段的学习和积累为青少年的思维发展打下基础。抽象逻辑思维的发展成为青少年思维发展的重点。在青少年期的两个阶段——少年期和青年早期,思维的发展逐步推进,青少年思维日渐成熟。青少年的思维发展表现出以下三个特点:

1. 抽象逻辑思维占主导地位

青少年处于认知发展的形式运算阶段,他们能够"对运算进行运算",形成一般性的逻辑推理原则。青少年的思维活动已经可以脱离具体形象的支持而进行抽象的逻辑推理。这种抽象且系统的思维能力使青少年能够通过假设命题的形式来认识事物,并且在面对问题时能够先提出假设,而后根据假设进行逻辑性、可供检验的推理。虽然抽象逻辑思维在青少年的思维中占主导地位,但是不同阶段的青少年的抽象逻辑思维也存在着差异:初中生主要为经验型的形式逻辑思维,高中生则更多为理论型的辩证逻辑思维。

2. 由形式逻辑思维向辩证逻辑思维发展

形式逻辑思维是抽象逻辑思维发展的初级形式,也是少年期个体抽象逻辑思维的主要表现形式。少年期的个体掌握了更加复杂深刻的概念系统,开始具备各种逻辑推理能力,其抽象逻辑思维开始占优势。虽然少年期个体的抽象逻辑思维占主导地位,但是在很大程度上,他们的抽象逻辑思维还偏向经验型,需要直观经验的支持,具体形象思维仍起着重要的作用。到青年早期,抽象逻辑思维得到了更进一步的发展,青少年的思维开始实现由经验型向理论型的转化,此时的抽象逻辑思维开始向更高级形式的辩证逻辑思维发展。

3. 思维的独立性和批判性快速发展

由于思维的发展和对知识的掌握,少年期个体的独立思考能力得到了进一步的提升,他们开始以批判的视角来看待事物。但是由于知识系统还不够丰富和全面,辩证逻辑思维还没有得到完全的发展,少年期个体思维的独立性和批判性还不够。此时的青少年倾向于理想主义和批判他人,他们变得更好争辩,对家长和教师的缺点更加敏感,并喜欢利用推理找出别人的漏洞。同时,尽管在儿童期个体已经完成了"去中心化",但是到了青少年期,又会出现新的"青少年自我中心主义"，容易出现"假想观众"和"个人神话"等认知扭曲现象。例如，经常觉得有人在观察自己，认为自己是世界上特殊的存在等。

在青年早期，随着知识经验的深度和广度的提升，辩证逻辑思维得到了进一步的发展，青少年在进行批判性思维活动时的片面性和理想化逐渐减少，他们逐渐可以全面深刻地对客观事物进行分析，"青春期自我中心主义"的现象也开始有所减弱。

专栏　儿童的"后悔"与反事实思维

一件事情有两种选择，当我们选择其中之一出现了不利结果而与另一选择的可能结果做出消极比较后，我们就会产生后悔的情绪。我们知道成人会感到后悔，他们会想"事情可能会有所不同""我们在过去可以做些别的让现状变得更好"，等等。后悔是一种常见的情绪，与成年人的决策有着重要的联系。但儿童是什么时候开始体验到后悔的呢？他们什么时候开始意识到，如果在过去做了不一样的事，现在的情况就会随之改变呢？

后悔不仅来自对实际发生的事情的思考，也来自对如果一个人做出不同选择会发生什么的思考。0—3岁儿童可能不会后悔，这是因为后悔需要一种特殊的认知技能——反事实思维（counterfactual thinking）。反事实思维是个体对不真实的条件或可能性进行替换的一种思维过程，包括前提（"如果出门带雨伞"）和结论（"现在就不会淋成落汤鸡了"）两个部分。典型表现为："如果当时……就会（不会）……"。尽管一些心理学家认为反事实思维是一种儿童早期出现的技能，然而实验研究表明，3—5岁儿童能够意识到正确答案不是现实情况，但却无法抑制现实情境完成反事实推理。贝克等人总结了前人的研究，认为后悔需要在头脑中同时考虑实际结果和反事实的结果，在它们之间进行心理转换，同时对它们进行比较。这样的分析结果表明，后悔超出了3—5岁幼儿的能力，并不能在幼儿早期产生。[①]

到底几岁的幼儿可以产生反事实思维呢？伯明翰大学心理学教授做了这样一个实验[②]：实验中，引导者让4—9岁的儿童从两个同样装有1枚贴纸的盒子中选择一个并拿走其中的贴纸；随后给儿童一张分为五个等级的情绪量表，让儿童给自己的心情打分；接着，实验者给儿童展示他们没有选择的盒子，一部分儿童的盒子里面有5枚贴纸，另一部分儿童的盒子是空的，再让儿童完成心情打分。实验结果显示，儿童能感到后悔的年龄存在一定差异，大部分的6岁儿童已经能感到后悔了。当他们发现原本有机会获得更多贴纸时，他们变得更不开心。进一步研究发现：当儿童比较"可能发生的事"和"真实发生的事"时，他们能使用这些信息在未来做出更好的选择，即反事实思维有助于儿童进行决策。

①　BECK S R. RIGGS K J, BURNS P. Multiple developments in counterfactual thinking[M]. Oxford, England: Oxford University Press, 2011: 110-122.

②　MCCORMACK T, FEENEY A, BECK S R. Regret and decision making: a developmental perspective[J]. Current directions in psychological science, 2020, 29(4): 346-350.

第二节　儿童推理和创造性思维的发展

推理和创造性思维是思维的两种具体形式。推理是思维的最基本的形式,也是思维的核心。推理能力是保证思维活动的效率以及顺利完成思维活动的个性心理特征。创造性思维是一种具有开创意义的、有助于个体探索未知事物的、高级复杂的思维,是以感知、记忆、推理、想象等能力为基础的高级心理活动。本节主要介绍儿童推理和创造性思维的发展。

一、儿童推理的发展

推理是一种心理策略、计划或规则,用于处理信息并得出超越直接经验的结论,即个体在根据已有知识形成的判断的基础上,由一个或几个已知判断推出另一个新结论的思维过程。推理是人们间接认识事物特点和规律的必要手段。

(一)转导推理

推理作为一种高级的思维形式,在幼儿期尚处在萌芽阶段。最初出现的推理是转导推理,它是类比推理的特殊形式。转导推理是前运算思维阶段儿童特有的一种推理形式,由于这一阶段儿童的思维受"自我中心"的影响,因而他们只根据事物间在某一方面的直觉类似就做出概括或推理。例如,儿童在动物园见到梅花鹿的鹿角时,会认为如果天天往梅花鹿头顶上浇水,那"树枝"(鹿角)一定能长出绿叶。转导推理属于前概念的推理,并不能说明儿童真正达到了逻辑推理的水平,但是其对儿童推理的发展起到了重要的奠基作用。

皮亚杰指出,2岁儿童已经出现转导推理。例如,刚满2岁的女孩在晚上睡觉时间不想睡觉,要求父母把卧室的灯打开和她聊天,但她的要求被拒绝了。过了一会儿,父母突然听到女孩的尖叫声,急忙跑到卧室去看。女孩说,她拿了架子上的娃娃,而这是睡觉时被禁止的动作。可是父母一看,女孩实际上什么也没有做。皮亚杰认为,这就是儿童的一种推理:"如果我做了坏事,父母就会来开灯,并且和我说话。"这种推理是依靠表象进行的,是超出了直接感知范围的思维活动。皮亚杰还分析了错误推理的另一个例子:女孩(2岁1个月)在户外散步时看见一个驼背的小男孩,问:"为什么他有个驼背?"经父母解释后,她说:"他生病了,他驼背。"几天后她要求去看那个小男孩,被告知:"他感冒了。"她说:"他生病了,在床上。"又过了几天,听说小男孩的病好了,不躺在床上了。她说:"他没有大驼背了。"这一例子说明,女孩把"病"都等同起来了,她不会区分、不会归类。她认为驼背(B)是病(A),感冒(C)也是病(A),所以感冒好了,驼背也好了。换句话说,B是A,C也是A,所以B是C。这种推理是从特殊到特殊的,没有经过普遍化的。但儿童最初的转导推理也有正确的时候。皮亚杰指出,当推理过程不要求层次关系,问题非常简单,而且幼儿对有关事物已经有了实际经验时,其推理一般是正确的。

由此可见,转导推理是两个特殊事物之间的推理,在通常情况下都是不符合客观现实的,可能的原因在于:首先,受年龄的局限,幼儿缺乏知识经验,所以他们在对事物进行判断、推理时,常以自己已有的知识经验为依据;其次,幼儿不能进行分类、概括等概念性思维加工,往往把直接观察到的事物之间的表面现象或事物之间偶然的外部联系作为判断事物的依据。转导推理在2—4岁的儿童身上表现得比较普遍,以后逐渐减少。

(二)逻辑推理

随着儿童思维的发展,其推理能力也得到了提升,开始出现逻辑推理。逻辑推理主要包括类比推理、归纳推理和演绎推理三种形式。

1. 类比推理

类比推理(analogical reasoning)是根据两类不同对象的某些属性相同或相似而推出两者的其他属性也可能相同或相似的逻辑方法和思维形式。类比推理的基础是两个对象在关系、结构或性质等方面具有相似性。这种思维形式,在创造学中,也称为"相似思维"。我国工匠大师鲁班发明锯子是受茅草割手的启发,科学家通过模仿蝙蝠的回声定位系统发明了雷达,等等,都是类比推理的结果。儿童也经常运用类比推理作为问题解决的策略。

一般认为类比推理涉及较复杂的思维活动,儿童要到小学阶段才能发展出这种推理能力。但也有研究发现,幼儿也能完成简单的类比推理任务。例如,一个2岁1个月大的幼儿正在玩一个玩具,这个玩具上有许多不同颜色的小门,要打开这些小门就必须要用与门的颜色相同的钥匙:黄钥匙开黄门,红钥匙开红门……幼儿发现了一把白色的钥匙,他问父母:"白色的门在哪儿呢?"也就是说,幼儿能理解并总结出门和钥匙的颜色必须相同,并进行类比推理:白钥匙必须配白门。这表明,较高级的心理过程以稚嫩的形式在童年早期孕育、发展着。[①]

年龄较小的儿童在类比推理中主要依赖联想,而年龄较大的儿童则可以依赖推理过程,是逻辑形式下的类比推理。对儿童类比推理的研究相对较为丰富,并获得了较为一致的结论,即3岁前的儿童很难进行类比推理;4岁的儿童可以进行初步的类比推理,能够完成单维度的操作任务;5岁儿童的类比推理能力明显提高。3—5岁是儿童类比推理快速发展的时期,儿童的知识经验和事物的表面相似性是影响儿童类比推理的重要因素。[②]也有研究表明,在具备相应知识经验的前提下,知觉分心对儿童类比推理有显著影响,即儿童在无知觉分心任务中的表现明显好于在知觉分心任务中的表现。对儿童类比推理出现错误的分析发现,在知觉分心任务中儿童所犯的错误主要是分心错误,而且分心错误会随年龄增长呈下降趋势。这表明对知觉分心的抑制控制是儿童类比推理能力发展的一个重要影响因素。[③]

---

① 方富熹,方格.儿童发展心理学[M].北京:人民教育出版社,2005:321-322.
② 王云霞,张金荣,俞睿玮.学前儿童发展心理学[M].杭州:浙江大学出版社,2020:122-124.
③ 马晓清,冯廷勇,李宇,等.从知觉分心任务看儿童类比推理能力的发展[J].心理学报,2008(9):987-993.

2. 归纳推理

归纳推理（inductive reasoning）是从具体事物或现象中归纳出一般规律的思维活动，即从个别事物中总结概括出一般性的、本质的规律。归纳推理包括前提和结论两个成分，由多个前提可以归纳出一个结论。如在一个平面内，直角三角形的内角和是180°，锐角三角形的内角和是180°，钝角三角形的内角和是180°；而直角三角形、锐角三角形和钝角三角形是三角形全部的表现形态；所以归纳出平面内一切三角形的内角和都是180°。

根据前提所考察对象范围的不同，可将归纳推理分为完全归纳推理和不完全归纳推理。完全归纳推理考察了某类事物的全部对象，不完全归纳推理则仅仅考察了某类事物的部分对象。其中，不完全归纳推理又可以根据前提是否揭示对象与其属性间的因果关系分为简单枚举归纳推理和科学归纳推理。简单枚举归纳推理也称简易归纳推理，它是以个体经验认识为基础的，个体根据对某类事物部分对象的考察，发现它们具有的某种属性，而又未遇到相矛盾的事例，从而得出该类事物都具有某种属性的推理方法。依据这种推理方法所得出的结论未必都正确，因为其前提是不完全的，且事物之间看不出有直接的因果联系，结论带有较大的或然性。科学归纳推理是以科学分析为主要依据，即个体由某类中部分对象与其属性之间所具有的因果联系，推出该类中全部对象都具有某种属性的归纳推理。这种推理所得出的结论的可靠程度相对更高。

儿童3岁时就具备了根据知觉到的事物的相似性进行归纳推理的能力，之后逐渐发展到能够根据事物的主题关系和概念类别来进行归纳推理。主题关系是儿童重要的概念组织方式，它是指出现在同一情境（或事件）中的概念之间外在的关系，包括功能关系（如粉笔和黑板）、空间关系（如屋顶和房子）、时间关系（如在餐馆用餐后付费）和因果关系（如电能使灯泡发光）等。根据李红团队的研究，幼儿从4.5岁开始能够根据主题关系（功能的—粉笔与黑板；空间的—屋顶和房子；时间的—餐馆用餐后付费；因果的—有电，灯才能亮）的情境特征（依然具有表面知觉的特点）或部分概念特征（具有一定的本质或关键特征）来进行归纳。[①] 当然幼儿进行归纳推理时的前提条件较少，基本都是简单枚举归纳。随着抽象概括能力和类概念的发展，儿童的归纳推理能力才逐渐发展起来。从5岁起，儿童基于分类学关系进行内在属性的归纳，并且能够依据推论的属性进行灵活的归纳推理。[②]

3. 演绎推理

演绎推理（deductive reasoning）是从一般到特殊的推理，即从一般性的前提出发，通过推导，即"演绎"，得出具体陈述或个别结论的过程。演绎推理的重要意义在于，它对个体的思维保持严密性、一贯性有着不可替代的校正作用。演绎推理是严格意义上的逻辑推理，一般有三段论、假言推理和选言推理等。其中，三段论是演绎推理的基本范式，是由两个含有

① 李红.中国儿童推理能力发展的初步研究[J].心理与行为研究，2015，13（5）：637-647.
② 马晓清，冯廷勇，李红，等.主题关系在4~5岁儿童不同属性归纳推理发展中的作用[J].心理学报，2009，41（3）：249-258.

一个共同项的性质判断作前提,得出一个新的性质判断为结论的演绎推理。三段论由大前提、小前提和结论三部分组成,并且每个概念在推理过程中都出现两次。例如:

大前提:生命最终都会以死亡告终。

小前提:乌龟是有生命的。

结论:乌龟总有一天会死亡。

三段论大致可以总结为:大前提 A → B,小前提 C → A,结论 C → B。演绎推理结论的正确与否取决于大前提的正确与否,如果大前提错了,结论自然不会正确。三段论有两个基本要求:一是大、小前提的判断必须是真实的;二是推理过程必须符合正确的逻辑形式和规则。

3—7 岁幼儿的三段论逻辑推理的发展经历了五个阶段:第一,不会运用任何原理,没有论据或者只提出一些极为偶然的论据;第二,运用一般原理并试图从一些偶然特征上论证自己的答案;第三,运用一般原理,这种一般原理已经在某种程度上反映事物本质特征但不够准确;第四,不说明一般原理但能自信地解决问题;第五,会使用正确反映现实的一般原理并得出适当的结论。[①] 其中 5—7 岁的幼儿经过专门教学,能够正确运用三段论进行推理。一般认为,认知发展只有达到形式运算水平,个体才能进行逻辑严密的演绎推理,但是如果任务呈现形象化、难度降低,学前晚期的儿童也可以进行最初的演绎推理。

(三)儿童推理能力的发展规律

儿童推理能力的发展呈现出以下规律:

1. 儿童推理的发展是一个从低级到高级不断发展和逐步完善的辩证过程

3 岁儿童基本上不能进行推理活动,4 岁开始发展,5 岁时的大多数儿童、6 岁和 7 岁时的全部儿童可以进行不同水平的推理活动。通过教育,儿童到幼儿中期才逐渐能够进行初步的演绎推理和归纳推理。有研究表明,儿童的逻辑推理能力随年龄增长而持续发展,在小学阶段有初步表现,在初中和高中阶段达到成熟。[②] 总之,儿童的科学推理能力水平在不同认知层次上随着知识水平的提高、年龄的增长均呈上升趋势。

2. 儿童的推理方式随年龄的增长而发展

5 岁以前的儿童主要运用展开式,5 岁以后简约式开始占优势,5—6 岁是两种方式迅速转化的时期。所谓"展开式",即儿童的推理是一步一步进行的。比如,通过对三套玩具进行分析、比较,逐步排除非本质特征的干扰;推理过程进行缓慢,主要通过外部如语言和动作表现出来。而"简约式",即儿童的推理活动是独立而迅速地在头脑中进行的。儿童使用的推理方式表现出由低到高的三级水平:一级水平的儿童只能根据较熟悉的事物的非本质

---

① 陈帼眉. 学前心理学[M]. 北京:人民教育出版社,1989:242.

② 林晓榕,喻平. 逻辑推理的心理学研究及其对中学数学教学的启示[J]. 教育研究与评论(中学教育教学),2020(8):21-27.

特征进行简单的推理活动；二级水平的儿童可以在提示的条件下，运用展开的方式逐步发现事物间的本质联系，最后得出正确的结论；三级水平的儿童可以独立而迅速地运用简约的方式进行正确的推理活动。儿童推理过程的发展表现在推理的独立性、推理内容的正确性、推理过程的概括性，以及推理方式的简约性等多个方面的逐步提高。

3. 儿童推理能力的发展具有个体差异性

在上面提到的这些思维能力上，所有的儿童在相同的年龄都是一样的吗？许多研究发现，儿童的思维能力，包括守恒能力、推理能力，深受儿童所处的文化、所接受的学校教育的影响。对于儿童判断推理的研究还涉及影响因素的讨论，其中影响儿童判断推理的最重要因素是经验的丰富性。同时思维是在问题解决过程中不断得到发展的，因此促进儿童判断推理能力的发展，不仅要扩大儿童的感知范围，丰富其经验，还要给予儿童解决问题的机会。

二、儿童创造性思维的发展

创造性思维是指在已有知识经验的基础上，从事创造性活动时产生具有新颖、独特意义的结果的思维过程。创造性思维是人类特有的高级心理过程，常体现在问题解决的活动中，也是问题解决领域的重要研究内容。创造性思维的心理成分主要包括发散思维和想象等。

（一）儿童发散思维的发展

发散思维指的是将头脑中存储的信息和知识重新整合，从各种不同的方向进行思考，用新颖的思考得到大量不同的答案。发散思维是创造性思维的核心。吉尔福特（J. P. Guilford，1897—1987）设计了发散生成测验（divergent production test）来测量创造性思维，通过发散思维的流畅性、变通性、独特性、精细性这四个特征来衡量创造性思维的发展程度。托兰斯（E. P. Torrance，1915—2003）在此基础上提出了创造思维测验，随后这一测验在全球范围内得到广泛应用。

1. 发散思维的特征

流畅性指单位时间内发散项目的数量，即思维敏捷、反应迅速，能够在短时间内想出数量众多的答案。例如，给幼儿若干张纸，每张纸上都画有一个圆圈，测验幼儿在特定时间内能够创作出多少幅不同内容的画作，数量越多说明幼儿的发散思维越流畅。

变通性指发散项目涉及的范围或维度，范围越广、维度越多，说明发散思维的变通性越强。吉尔福特的非常规用途测验是测量思维变通性的工具。这一测验要求被试在短时间内尽可能多地说出某一物品的用途，通过分析答案的类别数量来检验思维的变通性。儿童思维在学龄期变通性发展的跨度较大，例如幼儿会用晾衣杆做"飞天扫帚"、用沙包做"投掷炸弹"、用跳绳做"医生听筒"，这与儿童的想象的发展有密切联系。

独特性指对问题有独特新颖的见解。吉尔福特采用命题测验来测量思维的独特性，通过提供故事情节，要求被试为故事起名字来进行。对于年龄较小的儿童，可以为他们提供用简单线条勾出的抽象图画，让幼儿完成画作并命名。学前儿童思维的独特性发展水平较低，这与儿童额叶发展不完全、克服思维定式困难、顿悟发生较少、远距离联想能力较弱等有关。

精细性指能详细、精确、细致地表达发散项目的内容与详尽要求。例如，在一次幼儿扮演医生的角色游戏中，老师问："如何让病人看懂你的药方啊？"幼儿说："我会在瓶子上画太阳和月亮，这代表早晚各吃一片药。"这说明幼儿可以将解决问题的方法细致地用语言表达出来，其发散思维具有精细性。

2. 儿童发散思维的发展趋势和性别差异

儿童在 2 岁前处于思维的萌芽和准备阶段，2 岁时已具有发散思维，尽管儿童发散思维的水平存在显著的个体差异，但总的来说，随着年龄的增长，儿童的发散思维能力是逐步提升的。研究表明，儿童的发散思维能力在 3 岁时小幅回落，4 岁时迅速增长，5 岁时增长速度趋缓；到小学阶段，一至三年级期间呈明显增长趋势，四年级经历明显的下降；在中学阶段，13 岁和 15 岁分别为低落期和高峰期，高中时呈轻微的下降趋势。总的来说，儿童的发散思维经历了波浪式发展，整体呈曲线而不是直线上升的。从年龄上看，儿童的发散思维能力在 5 岁、9 岁、13 岁和 17 岁时经历低落期，这几个低落期或许与升学压力有关。这表明，施加过多学业压力，会抑制儿童发散思维的发展。[1]

在性别差异方面，2—6 岁的男孩在思维的变通性、新颖性，以及发散思维测验上的总得分均高于女孩[2]，而在对 10—18 岁儿童的一项研究结果中表明，女孩思维的流畅性与变通性优于男孩[3]，这说明创造性思维的性别差异在不同年龄阶段有不同的表现。家长和教育工作者应适当引导儿童在思维的天空中"自由飞翔"，用新鲜事物给予儿童新的刺激，帮助他们获得更多创造性思维发展的机会。

（二）儿童想象的发展

对学前儿童来说，创造性思维的核心就是想象，幼儿的创造性突出表现在其想象力上。想象是对头脑中已有表象进行加工改造从而形成新表象的过程。形象性和新颖性是想象的两个基本特点。例如，学生在读《喜看稻菽千重浪——记首届国家最高科技奖获得者袁隆平》这篇课文时，头脑中出现了袁爷爷头顶烈日、脚踩淤泥、弯腰驼背在水稻田中工作的情景，这就是想象活动的结果。想象也可以创造出世界上根本不存在的或不可能存在的新形象，例如，小青蛙坐在书桌旁拿着毛笔写明信片。

1. 儿童想象的发生

想象是思维的特殊表现形式，是基于表象的出现而发生发展的。想象的发生有两个基本条件：一是大脑中存储相当数量的表象作为想象加工的素材；二是大脑皮质的神经系统趋于成熟，具备一定的思维能力，能够对表象进行加工改造。

---

① SIMON B, ELENA H. Individual differences and age-related changes in divergent thinking in toddlers and preschoolers [J]. Developmental psychology, 2014, 50 (6): 1629–1639.

② 叶平枝, 马倩茹 . 2—6 岁儿童创造性思维发展的特点及规律 [J]. 学前教育研究, 2012, 8: 36–41.

③ 王福兴, 沃建德, 林崇德 . 言语、图形任务条件下青少年发散性思维的差异研究 [J]. 心理科学, 2009, 32 (1): 29–33.

以上两个基本条件新生儿并不具备。皮亚杰认为 2 岁以后儿童开始掌握社会约定俗成的语言符号系统,但由于儿童一时还不能适应这种新的要求,于是在感知运动阶段即将结束时,原有平衡被打破,新的不平衡产生,象征性游戏出现。象征性游戏的出现,标志着表象思维的开始。研究表明,表象思维的发生在 1.5—2 岁,在这个阶段,儿童懂得了一张照片和被拍摄的物体之间的关系。[①] 例如,1.5 岁的儿童会抱着布娃娃哄她入睡,这说明儿童头脑中已经有了哄娃娃睡觉的动作表象,并能通过外显的行为将其表现出来。

2. 儿童想象的发展特点

幼儿期以无意想象为主,有意想象初步发展;在再造想象的基础上,创造想象开始发展,并表现出新颖性、计划性和夸张性等特点。

(1) 以无意想象为主

儿童最初的想象是无意想象,也被称为不随意想象,是没有预定目的、不自觉地产生的想象。例如,儿童看见天上变化的云朵,会想象出各种各样的动物形象;当注意力不集中时,某种想象的形象也会不经意地浮现在脑海里。无意想象不需要人为意志的努力,其出现也很随意,通常对思维有启发作用。2—4 岁儿童的想象以无意想象为主。想象几乎贯穿儿童早期的各种游戏活动中。2 岁儿童的想象表现为记忆表象在新情境下的再现,几乎完全是将过去感知过的情境在新的情境下表现出来;有时也表现为简单的相似联想,即根据事物外在形象的相似性将其联系在一起。例如,带一个 2 岁的孩子在紫藤园看花,她说:"这花好像葡萄啊!"最初的想象也表现为没有情节的组合,或只是简单地以一物代替另外一物,很少涉及把已有的多种知识经验重新组合。例如,儿童会拿着自己的玩具吹风机给布娃娃吹头发,把仿真汉堡、蛋糕喂给布娃娃吃……这些都是儿童记忆表象的再现。但这种再现并不是简单的重复,儿童把记忆表象迁移到了新的游戏情境,并出现了一些替代功能(如用布娃娃替代自己),表现出了一定程度的新颖性和创造性。

(2) 有意想象初步发展

3—4 岁儿童的想象有明显的发展。但由于生活经验较少,记忆表象的内容不够丰富、数量也不够多,同时受回忆能力和思维发展水平的限制,使儿童想象的内容简单贫乏。具体表现为:第一,想象的目的不明确,是在周围环境的影响下直接产生的;第二,想象的主题不确定,难以长时间保持一个想象的主题,易受外界因素的影响而改变想象内容;第三,想象的过程受情绪和兴趣的影响,儿童的情绪通常可以引起某种想象过程,对感兴趣的主题甚至可以多次重复想象。

4—5 岁儿童的有意想象开始发展。有意想象,也被称为随意想象,是有预定目的、自觉进行的想象。根据想象创造程度的不同,有意想象可以分为再造想象和创造想象。4—5 岁的儿童,虽然无意想象仍占有很大比重,但有意想象有了明显的发展,且以再造想象为主。具体表现为:想象活动能够有预定的目的,有确定的主题,可以控制主题的变化;想象的内容基本上

① GANEA P A, ALLEN M L, BUTLER L, et al. Toddlers' referential understanding of pictures[J]. Journal of experimental child psychology, 2009, 104(3): 283-295.

是再现一些生活经验或作品中的情节；想象的灵活性有所提高，可以不受具体事物的限制。

（3）再造想象和创造想象开始发展

整个学前阶段，儿童都是以再造想象为主的。再造想象是指儿童对于没有直接感知过的事物，通过别人的言语叙述、文字描述或图形示意，在头脑中形成相应的新形象的过程。随着儿童抽象逻辑思维的发展，5 岁以后，儿童的再造想象中出现了创造性成分，即儿童可以对记忆表象进行分析、综合、加工和改组，在头脑中进行创造性想象。例如，儿童在玩布娃娃的时候，不再局限于哄娃娃入睡、给娃娃喝水这种简单的活动内容，而是会结合更多的情节，创造性地带娃娃去自己的理发游戏区，给娃娃洗头发、扎小辫子，然后带布娃娃去阳台假装逛公园等。

这时，儿童的想象活动有了更多的新颖性，内容更丰富，更有计划性。例如，6 岁的胡晓舟小朋友画了一幅名为《在月亮上荡秋千》的绘画作品。在画中，秋千挂在月牙上，小朋友坐在秋千架上，在满天星斗的空中荡秋千。这是多么有趣而美妙的想象啊！在这种情形出现的时候，父母和老师要及时发现并给予鼓励、引导，促进儿童创造想象的充分发展。

第三节　促进儿童思维发展的策略

儿童的思维是在同周围现实世界相互作用的过程中不断发展起来的。我们可以有意识地在活动中促进儿童思维的发展，对不同发展阶段的儿童采取不同的促进策略。

一、婴儿期的动作培养策略

婴儿主要依靠感知觉和动作来帮助其思考。动作能帮助婴儿认识事物的各种属性和联系，发展知觉的完整性和具体思维能力，并能够促进他们大脑皮质相应区域的发展。通过身体动作了解周围环境是婴儿获得知识的最好的方式，也为日后的学习奠定良好的认知基础。同时，认知活动依赖个体的感知和动作系统，身体运动能力的发展在某种程度上可以反映个体认知发展的程度。[①] 因此，通过促进婴儿的动作发展可以帮助他们发展思维。

（一）精细动作的培养

精细动作指个体主要凭借手以及手指等部位的小肌肉或小肌肉群而产生的运动，如画画、书写、缝纫、使用筷子等。精细动作的培养可以从以下四方面开展：一是培养手指的抓握能力及手掌自如开合能力。例如，可以将玩具放置在靠近婴儿的拇指处，然后握着婴儿手腕让婴儿用前三指抓握玩具。可通过游戏互动的方式来增强婴儿的兴趣，如发出声

---

① 耿达,张兴利,施建农.儿童早期精细动作技能与认知发展的关系[J].心理科学进展,2015,23（2）:261-267.

音吸引婴儿的注意,将面团搓成长条状让婴儿用拇指和食指揪成小粒等。二是培养婴儿双手分工合作的能力。例如,将玩具放入婴儿的一只手中,握住婴儿的另一只手敲击玩具发出声音,或者让婴儿一只手先拿着一只小棍,然后将另一只小棍放在婴儿另一只手边,鼓励婴儿去拿。三是培养婴儿手腕的内收、外展、旋转等动作。可以先给婴儿示范,再握着婴儿的手扭或敲击,之后逐渐减少肢体帮助,而采用言语提示。四是培养婴儿的抓握控制能力。例如,可以带婴儿玩穿珠子的游戏,在玩的过程中让婴儿明白"套入""穿过"的概念,或者带婴儿锻炼写、画的动作技能。这些由手指完成的精细动作,以及更为复杂的手指触觉刺激的辨别,可以促进参与学习、记忆等认知过程的大脑皮质、齿状核、纹状体,以及与感觉识别相关的前额叶的激活,从而达到认知神经系统发育、提升儿童思维能力的效果。

(二)粗大动作的培养

粗大动作是指由身体的大肌肉或肌肉群产生的动作,包括行走、奔跑、跳跃等。首先,促进婴儿的身体动作发展需要顺应婴儿生理发展规律,在该动作的成熟早期进行练习能够获得较好的练习成果。其次,婴儿先天具有的反射能帮助他们适应环境,随着生理的成熟,反射活动也不断丰富,我们可以在这些反射活动的基础上帮助婴儿进行反复的动作练习,直至熟练,这样可以帮助他们更好地掌握复杂行为,促进婴儿动作能力的发展。[①] 以学习行走为例,研究表明,积极练习组的婴儿学会行走的平均年龄(10—12 个月)比常模年龄(14 个月)提早了 2—4 个月。[②] 据此实验推断:行走反射可能在帮助婴儿产生更大的活动性方面起到了一定的作用;行走动作的练习有关键期,教导者应该利用婴儿的行走反射,帮助婴儿掌握行走能力。以此类推,我们可以在婴儿处于游泳反射关键期时,通过专业的训练方法,帮助婴儿掌握游泳技能,增强婴儿的运动能力,从而促进婴儿思维的发展。粗大动作在个体早期心理发展中具有重要的建构作用,是儿童感知世界并与之进行交互的方式,促进儿童的大脑发育、改组和重建其认知结构,促进他们思维的发展。[③]

二、幼儿期的游戏和言语训练策略

幼儿处于以具体形象思维为主、抽象逻辑思维萌芽的发展阶段。在这个阶段,幼儿的主要活动是游戏,游戏有助于幼儿习得社会交往能力,发展想象力、创造力、语言和思维能力。幼儿在学习和使用言语的过程中,逐渐掌握了富有逻辑的思考方式,可以更好地感知事物、有意识地注意环境、记忆所见所闻、产生丰富的想象;幼儿言语能力的发展也能促进其思维的发展。因此,可以通过游戏和言语训练来帮助幼儿发展思维能力。

---

①　费尔德曼.费尔德曼发展心理学:第 4 版[M].苏彦捷,等译.浙江:浙江教育出版社,2021:107-108.

②　ZELAZO P R, ZELAZO N A, KOLB S. "Walking" in the newborn[J]. Science, 1972, 176(4032): 314-315.

③　林崇德.发展心理学[M].3 版.北京:人民教育出版社,2018:163-164.

（一）通过游戏促进幼儿思维的发展

研究表明,在游戏中积极探索的幼儿可能会表现出更好的创造性思维,而那些被成人限制、缺乏游戏锻炼的幼儿的创造性思维相对较差。[①]幼儿在这一时期表现出对世界的好奇和探索,成人也对幼儿的身心发展提出了更高的要求,如希望幼儿能自己握勺吃饭、能听妈妈的话不要触碰危险物品、能与他人进行社交互动等。游戏能帮助幼儿在愉悦的状态下学习技能、发展思维能力。在户外环境下开展角色游戏可以更有效地将自然、游戏和幼儿发展相融合。例如,可以通过表演游戏来促进幼儿思维的发展。表演游戏是幼儿以童话故事中的角色、情节和语言为基础,进行创造性表演的游戏,不仅有助于发展幼儿的想象力、创造力、语言能力和逻辑思维,还能促进幼儿的社会化进程。成人可以先通过视频或讲故事的形式向幼儿展示故事情节,让幼儿复述大概内容,以理解故事;然后向幼儿提出表演要求,让幼儿选择想要表演的角色,并且学习角色的言语和动作,允许幼儿进行适度的创新;最后组织幼儿表演故事。

成人要为儿童提供安全的、合适的游戏环境和基本的游戏规则,并在游戏过程中适时地推动情节发展,游戏结束后还要鼓励幼儿分享游戏、表达创意。

（二）通过言语训练促进幼儿思维的发展

幼儿期是儿童言语发展的关键期,在3岁以前,儿童的言语与成人有很大的不同,而六七岁之后,儿童的言语几乎与成人没有什么差别。儿童的言语是为交往而产生、在交往中发展的。在幼儿言语的发展过程中存在两种类型的言语:社会性言语和内部言语。

社会性言语即指向他人,并以让他人理解为目的的言语。社会性言语的发展是由他人不易理解的、需要带入特定情境才能明白意思的"情境性言语"到能让他人容易理解的"连贯性言语"发展的过程。在这个过程中有两个重要的发展工具:词汇和语法。可以通过扩大幼儿的词汇量和帮助幼儿掌握语法规则来提升他们的思维能力。幼儿受具体形象思维的限制,比较容易掌握名词、动词和形容词等实词,较难掌握虚词,因此扩大幼儿的词汇量不能仅停留在名词的教导上,更要注重空间方位词、连词、量词、指示代词、人称代词等的学习,由简单到复杂并与游戏相结合。例如,通过放玩具的游戏来学习空间方位词,可以先向幼儿展示"把玩具熊放到盒子里面""把玩具熊放到盒子上面""把玩具熊放到盒子旁边"并结合言语描述,然后让幼儿重复三个动作。通过这个游戏可以帮助幼儿理解"里面""上面""旁边"这三个空间方位词。语法是我们向他人表达自己的思维时应遵循的规则系统。例如,"要吃饭"是正确的,而相似的"饭要吃"则是不正确的。语法的学习有助于幼儿的言语表达和思维趋向成人。教导者可以从简单句开始,再慢慢加入修饰语、介词短语等,在幼儿完全掌握简单句后再进行复合句、倒装句等复杂句式的训练。

内部言语,即"隐之于内"的语言,是言语的特殊形式,也是言语的高级形式。其对象为言语的发出者,是个体自己思考问题时使用的一种特殊言语方式。在内部言语产生过程中

---

① 刘金花.儿童发展心理学[M].3版.上海:华东师范大学出版社,2013:267-269.

存在一种过渡的言语,即出声的"自言自语"。自言自语有两种形式,一是游戏言语,用于补充和丰富自己的行动,表达自己的情感;二是问题言语,用于表示对问题的困惑、怀疑或惊奇,也可以用于反映已经找到解决方法等。自言自语兼具内部言语的自我调节功能和外部言语的交往功能。儿童常用自言自语来进行自我控制。例如,在延迟满足实验中,实验者告知儿童,如果他们立刻吃糖就只能获得这一颗,如果坚持一会再吃会获得两颗。此时,6—8岁儿童会运用一些方法以控制自己想吃糖的欲望,例如,对自己说话、唱歌、关注与糖果味道无关的其他方面(如糖果外形)。此外,自言自语还具有一定的交往功能,往往在儿童面对不熟悉的成人时出现。[①]

维果茨基强调,从幼儿掌握了言语这一心理工具来组织自己的心理活动,心理发展便在低级心理机能的基础上开始转向高级心理机能了,表现为各种机能由于思维的参与而高级化。[②] 由此也表明,言语发展可以促进儿童思维的发展。在幼儿言语发展的关键阶段,为他们提供丰富的社会环境,创造更多的与人接触交往的机会,提高幼儿的社会互动性,可以促进幼儿思维的发展。

三、小学儿童的元认知训练和创造性思维训练策略

小学儿童处于从具体形象思维向抽象逻辑思维过渡的阶段。小学阶段是习惯养成和技能学习的关键时期。在此阶段,对儿童进行元认知训练,能促使儿童更好地计划、监控和调整自己的认知活动,有助于儿童形成良好的自制力、性格、健康习惯等。创造性思维训练有助于培养儿童的创新意识、创新精神和创新能力,为儿童的学习和生活提供良好的基础。

(一)元认知训练

可以通过三种元认知训练提升儿童的思维能力。一是内隐训练,也称情境体验式训练,该训练旨在让儿童无意识地获得相关知识。通过教师的教学示范,揭示教材中的程序性知识和策略性知识,使儿童自己感受、体会元认知监控的有效性。二是外显训练,又称详细指导式训练。在教学和练习中,教师通过言语和提醒给儿童以详细的指导,明确要求儿童通过多种形式把自己的思维过程以可操作的外部活动(动作和言语)展示出来。例如,给儿童提供"元认知监控问题清单",指导儿童结合具体解题活动进行自我提问;要求儿童在解题时运用出声思维和言语进行自我指导、监控思维活动;组织儿童之间进行交互提问训练;进行外显操作练习,如边解题、边思考、边填空等。三是一般思维训练,例如,结合例题向儿童讲解学习策略的基本含义并要求儿童复述、记忆这些策略,让儿童按所教的思维策略做练习。一般思维训练关注的是策略本身的含义和对策略的运用和练习。

① 陈帼眉,等.学前儿童发展心理学[M].北京:北京师范大学出版社,2003:251–252.
② 林崇德.发展心理学[M].3版.北京:人民教育出版社,2018:46–47.

（二）创造性思维训练

创造性指人们基于任务目标,主动开展思维活动,应用新颖的方式解决问题,并能产生新颖、独特、有价值的产品的心理过程。我国古代劳动人民发明的造纸术、指南针、火药和印刷术都是创造性活动的成果。创造性是一个国家、一个民族不断保持生命力的基础,也与个体不断适应变化的环境、解决日常问题息息相关。创造性研究的核心是创造性思维。

可以通过三种方式促进儿童早期创造性思维的发展。一是丰富儿童早期的生活经验,包括游戏、多元文化学习等。假装游戏、角色扮演游戏能促进儿童发散思维和顿悟这两种创造力成分的发展。多元文化学习能提高儿童观念的灵活性、增强不同观念间的联想意识、克服功能固着等。因此,可以通过加强对儿童的双语教育、丰富儿童的异文化经验(如体验不同民族文化),促进儿童创造力的发展。二是创造适宜的家庭教养环境。发散思维水平高、创造力强的父母,其孩子也会有较高的创新思维能力。父母教养方式影响儿童创造性思维的发展。研究发现,在溺爱型或放纵型教养方式下长大的儿童,或者不被母亲接纳的儿童,其创造力较低;而在温暖和理解的教养方式下长大的儿童,其创造力水平较高。[1] 三是教师要尽可能地为儿童提供创造性组织氛围和宽松的探索环境,如进行跨学科教育,采用探究性对话、协商性对话的学习方式等。[2]

四、青少年的推理训练策略

与小学儿童相比,青少年已经步入了抽象逻辑思维发展阶段,其智力水平接近成人。抽象逻辑思维包括形式逻辑思维(抽象逻辑思维的初级形式)和辩证逻辑思维(抽象逻辑思维的高级形式)。在这一阶段,青少年对概念的认识进入了合乎逻辑的、本质性的阶段,能够接受更加复杂的思维训练,如归纳推理训练和演绎推理训练。

（一）归纳推理训练

归纳推理的主要步骤包括:首先,提出明确的操作性定义,说清楚如何具体地把握有关概念;其次,抽样,尽量多地观察事物以避免偏差;再次,比较,通过比较两种事物,找出其中的规律性联系;最后,控制性比较,控制无关因素,突出真正的因果联系。对于以上步骤,年龄较小的儿童理解起来是有困难的,所以我们可以从简单枚举归纳推理入手,注意多举一些实例以避免偏差。教师先引导学生对不同事物的同一现象进行思考,然后归纳它们的共性,最后再对结论进行验证。同时,教师应鼓励学生主动提问、积极参与、及时对学生的归纳推理做出评价,并进一步精进学生的归纳推理能力。

---

① 谷传华,范翠英,张冬静,等.父母养育方式、人格对儿童社会创造性和社会喜好的影响[J].中国特殊教育,2012,(11):78-83.

② 贾绪计,林崇德.创造力研究:心理学领域的四种取向[J].北京师范大学学报(社会科学版),2014(1):61-67.

（二）演绎推理训练

演绎推理与归纳推理相反，它是从一般原理推出具体结论。教师可以在教学中加入生活中的实际问题，引导学生思考，得出答案并进行检验。通过演绎推理，我们能推断出事物的概率。例如教师提出一个生活中的场景：小明想邀请小红明天出去玩，但天气预报说明天有 25% 的概率会下雨，75% 的概率是晴天，而且小红不一定会答应，根据过去的经验，邀请三次，她能答应两次，那么小红答应出去玩的概率约为 67%。让学生推理小明成功邀请小红出去玩的概率是多少。面对这个问题，教师可以通过画树形图的方法来帮助学生理解。如图 5-1 所示，小明成功邀请小红出去玩的概率为 75% × 67% ≈ 50%，邀请不成功的概率为 100%-50%=50%。[1] 这是一个较为简单的问题，教师可以根据青少年的发展情况设计难度适宜的问题。

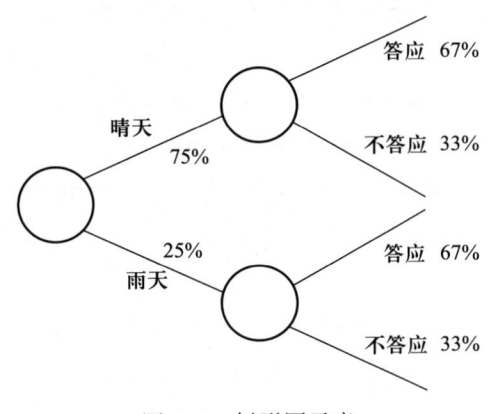

图 5-1 树形图示意

归纳推理和演绎推理是辩证逻辑思维的一体两面，它们是一般和特殊、理论与实践的对立统一，因此无法完全分割。针对青少年辩证逻辑思维的培养要讲究一定的策略。首先，拓展青少年所学知识的广度和深度，青少年拥有充足的知识储备才能触及事物的本质，理解原理定义。其次，在各科课程中渗透辩证唯物主义原理，并在道德与法治和思想政治课程中开展哲学基础课程内容的教学，帮助青少年形成辩证唯物主义观。最后，帮助青少年克服在学习和生活上的依赖性，强调思维的独立性和批判性，使其能自觉从事学习和劳动，掌握正确的思考方法，独立、恰当地处理好学习和生活中的各种问题。

专栏 儿童思维和语言发展的关系

试着回想：你在进行某个复杂的思考过程时，会不会边说边想，以厘清思路？你在证明某道数学题时，会不会边说边做，以找到合适的解决办法？这些生活实例都表明思维和语言是共同参与我们的思考过程的。然而，儿童的思维和语言发展之间究竟是什么关系？是思维决定语言，还是语言决定思维，又或者两者是相互作用的？从古代起哲学

---

① 邵志芳. 思维心理学［M］. 上海：华东师范大学出版社，2001：211.

家们就一直在探寻这个问题，至今仍然是心理学家、心理语言学家、人类学家、社会学家和教育学家共同关心和争论的话题。

一、思维决定语言

早在古希腊时期，柏拉图和亚里士多德就认为，思维的范畴决定着语言的范畴，语言是思维的外表与装饰物。现代心理学家皮亚杰也支持这一观点。

皮亚杰发现，思维的发生早于语言的发生，在前运算阶段儿童就可以运用语言了，但此时他们的思维仍然没有逻辑性和系统性。因此，思维发展不依赖语言发展。此外，逻辑思维是儿童在与外界环境的相互作用中产生的，有了逻辑思维以后，儿童的语言才具有逻辑性，而不是语言具有逻辑性之后才有逻辑思维。同时，皮亚杰在研究中采用"修正的临床法"，发现超过 1/3 的 6 岁儿童在说话时并没有指向性，他们不是为了寻求与他人的交流，而只是为了进行思维的表达。皮亚杰认为思维对语言有一定程度的控制作用。[①]

我国研究者也发现，五、六年级的儿童对于因果复句的使用频次显著高于三、四年级的儿童，且表现出有意运用因果逻辑思维的现象。即儿童在 10 岁左右时，对因果逻辑思维的表达更为敏感，并倾向于更多地、反复地在作文中表达因果逻辑。[②]儿童在因果逻辑思维的指导下有意识地运用因果复句，这也佐证了"思维先于并决定语言，语言服务于思维"这一观点。

但思维决定语言论无法回答这样的问题：成年的类人猿的智力相当于六七岁的儿童，既然思维决定语言，那么为什么类人猿不会使用语言进行交流？

二、语言决定思维

19 世纪，法国语言学家洪堡特（K.W. von Humboldt, 1767—1835）认为，一种语言就是一种世界观，独特的思维方式和世界观的形成需要借助语言这一物质外壳得以实现。例如，我们讲出"明月"这个词语，在头脑中会涌现出"海上生明月，天涯共此时""举头望明月，低头思故乡"的诗句，会想到故乡，饱含思念。"雪"会让我们想到"忽如一夜春风来，千树万树梨花开""北国风光，千里冰封，万里雪飘"。这是 moon、snow 这些英语单词所不能带给我们的思维延展与文化记忆。汉语和汉字共同形成了我们中华民族的集体思维方式。

20 世纪初，美国人类语言学家萨丕尔（E. Sapir, 1884—1939）认为，不同语言的表达方式会对同一客观世界有不同的分析和解释。其学生沃尔夫（B. L. Whorf, 1897—1941）发展了这一观点，并提出萨丕尔-沃尔夫假说（Sapir-Whorf hypothesis），认为语言决定我们的思维方式和世界观。这一假说由两个部分组成：一是语言决定论，即语言决定思维；二是语言相对论，即语言的结构多样化是无止境的。之后，一些研究从不同

---

① 邓赐平. 皮亚杰发生认识论视角下的儿童思维与智慧发展[J]. 心理研究, 2020, 13(4): 291–311.

② 李姝雯, 李曼丽. 儿童书面言语的因果表达及逻辑思维特征研究：一项基于 1800 名小学生作文的分析[J]. 华东师范大学学报(教育科学版), 2021(11): 59–72.

角度论证了语言习惯对思维模式确实有一定的影响。[①]例如,在英语中动词必须带有时态,而在其他语言中则不需要对时态有过多关注。因此,在使用英文对过去发生的事情进行阐述时要对应用过去时态;而在使用土耳其语时,则不用思考时态。

但如果语言决定思维论的观点成立,那么天生的聋哑儿童难道就不能发展思维了吗?

三、思维与语言相互作用

思维与语言相互作用论的代表人物是维果茨基。维果茨基认为,先前的研究者把复杂的心理整体分解为单个元素分别进行研究,以至于忽视了思维和语言作为整体原有的属性。基于此,维果茨基在《思维与语言》一书中运用"单元分析法",即关注整体固有的一切属性,研究事物之间的关联,进一步论述了思维和语言的关系。[②]维果茨基关于思维和语言相互作用的观点概括为以下三个方面:

首先,思维和语言的发生具有异源性。思维起源于感觉、知觉、情绪等低级心理机能,而语言起源于动物和人所共有的表述性发声反应。

其次,思维的前语言阶段和语言的前思维阶段共同促进二者的发展。思维的前语言阶段又称为"黑猩猩期",即在学会使用语言产生之前,儿童各种活动中已经有了主观性,他们会有目的、有意识地做出某种行为。语言的前思维阶段是指儿童在语言能力未形成时,用非语言形式(例如动作、表情等)来表达自己的思想。

最后,思维和语言虽然有不同的源头,但在之后的发展过程中终将在某一点上汇合,共同促进儿童发展。这一观点在奥地利生态学家洛伦兹提出的关键期中得到了验证。每个儿童都有自己的语言关键期,他们开始说出某个词语时,并非真正理解词语背后的含义。随着思维的不断发展,儿童逐渐明白了某个词语的本质意义。语言得到发展,继而思维能力不断增强,思维又反作用于语言的发展,循环往复。

【本章小结】

本章系统阐述了思维的定义和特征,以及各年龄阶段儿童思维的发展特点,并在此基础上详细介绍了儿童推理和创造性思维的发展,以及促进儿童思维发展的策略。从这些内容中,可以清楚地看到三点:一是,思维的发生是儿童心理发展的重大质变,思维的发展是一个由低级到高级、由不完善到完善的过程;二是,随着儿童思维的发展,他们的推理、想象与创造性思维能力都得到了提升;三是,根据儿童不同阶段思维的发展特点,可以在教学和日常活动中采取适宜的策略以更好地促进儿童思维的发展。

---

① 王佳哲. 论思维与语言之间的关系[J]. 北方文学, 2019(24): 260–261.
② 吴进善. 维果茨基的语言与思维关系理论解读[J]. 西北民族大学学报(哲学社会科学版), 2016(2): 124–130.

【实践·反思·探究】

1. 请举例说明为什么说思维是高级认识过程。

2. 儿童推理能力的发展规律是什么?

3. 促进儿童思维发展的策略有哪些?

4. 找不同年龄阶段的儿童各 3 名,例如 3—6 岁、7—9 岁、10—12 岁,完成吉尔福特的命题测验,根据结果看看哪个年龄阶段儿童的思维更具独特性?

【推荐阅读】

[1] 林崇德. 我的智力观 [M]. 北京:北京师范大学出版社,2021.

[2] 邵志芳. 思维心理学 [M].2 版. 上海:华东师范大学出版社, 2007.

[3] 张庆林,邱江. 思维心理学 [M]. 重庆:西南师范大学出版社, 2007.

[4] PAPALIA D E,MARTORELL G. Experience human development [M].14th ed. New York:McGraw-Hill,2021.

[5] SIEGLER R S,SAFFRAN J,EISENBERG N,et al. How children develop [M].6th ed. New York:Worth Publishers,2019.

第六章
儿童执行功能与心理理论的发展

【学习目标】

- 了解执行功能和心理理论的概念和测量或研究范式。
- 掌握儿童执行功能的结构及其分化。
- 掌握儿童心理理论的发展及其与社会认知的关系。
- 掌握和运用培养儿童执行功能和心理理论的途径与建议。

【知识导图】

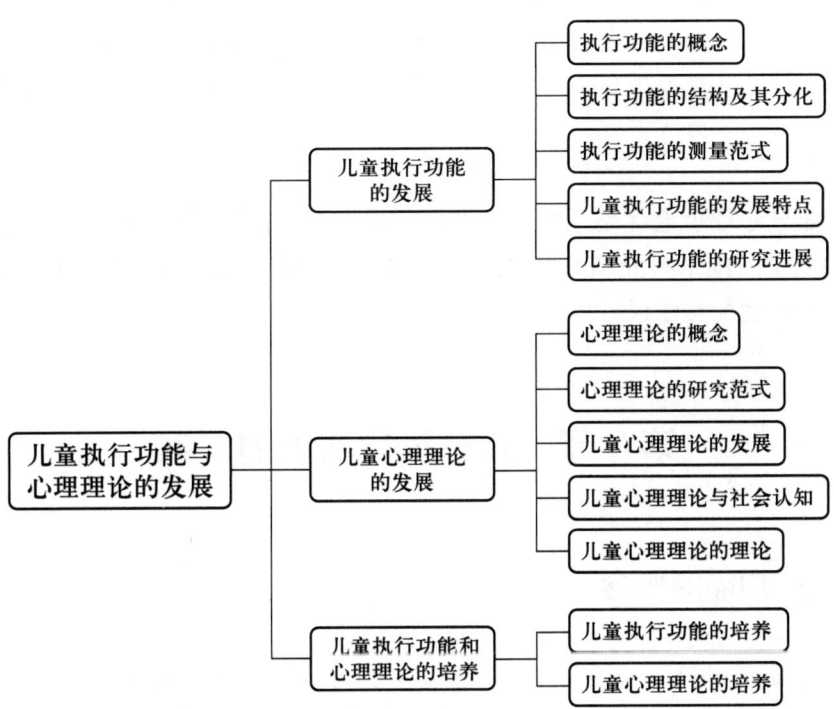

【案例导入】

汤姆和杰克是一对兄弟,两人今天在学校表现良好,因此每个人都得到了一块巧克力作为奖励。放学后,汤姆将自己和杰克的巧克力都放在蓝色柜子中,然后离开房间出去玩,杰克则一直待在房间里。汤姆不在房间的时候,杰克看到妈妈把巧克力从蓝色柜子中拿出来放到了绿色柜子里。汤姆回来后去蓝色柜子找巧克力,没找到,感到非常疑惑,杰克却更疑惑为什么汤姆不去绿色柜子里找,明明妈妈已经将巧克力换了地方。晚饭后,妈妈告诉汤姆和杰克,如果他们不马上吃掉巧克力,那么第二天他们就可以每人再得到一块巧克力。汤姆为了能多得一块巧克力抵制住了诱惑,于是在第二天汤姆拥有了两块巧克力。但是杰克却直接吃掉了自己的巧克力。

为什么杰克不能理解汤姆仍然认为巧克力在蓝色柜子里呢?又是什么原因使两个儿童做出不同的选择?随着儿童成长,千变万化的环境常常需要他们完成多项任务,这些任务可能对儿童的认知能力有一定的要求。有些儿童总是能够游刃有余地完成,而另一些儿童却左支右绌。为什么会出现这种差异呢?

心理理论反映了儿童推测并理解自己和他人心理状态的能力。例如,杰克对汤姆认为巧克力仍然在蓝色柜子里面的认识与理解。执行功能能够使儿童快速地分配认知资源,形成稳定、连贯、有序的行为以完成各项任务。例如,汤姆可以抵制住马上吃掉巧克力的诱惑,换来更多的巧克力。

执行功能与心理理论都是儿童重要的认知能力,对儿童发展具有重要作用,二者间也存在一定的联系。本章将介绍儿童执行功能和心理理论的发展,并提出儿童执行功能和心理理论的培养途径与建议。

第一节　儿童执行功能的发展

一、执行功能的概念

执行功能(executive functions,EFs)是控制、指导或协调其他认知过程的一组更高水平的认知控制过程,是目标导向行为、推理、情绪调节以及复杂社会功能的基础,对儿童适应环境以及自我调节等起到促进作用,与前额叶皮质活动紧密相关。执行功能对儿童的适应性行为有重要影响,促使儿童采用目标导向的方式组织思想,在不同的思维方式之间灵活转换,制订并坚持实施计划,抵制诱惑并抑制不当行为。

二、执行功能的结构及其分化

抑制控制（inhibitory control）、认知灵活性（cognitive flexibility）和工作记忆是研究者普遍认同的执行功能成分。

抑制控制是个体在必要时克服干扰、抑制优势反应的能力。例如，控制行为和情绪避免冲动行事、不受诱惑和干扰地坚持完成任务等。认知灵活性是个体在多个任务、操作或思维模式之间灵活转换的能力，以及面对干扰时采取适当的解决方式的能力，又称认知转换。例如，跳出思维定式、在多项任务或工作之间灵活转换等。工作记忆是在短时间内保持和加工信息的能力，复杂的工作记忆还包括刷新过程，即通过对信息持续的监控和编码，不断用更新的信息替换过时的信息的动态操作过程。例如，当一系列刺激呈现后，按照一定规则对这些刺激重新排序时，需要用到工作记忆。

执行功能的三种成分之间既相互独立，又具有一定的联系。执行功能的结构是随儿童年龄的增长而分化的。在儿童早期，执行功能的上述三种成分尚不能完全区分，更多地表现为一组无差别的认知能力。随着时间的推移，执行功能的结构开始分化，变得越来越精细。对2.3—6岁儿童以及4.5岁儿童的执行功能的测量结果表明，早期儿童的执行功能并未分化，研究者将这一单一成分命名为"执行控制"。[①] 儿童进入小学后，其执行功能逐渐分化，表现为两成分结构，即"工作记忆"和"抑制控制/转换"两种成分，并且这两种能力结构在一年级（平均年龄为7.08岁）到四年级（平均年龄为9.02岁）期间保持稳定。[②]

随着儿童的发展，执行功能的可分离性还会继续增加。进入儿童中期和青少年期后，儿童执行功能成分之间的区分会更加明显：对于4—7岁以及7—9.5岁的儿童，其工作记忆和抑制控制两种执行功能成分不可区分，但在9.5—14.5岁的儿童中，这两种成分表现出了分化。[③] 此外，儿童执行功能分化出的成分也会随着年龄增加而更加具体。对于5—13岁儿童，能够成功区分其执行功能的认知灵活性成分与其他成分，形成稳定的两成分模型[④]；当儿童达到15岁时，其执行功能已经表现出了认知灵活性、抑制控制与工作记忆三种成分，即儿童的执行功能在青少年期左右就已经逐渐分化出与成年期一致的三因素结构[⑤]。

---

① WIEBE S A, ESPY K A, CHARAK D. Using confirmatory factor analysis to understand executive control in preschool children: I. latent structure [J]. Developmental psychology, 2008, 44 (2): 575–587.

② NELSON T D, JAMES T D, NELSON J M, et al. Executive control throughout elementary school: factor structure and associations with early childhood executive control [J]. Developmental psychology, 2022, 58 (4): 730–750.

③ SHING Y L, LINDENBERGER U, DIAMOND A, et al. Memory maintenance and inhibitory control differentiate from early childhood to adolescence [J]. Developmental neuropsychology, 2010, 35 (6): 679–697.

④ LEE K, BULL R, HO R M H. Developmental changes in executive functioning [J]. Child development, 2013, 84 (6): 1933–1953.

⑤ MIYAKE A, FRIEDMAN N P, EMERSON M J, et al. The unity and diversity of executive functions and their contributions to complex "frontal lobe" tasks: a latent variable analysis [J]. Cognitive psychology, 2000, 4 (1): 49–100.

三、执行功能的测量范式

执行功能的测量主要包括实验任务测量和问卷测量两种。测量执行功能的实验任务以一种高标准化的方式直接测量儿童的执行功能，具有客观、可重复、科学性强的特点。但实验任务的生态效度可能不高，即儿童在任务中表现出来的执行功能水平与其日常生活中的实际水平存在差距。除此之外，对于不同年龄的被试，往往需要根据被试的认知发展特点采取适当的任务，以避免出现天花板效应或者地板效应。执行功能问卷更多地体现了儿童在日常生活中的认知功能，通过家长、教师和儿童自我报告，可以反映儿童在多种情况下、更长时间跨度内的行为表现，并且问卷测量更适合进行大规模施测。

（一）执行功能的实验任务测量

可用来测量执行功能的实验任务主要有以下三种：

1. 抑制控制任务

根据对工作记忆的需求程度不同，可以将抑制控制任务分为简单的抑制任务和复杂的抑制任务两种。简单抑制任务只涉及最低的工作记忆需求，例如反扫视任务（antisaccade task），该任务要求儿童注视目标线索的相反方向。除此之外，儿童为了响应照料者的要求而停止了一项愉快的活动也体现出简单的抑制控制。复杂抑制任务需要被试记住规则，根据规则做出反应，并抑制主导反应。典型的抑制控制任务包括斯特鲁普任务（Stroop task）、侧抑制任务（flanker task）等。斯特鲁普任务涉及一个刺激的两个维度相互干扰而导致的反应冲突。例如，用多个不同颜色（如红色、绿色）书写颜色单词（如"绿色"），当要求儿童忽略单词的意思（即抑制习惯的反应倾向）而关注单词的颜色时，儿童的反应更慢，出错更多。侧抑制任务包括一致（两边箭头与中间箭头指向相同）和不一致（两边箭头与中间箭头指向不同）两种情况，要求儿童将注意力集中在中间箭头上，同时抑制对两边箭头的注意，并选择与中间箭头指向相同的按钮（如图 6-1 所示）。当两边箭头与中心箭头相反时，儿童需要抑制习惯的反应倾向，因而反应较慢。

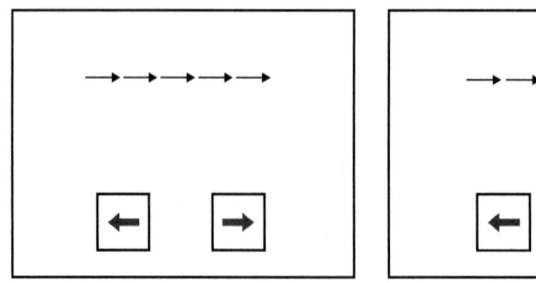

图 6-1　侧抑制任务示意图（左图为一致情况，右图为不一致情况）

2. 认知灵活性任务

认知灵活性任务涉及从一种思维模式转换到另一种思维模式的过程，包含两个阶段：第一阶段要求儿童专注某一刺激,忽略其他干扰刺激,从而在特定刺激和反应之间形成一种思维定式,并在工作记忆中保持这一规则;第二阶段要求儿童打破先前规则,转变到一种与先前规则冲突的新的思维定式中去。[①]

认知灵活性的测量常使用转换任务,其中最古老的可能是威斯康星卡片分类任务(Wisconsin card sorting task,WCST)。该任务中的每张卡片都可以按数字、颜色或形状排序。儿童需要在实验者反馈的基础上推导出正确的排序规则,并在规则发生变化时灵活地切换规则。维度变化卡片分类任务(dimensional change card sort test,DCCS)也常用于测量认知灵活性。该任务要求儿童根据维度提示词(如形状或颜色)将屏幕中心的测试图片(如黄色兔子)与屏幕下方的两幅目标图片(如白色兔子和黄色帆船)相匹配。若维度提示词为"形状",则正确选项为屏幕下方的白色兔子图片;若维度提示词为颜色,则正确选项为屏幕下方的黄色帆船图片。

3. 工作记忆任务

简单的工作记忆任务需要儿童在短时间内保持一组信息,例如,数字/词语广度任务(digit/word span task)要求儿童重复一组数字或词语,儿童正确重复的最长序列代表儿童的工作记忆能力。复杂的工作记忆任务依赖更多的执行加工,需要儿童在一定时间内保持并操纵信息,不断用新信息替代旧信息。例如,在图片排序任务中,主试依次呈现一系列动物图片,随后要求儿童按照图片中由小到大的顺序重复刚刚看到的动物(如图6-2所示)。儿童正确重复的序列越长,其工作记忆能力越好。

兔子　　　　　　羊　　　　　　　　　大象

图6-2　图片排序任务示意图

(二)执行功能的问卷测量

与实验任务直接关注儿童在具体任务中的表现不同,在问卷测量中,儿童或家长、教师需要评估儿童是否表现出了问卷中描述的与执行功能相关的行为,这些行为反映了儿童执行功能的发展情况。

---

① GARON N, BRYSON S E, SMITH I M. Executive function in preschoolers: a review using an intergrative framework [J]. Psychological bulletin, 2018, 134(1): 31–60.

执行功能行为评定量表（behavioral rating inventory of executive function，BRIEF）是目前应用较广泛的一种执行功能测量问卷，包括学前儿童、学龄儿童和成人三个版本。执行功能行为评定量表共包括86个与儿童日常生活有关的陈述，被试需要对每个陈述进行三点评分（"从不""有时""经常"）。量表涉及两大方面共八个不同的认知维度，即行为调节（包括抑制、转换、情绪控制）和元认知功能（包括任务启动、工作记忆、计划、组织、监控）。

儿童执行功能量表（childhood executive functioning inventory，CHEXI）是另一种较为常用的执行功能测量问卷，适用于测量4—12岁儿童的执行功能，由父母或教师进行评定。该量表共24个项目，涉及抑制、调节、工作记忆和计划四个维度。

四、儿童执行功能的发展特点

执行功能的萌芽出现在生命的第一年。儿童在出生第3个月就能出现简单的记忆过程，复杂的工作记忆在儿童出生15个月后变得明显，工作记忆与抑制控制之间的协调过程在儿童2岁左右时开始发展。[1] 相比于工作记忆和抑制控制，认知灵活性是一种更复杂的执行功能成分。认知灵活性任务需要儿童在不同规则之间进行转换，这就要求儿童在工作记忆中维持一个规则，并且随后抑制一个规则以响应另一个规则。换句话说，认知灵活性的成功依赖工作记忆和抑制控制的成熟。如图6-3所示，执行功能各子成分之间的发展存在一定差异。[2] 已有研究也发现，儿童的抑制控制和认知灵活性在3—4岁高速发展[3]，在此期间，抑制控制比认知灵活性发展得更快[4]；儿童的工作记忆水平在4—9岁也有显著提高[5]。

大多数研究者认为，3—5岁是儿童工作记忆、抑制控制以及认知灵活性等执行功能子成分发展的关键期，尤其是4岁左右。威洛比等发现儿童的执行功能在3—5岁期间逐年提升，其中60%的提升发生在3—4岁，40%的提升发生在4—5岁。[6] 赖利等也发现了类似的结果：儿童4—5岁时执行功能的增长比其在5—6岁时的更显著。[7] 针对3—15岁儿童的

① GARON N，BRYSON S E，SMITH I M. Executive function in preschoolers：a review using an integrative framework[J]. Psychological bulletin，2008，134（1）：31–60.

② 王静梅，张义宾，郑晨烨，等.3—6岁儿童执行功能子成分发展的研究[J].心理发展与教育，2019，35（1）：1–10.

③ WIEBE S A，SHEFFIELD T D，ESPY K A. Separating the fish from the sharks：a longitudinal study of preschool response inhibition[J]. Child development，2012，83（4）：1245–1261.

④ CLARK C A C，SHEFFIELD T D，CHEVALIER N，et al. Charting early trajectories of executive control with the shape school[J]. Developmental psychology，2013，49（8）：1481–1493.

⑤ 王晓丽，陈国鹏，马娟子，等.6—9岁儿童工作记忆的发展研究[J].心理科学，2013（1）：92–97.

⑥ WILLOUGHBY M T，WIRTH R J，BLAIR C B. Executive function in early childhood：longitudinal measurement invariance and developmental change[J]. Psychological assessment，2012，24（2）：418–431.

⑦ REILLY S E，DOWNER J T，GRIMM K J. Developmental trajectories of executive functions from preschool to kindergarten[J]. Developmental science，2022：e13236–e13236.

研究显示,与年龄较大的儿童(8—15岁)相比,认知灵活性和抑制控制与儿童年龄之间的相关关系在年龄较小的儿童(3—6岁)中更加显著。①

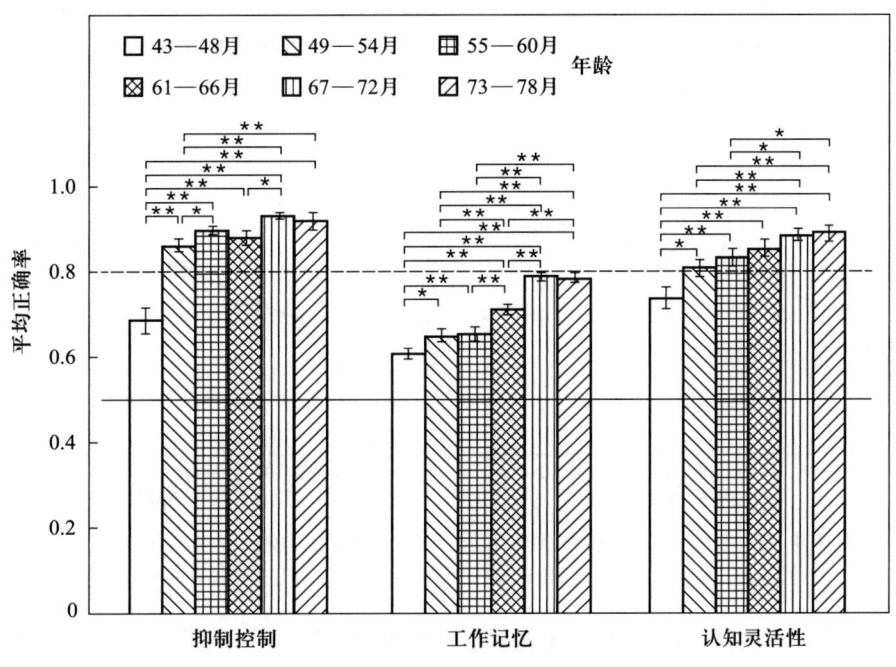

图6-3　3—6岁儿童执行功能子成分的发展

注: **$p < 0.01$,*$p < 0.05$,误差线表示 ±1个标准差

尽管儿童早期是执行功能发展变化最明显的时期,但是如图6-4所示,执行功能在整个幼儿期、儿童期和青少年期都表现出持续的提高。②此外,儿童8岁时在维度变化卡片分类任务和侧抑制任务中的表现可以显著预测其在12岁时的抑制控制和认知灵活性。③这表明执行功能在儿童中期到青少年早期稳定发展。对于青少年的研究发现,抑制控制和工作记忆等执行功能子成分在青少年早期到青少年晚期都发生了显著的成熟。④如前所述,执行功能不同成分的发展轨迹可能存在一定差异。例如,认知灵活性的发展从儿童中期开始一直持续到青少年期,而工作记忆的发展可能持续到成年早期。⑤测量儿童抑制的研究发现,抑

①　ZELAZO P D, ANDERSON J E, RICHLER J, et al. II. NIH Toolbox Cognition Battery(CB): measuring executive function and attention[J]. Monographs of the society for research in child development, 2013, 78(4): 16–33.

②　ZELAZO P D, ANDERSON J E, RICHLER J, et al. II. NIH Toolbox Cognition Battery(CB): measuring executive function and attention[J]. Monographs of the society for research in child development, 2013, 78(4): 16–33.

③　HARMS M B, ZAYAS V, MELTZOFF A N, et al. Stability of executive function and predictions to adaptive behavior from middle childhood to pre-adolescence[J]. Frontiers in psychology, 2014, 5: 331–331.

④　BOELEMA S R, HARAKEH Z, ORMEL J, et al. Executive functioning shows differential maturation from early to late adolescence: longitudinal findings from a TRAILS study[J]. Neuropsychology, 2014, 28(2): 177–187.

⑤　HUIZINGA M, DOLAN C V, VAN DER MOLEN M W. Age-related change in executive function: developmental trends and a latent variable analysis[J]. Neuropsychologia, 2006, 44(11): 2017–2036.

制控制能力在儿童童年时期有显著提高,但在青少年期及以后,几乎没有显著变化。[①]卢娜等以 8—30 岁的被试为研究对象描述了执行功能在儿童中期到成年早期的成熟过程,结果显示儿童的反应抑制(反映抑制控制)在 14 岁时达到成人水平,空间工作记忆(工作记忆的一种)在 19 岁时达到成人水平。[②]这些研究表明,儿童的执行功能随年龄发展逐步改善,并在童年晚期和青少年期达到成熟。

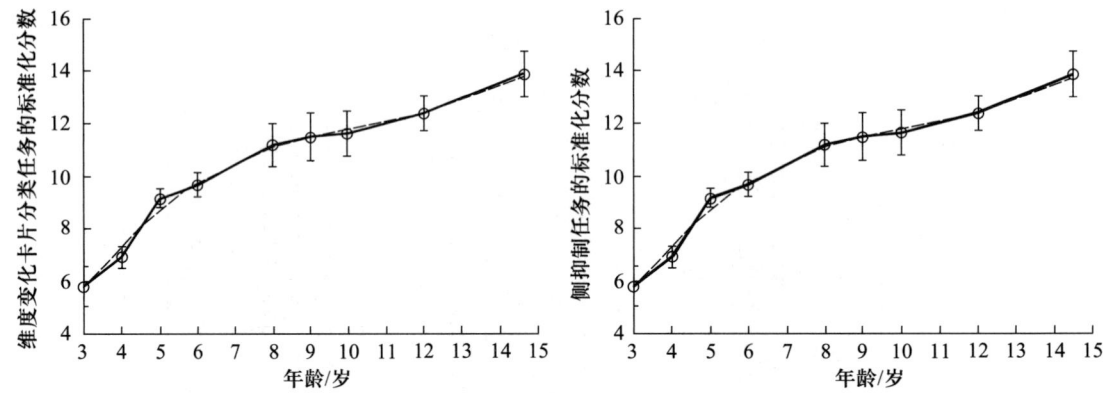

图 6-4　3—15 岁儿童在维度变化卡片分类任务和侧抑制任务中的标准化分数
(均值为 10,标准差为 3,误差线表示 ±2 个标准差,图中还显示了最佳拟合多项式曲线)

总体来讲,儿童的执行功能始于婴儿期,并在整个幼儿期、儿童期和青少年期持续发展。执行功能各子成分的发展存在一定差异,综合已有研究,抑制控制和工作记忆可能是儿童早期最先开始发展的执行功能子成分。抑制控制最先发展成熟;工作记忆的发展从儿童早期持续到成年期;认知灵活性发展较晚,且其发展以抑制控制和工作记忆为基础。

五、儿童执行功能的研究进展

近年来,研究者对于儿童执行功能的研究愈加重视。一方面关注执行功能对儿童发展的影响;另一方面关注早期逆境对儿童执行功能的影响,从而更好地识别风险儿童,并提出相应干预方案,促进儿童的认知发展。此外,执行功能的脑和生理机制也受到研究者的关注,理解执行功能的脑和生理机制有助于探究执行功能与儿童其他认知能力发展之间的关系。

(一)执行功能对儿童发展的影响

执行功能是儿童适应学校生活和日常生活的基础。在学校生活中,执行功能对儿童的影响直接体现在课堂学习中。执行功能较好的儿童在课堂上能保持安静、集中注意力、记住

---

① CRAGG L. The development of stimulus and response interference control in midchildhood[J]. Developmental psychology, 2016, 52(2): 242–252.

② LUNA B, GARVER K E, URBAN T A, et al. Maturation of cognitive processes from late childhood to adulthood[J]. Child development, 2004, 75(5): 1357–1372.

并遵守课堂规则，也能在解决学业问题时灵活运用教师在课上所讲的内容。除此之外，执行功能与儿童的学业表现之间存在稳定的相关关系，执行功能差不仅与儿童较差的数学、阅读成绩有关，也预示了儿童未来的学习困难和辍学风险。近期有研究也表明，儿童执行功能与学业成就之间存在双向关系，即两者可以相互预测。例如，对 5—7 岁儿童的纵向研究发现，儿童在幼儿园时的认知灵活性和工作记忆能正向预测其在一年级时的科学成绩，而科学成绩能正向预测儿童在一个学期之后的认知灵活性。[①]

在日常生活中，执行功能能够抑制儿童的不良行为和情绪，帮助儿童进行理性决策并促进儿童的积极行为。儿童早期的执行功能可以预测其未来的行为和健康发展。一项元分析显示，包括执行功能在内的与自我控制相关的技能与 12 岁以下儿童的学业成绩、识字表现、内外化问题、社会能力和智力测试分数等呈显著正相关关系。然而，儿童早期执行功能受损与一系列精神病理结果有关，如焦虑、抑郁、强迫症、自闭症谱系障碍、注意缺陷多动障碍等。

执行功能与儿童发展之间的关系一直受到研究者的广泛关注。一方面，与儿童早期执行功能的发展相关的研究对促进儿童在未来取得成功至关重要；另一方面，该领域研究有助于识别风险儿童，及时制订干预和教学策略，为促进风险儿童的适应性发展提供机会。

（二）早期逆境对儿童执行功能的影响

早期逆境是阻碍儿童认知发展的重要因素，其中家庭社会经济地位对儿童执行功能发展的影响已经被广泛证明。具体来讲，家庭社会经济地位越低（即父母受教育程度、父母职业地位以及家庭收入越低）的儿童，执行功能表现越差。然而，关注单一风险因素对儿童发展的影响往往忽视了现实生活中多种风险因素伴随发生的情况。例如，低家庭社会经济地位的儿童可能同时面临着居住条件差、家庭混乱，以及父母分离等多种相互关联的风险因素。基于此，有研究者提出累积风险模型，关注多重风险对儿童执行功能的影响。[②]韦德等对新生儿长达五年的追踪研究发现，儿童出生时经历的累积风险越高，其 4.5 岁时的执行功能就越差。[③]然而，累积风险模型未能有效地区分不同类型的环境风险因素对个体发展的独特作用，有研究者进一步提出多维度风险模型，将儿童早期逆境大致分为威胁和剥夺两个维度。[④]

威胁性风险主要是指会使儿童受伤或给儿童带来伤害体验的风险，包括直接的威胁经历，如父母虐待等，以及儿童目睹的威胁经历，如目睹父母间暴力等。剥夺性风险主要是指

① KIM M H, BOUSSELOT T E, AHMED S F. Executive functions and science achievement during the five-to-seven-year shift[J]. Developmental psychology, 2021, 57(12): 2119-2133.

② EVANS G W, LI D, WHIPPLE S S. Cumulative risk and child development[J]. Psychological bulletin, 2013, 139(6): 1342-1396.

③ WADE M, BROWNE D T, PLAMONDON A, et al. Cumulative risk disparities in children's neurocognitive functioning: a developmental cascade model[J]. Developmental science, 2016, 19(2): 179-194.

④ MCLAUGHLIN K A, SHERIDAN M A. Beyond cumulative risk: a dimensional approach to childhood adversity[J]. Current directions in psychological science, 2016, 25(4): 239-245.

儿童在发展过程中缺乏认知和社会刺激而导致的学习机会减少,如物质匮乏、父母忽视、父母缺席等。威胁性风险和剥夺性风险通过不同的认知神经路径影响儿童的认知和情绪发展:威胁性风险主要影响儿童情绪以及情绪调节等,而剥夺性风险损害儿童的执行功能。一项对 91 个相关研究进行的元分析表明,与儿童期和青少年期的威胁性经历相比,剥夺性经历与儿童执行功能下降的关联更大。[1]

尽管早期逆境会对儿童的执行功能造成消极影响,但越来越多的因素已经被证明可以有效保护个体的执行功能。霍尔等发现,描述感到成功和自豪的个人经历能有效地提升社会经济地位较低的个体在抑制控制任务中的表现。[2] 以学龄儿童为被试的研究发现,儿童的主观社会流动信念对生活在低社会经济地位家庭中的儿童的认知灵活性具有保护作用,即那些认为自己在未来能进入更高社会阶层的儿童在执行功能任务中表现更好。[3] 执行功能在儿童期具有很大的可塑性,识别影响儿童执行功能早期发展的重要因素,有利于及时制订干预措施,促进儿童的认知发展。

虽然早期逆境对儿童认知发展的负面影响已经被广泛证明,但也有研究者从进化—发展的视角提出儿童早期逆境对执行功能的适应性塑造作用。例如,米塔尔等发现,与在可预测环境下长大的成年人相比,在不可预测环境下长大的成年人在抑制控制任务中表现得更差,但在认知灵活性任务中表现得更好,然而这种表现差异只有在当前环境是不可预测的情况下才会出现。[4] 具体来说,在不可预测的环境下,具备在不同任务之间有效转换的能力使个体能够应对不断变化的环境,更具有适应性;这种与早期经验相关的适应性会在个体成年后经历相似的不确定性条件时表现出来。综上,不利的童年环境并不会普遍损害个体的认知能力,相反,可能对个体特定类型的认知功能具有塑造作用。

(三)执行功能的脑和生理机制

执行功能也被描述为神经认知技能,依赖前额叶皮质和大脑其他区域的神经回路。执行功能与特定前额叶皮质区域之间的联系是大脑和行为之间关联的最有力的例证。神经解剖学上,抑制控制、工作记忆、认知灵活性与前额叶皮质特定区域和部分重叠的神经网络相关,包括前额叶皮质的背侧和外侧区域、前额叶皮质的腹侧和内侧区域以及与前额叶皮质相邻的大脑内侧结构(即前扣带皮质);前额叶皮质还与大脑的许多区域高

① JOHNSON D, POLICELLI J, LI M, et al. Associations of early-life threat and deprivation with executive functioning in childhood and adolescence: a systematic review and meta-analysis. JAMA pediatrics, 2021, 175(11): e212511–e212511.

② HALL C C, ZHAO J, SHAFIR E. Self-affirmation among the poor: cognitive and behavioral implications[J]. Psychological science, 2014, 25(2): 619–625.

③ MING H, ZHANG F, JIANG Y, et al. Family socio-economic status and children's executive function: the moderating effects of parental subjective socio-economic status and children's subjective social mobility[J]. British journal of psychology, 112(3): 720–740.

④ MITTAL C, GRISKEVICIUS V, SIMPSON J A, et al. Cognitive adaptations to stressful environments: when childhood adversity enhances adult executive function[J]. Journal of personality and social psychology, 2015, 109(4): 604–621.

度相关并协同作用,例如,前额叶皮质与基底神经节(对学习模式和日常活动很重要)和杏仁核(对情绪和压力反应很重要)等皮质下结构高度相关。

支持执行功能的神经回路在个体发育过程中具有高度可塑性。研究表明,前额叶皮质一直到成年早期都在不断发展[①]。这一方面为经验对执行功能的塑造作用提供了机会,另一方面也可能导致不良经历对执行功能的损害。早期环境通过经验驱动过程塑造大脑,儿童早期缺少认知刺激会限制儿童对丰富刺激的体验,并进一步阻碍脑神经发育和髓鞘形成,导致儿童的执行功能受损。例如,儿童早期所处的不利环境伴随着多种压力因素(如食物短缺、家庭混乱、父母分离等),这些高水平的压力打破了儿童内部的平衡状态,加速其生理调节系统的磨损和消耗,这种生理代价进而对脑多个区域的神经元产生毒性作用,最终损害儿童的执行功能。纵向研究也发现,慢性生理压力升高与儿童执行功能水平降低有关。[②]

儿童执行功能发展的机制一直是研究者关注的话题,许多研究分别从行为、生理和脑层面开展了探索。最近有研究者提出了关于执行功能的行为—生理—脑整合框架,为进一步拓展儿童执行功能机制的研究提供了新的视角。[③]

第二节　儿童心理理论的发展

除执行功能外,心理理论在儿童发展过程中也起到重要的作用。儿童的多种认知能力,如阅读能力、语言能力等都与其心理理论能力密切相关。此外,儿童的社会能力也受其心理理论的影响。布雷瑟顿和比格利提出,心理理论是儿童有意交流的先决条件[④],更有研究者称心理理论为"情绪智力"[⑤]。

一、心理理论的概念

心理理论(theory of mind)是指儿童推测并理解自己和他人心理状态的能力。这种能力不仅能帮助儿童对不可观察的心理状态进行推测,还能使儿童预测他人可能做出的行为并

---

① ZELAZO P D, ANDERSON J E, RICHLER J, et al. NIH Toolbox Cognition Battery(CB): validation of executive function measures in adults[J]. Journal of the international neuropsychological society, 2014, 20(6): 620–629.

② EVANS G W, FARAH M J, HACKMAN D A. Early childhood poverty and adult executive functioning: distinct, mediating pathways for different domains of executive functioning[J]. Developmental science, 2021, 24(5), e13084.

③ 任屹,黄四林. 贫困损害儿童执行功能的作用机制[J]. 心理发展与教育, 2022, 38(1): 134–143.

④ BRETHERTON I, BGHLY M. Talking about internal states: the acquisition of an explicit theory of mind[J]. Developmental psychology, 1982, 18(6): 906–921.

⑤ BARON-COHN S, RING H A, WHLLWRIGHT S. Social intelligence in the normal and autistic brain: an fMRI study[J]. European journal of neuroscience, 1999, 11(6): 1891–1898.

理解他人的行为。当儿童拥有较高水平的心理理论能力时,他往往能够较为容易地理解他人的需要、信念、目的、感觉与情绪。心理理论可以分为认知心理理论与情感心理理论。其中,认知心理理论指儿童对他人的信念和知识进行推测的能力,情感心理理论指儿童对他人的情绪进行推测的能力。

专栏　经典回顾:猩猩也有心理理论? ①

　　在实验中,研究者向一只成年的黑猩猩萨拉展示了一系列人类演员面对各种问题的视频(如图 6-5 中每个编号左侧的图片)。其中编号 1—4 对应的问题相对简单,如香蕉放在了人够不到的地方。而编号 5—8 对应的问题相对困难,如留声机没有插电,无法播放;人被锁在了笼子里;等等。

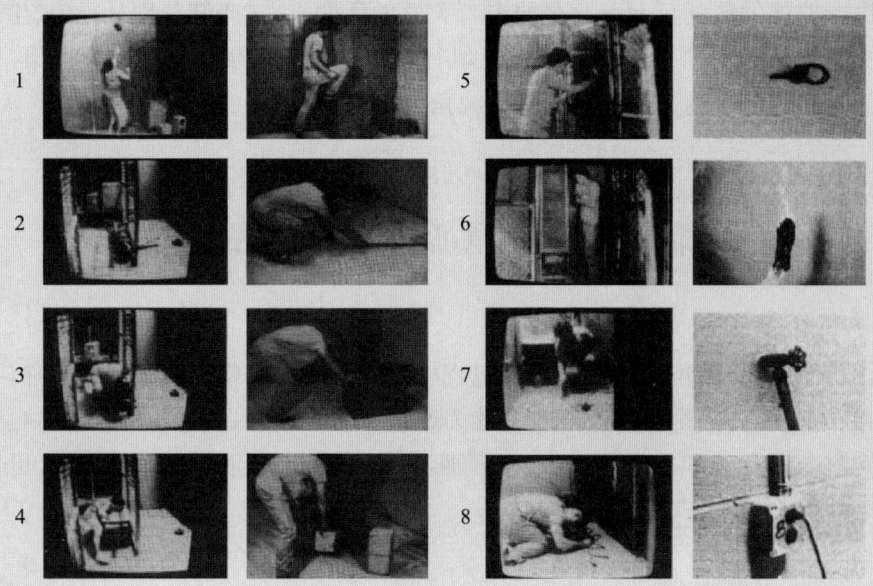

图 6-5　问题与解决方案

　　在播放视频后,研究者会给萨拉呈现几张图片,其中有一张图片代表的方法能够解决之前播放的视频中人类演员面临的问题(如图 6-5 中每个编号右侧的图片)。以编号 1 为例,问题是人类演员不够高,够不到柜子上的香蕉,对应的解决方案是踩在箱子上去够香蕉。

　　令人惊讶的是,萨拉总能在研究者呈现的几张图片中选到能够有效解决问题的方法,并且统计分析结果表明,萨拉的正确选择明显高于随机水平。简单来说,萨拉并不是靠着运气选中了正确答案,而是真的懂得了人们为解决问题想做什么!后续的大量研究同样发现,不仅我们人类具有心理理论,黑猩猩也有这种推测他人心理状态的心理理论。

---

　　① PREMACK D, WOODRUFF G. Does the chimpanzee have a theory of mind? [J]. Behavioral & brain sciences, 1978, 1 (4): 515-526.

二、心理理论的研究范式

儿童心理理论的研究范式主要包括：错误信念任务、失言识别任务和矩阵博弈。其中错误信念任务是最经典的研究范式。

（一）错误信念任务

错误信念任务的顺利完成要求儿童能够认识到他人可能会相信不真实的"事实"，这是儿童具有心理理论的依据。维默尔和佩尔奈最早使用错误信念任务对儿童的心理理论进行研究。错误信念的经典范式包括意外地点任务和意外内容任务。

1. 意外地点任务

为了测量儿童对他人错误信念的理解，维默尔和佩尔奈构建了一个以马克西为主人公的意外地点任务。[①]

如图 6-6 所示，马克西把巧克力放在绿色的橱柜中，然后离开了。在马克西离开后，马克西的妈妈误把绿色橱柜中的巧克力放到了蓝色橱柜中。参与实验的儿童需要判断当马克西回来后，马克西会去哪一个橱柜寻找自己的巧克力。在这个实验中，儿童知道巧克力在蓝色的橱柜中，但实际上故事的主人公马克西是不知道自己离开过程中发生的事情的，也就是说，

图 6-6 意外地点任务[②]

① WIMMER H, PERNER J. Beliefs about beliefs: representation and constraining function of wrong beliefs in young children's understanding of deception [J]. Cognition, 1983, 13 (1): 103-128.

② PERNER J, LANG B. Development of theory of mind and executive control [J]. Trends in cognitive sciences, 1999, 3 (9): 337-344.

马克西仍然以为巧克力在绿色的橱柜中。只有儿童能够正确表征马克西的错误信念时,才能够答对这个问题,即认为马克西会去绿色的橱柜中找巧克力。

儿童表征他人错误信念的实际意义在于,儿童能够根据对他人错误信念的表征与他人的目的进一步预测他人的行为。因此维默尔和佩尔奈又再一次丰富了故事和对儿童的提问,创建了合作和竞争两个后续情境,以确定儿童是否真的形成了稳定的心理理论。

在竞争情境中,就在马克西回来要去拿巧克力时,马克西的哥哥也过来想要拿巧克力。但巧克力只有一块,如果马克西的哥哥拿到了巧克力,马克西就没有巧克力了,所以马克西决定告诉哥哥错误的巧克力位置。参与实验的儿童需要回答:马克西会告诉哥哥巧克力在哪个橱柜里呢?已经具有心理理论的儿童会回答:马克西会告诉哥哥巧克力在蓝色的橱柜里。

在合作情境中,马克西找自己的爷爷帮忙拿巧克力,马克西需要告诉爷爷"正确"的信息。参与实验的儿童需要回答:马克西会告诉爷爷巧克力在哪个橱柜里呢?正确的答案是马克西会告诉爷爷巧克力在绿色的橱柜里,尽管实际上儿童知道巧克力现在在蓝色的橱柜里。

意外地点任务常用于测量3—6岁普通儿童与自闭症儿童的心理理论发展。一些研究虽然未直接使用马克西的故事对儿童的心理理论水平进行测量,但研究者基于马克西的故事开发了其他意外地点任务的故事。其中以萨利—安妮错误信念任务(如图6-7所示)的应用最为广泛。

2. 意外内容任务

意外内容任务与意外地点任务具有异曲同工之处,都是通过塑造一个儿童已知但他人未知的情境,来判断儿童能否站在他人的角度,理解他人的错误信念。

在意外内容任务中,研究者会给儿童呈现一个糖果盒,并询问儿童盒子里面是什么。当儿童回答糖果后,研究者会打开盒子向儿童展示其中的铅笔,并告诉儿童:"不,盒子里面是一支铅笔。"

然后研究者会将铅笔重新装入盒子中,关上盒子并询问儿童:"下一个要进来的人是××(名字),他没有见过这个盒子。当他进来后,他就会看到这个盒子是合上的,我会问他他觉得这个盒子中有什么。你觉得他会说什么?"

已经获得心理理论的儿童能够区分自己的信念与他人的信念,推测下一个进来的人并不知道糖果盒里没有糖,因此会回答下一个人会说盒子里有糖。研究者通过一系列的探测问题来确保儿童能够答出正确答案是因为已经获得了心理理论,而非因为没有理解实验情境。

与意外转移任务相似,意外内容任务也主要用于低龄儿童(3—6岁)与自闭症儿童的心理理论测量,其任务难度也与意外转移任务相近,在研究中得到了较为广泛的应用。

这是萨利　　　　　　　　　　　　这是安妮

萨利把她的球放到了篮子里

萨利离开了

安妮把萨利的球放到了她的盒子里

萨利回来了，她会去哪儿找她的球？

图 6-7　萨利—安妮错误信念任务 [1]

（二）失言识别任务

斯通等开发了失言识别任务来测量儿童心理理论的发展。[2] 该任务要求儿童对失言情境进行识别。当说话者的言语内容可能是听话者不希望知道的，并且产生了说话者不希望得到的消极后果时，便可以称之为失言情境。下面是一个失言识别任务的失言情境故事：

罗伯特刚转到一所新学校上学。他对他的新朋友安德鲁说："我妈妈是这所学校的食堂女工。"这时克莱尔走过来说："我讨厌食堂女工。她们太讨厌了。"安德鲁问克莱尔："你想

①　FELISBERTI F M，KING R. Mind-reading in altruists and psychopaths［M］//Ibáñez A，Sedeño L，García A. Neuroscience and social science. Cham：Springer，2017：8.

②　STON V E，BARON-COHEN S，KNIGHT R T. Frontal lobe contributions to theory of mind［J］. Journal of cognitive neuroscience，1998，10（5）：640–656.

过来打棒球吗？""不，"克莱尔回答，"我感觉不太舒服。"

在呈现故事后，儿童需要回答以下几个问题，用以评定他们的心理理论水平。

失言情境觉察问题：在这个故事中，有人说了不该说的话吗？

识别问题：他们说了什么不该说的话？

理解问题：罗伯特的妈妈是做什么工作的？（答案故事不同而不同，确保儿童理解了这个故事。）

错误信念问题：克莱尔知道罗伯特的妈妈是一名食堂女工吗？

对于儿童来讲，只有充分理解故事中人物的信念与心理状态，才能对故事中的失言情境做出准确的判断。斯通等人在研究中共向儿童呈现了 10 个失言情境故事和 10 个控制故事（无失言情境），将每个故事后儿童回答问题的得分加和即可得到儿童在失言识别任务中的总分，分数越高，表明儿童的心理理论能力越强。

相比于错误信念任务，失言识别任务往往应用于对更高年龄儿童和青少年心理理论的测量。

（三）矩阵博弈

上述研究心理理论的两个经典范式，均是通过给儿童讲一个故事，然后就故事进行提问的方式来测量儿童的心理理论水平的。这些测量方式受儿童语言能力的影响。那么是否有其他范式能够更好地对儿童的心理理论水平进行测量呢？

吉田等通过数据模拟、公式推理与神经成像结合的方式为使用博弈研究儿童心理理论提供了理论模型的支持，并基于最优化控制和博弈理论提出了心理博弈理论（game theory of mind）。[1] 在博弈的过程中，儿童会推测他人的心理状态与行为意图，从而调整自己的行为策略使自己的利益最大化。史密斯使用博弈范式对 4—8 岁儿童的心理理论进行了研究。[2] 在该研究中，儿童需要与成人进行一个卡片博弈游戏，如成人猜对了儿童所指卡片的花色，卡片即归成人所有，否则卡片归儿童所有，游戏的目标是获得更多的卡片。矩阵博弈关注儿童在竞争情境下误导他人的意图，以及成功误导他人的能力。在这一过程中，儿童需要充分观察"对手"的行为以了解他的意图，从而成功误导"对手"。

三、儿童心理理论的发展

儿童心理理论的发展并不是以全或无的方式进行的，而是表现为一种持续的、逐步发展的过程。前一阶段的心理理论可能是儿童后续心理理论发展的基础。

从心理理论的内容来看，儿童对他人心理状态的理解是以一种可预测的顺序发展的：首

---

① YOSHIDA W, DOLAN R J, FRISTON K J. Game theory of mind[J]. PLOS computational biology, 2008, 4(12): e1000254.

② SMITH R. Development of theory of mind from ages four to eight[D]. The University of Maine, 2009: 33–35.

先,理解他人对同一物体可能有着与自己不同的愿望(即多样化愿望,diverse desires);其次,理解他人对同一物体可能有着与自己不同的信念(即多样化信念,diverse beliefs);第三,能够在自己看过盒子里的内容的情况下,判断出没看过盒子的人并不知道盒子里的内容(即知识获取,knowledge access);第四,当知道一个特殊的盒子里有什么时,能够认识到另一个人对它的错误信念(即内容错误信念,contents false belief);最后,能够区分他人内心真实的情绪体验和外部伪装的表情(即真实—表面情绪,real-apparent emotion)。

从心理理论的层次来看,儿童心理理论的发展可分为一阶心理理论和二阶心理理论两个阶段。一阶心理理论反映儿童理解他人错误信念的能力,二阶心理理论反映儿童理解除自己以外的人对他人错误信念的能力。

(一)一阶心理理论的发展

儿童能够理解他人的"错误信念"是其已经获得心理理论的主要标志之一。总体来看,儿童在4岁左右就可以成功地达到对一阶错误信念的认知(如,马克西认为巧克力在绿色的橱柜中),即获得一阶心理理论。

但由于文化差异与社会经验的不同,儿童获得一阶心理理论的时间也存在一定的差异。元分析发现,69%的澳大利亚儿童在44个月大时就可以成功完成一阶错误信念任务,但在日本这一比例仅为40%。[1]此外,50%的加拿大儿童在38个月大时即可成功完成一阶错误信念任务,但对于中国儿童与美国儿童来说,要到约48个月大时,才能有一半的儿童成功完成一阶错误信念任务。[2]这种跨文化的差异可能是由各个国家不同的教育环境与家庭教养方式造成的。

(二)二阶心理理论的发展

随着认知的发展,儿童能够察觉到的他人的心理状态也会变得更加复杂,表现出社会认知发展的嵌套性。儿童从能够理解他人的一阶错误信念,逐步发展到能够理解他人的二阶错误信念(如,约翰认为玛丽认为冰激凌车在公园中)。

在获得一阶错误信念后,儿童会先掌握二阶未知信念(如,约翰知道玛丽知道冰激凌车现在在哪)。霍格瑞夫等通过研究发现,儿童在5岁左右就能够理解二阶未知信念,而二阶未知信念是儿童理解二阶错误信念的基础。[3]在获得了二阶未知信念后,还要再经过一段时间(约1—2年),儿童才会稳定地表现出对二阶错误信念的理解。佩尔

① WELLMAN H M,CROSS D,WATSON J. Meta-analysis of theory-of-mind development:the truth about false belief[J]. Child development,2001,72:655–684.

② LIU D,WELLMAN H M,TARDIF T,et al. Theory of mind development in false-belief understanding Chinese children:a meta-analysis of across cultures and languages[J]. Development psychology,2008,44(2):523–531.

③ HOGREFE G J,WIMMER H,PERNER J. Ignorance versus false belief:a developmental lag in attribution of epistemic states[J]. Child development,1986,57(3):567–582.

奈和维默尔发现儿童二阶错误信念的发展要比其一阶错误信念的发展晚至少两年[①]，也就是说约 6—7 岁的儿童才能够理解二阶错误信念。这一发现也在众多研究中得到了证实。

但二阶错误信念并不是儿童心理理论发展的终点，儿童的心理理论还会进一步发展，从而帮助儿童在更加复杂的情境中理解他人的心理状态。例如，有研究者发现，虽然 8 岁的儿童能够成功完成二阶错误信念任务，但在失言情境任务中的表现却并不尽如人意。8 岁儿童仅能够识别出失言情境中那个失言的人，却不能很好地报告出失言情境任务中主人公们的心理状态。[②] 这一能力在儿童 9 岁后才会逐渐成熟，达到成人水平并相对保持稳定。

四、儿童心理理论与社会认知

随着对儿童心理理论研究的不断深入，研究者已经不再局限于关注儿童心理理论自身的发展特点与规律，与心理理论相关的社会认知能力逐渐成为研究者关注的重点。

（一）谎言

儿童的心理理论水平与他们的说谎行为有较强的联系。研究发现，接受过心理理论训练的儿童要比未经过训练的儿童有更高频率的说谎行为。[③] 从说谎的类型来看，具有更高水平心理理论的儿童不仅更有可能说亲社会谎言，即善意谎言（如，在收到不喜欢的礼物时，表示自己喜欢），也更有可能说非亲社会谎言，即恶意谎言（如，动过玩具，却说自己没有动过），并且他们的谎言往往更缜密。从说谎的目的来看，相比于高心理理论水平的儿童，低心理理论水平的儿童更有可能为了个人利益而说谎。

心理理论不只影响儿童的说谎行为，同样也影响他们对他人谎言的理解，尤其是对他人谎言意图的识别。研究发现，在二级错误信念任务中表现得更好的儿童，对撒谎者的意图更敏感。[④]

（二）选择性信任

儿童的选择性信任水平反映了儿童根据观察到的线索，合理推测他人可信度的能力，是

---

①   PERNER J, WIMMER A. "John thinks that mary thinks that..." attribution of second-order beliefs by 5-to 10-year-old children［J］. Journal of experimental child psychology, 1985, 39（3）: 437–471.

②   王彦，苏彦捷.5 至 8 岁儿童心理理论各成分的发展及其关系［J］. 北京大学学报，2008，44（4）: 639–646.

③   DING X P, WELLMAN H M, WANG Y, et al. Theory-of-mind training causes honest young children to lie［J］. Psychological science, 2015, 26（11）: 1812–1821.

④   CHEUNG H, SIU T-S C, CHEN L. The roles of liar intention, lie content, and theory of mind in children's evaluation of lies［J］. Journal of experimental child psychology, 2015, 132: 1–13.

儿童社会认知发展中的重要一环。儿童的选择性信任水平与其心理理论水平之间存在着密切的联系。

　　具有更高心理理论水平的儿童,在选择性信任任务中表现得更好,即选择相对更可靠的信息提供者,规避不可靠的信息提供者。这可能是由于心理理论水平较高的儿童往往有着更高的认知发展水平,帮助儿童更好地对获得的信息进行编码,从而能够辨别出哪些是可靠信息,哪些是需要规避的不可靠信息,并对可靠信息进行加工,同时抑制其他信息的干扰,以帮助儿童更好地在选择性信任任务中做出决策。

五、儿童心理理论的理论

　　儿童的心理理论究竟由何而来?针对这一问题,研究者提出了不同的理论模型,其中影响较大的理论有理论论、模仿论、模块论和匹配论。

(一)理论论

　　理论论(theory theory)认为,儿童对心理状态的理解是一个理论建构的过程。该理论认为,儿童并不是原本就有关于心理状态的知识,而是在后天的经验中逐渐建构起心理理论,将自己获得的心理知识用于解释他人的心理状态。

　　理论论认为,儿童要完成这样的建构必须具备以下三种因素:

　　第一种是详细说明的实体或过程。在儿童心理理论发展的过程中表现为信念、愿望或意图等。

　　第二种是特殊的因果关系。以前文提到的意外地点任务为例,马克西在竞争情境下不想让哥哥拿到巧克力,所以才想告诉哥哥一个错误的橱柜位置。儿童必须理解这一特殊的因果关系,才能理解马克西的心理状态,并做出正确的回答。

　　第三种是儿童获得的知识是相互关联的,能组成相互关联的概念。

　　巴奇和威尔曼基于理论论提出了儿童心理理论发展的三个阶段[①]:儿童在2岁时会获得愿望心理(desire psychology),即理解人们会根据内在经验而将主观感受和事物进行联系;大约3岁时会获得愿望—信念心理(desire-belief psychology),即能够谈论愿望和想法,并理解他人的想法和愿望;到4岁时会获得信念—愿望心理(belief-desire psychology),即能够理解他人的愿望与信念影响着他们的行为。

(二)模仿论

　　哈里斯提出了模仿论(simulation theory)来解释儿童心理理论的发展。[②]根据模仿论,

　　① BARTSCH K, WELLMAN H M. Children talk about the mind[M]. Oxford, U. K.: Oxford University Press, 1995: 37–111.

　　② HARRIS P L. From simulation to folk psychology: the case for development[J]. Mind & language, 1992, 7: 120–144.

儿童能够对自己的心理状态进行内省,通过类似角色扮演的方式来推测他人的心理状态。例如,在意外内容任务中,儿童可以通过扮演一个自己不认识的小朋友,在心中模拟自己是这个不知道盒子里的内容的小朋友时,会有怎样的想法。

对于持模仿论观点的研究者而言,儿童的这种心理模拟能力在其社会认知与技能的发展中发挥着极其重要的作用。随着儿童不断地应用这种心理模仿能力来推测他人的心理状态,他们的心理理论能力也在不断提高。也就是说,儿童获得心理理论的过程就是他们心理模仿能力不断精细化的过程。

(三)模块论

可以看出,理论论与模仿论强调的都是后天经验对儿童心理理论发展的重要作用,即认为后天经验是儿童心理理论发展的来源。与之相反,模块论(modularity theory)关注先天的内源性因素的作用。模块论认为,虽然后天经验可能会触发儿童心理理论的发展,但它起到的作用并不是决定性的。

模块论认为,儿童心理理论的获得是通过神经系统内三种特定领域的、处理不同对象的模块机制相继成熟而实现的。首先是身体理论机制(theory of body mechanism),在儿童1岁早期就发展起来了,为儿童提供内源能量。其次是心理理论机制(theory of mind mechanisms),包括心理理论机制1和心理理论机制2。心理理论机制1强调的只是儿童自身的主体性,而非其对他人心理状态的理解,儿童在1岁晚期就已经可以运用这种模块机制了;心理理论机制2与心理理论的概念较为相似,2岁的儿童可以通过这一机制形成意向性态度,以理解他人的信念、意图与愿望。

莱斯利等又通过实验提出了模块论中的核心机制——"心理理论机制"和"选择处理器"两个模块,认为早期儿童心理理论的发展是一个特定模块的启发式过程。[①]

(四)匹配论

与模仿论相似,匹配论(matching theory)认为儿童是通过将他人放在与自己同等的地位上,意识到他人与自己的心理过程的相似性,从而获得心理理论的。通过不断观察和学习,儿童对这种相似性的认识程度会不断加深,这就是其心理理论的发展过程。

研究者通常会采用多种理论模型相结合的方式来理解儿童心理理论的发展。在很多情况下上述四种理论模型并不冲突,它们相互补充,帮助我们形成对儿童心理理论更加全面的认识。

---

① LESLIE A M, FRIEDMAN O, GERMAN T P. Core mechanisms in "theory of mind" [J]. Trends in cognitive sciences, 2004, 8(12):528-533.

第三节　儿童执行功能和心理理论的培养

儿童的执行功能与心理理论在其未来发展中均发挥着重要的作用。行之有效的培养儿童执行功能和心理理论的途径和建议对儿童发展意义重大。

一、儿童执行功能的培养

执行功能涵盖了众多对于个体生存和发展至关重要的能力,它能够帮助我们存储对当下事件有用的信息,灵活应对变化的环境和事物,规范自身行为习惯,制订长期和短期计划,帮助我们处理生活中的各种挑战和困难。儿童的执行功能水平能够预测其未来的学业成就、事业发展、婚姻幸福、身心健康等多项发展结果。因此,探究如何提升儿童的执行功能对于其终身发展有着重要意义。

（一）培养儿童执行功能的途径

大量研究围绕执行功能的促进进行了探索,目前被证实能够有效提升执行功能的方法主要有认知训练任务、体育运动、学校课程项目等。

1. 认知训练任务

儿童可以通过不断练习与执行功能相关的认知训练任务来提高他们的执行功能。其中,被研究最多、也多次被验证有效的方法是由瑞典卡洛琳娜研究所设计开发的工作记忆训练任务——柯盖德(Cogmed)。[1][2] 柯盖德任务包含 5 个视觉空间记忆任务和 3 个言语工作记忆任务,儿童每天完成 8 个练习,完成后给予得分反馈和奖励。任务难度水平会根据儿童每次的任务表现进行调整,以最大限度地挑战儿童工作记忆的能力。伯杰等通过干预实验验证了柯盖德任务对提升儿童执行功能的有效性。[3] 该研究招募了 6—7 岁的一年级儿童,将他们随机分入训练组和对照组。使用柯盖德任务对训练组的儿童进行为期 25 天、每天 30 min 的工作记忆训练,在此期间,对照组儿童正常上课。结果表明,柯盖德任务能够有效提升儿童在工作记忆任务以及其他执行功能任务中的成绩,并且能够长期地提升儿童算术、阅读、几何成绩以及瑞文推理测试分数。此外,广度任务、N-back 任务等也可以作为工作记

---

① KLINGBERG T, FERNELL E, OLESEN P J, et al. Computerized training of working memory in children with ADHD: a randomized, controlled trial [J]. Journal of the American academy of child & adolescent psychiatry, 2005, 44(2): 177–186.

② KLINGBERG T, FORSSBERG H, WESTERBERG H. Training of working memory in children with ADHD [J]. Journal of clinical and experimental neuropsychology, 2002, 24(6): 781–791.

③ BERGER E, FEHR E, HERMES H, et al. The impact of working memory training on children's cognitive and noncognitive skills [J/OL]. SSRN Electronic Journal, 2020.

忆的训练任务。有研究者使用计算广度任务和 N-back 任务对 7—8 岁儿童进行认知训练，在经过每周 3 次、每次 30 min、共 20 次的训练后，儿童在倒背数字广度任务和 N-back 任务中的成绩显著提升。[①]同时这些工作记忆训练引发了儿童神经生理反应的变化：接受训练的儿童在进行刺激加工时，P3（刺激呈现后约 300 ms 出现的一个大的正向波峰）波幅更大，P3a 和 P3b（P3 的两个主要子成分）的潜伏期更短，这意味着工作记忆训练有效提升了儿童对信息的认知程度和信息处理的速度。

　　除了工作记忆任务外，还有一些任务被用于训练儿童的抑制控制能力。常见的抑制控制训练任务有 go/no-go 任务、停止信号任务（stop-signal task）、斯特鲁普任务、侧抑制任务等。例如，约翰斯通等使用抑制控制任务和工作记忆任务相结合的方式训练 7—13 岁注意缺陷多动障碍儿童的执行功能。[②]发现在为期 4—5 周、共 25 次的训练之后，注意缺陷多动障碍儿童的症状有所缓解，并且其在侧抑制任务中的成绩有显著提升。抑制控制训练的效果可以迁移到日常生活中。霍本和詹森的研究发现，以高热量食物作为刺激材料的抑制控制任务可以减少个体在现实生活中对高热量食物的摄取。[③]沃布鲁真等的研究指出，在接受停止信号任务训练后，个体在赌博任务中的冒险行为显著减少。[④]此外，抑制控制训练不仅能够提高儿童在各项行为任务中的表现能力，而且还能改变其大脑活动。脑成像研究结果表明，在接受抑制控制训练后，个体额叶皮质纹状体区域的激活明显减弱[⑤]，右侧额下回三角部区域的激活显著增强[⑥]；接受抑制控制训练的个体在进行刺激加工时，早期 N2（刺激呈现后约 200 ms 出现的一个大的负向波峰）波幅减小，晚期 P3 波幅增大，P3 潜伏期显著缩短。其中，N2 成分被认为与认知过程中的冲突监测有关，P3 成分则与选择性注意和行为的选择过程有关。早期 N2 波幅减小表示大脑对刺激的注意力降低，而晚期 P3 波幅增大表示大脑对刺激的注意力增加，即抑制无关刺激转而加工目标刺激。P3 潜伏期的显著缩短表示大脑对刺激的处理速度加快。以上研究结果表明：抑制控制训练对于提高儿童的抑制控制能力有一定效果，且可以提高儿童在完成任务时的处理速度，但其内在机制仍有待进一步探究。

　　2. 体育运动

　　许多体育运动对儿童执行功能的发展都具有促进作用。值得注意的是，体育运动对执

　　① XU J, DENG M, NAN W, et al. The effects of working memory training in children revealed by behavioral responses and ERP[J]. Brain and behavior, 11(8): e2310.

　　② JOHNSTONE S J, ROODENRYS S, BLACKMAN R, et al. Neurocognitive training for children with and without AD/HD[J]. Attention deficit and hyperactivity disorders, 2012, 4(1): 11–23.

　　③ HOUBEN K, JANSEN A. Training inhibitory control: a recipe for resisting sweet temptations[J]. Appetite, 2011, 56(2): 345–349.

　　④ VERBRUGGEN F, ADAMS R, CHAMBERS C D. Proactive motor control reduces monetary risk taking in gambling[J]. Psychological science, 2012, 23(7): 805–815.

　　⑤ MANUEL A L, BERNASCONI F, SPIERER L. Plastic modifications within inhibitory control networks induced by practicing a stop-signal task: an electrical neuroimaging study[J]. Cortex, 2013, 49(4): 1141–1147.

　　⑥ LENARTOWICZ A, VERBRUGGEN F, LOGAN G D, et al. Inhibition-related activation in the right inferior frontal gyrus in the absence of inhibitory cues[J]. Journal of cognitive neuroscience, 2011, 23(11): 3388–3399.

行功能的促进效果与运动的内容、形式以及该运动是否需要认知控制和自我控制参与等因素有关。

在众多体育运动中，被研究最多的有助于改善执行功能的运动是有氧运动。有氧运动是指以有氧代谢提供能量的运动方式，包括跑步、骑车、跳绳等。以往研究结果显示，短时和长期有氧运动训练都可以在一定程度上改善和提高执行功能。一些研究表明，一次短时（10—60 min）有氧运动训练就能够有效提升儿童在执行功能任务中的表现。例如，让9—10岁儿童以最大心率的60%的强度跑步20 min后，他们在侧抑制任务中的表现显著提高；同时，跑步后儿童在刺激加工时P3潜伏期更短、波幅更大，这说明在有氧训练后，儿童在认知过程中的唤醒程度和信息加工速度都有所提升。[①]除跑步外，研究发现30 min的篮球训练也能够对四年级学生的执行功能有积极影响，特别是中等强度的篮球运球训练对抑制、刷新、转换功能的改善效果最好。[②]

还有一些研究致力于通过长期的有氧运动训练改善儿童的执行功能。塔克曼和辛克尔将4—6年级的儿童随机分入有氧跑训练组和常规体育教学组，开展1周3次、共12周的课程训练；结果表明，有氧跑训练有效提升了儿童的认知灵活性和创造力。[③]一项针对7—11岁超重儿童的干预研究发现，经过每天20 min或40 min、共13周的有氧训练后，儿童的执行功能和数学成绩显著提高，并且有氧运动时间长（即每天40 min）的儿童的执行功能和数学成绩提高更多。[④]有氧运动提高了儿童的执行功能，可能是由于有氧运动改变了儿童执行功能的脑激活模式。脑成像研究结果表明，接受有氧运动训练后，儿童处理刺激时双侧额上回、双侧额中回、双侧顶上小叶和左侧顶下小叶激活程度增加，前扣带回激活减弱。[⑤]脑电图研究结果表明，有氧运动能够影响皮质电功能的基线水平，具体而言，有氧运动更多的人的脑电波基线频率和激活程度都更高，这可能使他们在认知任务中表现得更好。[⑥]

除常规的体育运动外，研究者也尝试使用认知和自我控制参与的运动训练来干预儿童的执行功能，如瑜伽、跆拳道、太极拳等，均取得了良好的效果。

3. 学校课程项目

一些研究者开发出基于学校的课程项目来促进学龄儿童执行功能的发展，同样取得了

---

① HILLMAN C H, PONTIFEX M B, RAINE L B, et al. The effect of acute treadmill walking on cognitive control and academic achievement in preadolescent children[J]. Neuroscience, 2009, 159(3): 1044–1054.

② 殷恒婵，陈爱国，赵莉，等. 不同强度短时篮球运球训练对小学生执行功能的影响[J]. 天津体育学院学报，2014, 29(4): 352–355.

③ TUCKMAN B W, HINKLE J S. An experimental study of the physical and psychological effects of aerobic exercise on schoolchildren[J]. Health psychology, 1986, 5(3): 197–207.

④ DAVIS C L, TOMPOROWSKI P D, MCDOWELL J E, et al. Exercise improves executive function and achievement and alters brain activation in overweight children: a randomized, controlled trial[J]. Health psychology, 2011, 30(1): 91–98.

⑤ 殷恒婵，陈爱国，赵莉，等. 不同强度短时篮球运球训练对小学生执行功能的影响[J]. 天津体育学院学报，2014, 29(4): 352–355.

⑥ HILLMAN C H, ERICKSON K I, KRAMER A F. Be smart, exercise your heart: exercise effects on brain and cognition[J]. Nature reviews neuroscience, 2008, 9(1): 58–65.

较好的干预效果。这些课程项目包括心灵工具课程、蒙台梭利课程等。

心灵工具(Tools of the Mind)课程由波焦娃和莱翁①开发,该课程以维果茨基的心理发展理论为核心,主要针对低收入家庭和处境不利的年幼儿童,致力于促进儿童执行功能(尤其是抑制控制)和社会性的发展。心灵工具课程鼓励儿童与他人沟通和交流,通过游戏教授儿童读写(口语、语音意识——个体对言语语音单位的反应和操纵、字母等)和数学技能(数数、匹配等)。同时,该课程也重视最近发展区的发展和教学支架的使用,强调教师通过动态测评了解儿童的发展水平,以为其提供适当的支架。以往研究表明,心灵工具课程能够有效提升学前儿童的抑制控制、选择性注意、工作记忆、流体智力和推理能力,并且能够有效促进儿童入学后在阅读、数学和词汇方面的表现。

蒙台梭利课程是基于蒙台梭利教育理论开发的课程,该课程适用的群体从幼儿到青少年。蒙台梭利课程以学生为中心,支持学生在有准备的环境中自然发展,并且为学生的发展提供机会和工具。虽然该课程的主要目标并非促进儿童执行功能的提升,但其教育理念中所倡导的"规范化"有效地促进了儿童抑制控制、工作记忆等执行功能的发展。利拉德和埃尔斯–奎斯的研究比较了蒙台梭利公立学校和其他学校的儿童分别在幼儿园时(5岁)和六年级结束时(12岁)的发展差异。②结果表明,在5岁时,接受蒙台梭利教育的儿童表现出更高的执行功能水平,同时他们在阅读和数学方面成绩更好,更关心公平和正义;在12岁时,接受蒙台梭利儿童教育的表现出更高的创造力和社会性。

此外,促进备选思维策略(Promoting Alternative Thinking Strategies,PATHS)、芝加哥学校预备项目(Chicago School Readiness Project,CSRP)等也在实证研究中证实了其改善执行功能的有效性。这些促进执行功能发展的学校课程项目存在一些共同点:接纳发展速度不同的学生,通过动态测评了解学生的发展水平,并在此基础上灵活调整任务难度,不断挑战学生的执行功能水平;减轻课堂压力,避免让学生感到难堪或尴尬,培养学生的快乐、自尊和自信;强调学生的个性和学业共同发展,重视对社交技能和社会联结的培养;鼓励学生使用口语,让孩子们互相学习;以学生为本,采用主动学习、自己动手的学习方式,教师充当支架,辅以工具或指导。

(二)培养儿童执行功能的建议

1. 根据儿童执行功能水平不断变化任务的类型和难度

在培养儿童的执行功能时,首先,要及时通过测试了解儿童当前的执行功能发展水平,根据发展水平设定相应的任务难度。只有不断恰当地提升任务的难度,使儿童总是处于挑战状态,才能使执行功能得到最佳的锻炼。其次,要结合多种方式培养儿童的执行功能,让儿童始终处于新颖的环境和任务中,这样可以帮助儿童学会在变化的环境中灵活处理各种

---

① BODROVA E, LEONG D J. Making play smarter, stronger, and kinder: lessons from tools of the mind[J]. American journal of play, 2019, 12(1): 37–53.

② LILLARD A, ELSE-QUEST N. Evaluating montessori education[J]. Science, 2006, 313(5795): 1893–1894.

任务,也有助于儿童好奇心和专注力的保持。

2. 培养儿童的内部动机,让儿童充分投入训练

儿童在训练过程中的投入度在很大程度上决定了训练的成效。一方面,保证在训练任务上的时间投入是保证训练有效的基础。儿童在训练过程中的出勤率、完成度、专注度等都会影响训练的有效性。因此,要确保儿童在训练中投入足够多的时间。另一方面,儿童在训练过程中有足够多的情感投入,可以使训练有事半功倍的效果。如果儿童能够享受训练的过程,能够从任务中获得快乐、自豪等积极情绪,那么他们就更愿意投入更多的努力去完成训练,获得更大的收益。因此,在训练过程中,除了任务难度和类型的设置,还应注意培养儿童对完成训练的兴趣,提高其内部动机,使儿童能够充分投入训练。

二、儿童心理理论的培养

心理理论能够帮助我们较好地理解他人的心理活动,感知他人的信念,并由此对相应的行为做出预测和解释,从而能够更好地与同伴合作、竞争,以及做出亲社会行为等。以往研究表明,高心理理论水平的儿童有着更强的社交能力[1],更能被同伴接纳[2],在阅读和数学上有更高的学业成就[3][4]。因此,探究如何通过训练或课程来提升儿童的心理理论水平将有利于促进儿童的发展。

(一)培养儿童心理理论的途径

大量研究围绕心理理论的干预进行了探索,根据干预目标的不同,这些干预方法可以被分为直接干预和间接干预,这两种干预形式都被证明能有效提高儿童心理理论的水平。

1. 直接干预

直接干预是采用与心理理论相关的故事材料对儿童的心理理论发展进行直接的干预训练。根据内容不同,心理理论故事可以分为两种:一种是采用经典的错误信念任务研究范式中的故事;另一种是间接地采用有心理状态的推理故事。

此外,心理理论故事也可以用不同的方式呈现,如故事书、短视频、连环画等。在以往研究中,研究者常使用反馈、讨论、角色扮演等不同方法促使儿童在心理理论任务中表现得更好。这些方法的共同点在于,通过活动让儿童思考故事中人物的动机、信念、认知,从而促进

① DEVINE R T, WHITE N, ENSOR R, et al. Theory of mind in middle childhood: longitudinal associations with executive function and social competence[J]. Developmental psychology, 2016, 52(5): 758–771.

② BANERJEE R, WATLING D, CAPUTI M. Peer relations and the understanding of faux pas: longitudinal evidence for bidirectional associations[J]. Child development, 2011, 82(6): 1887–1905.

③ LECCE S, CAPUTI M, HUGHES C. Does sensitivity to criticism mediate the relationship between theory of mind and academic achievement?[J]. Journal of experimental child psychology, 2011, 110(3): 313–331.

④ LECCE S, DEVINE R T. Theory of mind at school: academic outcomes and the influence of the school context[J]. Infant and child development, 2022, 31(1): e2274.

他们对心理理论故事的理解。

2. 间接干预

间接干预是指通过干预心理理论的影响因素,如社会知觉、情绪知觉等来提升心理理论水平。常用的间接干预方法是通过培养社会交往技能来提升儿童的心理理论水平。

有研究者通过课程教学的形式教授儿童社会交往技能,取得了较好的干预效果。例如,查尔默斯和汤森通过社交技能课程培训,成功提升了 10—16 岁社会适应不良女生的心理理论水平。[①] 该课程涵盖一系列社交技能的训练,包括通过表情和手势等识别他人的情绪、考虑他人的想法和态度、从行为推断他人的意图、了解自己的行为如何影响他人等。结果显示,在为期 6 周、共 15 次的课程后,参加训练的社会适应不良女生的心理理论水平显著提升,同时表现出了更强的共情能力和更少的人际交往问题。莱希勒等通过 12 周的心理理论课程对 12—17 岁自闭症青少年进行干预。[②] 该课程包括对社会理解和基础社交技能的训练,包括集中注意、模仿、识别和理解社交线索、自我评估等。结果表明,在完成课程训练之后,这些自闭症青少年的心理理论水平和情绪识别能力都得到了显著提升。

此外,也有研究让儿童在与他人的社交实践中提升社会交往技能,结果表明能有效提升儿童的心理理论。例如,布里奇曼将合作和人际交往的元素融入阅读课,对比了以教师为中心的课堂和学生间合作学习的课堂对五年级儿童心理理论的影响。[③] 结果表明,在为期 8 周的课程学习之后,学生间合作学习课堂的干预组儿童的心理理论有显著提升。布里奇曼认为,人际合作能够培养儿童积极倾听、质疑、换位思考等社交技能,并且让儿童能够在人际交往的过程中练习这些社交技能的综合运用,因而能够有效提升儿童的心理理论。

(二)培养儿童心理理论的建议

1. 鼓励儿童思考、表达自己和他人的情绪和想法

纵观心理理论的干预方法,不难发现,培养心理理论的重点就在于帮助儿童理解他人的心理状态,学会换位思考。在没有系统干预支持的情况下,家长或教师可以通过鼓励儿童思考、表达自己和他人的情绪和想法来培养儿童的心理理论。家长和教师可以围绕某一个故事,引导儿童思考为什么故事角色会以某种方式思考和做出行为,再相应地提供反馈和解释。在日常生活中,家长和教师也可以在讨论事件中加入对心理状态的提问,让儿童形成思考他人心理状态的思维习惯。在这个过程中,家长和教师可以通过三种方式参与其中:第一种,作为安全监督者,给儿童提供玩具和材料,在儿童遇到困难或疑问时给予帮助;第二种,作为管理者,决定练习或游戏的主题并提供相应的学习材料;第三种,作为教练员,提供方

① CHALMERS J B, TOWNSEND M A. The effects of training in social perspective taking on socially maladjusted girls [J]. Child development, 1990, 61 (1): 178-190.

② LECHELER M, LASSER J, VAUGHAN P W, et al. A matter of perspective: an exploratory study of a theory of mind autism intervention for adolescents [J]. Psychological reports, 2021, 124 (1): 39-53.

③ BRIDGEMAN D L. Enhanced role taking through cooperative interdependence: a field study [J]. Child development, 1981, 52 (4): 1231-1238.

法并加以指导。

2. 为儿童创设丰富的社交环境,鼓励儿童建立良好的人际关系

儿童是通过经验不断建构自己关于心理状态的知识的。这说明,丰富的社交经验将在很大程度上有助于儿童心理理论的建构。以往研究也显示,儿童的同伴关系和兄弟姐妹的数量对儿童心理理论的发展有着显著的影响。一方面,同伴关系的建立与良好发展有利于儿童心理理论的提升,儿童与同伴交流越多,彼此之间就会有更多的共同语言,这些都有利于儿童心理理论的发展。斯劳特等发现,与受到同伴排斥的儿童相比,受同伴欢迎的儿童一般都具有更高的心理理论水平。[①] 另一方面,兄弟姐妹的数量也在很大程度上影响着儿童心理理论的发展。佩尔奈等比较了拥有不同数量兄弟姐妹的3—4岁儿童在心理理论任务中的表现,结果表明,兄弟姐妹的数量与心理理论成绩呈显著正相关关系。[②] 此外,也有研究发现,在有更多兄弟姐妹的儿童中,心理理论训练的效果更好。[③] 因此,为儿童创设丰富的社交环境,鼓励儿童多与同龄人交流互动并与他人建立良好的人际关系,可以促进儿童心理理论更好地发展。

【本章小结】

执行功能是一组高水平的认知控制过程,是儿童适应学校和日常生活的基础,对其在未来取得成功至关重要。除此之外,心理理论的成熟促进了儿童认知和社会能力的发展。儿童只有理解自己和他人的心理状态才能理解自己和他人的需要、信念、目的、感觉与情绪,进而能够推断和预测他人的行为。执行功能和心理理论在儿童期不断发展成熟,具有一定程度的可塑性。研究者提出了一系列有效的干预手段,为促进和改善儿童的适应性发展提供了可能。

【实践·反思·探究】

1. 你认为儿童执行功能发展的关键期是什么时候?

2. 什么样的环境更有利于儿童执行功能的发展?

3. 儿童的心理理论对其未来发展有哪些重要作用?

4. 如何对儿童的执行功能与心理理论进行干预?

5. 你认为针对儿童执行功能和心理理论的干预的效果可能受到哪些因素的影响?

---

①   SLAUGHTER V, DENNIS M J, PRITCHARD M. Theory of mind and peer acceptance in preschool children[J]. British journal of developmental psychology, 2002, 20(4): 545–564.

②   PERNER J, RUFFMAN T, LEEKAM S R. Theory of mind is contagious: you catch it from your sibs[J]. Child development, 1994, 65(4): 1228–1238.

③   DE VELD D M J, SCHEEREN A M, HOWLIN P, et al. Sibling configuration as a moderator of the effectiveness of a theory of mind training in children with autism: a randomized controlled trial[J]. Journal of autism and developmental disorders, 2021, 51(5): 1719–1728.

【**推荐阅读**】

[1] 刘建榕,陈晴昕,童宁.3～4岁幼儿心理理论的微观发生研究[J].心理发展与教育,2024,40(3):305-315.

[2] 侯晓晖,宫竹青,颜志雄,等.儿童心理理论发生与发展:跨文化的视角[J].科学通报,2019,64(4):384-392.

[3] 任屹,黄四林.贫困损害儿童执行功能的作用机制[J].心理发展与教育,2022,38(1):134-143.

[4] DEVINE R T,HUGHES C. Relations between false belief understanding and executive function in early childhood: a meta-analysis [J]. Child development,2014,85(5):1777-1794.

[5] WANG L,HEMMER P,LESLIE A M. A Bayesian framework for the development of belief-desire reasoning: estimating inhibitory power [J]. Psychonomic bulletin & review,2019,26:205-221.

第七章
儿童语言的发展

【学习目标】

- 了解并掌握语言的加工过程和语言习得理论。
- 掌握儿童语言发展各阶段的特征。
- 能够依据儿童语言发展的特点,选择适当的促进策略。

【知识导图】

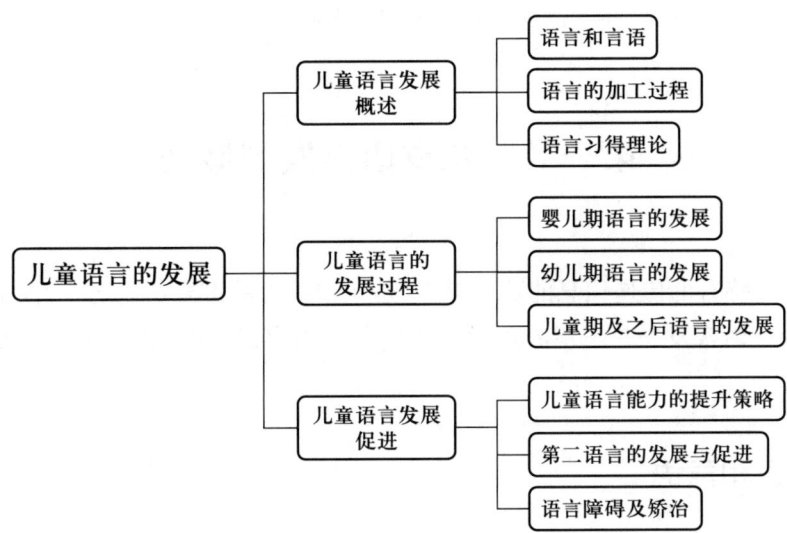

【案例导入】

在兰兰 2 岁的时候,父母发现她的语言发展远不如同龄小朋友,这让他们非常担心。更加让他们担忧的是,兰兰平时非常害羞,不愿意和别人交流,甚至不敢表达自己的意见,说话时常常磕磕巴巴。为了帮助兰兰克服语言障碍,父母开始尝试用各种方法来培养她的语言能力。父母耐心地纠正兰兰的发音,当她表达错误时,父母不会责备或批评她,而是鼓励她并且引导她正确表达。同时,他们也给兰兰提供丰富的语言环境,比如唱儿歌、讲故事、带她去公园玩耍等,让她感受语言的乐趣和沟通的重要性。兰兰进入小学后,开始更系统地学习语言知识,她的词汇量变大了,也能自主阅读大量的书籍。兰兰爱上了阅读并养成了记日记的习惯。阅读和写作的练习不仅提高了兰兰的语言能力,还让她变得更加自信和开朗。慢慢地,兰兰克服了害羞的性格,还报名参加了演讲比赛。

儿童在成长过程中,语言能力的发展是一个复杂的过程,在不同阶段需要不同的教育和指导。本章首先探讨语言的基本概念及语言发展的理论等内容,然后介绍儿童语言发展各阶段的规律,最后提出促进儿童语言发展的有效途径。

第一节　儿童语言发展概述

语言是人类特有的传递信息的重要媒介,是大脑皮质的重要功能之一,也是儿童发育评估的重要内容。语言发展是发展心理学的重要研究内容,长期以来得到了心理学家的普遍关注。

一、语言和言语

语言(language)是指个体自主产生的、用来交流思想、情感和愿望的非本能的符号系统,是由语义结合的词汇和语法构成的体系。语言以词为基本单位,是人类最重要和最有效的交际工具。言语(speech)是指个体利用语言工具进行交际、表达思想、意见和情感的行为过程。言语是产生于人与人之间的行为,是一种心理活动。

现代语言学之父、瑞士语言学家索绪尔(F. de Saussure,1857—1913)区分了语言和言语,他认为语言是言语的社会方面,语言是社会约定俗成的、有规则的语法系统,是"社会的集合";言语则与每个人的社会活动休戚相关,是"个人的组合"。语言和言语相辅相成,言语以语言为规范进行社会活动,语言在言语活动中不断完善和发展。二者既有区别,又密不可分。相对于个体言语发展的研究,语言发展的理论更丰富、成熟。

专栏 世界上有多少种语言？

不同的文化往往有其特有的语言，根据 2023 年第 26 次修订的《世界的语言》一书中的数据，共有 7 168 种现存语言，其中母语人口超过 5 000 万的语言有 23 种。仅在中国，就有 218 种现存本土语言。

对语言的分类有多种标准，目前多根据语言中语音、词汇和语法规则之间的对应关系进行分类。按照母语人口排序，世界七大语系分别是：印欧语系、闪含语系、阿尔泰语系、乌拉尔语系、高加索语系、汉藏语系和德拉维达语系。

语言是一个各成分按照一定的层次结构组织起来的复杂系统。语言表达的基本形式是句子，句子又可分为词、语素和音位等不同层次，每个层次又包含一定的语言成分和将这些成分组织起来的语言规则。

从表现形式来看，言语一般分为外部言语（external speech）和内部言语（inner speech）两种形式。其中外部言语包括口头言语与书面言语，通常被认为是最主要的言语活动，是其他言语活动衍生发展的基础。内部言语是在外部言语的基础上产生和发展的。维果茨基的言语内化假说（speech internalization hypothesis）认为，通过内化过程，儿童的言语会从作为其交流手段的外部言语转变为内部言语，即儿童个人意志及其有目的的独立行动的重要媒介。内部言语的发展呈螺旋式上升的过程，人的一生都在不断发展和完善内部言语，儿童期内部言语发展对个体具有极其重要的意义。

专栏 每个人都有内部言语吗？

你会经常与自己对话吗？对话的内容一般是什么呢？或许你会好奇，这种与自己进行对话的内部言语对我们的生存和发展有什么意义呢？心理学家对这一问题进行了实证研究。

研究者使用开放式的思想列表方法（open-format thought listing method），即要求被试尽可能多地列出通常对自己说的话，对 380 名大学生内部言语的频率、内容及功能信息进行编码分析，发现大多数被试报告了对自我和对未来事件主题的讨论。[1] 此外，自我报告的内部言语的一种常见功能是自我调节，这也正是维果茨基所强调的内部言语对个体的重要价值之一。

---

[1] MORIN A, UTTL B, HAMPER B. Self-reported frequency, content, and functions of inner speech[J]. Procedia-social and behavioral sciences, 2011, 30: 1714–1718.

二、语言的加工过程

语言的加工过程包括语言理解和语言表达两部分。对失语症患者的研究表明,语言的理解与产生是两个完全不同的过程,具有不同的解剖学路径。[①] 而近年来研究者质疑了这种观点,他们认为语言的理解和产生是相互作用且紧密结合的过程,互为预测对方能力的基础。[②]

（一）语言理解

语言理解（language comprehension）是指人们借助听觉或视觉材料,在头脑中积极主动地建构意义的过程。研究者认为,在习得语言的过程中,婴儿先天掌握对一些声音属性和词汇间区别的感知,通过在环境中发现并编码新的信息,婴儿逐渐完成语调、语法及进一步的句法学习。[③] 根据输入通道的不同,语言理解可以分为言语理解（听觉输入）和阅读理解（视觉输入）两个过程。

言语理解（speech comprehension）是指在听觉输入的语言材料（即语音）的基础上建构意义的过程。言语理解以正确感知语言为基础,不仅依赖对语言材料的正确感知,而且依赖个体已有的知识经验。例如,面对同样的语言材料"你真行",有人将其理解为赞美,有人可能依赖自己之前的消极经历将其理解为讽刺。语言材料的语音相似性、语音强度、噪声遮蔽和语境被认为是影响言语理解的主要因素。

阅读理解（reading comprehension）是指在视觉输入的语言材料的基础上建构意义的过程。阅读理解被认为是人类最复杂、最重要的认知活动之一,依赖个体认知资源的发展。根据加工水平的不同,阅读理解可以分为词汇理解、句子理解和篇章理解。与言语理解相比,阅读理解包括了更多对词法规则与词汇组合的加工。

（二）语言表达

语言表达（language production）也叫语言产生,是指人们通过发音器官或手的活动把所要表达的思想及情绪说出来、写出来或用手势表达出来的过程。语言表达的主要形式包括口语表达、书面语和手势语三种。

语言表达过程与语言理解过程有一些共同的成分,但它并不是语言理解过程的简单逆转。一方面,从发展顺序来看,语言理解和语言表达之间的关系存在一个基本原则,即理解先于表达。例如,婴儿可能能够理解一些简单的指导语,如"捡起玩具"等,但其独立表达需

---

① SHALOM B D, POEPPEL D. Functional anatomic models of language: assembling the pieces [J]. The neuroscientist, 2008, 14 (1): 119–127.

② 韩海宾,许萍萍,屈青青,等. 语言加工过程中的视听跨通道整合 [J]. 心理科学进展, 2019 (3): 475–489.

③ SHI R. Functional morphemes and early language acquisition [J]. Child development perspectives, 2014, 8 (1): 6–11.

求的能力是在理解的语言基础上逐步发展的。在整个婴儿期,理解的发展速度要比表达的快。另一方面,从实验设计来看,在语言理解的研究中,研究者可以严格地控制被试看到或者听到的材料;而在语言表达的研究中,研究者很难控制被试说话和书写之前的心理活动,使得语言表达中语言的创造性及个体差异更加凸显。因此,在心理语言学中,语言产生仍是一个有待进一步挖掘的领域。

三、语言习得理论

语言习得理论关注个体的语言是如何形成和发展的。对于这个复杂问题,当前存在学习论、先天论和交互作用论三种不同的观点。

(一)学习论

持学习论观点的研究者认为,在儿童习得语言的过程中,环境和后天学习起决定性作用。对此,研究者们提出了不同的解释机制。

以巴甫洛夫为代表的经典条件反射学说认为,儿童习得语言是条件作用的结果,即语词的声音与具体事物的形象在儿童大脑中建立起联系。斯金纳的操作性条件反射学说则认为,儿童的语言是通过他人给予的食物、言语或手势等奖赏的强化而习得的。儿童正确的语言表达得到了环境的强化,进一步促使其语言的习得和发展。此外,斯金纳还特别强调了"强化依随",即强调紧跟在儿童言语活动之后的强化刺激的决定性作用。

奥尔波特(G. W. Allport,1897—1967)提出,儿童主要通过模仿习得语言,儿童语言是成人语言的简单翻版。班杜拉进一步提出社会学习理论,认为儿童主要是通过观察学习来习得语言的,且大多数情况是在没有直接强化的条件下学习的。

持学习论观点的研究者虽然在一定程度上解释了语言的产生与发展,但他们无法解释儿童语言发展过程中的全部现象。首先,儿童大约在 3 岁时就掌握了母语的基本语法结构,并能够流畅表达句子。如果通过强化模仿的方式来进行语言学习,那将是非常庞大的学习量,并且父母和其他成人很难一直强化儿童所有"正确"的语言。其次,学习论也无法解释儿童语言发展的关键期问题,即为何全球儿童都在大致相同的年龄表现出相似的语言能力,以及为何错过关键期后语言学习难度陡升。最后,儿童自发产生的创造性语言也无法被学习论解释。

(二)先天论

持先天论观点的研究者认为,人类习得语言是生理发展的必然结果。这一能力不因所处环境或语言文化背景的差异而改变。这一理论以美国语言学家乔姆斯基(A. N. Chomsky,1928—　)等为代表。

乔姆斯基提出了先天语言生成说,认为婴儿先天具有一种普遍语法,语言获得过程就是由普遍语法向个别语法转变的过程,这一转变由先天的语言获得装置(language acquisition device, LAD）来实现。语言获得装置能够根据有限的语言输入材料产生相应语言的语法规则，因而使儿童能在较短时间里建立起相应语言的语法规则，从而快速掌握这种语言。在先天论的理论框架中，儿童是主动生成和发展语言的主人，而不是语言环境刺激的反应者或模仿者。

以乔姆斯基为代表的先天论者对学习论的观点进行了批判，提出语言的理解和表达是基于对语言规则的掌握而产生的。先天论确实对学习论无法解释的语言现象进行了补充，例如，为何不同文化背景下的儿童都会在相似的年龄掌握母语，实证研究也发现确实存在与语言产生相关的一系列基因。[①] 但先天论过于强调语言能力的天赋和先天性，低估了环境和后天教育的作用，忽视了社会文化背景和生活条件等在个体语言形成和发展中的重要作用。一方面，儿童语言的学习并不像先天论所提出的那么迅速；另一方面，不同社会环境中儿童语言发展能力的差异也无法从先天论中得到合理解释。

（三）交互作用论

交互作用论综合了学习论和先天论的观点，强调环境与个体的交互作用对语言习得的重要影响，认为语言形成和发展是先天基因决定的语言倾向与有利于语言学习的环境因素共同塑造的。

皮亚杰基于发生认识论，提出语言的发展是以儿童感知运动阶段的发展为基础的，只有在获得内在的经验表征能力以后，儿童才能开始建构语言体系。儿童在感知运动阶段末期及前运算阶段早期，开始使用表征符号，皮亚杰认为这是真正语言习得的开始。

维果茨基基于其社会文化历史观，强调语言在儿童思维发展过程中发挥着重要作用，并对语言内化的发展途径进行描述。他认为，儿童在社会环境中学习社会性的外部言语，然后通过内化，将脱离外部言语和社交属性的表达转化为指向自我的内部言语。维果茨基对语言发展脉络的描绘体现了其对语言学习性与先天性交互影响的观点。

心理学家库尔提出一种新的早期语言学习模型，认为社会互动在自然语言的学习过程中起到关键作用。[②] 她提出，社会互动会通过两种可能的途径影响语言的发生与发展：一种是，积极的社会互动会诱发儿童的注意和唤醒，更高的注意和唤醒程度可以使儿童编码和记忆语言的数量和质量都显著提高；另一种是，社会互动中的生活情境，即自然环境信息，如老师的注视方向等，可以帮助婴儿学习语言。[③] 库尔认为，儿童学习语言的过程是复杂且多模式的，但其假设的两种潜在途径目前仍需进一步的实验验证。

综上所述，语言的发生发展过程应该被视作一个多种因素相互影响、相互作用的复杂动态系统。在系统发展的初期，模仿与强化可能起到更加重要的作用；到系统发展的中晚期，

---

①　LAI C S, FISHER S E, HURST J A, et al. A forkhead-domain gene is mutated in a severe speech and language disorder[J]. Nature, 2001, 413（6855）: 519-523.

②　KUHL P K. Is speech learning "gated" by the social brain ?[J]. Developmental science, 2007, 10（1）: 110-120.

③　KUHL P K, TSAO F M, LIU H M. Foreign-language experience in infancy: effects of short-term exposure and social interaction on phonetic learning[J]. Proceedings of the national academy of sciences, 2003, 100（15）: 9096-9101.

选择性模仿和自发的语言活动可能起主导作用。人类所独有的符号表征能力和健全的发声器官是整个语言系统发生发展的前提。

第二节 儿童语言的发展过程

在儿童的成长过程中,每个阶段都伴随着特定的语言发展任务。随着年龄的增长,儿童逐渐掌握更多的词汇,语法也变得更加复杂,语言的类型和应用场景也愈发丰富。作为人类交流的重要工具,语言在儿童的认知和社会性发展中起着至关重要的作用。

一、婴儿期语言的发展

婴儿期是儿童语言的快速发展期。起初,婴儿通过模仿周围成人的语音和声音来学习语言,逐渐掌握简单的发音。随着时间的推移,婴儿语音和语调的多样性开始增加,婴儿的语言表达更加丰富。从最初依赖成人的指导和示范,到后来逐渐形成自己独立的语言表达,这是婴儿在语言发展过程中迈出的重要一步。在这个阶段,婴儿不断吸收来自环境的声音刺激,不断尝试和探索,通过与父母等主要照料者的互动交流,婴儿的语言能力得到了极大的提升。

(一)前语言期

婴儿在说出第一个有意义的词汇之前,会经历大约 12 个月的语言发生准备阶段。这个阶段被称为前语言期(prelinguistic stage)。此时婴儿还未具备用语言表达自己需求的能力,但是他们可以通过发出声音、做出面部表情,以及使用手势和其他非语言的方式与他人进行交流。在玩耍或者与他人互动时,他们也可能会发出一些毫无意义的声音,比如"咕咕""咿咿",这种交流方式对婴儿语言的发展具有至关重要的作用。图 7-1 展示了婴儿在前语言期语言理解和语言表达的发展阶段特征。

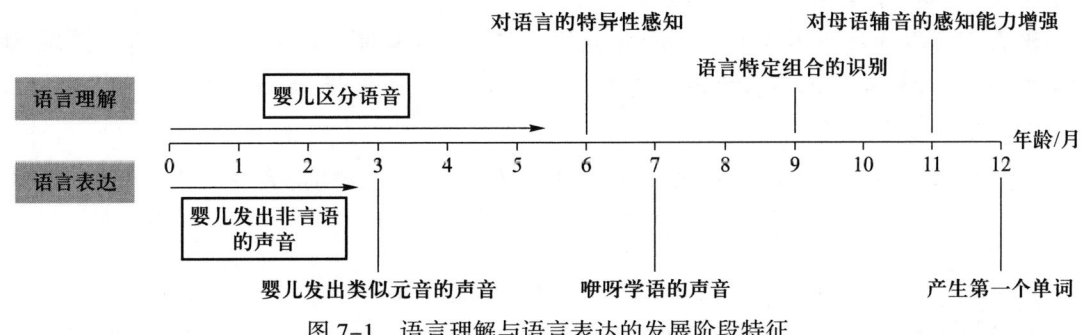

图 7-1 语言理解与语言表达的发展阶段特征

专栏　你知道婴儿的哭泣代表什么意思吗?

　　在前语言期,婴儿还不能使用语言表达自己的需求。但此时,他们能够通过发出不同的哭泣声来提醒成人给予他们不同的帮助。

　　当婴儿发出"na~na~na~"的声音时,表示婴儿饿了。这是因为婴儿在做出吸吮动作时,舌头会碰到上颚,由此发出"na~na~na~"的声音。

　　当婴儿发出"he~he~he~"这种低声抽泣的声音时,表示婴儿感到不舒服。例如,想上厕所。父母在听到婴儿发出这个声音时,可以查看宝宝是否需要更换尿不湿。

　　当婴儿发出"ao~ao~ao~"时,表示婴儿处于困倦状态。这是因为婴儿打哈欠时会仰着头,婴儿仰头时发出的声音听起来像"ao~ao~ao~"。

　　1. 前语言期的交流

　　在前语言期,婴儿就能够熟练地使用"咿呀学语"。咿呀学语典型的发展轨迹是从简单发音到复杂发音。尽管不同语言的发音环境并不会影响婴儿最初的咿呀学语,但最终还是会造成咿呀学语的差异。婴儿到了 6 个月大时,咿呀学语就能反映出婴儿所处环境的语言发声特点。这种区别非常明显,以至于听婴儿发出的声音,就能将在不同语言环境下抚养的婴儿区分开来。吴天敏和许政援将前语言期划分为三个阶段:简单发音阶段、连续音节阶段和学话萌芽阶段。[①]

　　(1) 简单发音阶段(0—3 个月)

　　婴儿通常在出生后,就能发出一些类似语言但又没有实际意义的声音。例如,当给婴儿喂奶之后,会听到他们发出类似"a~a~a~"的声音,这表明婴儿处于清醒或者满足的状态。

　　(2) 连续音节阶段(4—8 个月)

　　出生约 4 个月时,婴儿就能够发出更多样化的声音了,能够在元音的基础上加入辅音。在这个阶段,我们经常会听到婴儿发出类似"ma~ma~ma~"或者"pa~pa~pa~"这样元音和辅音相结合的声音,但是这些声音并不具有实际意义。婴儿在早期发出的咿呀声在很大程度上受大脑和语言肌肉成熟的影响。

　　(3) 学话萌芽阶段(9—12 个月)

　　随着咿呀声的发展,9 个月大的婴儿经常会在特定的情境中发出特定的声音。例如,他们会使用"m~m~m~"的声音来提出要求,在玩弄物品时发出"a~a~a~"的声音。[②]

　　2. 前语言期的语言知觉

　　尽管在前语言期婴儿还不会说话,但他们具有语言知觉。前语言期的语言知觉包括对

　　① 吴天敏,许政援. 初生到三岁儿童言语发展记录的初步分析[J]. 心理学报,1979(2):153–165.

　　② BLAKE J, DE BOYSSON-BARDIES B. Patterns in babbling: a cross-linguistic study[J]. Journal of child language, 1992, 19(1):51–74.

语言的反应性和对语言的理解性。

（1）对语言的反应性

虽然大多数婴儿直到 1 岁时也不能说出有意义的词语，但其实婴儿在出生后几周内就能区分出人的声音和其他声音。当父母对新生儿讲话时，经常会发现婴儿会盯着自己，有时还会发出声音表示出想要交流的样子。[①] 这表明，婴儿能区分自己所听到的声音，至少对父母讲话的声音会十分敏感。事实上，出生仅 3 天的婴儿就能辨认出母亲的声音，并且与其他陌生女性的声音相比，他们更喜欢自己母亲的声音。[②]

（2）对语言的理解性

婴儿能够在前语言期理解一些常用词汇的意思。12 个月大的婴儿能理解一些他们熟悉的物体，并且能够理解指代这个物体的名称。比如，当母亲说出一个物体的名称后，他们会专心地盯着目标物，几乎不去看其他物体。

婴儿到 12—13 个月就已经能够意识到不同词语有其特定的意义。研究发现，12—17 个月大的婴儿在使用一些名词和动词之前，就理解了这些词的意思。[③] 也就是说，婴儿能够理解的语言似乎比他们能够讲出来的要多得多。婴儿在 12—13 个月大甚至更早的时候，接受性语言（理解）的发展就超过了产生性语言（表达）的发展。[④]

3. 前语言期的非语言表达

8—10 个月大的时候，婴儿除了通过发出声音与周围环境交流，还可以通过手势或者其他非语言的形式（例如，面部表情）与他人沟通。婴儿普遍使用的手势有两种：第一种是陈述性手势，即婴儿用手指向一个物体或触摸它，以此引起他人对该物体的注意；第二种是祈使性手势，即婴儿努力"说服"他人满足自己的要求，例如，婴儿想要拥抱时会拉着照料者的衣服或举起手臂。

一些手势在与他人的沟通中变得非常有代表性，能表达出婴儿的诉求。例如，12 个月大的婴儿可能会举起手臂表示希望他人的拥抱，伸开手臂假装自己正在飞行。[⑤] 随着语言变得越来越复杂，婴儿使用手势的频率也在增加。[⑥]

---

① RHEINGOLD H L, ADAMS J L. The significance of speech to newborns[J]. Developmental psychology, 1980, 16(5): 397.

② DECASPER A J, FIFER W P. Of human bonding: newborns prefer their mothers' voices[J]. Science, 1980, 208 (4448): 1174–1176.

③ OVIATT S L. The emerging ability to comprehend language: an experimental approach[J]. Child development, 1980: 97–106.

④ MACWHINNEY B. A unified model of language acquisition[J]. Handbook of bilingualism: psycholinguistic approaches, 2005, 4967: 50–70.

⑤ ACREDOLO L P, GOODWYN S W. Sign language among hearing infants: the spontaneous development of symbolic gestures[J]. From gesture to language in hearing and deaf children, 1990: 68–78.

⑥ NICOLADIS E, MAYBERRY R I, GENESEE F. Gesture and early bilingual development[J]. Developmental psychology, 1999, 35(2): 514.

（二）单词句时期

在10—14个月，婴儿会说出第一个有特定意义的词。这表明，婴儿将正式步入有意义语言的第一个阶段，即单词句时期(holophrastic period)。语言学家认为，只有当婴儿对人、事件或物体有了清晰一致的命名时，"第一个词"才真正产生。例如，只有当婴儿只会对母亲发出"mama"的声音而不会用在其他人身上时，"mama"才算婴儿发出的一个有特定意义的词。

1. 第一批词汇的产生

即使婴儿学会了使用有特定意义的词语，但他们词汇量增长的速度在刚开始掌握语言时还很慢。到15个月左右时，婴儿仅能掌握约10个词，在18—24个月时，婴儿学习字词的速度明显变快，每周就可能学会10—20个新词。[①]这种词汇量的迅猛增长被称为命名爆炸(naming explosion)。此时婴儿似乎已经明白每件事物都有其特定的名字。

（1）第一批词汇的生态学分析

婴儿掌握的第一批词汇一般与熟悉的物体或人有关。例如，婴儿能很快掌握与经常在生活中出现的人（如"妈妈"）、动物（如"狗"），以及经常摆弄的东西（如"球""玩具车"）等对应的词汇。同时，婴儿学会的第一批词汇还具有很大的概括性，这些词汇通常是单字句(holophrases)，即能够用一个词代表整个句子的意思，而这个词表达的意思常常依赖特定的情境。例如，婴儿说"ma"这个词想表达的意思是由情境决定的，可能意味着"我想让妈妈抱我""妈妈，我想吃东西了""妈妈在哪里"，等等。

（2）第一批词汇的场合限制性

尽管婴儿习得词汇的速度逐渐加快，但是在使用词汇的过程中还是会存在一些问题。他们通常会频繁使用一个词语来代表种类比较广泛的物体，这种现象称为过度扩展(overextension)。例如，婴儿学会"狗"这个词语后，可能会将四条腿的小动物统统称为"狗"。另一种相对应的现象为扩展不足(underextension)，即婴儿仅仅把一个上位词语表示在一个物体上。例如，只称呼家里养的那一只小狗为"狗"。

婴儿理解和表达的第一批词汇的类型包括名词、动词、修饰语和社会语言（如图7-2所示）：名词是指描述事物名称的词汇，包括人、动物、物体等；动词是指描述动作的词汇，包括社会性游戏（躲猫猫）、吃、放下等；修饰语是指描述空间或状态的词汇，包括大、小、漂亮的、我的等；社会语言是指婴儿在社交过程中产生的语言，包括再见、你好等。

2. 使用词汇时的语言风格

婴儿在使用词汇时的语言风格也存在个体差异。一些婴儿使用参照性风格(referential style)，即使用语言主要是为了对客体进行标记；一些婴儿则倾向于使用表达性风格(expressive style)，即使用语言主要是为了表达自己和他人的情感与需要，如"请""谢谢"

---

① REZNICK J S, GOLDFIELD B A. Rapid change in lexical development in comprehension and production[J]. Developmental psychology, 1992, 28(3): 406.

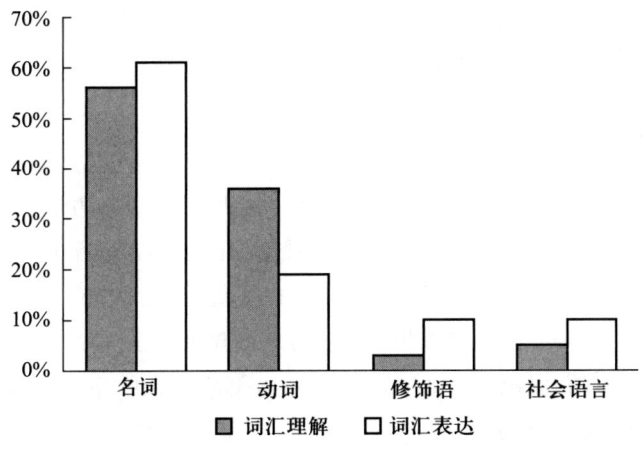

图 7-2　婴儿理解和表达的第一批词汇的类型分布[①]

等。[②]语言风格也与儿童所处地区的文化因素有关。例如,在谈论小动物时,美国母亲更多地对物体进行标记(如"那是小狗,看它的大耳朵"),因此儿童更容易产生参照性风格的语言;相对而言,日本母亲更倾向于说出有关社会交往的内容(如"要爱护小狗"),这有助于婴儿形成表达性风格的语言。对于这两个类型的婴儿来说,语言发挥着不同的作用。参照性语言风格的婴儿倾向于认为字词是用来给物体命名的,而表达性风格的婴儿则用字词来唤起对自己和他人感受的注意,并用以调节其社交互动。

婴儿使用词汇时的语言风格的个体差异也可能源自婴儿在家庭中的出生顺序。即婴儿的出生顺序会影响其语言环境,进而影响其语言风格。在西方文化中,大多数头胎婴儿的语言风格属于参照性风格,他们更倾向于给物体加标签,或者常常注意到物体与物体之间的关系。[③]与之相比,二胎及二胎以后的婴儿可能同父母谈论物体的机会较少,而更多听到父母约束自己或其哥哥姐姐行为的简单言语(如"要保护弟弟妹妹")。因此,与头胎婴儿相比,二胎及二胎以后的婴儿更可能将语言看作调节他人行为的手段,这就促使他们更多采用表达性语言风格。在中国家庭中,同样发现儿童与兄弟姐妹的积极互动能促进儿童语言能力的发展。[④]

3. 掌握字词的方式

在大部分情况下,婴儿会通过快速匹配(fast-matching)的过程掌握词汇,即在不同情境下听到某个词汇都应用于同一个物体后,就会迅速习得这个词。研究发现,13—15 个月大

①　BENEDICT H. Early lexical development: comprehension and production[J]. Journal of child language,1979,6(2): 183–200.

②　NELSON T O. Consciousness and metacognition[J]. American psychologist, 1996, 51(2): 102.

③　NELSON K. Structure and strategy in learning to talk[J]. Monographs of the society for research in child development, 1973: 1–135.

④　HOU X H, WANG L J, LI M, et al. The roles of sibling relationship quality on theory of mind among Chinese preschool children[J]. Personality and individual differences, 2022, 185: 111273.

的婴儿能够通过快速匹配去了解新词的意思,并且对于这个阶段的婴儿来说,与表示动作的词汇相比,物体的名字会更容易习得。[①]

(三)双词句时期

大约在 18—24 个月时,婴儿结束了单词句时期,进入了双词句时期,即开始能将单个词语连成简单的句子。双词句比单词句表达得更清楚,并且已经具备了语言的基本成分,不仅能指出某个人或物体发出的动作,也能表示物体的所属关系,例如,"狗狗跑""妈妈衣服"。儿童虽然在语言表达上有跨越式的进步,但是仍是简略和不完整的。这些早期的句子也被称作电报式语言,因为它们像电报一样,只包含表达关键信息的单词,如名词、动词和形容词等实词,省去了一些修饰的虚词。

1. 语言交谈规则

婴儿在双词句时期往往会省去不太重要的词,但即使婴儿使用的是电报式语言,也遵循了一些语法规则和特定的顺序,这种顺序与成人建构句子的方式相似。例如,婴儿通常说"妈妈喝"而不是"喝妈妈",说"我的球"而不是"球我的"。这样看来,婴儿首先习得的就是对于语言来说最重要的部分,即语言表达的语法规则,这支持了乔姆斯基提出的语言获得装置的理论。婴儿在与外界交往中不仅熟悉了语法规则,还掌握了一些社会交往规则,比如,交替规则、社交距离规则、社会语言规则等。

(1)交替规则

婴儿在掌握语言后,已经迫不及待地想要使用语言与外部世界沟通。在沟通之前,婴儿会考虑许多社交和情境因素,来帮助自己使用恰当的社交规则。例如,2 岁的婴儿能非常熟练地运用交替规则,即他们知道讲话的时候要跟听者进行眼神交流,并且能够使用一些非语言线索来表示自己的发言结束了。

(2)社交距离规则

婴儿明白与听者的交谈距离很重要。即在交谈的过程中,婴儿知道如果想清楚地明白他人传递的信息或者清晰地向他人传递信息,要么需要离听者近一点,要么需要通过大声讲话来解决距离远的问题。

(3)社会语言规则

父母往往会在与婴儿沟通的过程中有意识地引导婴儿遵守社交礼节。父母经常使用的提示语,例如"向奶奶说一句'谢谢',你就可以吃这个蛋糕了",这在婴儿学习社会语言规则中起着重要作用。通过这种学习,婴儿明白如何恰当地提出自己的要求,而且逐渐清楚与他人交流时什么样语言是恰当的,什么样语言是不恰当的。

2. 正确理解婴儿的电报式语言

仅仅以语法为基础对婴儿的电报式语言进行分析,会低估婴儿的语言能力。因为婴儿经

---

① CASASOLA M, COHEN L B. Infants'association of linguistic labels with causal actions [J]. Developmental psychology, 2000, 36(2): 155.

常在不同的情境中使用相同的电报句,但传递的是不同的意思。例如,婴儿可能在两个情境中说"妈妈袜子",一个是在捡起妈妈袜子的时候,另一个是在妈妈给他穿袜子的时候。第一个情境中的"妈妈袜子"是指物体的所属关系,即"妈妈的袜子"。但第二个情境中的"妈妈袜子"显然表达了完全不同的意思,即"妈妈正在给我穿袜子"。因此,为了准确理解婴儿的电报式语言,我们不仅要理解婴儿说出的话,还要考虑其发生的情境。

二、幼儿期语言的发展

幼儿的词汇量较之前更加丰富,先前省略的虚词逐渐被幼儿补充回句子中,他们逐渐学会表达复杂的句子。幼儿期是个体掌握口头语言的关键期,在这一阶段个体的语言交谈和沟通能力得到进一步发展,能够让他人更好地理解他们的意思。另外,这个阶段也是个体从口头语言向书面语言过渡的关键时期。

(一)词汇数量增加

刚进入幼儿期时,幼儿就已经掌握了 200 个左右的词,到 6 岁时能掌握约 10 000 个词。在这个过程中,除了快速匹配,幼儿还会通过社交线索和认知策略来学习和掌握新的词汇。

1. 社交线索

幼儿可以通过社交线索学习新词汇。在语言学习过程中,5 岁幼儿在与人交流时,能够巧妙利用声音线索,将新名词与对应的新物体精准地联系起来。[①] 这一行为模式凸显了幼儿学习语言时的一项关键能力——根据声音的提示与可能体现说话者意图的物体之间建立直接的认知桥梁。例如,当教师说:"看这个红色的'嘎喳'!"幼儿会迅速将注意力转向教师所指的红色物体,并将这一新名词"嘎喳"与眼前的物体联系起来。这种社交线索的引导不仅能帮助幼儿锁定注意对象,还能促使他们学习并记住物体的名称。这一过程是幼儿语言学习的重要组成部分,为他们理解并记忆与声音相关联的特定物体奠定了坚实基础。

2. 认知策略

除了社交线索外,幼儿还能使用认知策略来缩小词语含义的可能范围。[②] 这种加工限制策略包括物体范围限制、词汇对比限制和互相排斥限制。

(1)物体范围限制

物体范围限制(object scope constraint)是指当幼儿第一次听到某个词(如"相册")与一个物体相结合时,他们会首先认为这个词是这个物体的名称,而不是物体的一部分或者某种

---

①　BERMAN J M, GRAHAM S A, CALLAWAY D, et al. Preschoolers use emotion in speech to learn new words[J]. Child development, 2013, 84(5): 1791–1805.

②　GOLINKOFF R M, JACQUET R C, HIRSH-PASEK K, et al. Lexical principles may underlie the learning of verbs[J]. Child development, 1996, 67(6): 3101–3119.

特性(比如颜色、形状等)。

（2）词汇对比限制

词汇对比限制(lexical contrast constraint)是指当成人使用多个词语指代一个物体时，幼儿会推断不熟悉词的意思。例如，当成人对幼儿说"快看，这里有一个球——是足球"时，如果幼儿已经有球的概念，就会理解只有面前这种有黑白图案的球才会被称为"足球"。即幼儿有将新词与熟悉的字词进行对比的倾向。

（3）互相排斥限制

互相排斥限制(mutual exclusivity constraint)是指当幼儿面前出现不同物体时，会假定每个物体都有一个名字，不同的词指的是不同的、不相重叠的物体。例如，如果幼儿已经掌握"狗"的意思，那么在听到成人说"这里有一只小狗和一只小猫"时，会将另一个不熟悉的物体理解为"猫"。

专栏   语言能力的测量工具

表达性词汇测验(expressive vocabulary test, EVT)用以评估个体表达性词汇和词汇提取能力。该测验适用于2.5—90岁的个体。中文版表达性词汇能力测验共包含104个测量项目，每个项目包含一幅图片。由主试询问被试："图上是什么呀？""还可以怎么说呀？"被试根据主试的问题对图片中的物体或事件命名，或说出图片情境的同义词。

皮博迪图片词汇测验(Peabody picture vocabulary test, PPVT)用来评估2.5—18岁个体的接受性词汇理解能力。该测验共有两套，每套包含175组图片，每组各包含4张图片。如图7-3所示，测验时主试询问被试："哪一个是梳子呀？"要求被试指出或说出目标图片。

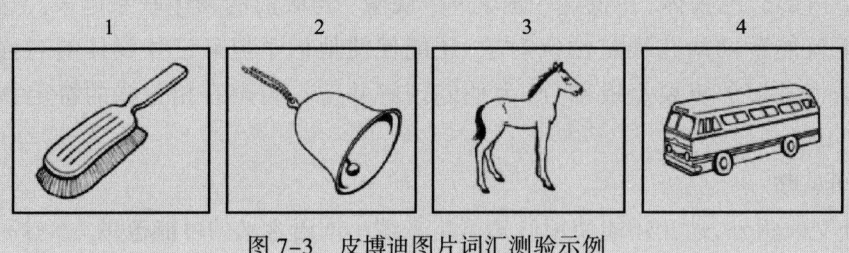

图7-3   皮博迪图片词汇测验示例

（二）词汇内容丰富

1. 抽象词汇的运用

幼儿词汇的发展不仅体现在词汇量的增加上，还体现在幼儿对于抽象词汇的理解更加清晰上。2—5岁的幼儿开始理解和表达对比关系，例如，大和小、高和矮、宽和窄、高和低、里和外、前和后、这里和那里等，这是幼儿语言表达更加复杂的原因之一。幼儿一般最先掌握的是大和小，即能够理解物体的相对大小关系，并且能根据常识判断和知觉推断得到物体关于相对大小关系的结论。例如,当幼儿看到一个篮球时,相对于幼儿自己的玩具小球来说,篮球是大的;但是放在比篮球更大的球旁边时,篮球是小的。幼儿在 3 岁时,开始能使用对比关系的词做出功能性判断。例如,当幼儿站在一个相对矮小的凳子上尝试够取高处物品时,他们会意识到由于当前凳子的高度不足,其无法触及目标。因此,幼儿明白他们需要寻找一个更高的凳子,以确保能够成功取到高处的物品。

2. 词汇范围的扩大

幼儿最先掌握的词汇是实词,比如人或物体,然后是与动作相关的词汇,最后是形容词。名词、动词、形容词对于幼儿来说可以表示事物的特征或属性,因而相对比较容易习得。那些反映事物关系的虚词,对于幼儿来说掌握起来还比较困难。

(三)语法的发展

虽然儿童在双词句时期就已经明白表达一个句子时需要一个主语以及发出的动作,但是他们在表达的过程中所用的句子并不完整。幼儿期语法的发展表现在句子结构更加复杂和完整、句子长度有所增加以及被动句的运用等方面。

1. 句子结构更加复杂和完整

幼儿从掌握陈述句开始,逐渐明白语法规则,并逐渐将陈述句转化为疑问句、否定句和复杂句。例如,陈述句——"我在吃饼干",转化为疑问句——"我在吃什么?"、否定句——"我没有在吃饼干",或者复杂句——"我在吃饼干,而妈妈在吃巧克力"。

2. 句子长度有所增加

幼儿掌握复杂句的比例会随着年龄的增长而增加,幼儿表达的句子的长度也会随着年龄的增加而增加。5 岁是幼儿句子长度显著变化的时期。到幼儿期末,也就是 5—6 岁的时候,幼儿可以掌握大多数语法规则并且与成人有相似的表达方式。

3. 被动句的运用

对于幼儿来说,掌握被动语句还是比较困难的,幼儿会继续犯一些有趣的语义错误。例如,4—5 岁的幼儿能够轻松地理解用主动语态表达的句子(女孩打男孩),但是对于被动语态的句子(男孩被女孩打)来说,他们理解起来相对困难。要求儿童选择"男孩被女孩打"的图片时,学前期的儿童通常会选择"男孩打女孩"的图片。因为他们认为第一个人是动作的发出者,而第二个人是动作的目标对象。特别是像"喜欢"和"知道"这类表示心理状态的抽象动词,在被动语态下,对幼儿来说更加难以理解。直到进入小学后儿童才能逐渐明白像"小明被小红喜欢"这样的句子。

然而,幼儿并不是完全缺乏理解被动语句的认知能力,即使是 3 岁的幼儿也能正确地理解不可逆的被动关系。例如,当幼儿听到"饼干被小狗吃了"时,会清楚地明白是小狗吃了饼干。如果将这句话解释为"饼干吃了小狗",这明显是不合理的。总之,幼儿很少表达并且相对来说不容易理解被动语句,可能是因为在日常生活中,他们很少听到被动关系的表达或者很少被鼓励使用被动语态。

（四）语言表达能力的发展

幼儿语言能力的发展主要体现在口头语言上。幼儿可以使用语言与他人沟通,不仅能向成人讲述自己的想法,还能通过对话交到同龄朋友。因此,语言表达能力的发展对幼儿社交能力的发展是十分关键的。

1. 对话语言的发展

在幼儿期,儿童掌握了许多社交技能,这有助于他们更有效地与他人沟通,并表达自己的想法。3 岁的幼儿已经开始懂得语言潜在的意思,即语言的真正含义可能并不总是与字面意思一致。3—5 岁的幼儿明白,为使沟通有效,必须根据听众特点来调整自己表达的信息。有研究者记录了 4 岁的幼儿是如何把新玩具介绍给 2 岁的幼儿和成人的。[①]通过对录音的分析发现,4 岁的幼儿会根据听者的理解水平调整自己的语言。当与 2 岁的幼儿讲话时,他们会尽量使用短小的句子,并且会使用"看这里"等会吸引其注意的短语;但当他们与成人交流时,会比较有礼貌并使用复杂的句子。

2. 独白语言的发展

除了对话语言,幼儿逐渐发展独白语言的能力。独白语言是指幼儿在生活中向成人独立并完整地说出自己的想法的语言。一般到幼儿晚期,幼儿就能独自清楚地讲述今天经历的事情。

3. 连贯语言的发展

幼儿在社交过程中还有一个特点就是对话具有情境性,缺乏条理,往往是想到什么就说什么。随着年龄的增加,幼儿表达连贯语言的能力也逐渐发展。到了幼儿晚期,他们能够使用流畅、连贯的语言表达自己的想法和情感,同时也能够理解别人的语言表达。

三、儿童期及之后语言的发展

儿童在步入小学阶段后,不仅词汇量变得更大,而且能说出更长、更复杂的句子。[②]童年中期是句法改进的时期,儿童逐渐掌握母语中比较复杂的句法结构,并运用先前不可能运用的方式去思考和操纵语言。对个体来说,句法改进的过程是循序渐进的,要一直持续到青少年期或者成年早期。[③]由于关于青少年期以及成年期个体语言发展的实证研究相对有限,并且更多地体现出受教育、学习、社会经验影响而产生的个体差异,而非发展阶段特征。因此下面不展开介绍青少年期及成年期的语言发展。

----

① SHATZ M, GELMAN R. The development of communication skills: modifications in the speech of young children as a function of listener[J]. Monographs of the society for research in child development, 1973: 1–38.

② 程亚华,冯瑶,李宜逊,等. 小学儿童口语词汇知识的发展轨迹及其对阅读能力的预测:一个潜变量增长模型[J]. 心理学报, 2023, 55(7): 1074–1086.

③ EISELE J, LUST B. Knowledge about pronouns: a developmental study using a truth-value judgment task[J]. Child development, 1996, 67(6): 3086–3100.

（一）元语言意识的发展

元语言意识（metalinguistic awareness）是指个体对语言的认知和理解能力，也就是对语言本身的意识。它包括个体对语音、语法、语义、语用等方面的认识，以及对不同语言之间的比较和对比能力。具有元语言意识的个体能够自觉地分析和描述语言的特征和结构，并能灵活运用语言。[①] 例如，发现和纠正语法错误、理解和解释歧义语句、使用词汇和语法知识来产生新的表达等。在进入小学后儿童开始明白语言是有一套具体的规则的，并且逐渐具有思考语言并评论其特征的能力。元语言意识的发展使儿童的认知技能和对社会语言的理解能力进一步提升。此外，元语言意识还能够帮助儿童学习第二语言、掌握写作技巧、加深对文学和文化的理解等。

（二）语义整合能力的发展

在进入小学后，社会、学校和家庭对儿童语言的学习要求也更加复杂。儿童不仅需要在日常生活中掌握与他人的语言沟通能力，同时也需要学会根据他人给出的信息进行推断，并进一步理解他人想表达的意思。儿童能够根据他人给出的片面信息，做出超越给定信息的语义推断，这个过程称为语义整合。例如，6—8岁的儿童若听到"小明没有看见那块石头，石头挡在路上，小明摔倒了"，他们会推断出小明一定是被石头绊倒的。值得注意的是，此时儿童会认为自己推断出的信息是明确的事实，也就是说他们并没有意识到自己其实是在做一个推断。[②] 然而，9—11岁的儿童不仅能比较好地掌握语言的推理，并且能意识所得结论仅是一个推断。[③]

（三）阅读和写作能力的发展

在小学阶段，儿童阅读和写作能力快速发展，此时学校的教育和家庭的引导都非常重要。

1. 阅读能力的发展

进入小学后，儿童开始独立阅读各种类型的书籍，理解复杂的情节和人物关系，并对不同的主题和文化背景有了更深入的了解。在小学低年级，儿童开始学习单个字的发音与书写，并逐渐能够理解一些简单字的组词意义，但此时他们还缺乏独立阅读的能力，受其认知能力的限制，还需要家长陪伴阅读。[④] 随着年级的增长，儿童阅读的

① 喻艳玲，谢瑞波，伍新春，等.小学低年级儿童元语言意识与阅读流畅性的关系：汉字识别和词汇知识的中介效应[J].心理学报，2023，55（6）：941-953.
② BEAL C R, GARROD A C, BONITATIBUS G J. Fostering children's revision skills through training in comprehension monitoring[J]. Journal of educational psychology, 1990, 82（2）: 275.
③ CASTEEL M A. Effects of inference necessity and reading goal on children's inferential generation[J]. Developmental psychology,1993, 29（2）:346.
④ 李茹，张丽.小学低年级家庭课外阅读陪伴的必要性：从儿童心理学角度分析[J].北京印刷学院学报，2020，28（11）：111-114.

准确性和流畅性不断提高。[①] 儿童开始能够辨识因果关系,如"因为……所以……",从而理解事件之间的因果联系。同时,他们也能够辨别转折关系,如"但是……""然而……",从而理解故事情节的变化和发展。儿童认知能力的发展也使儿童逐渐掌握了文章的逻辑结构,包括总—分—总结构等,从而能更深入地理解文章的整体组织形式和内容。

2. 写作能力的发展

小学阶段,儿童刚接触写作时能写出简单的词语和短句,并能够根据图画内容表达出简单的故事和句子。到三年级时,儿童开始独立撰写较为复杂的故事和文章,写作能力有所提升。在家庭中,父母教养方式会影响儿童语言表达能力的发展。当父母对儿童过于严格时,会使儿童语言表达表现出退缩,主要体现在语法出错率高和句子简短。这对儿童写作能力的发展极为不利。小学低年级儿童处于写作入门阶段,儿童的观察力和想象力比较有限。随着年级的增长,儿童逐渐能运用多样的词汇和句型,写作的内容也更为丰富和深入,从而能表达更复杂的观点和想法。

第三节　儿童语言发展促进

儿童语言发展是一个漫长而复杂的过程,需要儿童自主学习的同时,还需要得到主要照料者(如父母)和教师的引导和支持。在语言发展的早期阶段,儿童通过模仿和观察周围的语言环境,逐渐习得母语的发音和基本词汇。此时,主要照料者在日常交流中扮演着关键角色,他们与儿童的语言互动为儿童提供了丰富的语言刺激,促进了儿童的语言习得。在学校环境中,教师的教导和课堂交流也对儿童的语言发展至关重要。教师提供了正式的语言教学和丰富的学习机会,帮助儿童扩展词汇,提高语言表达能力,并学习有效的沟通技巧。随着年龄的增长,儿童逐渐掌握更复杂的语法结构和语言规则。在掌握母语的同时,儿童也在学习第二语言的过程中不断成长。

一、儿童语言能力的提升策略

(一)婴儿期语言能力的提升策略

当与婴儿交流时,成人通常会使用指向婴儿的语言,这种语言表达方式表现为高亢的音调、夸张的语气、重复和重音强调关键词等,旨在引起婴儿的注意。研究表明,如果婴儿所处的环境中有较多的指向婴儿的语言,那么他们往往能更早地开始使用语言,并表现出更好的

---

① 张玉平,董琼,宋爽,等.小学低年级儿童的阅读发展轨迹:早期语言认知技能的预测作用[J].心理发展与教育,2023,39(2):210-218.

语言能力。^①

为了提升婴儿的语言技能,除了使用指向婴儿的语言外,还需要注意以下三个方面:

1. 语言环境的丰富性

婴儿的语言发展需要丰富的社会环境,包括书籍和玩具等刺激。这些刺激可以帮助婴儿更自由地探索世界,从而提升他们的语言能力。给婴儿读书也是提升其语言能力的有效方法。即使婴儿可能无法理解成人所读的内容,但是他们可以对成人的音调和语气做出回应,并养成阅读习惯。

2. 语言环境的敏感性

成人需要快速对婴儿的语言或非语言行为做出反应,让他们感受到有人在关注和倾听他们,从而鼓励他们积极发音,为以后的语言学习打下基础。

3. 语言环境的独立性

成人应该鼓励婴儿独立探索世界。在保证安全的前提下,鼓励婴儿自由地探索世界,可以帮助他们更好地发展语言和其他技能。

(二)幼儿期儿童语言能力的提升策略

在幼儿期,儿童渴望与成人进行交流,但由于其词汇量有限,无法清晰地表达自己,因而在对话中经常出现语言表达错误。需要注意的是,幼儿在说话时犯语法错误并不是一件值得大惊小怪的事情,成人不必急于纠正,或者采用批评的方式命令幼儿立即改正,这对幼儿的语言能力的提升不仅没有任何帮助,反而会让幼儿感到担忧和害怕。成人可以将其视作一个提高幼儿语言技能的绝佳机会,使用有益的、含蓄的反馈,促进幼儿语言能力的发展。

通常,有两种方法可以间接地反馈幼儿的语言表达错误:一种是改正,即在复述幼儿的话时,将不正确的句子改为正确的句子,而不是直接告诉幼儿说他错了;另一种是扩展,即对幼儿的语言进行加工,在复述的过程中增加复杂性。在日常生活中,教师和家长可以将改正和扩展这两种方式结合,以给幼儿提供积极的语言反馈。例如,当幼儿说:"一条小猫。"教师可以说:"哇,它真是一只漂亮的小猫。"在这个过程中,教师不仅扩展了幼儿语言的内容,还纠正了他们的语言错误。改正和扩展的作用是为了向幼儿展示规范的语言表达方式,并鼓励他们在对话中体验正确的语言表达,而不会磨灭他们对语言表达的兴趣。

教师和家长在这个过程中扮演着非常重要的角色,通过认真倾听和耐心地将幼儿的话补充完整,用正确的表达方式做出示范,能够鼓励幼儿继续交谈,保持他们掌握和运用语言的积极性。

(三)童年期及以后儿童语言能力的提升策略

尽管学龄前的儿童已经能够像成人一样表达自己的想法,但随着他们步入学校,语言能

---

① COOPER R P, ASLIN R N. Developmental differences in infant attention to the spectral properties of infant-directed speech[J]. Child development, 1994, 65(6): 1663–1677.

力会再次得到提升。学校提供了一个更为系统的语言学习环境,通过语文、外语、阅读等课程的学习,儿童的语言能力得到全面提升。同时,学校中的同伴互动和师生互动也为儿童提供了更多的交流机会,可以让他们更好地锻炼语言表达能力。

在学校里,教师可以采用阅读编码教学法[①],帮助学生逐渐掌握字、词、句、段、篇章等语言单位的组成规则,同时注重提高学生的语言理解和表达能力。这种层层递进的教学方式,能够帮助儿童更好地理解和推测出文章背后的含义,同时也能提高他们的阅读和写作能力。[②]在日常生活中,家长和教师还可以采取以下四种策略来提升儿童的阅读和写作能力:

1. 激发兴趣

家长可以给儿童提供各种各样的书籍,包括童话故事、科学知识、历史故事等,并鼓励他们写下自己所思所想,鼓励儿童通过写日记、作文等更好地理解阅读内容,提高表达能力。让儿童在轻松的氛围下体验阅读和写作的乐趣,激发他们的阅读和写作兴趣。

2. 反复练习

阅读和写作需要反复练习,只有通过不断地练习才能提高儿童的阅读和写作能力。家长和教师可以为儿童提供练习机会,并对他们进行指导。

3. 提供指导

家长和教师可以指导儿童如何阅读和写作,包括识字、理解文章意思、分析文章结构,以及如何构建文章等,以不断提高儿童的阅读和写作能力。

4. 创造良好的学习环境

一个良好的学习环境对于提高儿童的阅读和写作能力也是至关重要的。儿童需要有一个安静、舒适的学习环境,可以专注于阅读和写作,从而提高学习效果。

在青少年期,个体的语言技能相对成熟,此时语言技能训练的重点是加强口语表达、提高写作能力和促进有效沟通。[③]可以采用多样化的方式培养青少年的说服力和自信,不能仅局限于课堂,还要鼓励青少年积极参加辩论和演讲活动。同时鼓励青少年阅读中外文学作品,提高文学素养,培养其对不同文化的认知和跨文化交流能力。

二、第二语言的发展与促进

在学校里,儿童不仅需要学习母语,还需要学习第二语言。双语学习对儿童多方面的发展具有促进作用。学习两种语言的儿童,会在选择性注意、分析性推理、概念形成和认知灵活性等方面表现得更为优秀。他们的语言意识也更加敏锐,对语法和意义错误的觉察能力也更强。因此,双语学习不仅可以提高儿童的语言能力,还可以帮助他们在其他方

---

① 许琴华.小学语文课堂中语言表达能力的培养策略[J].科学咨询(教育科研),2021(10):204–205.

② 卢惠琴.小学语文教学中培养学生语言表达能力策略探究[J].国家通用语言文字教学与研究,2022(7):152–154.

③ 宦丽.青少年的语言训练方法研究[J].国家通用语言文字教学与研究,2022(1):34–36.

面的学习和发展中取得更好的成绩。在全球化背景下,第二语言的发展与促进受到越来越多的关注。

　　一般把掌握两种不同语言且均达到比较熟练水平,在任何情况下都能同样有效地运用其中一种语言的个体称为双语者。根据双语者对两种语言表征的不同,可以把双语区分为混合双语和并列双语两种。[①]混合双语是指两种语言的词语表征是混合的,即个体只具有一种占优势的语言系统,因此当个体接收第二语言的信息时,必须要先将其翻译为第一语言才能理解和进一步加工;并列双语是指两种语言的词语表征是相互独立的,即个体运用两种独立的语言系统,两种语言都可以熟练地独立理解与加工。此外,根据儿童获得第二语言的年龄不同,可以将双语划分为同时性双语和继时性双语。同时性双语是指儿童在 3 岁以前从两方对象(如父母双方、或父母与同伴等)各习得一门语言;继时性双语则指儿童首先习得一门语言,即第一语言,在 3 岁后再习得第二语言。

　　双语者与单语者在关键认知能力的发展、效率和衰退等方面存在差异,掌握一种以上语言与个体特定认知技能的提高有关,这一结果在成人和儿童被试中都得到了验证,心理语言学家将这种现象称为“双语认知优势效应”。研究发现,双语儿童在解决语言问题上具有显著优势,往往表现出更高的元语言意识,并且在元语言任务和非语言任务中都表现出其在语言加工控制方面的优势。[②]此外,双语儿童在执行功能、心理理论等认知功能指标上相比单语者也有更好的表现。[③]但需要注意的是,双语儿童并非在所有领域都表现出优势。例如,双语者的口头表达能力普遍弱于单语者[④],且在理解和表达上的反应也相对更慢[⑤]。

　　学习第二语言是存在关键期的,幼儿往往比成人学习第二语言的速度更快并掌握更好。有研究者考察了在不同年龄段开始学习英语的移民的英语口音和理解能力,发现移民年龄是二者的显著预测因素,为存在第二语言学习关键期提供了初步证据。[⑥⑦]一项经典研究考察了首次接触第二语言的年龄与双语儿童阅读能力的关系,发现 0—3 岁首次接触第二语言的儿童在阅读、语音意识和双语表达方面的表现均优于 3—6 岁首次接触第二语言的

①　ERVIN S M, OSGOOD C E. Second language learning and bilingualism[J]. Journal of abnormal and social psychology, 1954, 49(4): 139–146.

②　龚少英,方富熹,陈中永. 双语与认知发展关系的近期研究进展[J]. 心理科学进展, 2002(4): 403–410.

③　李莹,赵鸿瑜,张木军,等. 执行控制的双语优势效应及其调节变量:来自元分析的证据[J]. 心理科学进展, 2023, 31(6): 970–987.

④　BIALYSTOK E, CRAIK F I, LUK G. Bilingualism: consequences for mind and brain[J]. Trends in cognitive sciences, 2012, 16(4): 240–250.

⑤　焦鲁,刘文娟,刘月月,等. 双语经验影响言语产生过程中通达能力的研究综述[J]. 心理科学, 2016(2): 330–335.

⑥　OYAMA S. A sensitive period for the acquisition of a nonnative phonological system[J]. Journal of psycholinguistic research, 1976, 5: 261–283.

⑦　OYAMA S. The sensitive period and comprehension of speech[J]. NABE journal, 1978, 3(1): 25–40.

儿童。[①]

初学第二语言时,常常会出现母语干扰的现象,这种干扰一方面表现在发音和语调上。由于此时个体尚未建立起一套固定的第二语言反应系统,常用母语的发音来对第二语言的语音、语调进行记忆。例如,最开始学习英语的时候,有学生常常给单词标注汉字来"音译",以帮助记忆。另一方面,母语的干扰也表现在语法上。个体在组织第二语言的句子时,经常会用母语的句法关系代替第二语言的句法关系。以学习英语的汉语母语者为例,英语中常使用后置定语从句,对汉语母语者来说因为不熟悉这一语法,常常会出现翻译遗漏的问题。

为提高儿童双语学习的效率,研究者提出一些简单的策略来帮助儿童进行第二语言的学习。第一,构建良好的双语学习环境。心理学家提出,社会线索对儿童语言的学习起到至关重要的作用。[②]因此在环境中多布置双语相关线索,如在学校和家庭中放置双语的图画和模型、教师和家长创设鼓励儿童勇敢进行口语表达的开放氛围,都可以在很大程度上激发儿童的学习积极性,从而鼓励儿童自发进行双语学习与练习。第二,两种语言的选择与对比学习。研究者发现,在两种语言的结构和功能相似的情况下,学习者能更轻松地感知和学习第二语言,并习得接近第二语言母语者的口音。[③]因此在双语教育中,要帮助儿童进行对比学习,抓住两种语言的共性与差异,从而达到更好的学习效果。最后,双语的学习也要注意寓教于乐,丰富学习的形式,以兴趣为导向培养儿童的第二语言学习兴趣。

三、语言障碍及矫治

语言障碍(language disorders)是个体在理解或使用口语、书面语或其他符号系统时出现的障碍,表现在语言形式、语言内容及语言功能方面的缺陷。语言障碍儿童在正常儿童中占有相当大的比例。一般认为,对儿童语言障碍发生率的估计由于受调查方法、定义、年龄以及伴随缺陷等因素的影响,会出现不同程度的偏差,但5%—6%是比较接近实际情况的。

需要注意的是,语言障碍不同于语言迟缓(language delay)。语言迟缓是指儿童语言发展遵循正常的发展顺序,但未达到与实际年龄相符的发展水平,表现出比自己年幼儿童的语言特征。语言障碍则指儿童的发展偏离了正常顺序,在任何年龄都表现出延迟。通常来说,大多数语言障碍在幼儿期开始出现,早期发现与早期干预治疗尤为重要。

针对幼儿期出现的语言障碍,除了寻求专业的语言矫治人员的治疗之外,教师和家长也

① KOVELMAN I, BAKER S A, PETITTO L A. Bilingual and monolingual brains compared: a functional magnetic resonance imaging investigation of syntactic processing and a possible "neural signature" of bilingualism[J]. Journal of cognitive neuroscience, 2008, 20(1): 153–169.

② KUHL P K, TSAO F M, LIU H M. Foreign-language experience in infancy: effects of short-term exposure and social interaction on phonetic learning[J]. Proceedings of the national academy of sciences, 2003, 100(15): 9096–9101.

③ OLGUIN A, CEKIC M, BEKINSCHTEIN T A, et al. Bilingualism and language similarity modify the neural mechanisms of selective attention[J]. Scientific reports, 2019, 9(1): 8204.

可以掌握一定的矫治原理和方法,在学校和家庭中进行语言矫治工作,帮助语言障碍的幼儿及时得到有效的矫治。首先,教师和家长应当在与幼儿对话的过程中使用规范的语言,通过清晰、准确的表达为幼儿营造积极的观察学习的环境。其次,教师和家长应尽可能地利用每日教学和生活中可重复的自然情境,结合幼儿园和家庭活动,激发幼儿语言表达的兴趣,给予幼儿充分的模仿和练习机会。同时,教师和家长也可以根据幼儿年龄的发展特征以及幼儿独特的气质、兴趣,设计符合幼儿发展规律、吸引幼儿兴趣的游戏、儿歌等,通过营造愉快的学习氛围,调动幼儿对语言表达的兴趣,在游戏活动和积极、轻松的氛围中使幼儿的语言表达得到更充分的强化。

【本章小结】

语言能力的发展伴随着个体的一生,是儿童学习和社交生活的基础,对于儿童的社会适应和人际交往至关重要。在语言发展过程中,儿童会经历多个语言发展阶段,各个阶段对儿童语言能力的发展都提出了不同的要求,体现出语言能力发展的阶段性特征。随着年龄的增长,儿童从发音、表达到独立完成阅读、写作,经历了语言不断完整和丰富的发展过程,又体现出语言能力发展的连续性特征。根据儿童语言能力发展的一般规律和年龄特征,针对不同发展阶段的儿童有不同的语言能力提升策略。此外,双语学习的过程既遵循语言发展的一般规律,又表现出母语与第二语言学习过程中复杂的交互影响以及双语学习的特定的关键期。

【实践·反思·探究】

1. 结合实际案例谈谈你更赞同哪种语言习得理论。

2. 你认为儿童语言能力发展的关键期是什么时候? 作为家长和教师,你认为应如何把握这一关键期为儿童创设更好的语言发展环境?

3. 你认为什么样的环境更有利于儿童母语及第二语言的发展?

4. 对身边不同年龄儿童的语言发展水平进行测量,总结儿童语言能力的年龄及性别差异,并提出适宜的提升策略。

5. 深入观察双语教育学校的教育模式,对双语教育的教学方法提出你的建议。

【推荐阅读】

[1] 杨玉芳. 心理语言学[M]. 北京:科学出版社,2015.

[2] GAMBI C, JINDAL P, SHARPE S, et al. The relation between preschoolers' vocabulary development and their ability to predict and

recognize words〔J〕. Child development,2021,92(3): 1048−1066.

　　〔3〕SHABLACK H,BECKER M,LINDQUIST K A. How do children learn novel emotion words ? A study of emotion concept acquisition in preschoolers〔J〕. Journal of experimental psychology: general,2020,149 (8): 1537.

　　〔4〕GIBSON D J,GUNDERSON E A,LEVINE S C. Causal effects of parent number talk on preschoolers' number knowledge〔J〕. Child development,2020,91(6): e1162−e1177.

　　〔5〕SOBEL D M,FINIASZ Z. How children learn from others: an analysis of selective word learning〔J〕. Child development,2020,91(6): e1134−e1161.

第八章
儿童道德的发展

【知识导图】

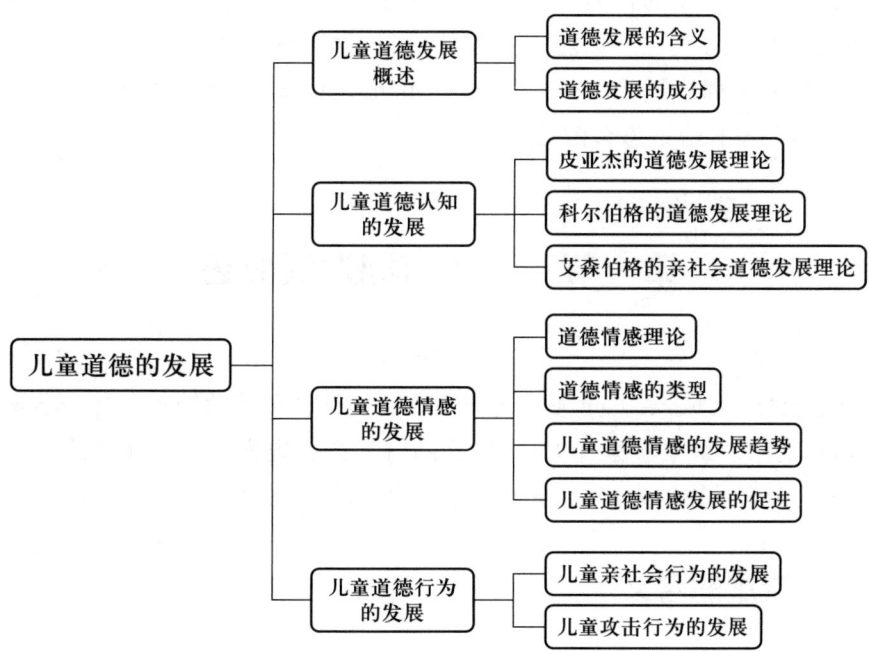

儿童道德的发展
- 儿童道德发展概述
  - 道德发展的含义
  - 道德发展的成分
- 儿童道德认知的发展
  - 皮亚杰的道德发展理论
  - 科尔伯格的道德发展理论
  - 艾森伯格的亲社会道德发展理论
- 儿童道德情感的发展
  - 道德情感理论
  - 道德情感的类型
  - 儿童道德情感的发展趋势
  - 儿童道德情感发展的促进
- 儿童道德行为的发展
  - 儿童亲社会行为的发展
  - 儿童攻击行为的发展

【案例导入】

遇到"爱告状"的孩子应该怎么办？这是困扰不少教师的现实问题。孙老师班里就有一个这样的孩子——淘淘。一天，淘淘跑到老师办公室告状："孙老师，我的衣服被波波弄脏了！呜呜呜……"孙老师觉得很无奈，她对淘淘说："衣服脏了吗？回家洗洗就好了，别哭了，咱还是个男子汉呢！"淘淘擦干眼泪，一言不发地往班里跑去，路上碰到了徐老师。徐老师发现淘淘不开心，关切地拦住淘淘询问他发生了什么事情："不急不急，慢慢跟老师说。"在徐老师的安慰下，淘淘把波波如何用足球弄脏他的衣服的过程一点点地讲给徐老师听。徐老师一边耐心地听，一边掏出纸巾为淘淘擦去眼泪，并说道："老师理解你的委屈，衣服脏了你肯定很伤心。不过没关系啦，你下课后来办公室，我帮你拿肥皂清洁。下次遇到这样的事情，不要着急哦，可以自己先想想解决办法。不确定的话，也可以来找老师一起商量。我们相信波波也不是故意的，对吧？一会儿你可以和波波握个手，告诉他下次不要再把足球乱放啦。"

　　"爱告状"是儿童常见的行为特征，既是儿童独立处理问题的能力尚未成熟的表现，又是儿童与他人沟通的方式之一。随着年龄的增长，这种现象会自然减少以至消失。那么"爱告状"行为的背后揭示了什么？"爱告状"和儿童道德发展有什么关系呢？面对"爱告状"的孩子，老师和家长应该怎么做呢？

第一节　儿童道德发展概述

　　从呱呱坠地到长大成人，儿童无时无刻不在经受社会环境的洗礼。社会学家涂尔干指出，社会是道德的唯一源泉。事实上，道德会随着社会化进程印刻在儿童的思想与行为当中。怎样才是一个有道德的人，如何成为一个有道德的人，离不开对道德发展的理解。

一、道德发展的含义

　　在教师分发食物时，儿童明白不能抢吃别人的食物；在自由玩耍时，有小朋友打架了，其他儿童会主动报告老师，因为他们知道打架是不对的，打人的孩子不是好孩子，挨打的孩子会很难过，有时他们还会主动安慰被打的孩子，帮他擦拭眼泪；等等。由儿童在日常生活中的表现我们可以看到，儿童很早就表现出道德行为，发展出对道德规范的认知和道德情感。在发展心理学中，道德发展主要指随着年龄的增长，儿童逐渐掌握是非标准并按该标准去表现道德行为的历程。

　　随着个体的成长，大多数人都希望自己富有责任心，认为自己是道德良好的人，并希望别人也这样认为。那么什么是道德呢? 目前哲学家、伦理学家和心理学家还没有得出一个统一的结论。海特认为,道德是包含了一系列相互关联的价值观、实践、制度和进化的心理机制,它可以让个体不那么自私,从而使社会生活成为可能。①《斯坦福哲学百科全书》则将道德从描述性意义和规范性意义两个角度加以解释。具体来说,描述性意义将道德看作由社会或团体提出的某些行为准则,或是由个体自己做出而被接受的行为;从规范性意义出发,道德是指在特定条件下由所有理性的人提出的行为守则。

道德感成熟的个体服从社会规范,并不是由于他们期待实际的奖赏或担心受惩罚,而是由于他们最终内化了所学到的道德原则,即使在没有权威人物给予强化时,他们也会遵守这些原则。内化模型指出,幼儿最初主要受到外部监督,在他们早期成长的过程中,会将父母的规则和价值观内化,形成良知和道德观,从而产生自主的、内部的监督机制。这些内化的规则构成了儿童道德的基础,违反规则和道德的行为会导致诸如内疚等情绪反应,内疚属于厌恶性情绪,因而其会抑制儿童的不道德行为,从而确保儿童遵守规则。②

二、道德发展的成分

道德是个体调整人际关系的行为准则和规范的总和。大量研究和理论在谈及"什么是道德"时都会强调道德发展的三个成分:道德认知、道德情感和道德行为。

道德认知是道德发展的核心,包括道德印象的获得、道德概念的掌握、道德评价和道德判断能力的发展、道德信念的产生和道德观念的形成等。道德认知主要关注界定是非概念的方式,以及对如何行事做出决策。

道德情感是道德认知转化为道德行为的内在动力,是加深道德认知、形成道德信念、坚定道德意志和巩固道德行为的催化剂。道德情感主要包括与正确或错误的行为有关的感受,以及能够激发道德观念和道德行为的情感。

道德行为是个体对他人或对社会所履行的具有道德意义的一系列具体行动。任何道德品质最终都要以道德行为及其效果来确证和表现,只有见诸道德行为,道德才具有社会价值。道德行为包括两种基本类型,即道德的行为(或称为善行)和不道德的行为(或称为恶行)。道德行为的基本特征在于,它是个体对他人和社会利益的自觉认识和自由选择的表现。作为一种社会行为,它并不是孤立的纯粹道德意义上的行为,而是可以进行善恶评价的。善恶的标准取决于它是否有利于他人和社会。

与之对应,关于儿童道德发展的理论也各有其侧重点:认知发展模型强调道德的认知成分;精神分析理论强调道德的情感成分;社会学习理论则注重解释儿童怎样抵制诱惑、发展道德行为并抑制违反道德规范的行为等。

---

① HAIDT J. Morality [J]. Perspectives on psychological science, 2008, 3 (1): 65–72.

② PAULUS M. The developmental emergence of morality: a review of current theoretical perspectives [J]. Progress in brain research, 2020, 254: 205–223.

下文将分别从道德认知、道德情感和道德行为的角度介绍当前心理学关于道德的研究成果,为理解儿童道德发展和开展道德教育提供参考思路。

专栏   高中生须培育"兼济天下"胸怀[①]

教育部人文社会科学重点研究基地"南京师范大学道德教育研究所""南京师范大学立德树人协同创新中心"发布了《中国儿童道德发展报告(2017)》。该调查以东北、西北、华北、华中、华东、西南、华南七大区为基础,在7个省、21个区(县)的189所学校中以年级为单位进行采样。

调查显示,文明、自由、诚信最受高中生关注。80%以上的高中生表现出明显而强烈的爱国情感。近八成(79.63%)的高中生表现出明确的集体责任感,相对于小学生(60.33%)和初中生(51.5%),高中生更喜欢说服身边的人一起承担集体责任,近半数(48.78%)的高中生倾向于只承担自己分内的责任。

在包含价值冲突的道德两难情境中,近八成的高中生(77.93%)能够做出明确的道德判断,比例高于小学生和初中生。个体功利是高中生做出肯定性道德判断(应该或者应该做)的主要理由。在做出否定性道德判断的理由上(不应该或者不应该做),高中生对规则与法律的遵守相对小学生和初中生更为明显。

在高中生关注的社会事件中,高考是高中生最为关注的话题。在高中生最喜欢的德育方式中,排在前三位的分别为主题实践活动、叙事类道德教育活动和观看榜样纪录片。

南京师范大学道德教育研究所的孙彩平教授指出,当代高中生在道德行为与道德理性中表现出较强的法律意识和规则意识,道德情感上表现得更为稳重和理性,特别重视自省的个人修养,但在肯定性道德判断上表现出明显的功利倾向,在公共责任担当中有"自扫门前雪"的心态。

孙彩平建议,社会、家庭和学校教育要特别注意以高中生乐于接受的道德教育方式,通过多样的主题实践活动,开阔高中生的视野,引导他们关注更广泛的社会与公共生活事件,帮助他们形成"家事、国事、天下事,事事关心"的广阔胸怀,正确理解公共善与个体功利间的辩证统一关系,将公共善作为首要关切,培育其"先天下之忧而忧""兼济天下"的高远志向,使他们成为守规则、有胸怀、能担当的一代青年。

第二节   儿童道德认知的发展

在道德发展研究中,对儿童道德认知发展的研究起步较早。瑞士心理学家皮亚杰是第一位系统研究儿童道德认知发展的心理学家,他的著作《儿童的道德判断》于1932年出版,

---

① 靳晓燕.《中国儿童道德发展报告2017》显示:高中生须培育"兼济天下"胸怀[N].光明日报,2017-06-03(07).

这是发展心理学研究儿童道德发展的里程碑,为儿童道德认知发展的研究奠定了坚实的基础。继皮亚杰的道德发展理论之后,科尔伯格(L. Kohlberg,1927—1987)的道德发展理论、艾森伯格(N. Eisenberg,1947—　)的亲社会道德发展理论等先后涌现。

一、皮亚杰的道德发展理论

皮亚杰关于儿童道德认知的早期研究集中在道德推理的两个方面:尊重规则和公平概念。他通过与5—13岁的儿童玩弹球游戏来研究儿童对规则的理解和遵守。在与儿童玩弹球游戏的过程中,皮亚杰经常询问儿童这样的问题:这些规则是从哪里来的?是否每个人都要遵守规则?这些规则可以改变吗?为了研究儿童对公平概念的理解,皮亚杰让他们思考一些道德决策故事。这些道德决策故事包含着道德价值内容,且往往成对出现,因此这种方法叫作对偶故事法。下面是对偶故事的一个例子。

故事A:一个叫约翰的小男孩在房间里听到妈妈喊他吃饭,于是他走进餐厅。在餐厅门后的椅子上放着一个托盘,托盘里放着15个杯子,但约翰不知道门后面有这些东西。在他推门进来的时候,门把托盘碰倒在地,里面的15个杯子全摔碎了。

故事B:有一天,一个叫亨利的小男孩趁妈妈不在家,想偷偷地从餐橱中取一些果酱吃。他爬到椅子上去取,但是果酱实在放得太高了,他够不着。在他尽力去够的时候,不小心碰翻了一个杯子,杯子掉到地上摔碎了。

在儿童听完故事后,皮亚杰会询问他们这样的问题:哪个孩子更淘气?为什么?你认为,那个更淘气的男孩应该受到什么惩罚?运用对偶故事法,皮亚杰建构了道德发展的阶段理论。

(一)皮亚杰道德发展的四个阶段

根据儿童做出道德判断是依据物品的损坏结果还是故事中主人公的行为动机,皮亚杰将儿童道德发展分为四个阶段。

1. 前道德阶段

根据皮亚杰的观点,4—5岁以前的儿童很少表现出对规则的关注或觉知,因而谈不上道德和不道德。例如,在玩弹球游戏时,前道德阶段的儿童并不总是带着取胜的意图去玩。相反,他们似乎在建构自己的规则,认为游戏的目的就是轮流去玩并从中体会乐趣。

2. 他律道德阶段

四五岁至八九岁,儿童处于皮亚杰所说的他律道德阶段(所谓他律是指"在他人的控制之下")。这时,儿童有了很强的规则意识,他们开始认为规则是由权威人物(如警察、教师或父母)制订的,并把这些规则看成是神圣不可侵犯的。例如,当你在一个6岁儿童面前超速驾车时,即使你是因为紧急的医疗事件(如运送重症患者)而超速行车,儿童仍可能指责你违反了交通规则,并认为你的这种行为应该受到惩罚。他律道德阶段的儿童把规则看成绝对化道德,他们认为,任何道德问题都有是非对错之分的,而正确就意味着要遵守规则。

他律道德阶段的儿童倾向于根据客观结果而不是行为意图判断行为的恰当性。例如，在前述对偶故事中，这一阶段的大多数儿童认为，约翰（不小心打碎了 15 个杯子）比亨利（偷吃果酱时打碎了一个杯子）的行为更不恰当。

他律道德阶段的儿童偏爱赎罪性惩罚，而不考虑不良行为与惩罚本身的关系。例如，这一阶段的儿童更可能以踢打的方式来惩罚打破窗子的男孩，而不是让其赔偿损失。与此同时，他律道德阶段的儿童相信内在公平，认为只要违背社会规则就不可避免地会受到惩罚。对这一阶段的儿童来说，生活是公平公正的。

3. 自律道德阶段

9—10 岁以后，大多数儿童都会达到皮亚杰所说的第二个道德阶段——自律道德阶段。处于自律道德阶段的儿童开始意识到，社会规则是主观的协议，任何规则都可能受到质疑，在制订者同意的情况下甚至可对规则进行修正。他们也会意识到，在有些情况下是可以违反规则的。因此，自律道德阶段的儿童会认为因运送重症患者而违反交通规则并非不道德的行为，他们的是非判断会更多依据行为者的意图而不是行为的客观结果。例如，这一阶段的儿童在回答对偶故事问题时会说，偷果酱时打碎一个杯子（不良意图）的亨利比去吃饭时打碎 15 个杯子（好的或中性的意图）的约翰更淘气。

当询问如何惩罚不良行为时，自律道德阶段的儿童通常更偏好互换性惩罚，即适合"罪行"的惩罚方式，其目的是使犯规者能理解规则的含义，并减少该行为再次出现的可能性。因此，自律道德阶段的儿童可能会要求故意打破窗户玻璃的男孩用自己的零花钱来赔偿，让他知道窗户玻璃是要花钱才能买到的，而不是靠打屁股让他服从。另外，自律道德阶段的儿童已经不再相信内在公平，因为他们从经验中了解到，有些违反社会规则的人并没有被发现或者受到惩罚。

皮亚杰认为，10 岁是儿童从他律道德向自律道德转化的分水岭。也就是说，10 岁之前，儿童对道德行为的判断主要依据他人设定的外在标准，也就是他律道德；而 10 岁以后，儿童对道德行为的判断则大多依据自己内在的标准，也就是自律道德。

4. 公正道德阶段

儿童在 11、12 岁以后进入公正道德阶段。这一阶段儿童的公正观念或正义感得到发展，儿童的道德观念倾向于主持公正、平等，开始出现利他主义，但道德判断的具体发展情况因人而异。

总的来说，皮亚杰认为，儿童的道德认知发展是从他律道德向自律道德转化的过程。他律道德是根据外在的道德法则做判断，只注意行为的外在结果，而不考虑行为的动机，是非标准取决于是否服从成人的命令或规定，这是一种受自身之外的价值标准支配的道德判断；自律道德则从主观动机出发，用平等不平等、公道不公道等标准来判断是非善恶，这是一种受儿童自己所具有的主观价值支配的道德判断。皮亚杰认为，儿童只有达到自律道德水平，才算有了真正的道德。

（二）对皮亚杰道德发展理论的评价

皮亚杰提出的儿童道德发展理论凸显了道德认知发展的重要性。基于此，来自多个国家的心理学家相继开展了大量研究。莫雷采用动机错误程度差异增大与后果严重程度差异缩小的两个系列对偶故事,对 5—7 岁儿童的道德判断依据进行了研究。[①] 研究结果表明,儿童在进行道德判断时会受行为后果与行为动机两个方面的影响,且行为后果的作用要远大于行为动机;但随着儿童年龄的增长,行为动机的作用会逐渐增大。国外研究者采用否认自己过错和不伤害别人感情两种故事情境,研究了 4—5 岁的儿童如何进行谎言识别、道德判断并给出惩罚意见。[②] 结果发现,5 岁的儿童在识别准确性上优于 4 岁的儿童,学龄前儿童对谎言和真相的考虑主要受陈述真实性的影响,而不是说话者的心理状态,这也说明不同年龄的儿童对谎言和真相之间的概念差异和道德差异具有不同的认知推理过程。总体来看,研究结果基本支持皮亚杰关于儿童道德发展的理论。但仍有证据表明,皮亚杰关于儿童道德发展的研究也存在一些不足或缺陷。

1. 研究方法的局限

在研究方法上,一方面,对偶故事呈现了两个很不对等的后果(如 15 个杯子对 1 个杯子),这可能会导致儿童过度关注行为的后果,相对忽视行为的原因或动机;另一方面,采用对偶故事法间接得出的结论尽管可通过一些实验来验证,但重复检验的难度较大。

2. 缺乏对道德规则和习俗规则的区分

皮亚杰没有对习俗规则和道德规则加以区分,而是认为儿童会以相同的方式对待不同范畴的规则。事实上,儿童能够区分违背社会习俗的行为(如,不分享玩具)和违背道德规则的行为(如,打别的小朋友)。

3. 研究儿童道德发展维度单一

通过道德判断的发展来研究儿童道德的发展是皮亚杰在该领域研究的重要特色,然而将个体道德发展仅仅归于道德判断这单一方面或维度的发展,显然有一定的局限性。此外,皮亚杰的道德发展阶段论只研究了道德规则相对变化这一维度,且只是一种理论推演,缺乏实证研究的直接支持。

二、科尔伯格的道德发展理论

科尔伯格通过观察 10 岁、13 岁、16 岁男孩在解决一系列道德两难问题时的表现,提出了道德发展理论。每个道德两难问题都要求回答者从以下两个方面做出选择:一是遵守规则、法律或权威人物;二是为满足个体需要而违反规则或要求。以下是科尔伯格道德两难问题中最为人熟知的故事——海因兹偷药。

在欧洲,一名妇女因身患一种罕见的肿瘤而濒临死亡。医生认为有一种药或许能够挽救她的生命,该药是镇上一位药商最近发明的一种镭化物。这种药非常昂贵,药商索要的

---

① 莫雷.5 至 7 岁儿童道德判断依据的研究[J].心理学报,1993(3):298–305.

② VENDETTI C, KAMAWAR D, ANDREWS K E. Theory of mind and preschoolers' understanding of misdeed and politeness lies[J]. Developmental psychology, 2019, 55(4): 823–834.

价格是 2 000 美元,比成本价格高出了 10 倍。这名妇女的丈夫海因兹四处筹钱却只借到了 1 000 美元。于是海因兹告诉药商,自己的妻子快要死了,央求药商以低价把药卖给他,或者允许自己赊账。药商却回答说:"不,我发明了这种药,我要用它来赚钱。"海因兹绝望了,于是他撬开药店的门,为妻子偷来了药。你认为海因兹是否应该这样做?

科尔伯格实际上关注的是个体做决定时潜在的理由或"思维结构",而不是给出的答案(如海因兹到底应该怎么做)。所以,如果被试回答"海因兹应该偷药挽救他妻子的生命",那么科尔伯格会进一步询问被试为什么认为海因兹妻子的生命如此重要,是因为她需要照顾海因兹的饮食起居?还是她的丈夫有责任挽救她的生命?或者因为挽救生命是人类最崇高的价值?为了确定被试道德推理的结构,科尔伯格通常会询问以下开放性问题:海因兹有责任偷药吗?如果海因兹不爱他的妻子,他是否有责任为她偷药?海因兹是否应该为一个陌生人偷药?人们是否有必要为了挽救一个人的生命而不择手段?偷窃是否违反了法律?从道德上来说,海因兹的行为是否正确?这些开放式问题的目的是明确被试怎样看待服从和权威,又如何理解人类的需要、权利和特权。

(一)科尔伯格道德认知发展阶段

通过仔细分析儿童对道德两难问题的反应,科尔伯格得出结论:道德是沿着固定的三个道德水平发展的,这三个道德水平分别为前习俗(preconventional)水平、习俗(conventional)水平和后习俗(postconventional)水平。在前习俗水平,道德推理的前提是个体必须服务于自己的需要;在习俗水平,道德推理的前提是社会系统必须基于法律和规章;在后习俗水平,道德推理的前提是必须保证每个人的价值、尊严和权利。每个水平又包括两个阶段。科尔伯格关于道德发展的三个水平以及六个阶段如表 8-1 所示。

表 8-1 科尔伯格的道德发展阶段理论

水平	阶段	含义
水平 1 前习俗水平	阶段 1 惩罚与服从取向	个体以自我为中心,根据结果判断行为的好坏。个体为逃避惩罚而遵守权威,一个行为造成的伤害越严重或者受到的惩罚越严厉,这个行为就越不恰当。在这一阶段,儿童认为道德规则只能由权威界定,而且个体必须遵守
	阶段 2 工具性目的取向	个体遵守规则是为了获取奖赏或者满足个人目标。他们也可能会考虑他人的观点,但是此时的动机主要是希望获得回报。社会交往被视为有具体收益的事情
水平 2 习俗水平	阶段 3 "好孩子"取向	个体认为有道德的行为就是指那些受到他人喜欢、支持或对他人有帮助的行为。此时对个体的判断通常根据他们的意图。"良好的意愿"和与人为善是非常重要的
	阶段 4 维持社会秩序取向	个体开始考虑社会大众的观点,即法律所反映的社会群体的意志。他们认为服从法律规则的事情就是正确的。遵守规则的原因不是回避惩罚,而是基于应该服从规则和法律以维持社会秩序的信念。法律总是凌驾于特殊利益之上

续表

水平	阶段	含义
水平 3 后习俗水平	阶段 5 社会契约取向	个体把法律看作反映大多数人意志和促进人类幸福的工具。法律应该保障这一目的的实现,应保持公正,且人们有义务去遵守社会契约。但那些损害人类权利和尊严的强制性的法律被认为是不公正的,值得质疑。从这一阶段中,可以看出合法与合乎道德的区别
	阶段 6 普遍的伦理原则取向	个体判断是非对错是根据在良心基础上形成的道德原则。这些原则是对普遍意义上的公平(和对所有人类权利的尊重)的抽象的道德指引,凌驾于任何可能与此产生冲突的法律或社会契约之上

需要指出的是,阶段 6 是科尔伯格心目中的理想道德推理阶段。由于几乎没有人能够始终处于这一阶段,所以科尔伯格把它看作一种假想的结构,即人们超出阶段 5 之后的发展水平。此外,科尔伯格认为存在一个阶段 0,即前道德阶段。此阶段的儿童既不理解规则,也不能用规则或权威判断是非善恶,他们没有形成诸如义务、应该、必须等道德观念。

(二)对科尔伯格理论的评价

科尔伯格关于儿童道德发展阶段的理论进一步丰富和发展了皮亚杰的理论,在世界上多个国家和地区开展的大规模研究也证实了其观点。有研究者对科尔伯格最初的研究对象进行了为期 20 年的追踪研究,每隔 3—4 年进行一次访谈,共访谈了 5 次。[①] 结果表明,道德发展的确是沿着科尔伯格预测的顺序进行的,没有人能跳过其中的某一阶段。但在 20 世纪六七十年代,科尔伯格所做的许多实证研究发现,他提出的道德发展阶段与儿童道德发展的实际情况不完全相符:只有少数成人能达到阶段 5,达到阶段 6 的更少,且儿童的道德发展存在着某些倒退现象。例如进入大学之后,一些个体的道德发展阶段暂时"倒退"回前习俗水平的阶段 2,经过 2—3 年又回到习俗水平的阶段 4 或后习俗水平的阶段 5。因此,在 20 世纪 70 年代末 80 年代初,科尔伯格对其理论进行了修正,增加了"过渡阶段",并指出达到后习俗水平的个体将按照超越社会法律和价值观的普遍伦理原则进行思考和判断。但从整体上看,其理论的基本阶段模式没有变化。[②]

然而,目前仍有学者对科尔伯格的道德发展理论持批判态度。有学者认为,科尔伯格的早期研究源自对 72 名不同年龄男孩的观察,低估了发展中性别差异。这一质疑的代表人物是心理学家吉利根(C. Gilligan,1936—　　)。她认为,女性和男性采用不同方式来思考道德问题。具体来看,与男性相比,女性在道德决策中更多基于共情和关怀,侧重人际关系、对他人的责任、避免伤害他人以及人们之间保持联系等因素;同时,女性在低发展阶段中的道德判断会更多涉及人际关系问题。相对而言,男性是基于正义规则进行道德判断的,更符合科

① REST J, THOMA S, EDWARDS L. Designing and validating a measure of moral judgment: stage preference and stage consistency approaches[J]. Journal of educational psychology, 1997, 89(1): 5-28.

② 周怀红,孙树平. 科尔伯格的道德发展阶段理论及其启示[J]. 辽宁师范大学学报(社会科学版), 2012, 35(6): 784-789.

尔伯格所提出的高级发展阶段的特征。如果据此判定女性比男性处于更低的道德水平,则低估了性别差异这一因素的作用。

还有研究者指出,科尔伯格的实验结果并不能说明一个人所掌握的道德判断技能能够转化为道德行为。换言之,一个人心里所想和口头所说与其行动并不统一。对此,一种观点认为,科尔伯格的理论大大低估了情境因素的重要性,也就是说,个体依据道德判断行动时会受到环境因素的影响。显然,这种批评有一定的合理性,科尔伯格也承认他的理论只适用于解释认知层面的道德判断,但他强调,情境力量或许会改变道德行为,却不能据此否认其所描述的道德判断的发展进程。

此外,科尔伯格的道德发展理论并不能概括儿童道德判断的全貌。科尔伯格认为,他的理论能够解释儿童在各种不同类型道德冲突下所做的判断。但许多研究者对此提出异议,其中较有代表性的是艾森伯格。她认为,道德生活涉及诸多领域或方面,儿童对具体活动与行为的判断存在差异。在内容上,科尔伯格在研究中所采用的两难故事几乎都涉及法律、权威或责任等问题,如在著名的海因兹偷药故事中,必须在偷药和妻子死亡之间做出选择,偷药就会犯法,而保护妻子免于死亡又是每一个丈夫的责任。这些法律、责任等问题会在一定程度上制约着儿童对道德冲突所做的推理。因此,科尔伯格运用两难问题只是研究了儿童道德判断推理的一个方面——禁令取向的推理。

另外还有研究者认为,科尔伯格的理论过于强调理性,忽视了情感在道德判断中的作用;其理论是否具有文化普适性也需要深入研究;科尔伯格主要采用语言访谈进行实验,其理论尚缺乏来自神经科学与认知实验的研究证据。

总的来说,尽管科尔伯格的道德发展理论存在很多值得商榷的地方,但其在道德心理学、发展心理学等领域确实产生了巨大的影响。

(三)皮亚杰与科尔伯格道德发展阶段的比较

皮亚杰与科尔伯格道德发展理论的比较见表8-2。

表8-2 皮亚杰与科尔伯格道德发展理论的比较

皮亚杰的道德发展理论	科尔伯格的道德发展理论	比较
阶段1:前道德阶段	阶段0:前道德阶段	相同
阶段2:他律道德阶段	阶段1:惩罚与服从取向	相同
阶段3:自律道德阶段	阶段2:工具性目的取向	相似
	阶段3:"好孩子"取向	
阶段4:公正道德阶段	阶段4:维持社会秩序取向	相同
	过渡阶段:属后习俗水平,但尚未具有原则特征	发展与超越
	阶段5:社会契约取向	
	阶段6:普遍的伦理原则取向	

通过比较可发现,皮亚杰与科尔伯格均是从认知领域来研究人类道德发展的,均采用心理发展观来解释人类道德的形成,为我们构建了一个全新的研究视角。两个理论之间的相似之处如下:

第一,科尔伯格理论中最早的两个发展阶段与皮亚杰理论中的前两个阶段基本平行,即科尔伯格理论中的阶段 0 同皮亚杰理论中的阶段 1、科尔伯格理论中的阶段 1 同皮亚杰理论中的阶段 2。

第二,科尔伯格理论中的阶段 2 与皮亚杰理论中的阶段 3 类似,都体现出相对论的观点,即儿童不再把规则看得那么固定、绝对,也不再绝对服从成人权威。但皮亚杰认为,处于自律道德阶段的儿童已开始根据目的而非结果去推理,而科尔伯格认为这个转变真正发生在"好孩子"取向阶段。

第三,科尔伯格理论中的阶段 5、阶段 6 可视作对皮亚杰理论的发展与超越。在此之前,出于对水平 3(后习俗水平)发展难度的考虑,科尔伯格增设了一个过渡期,并指出达到后习俗水平的个体将按照超越社会法律和价值观的普遍伦理原则进行思考和判断。

总而言之,两个理论的相似之处表现在:一方面,二者的道德发展观均具有一维纵向的特征。他们认为,正是道德认知结构的不断组织和转换构成了道德的发展。其中,从他律向自律的转变是理论构建的主线。另一方面,二者均认为儿童道德的发展是整个认知发展的一部分,与认知发展的本质相同,道德也是通过主体与道德环境的积极交互作用,借助平衡化建构起来的。但儿童的认知发展是其道德发展的必要条件,而不是充分条件。并不是说高智力水平就能保证个体有较高水平的道德判断和道德行为。因此,儿童道德判断的发展不能用儿童认知结构的变化来说明。作为儿童心理发展的一个方面,儿童的道德判断有其独特的结构,所以应根据儿童的这一独特结构来确定儿童道德判断的阶段及其先后顺序。

两个理论的不同之处表现在二者侧重点有所不同。皮亚杰在提出发展理论的基础上得出了儿童的行为判定和惩罚方式上的特点,并对成年后的道德规则变化做了推演。而科尔伯格重在细致地剖析儿童的道德认知发展规律,他在皮亚杰理论的基础上做了大量的实证研究,并且实验周期较长,结论更加精细。因此可以说,科尔伯格继承并发展了皮亚杰的理论。

三、艾森伯格的亲社会道德发展理论

艾森伯格在科尔伯格道德发展理论的基础上提出了亲社会道德发展理论,其核心观点是:随着儿童智力的发展,他们获得了重要的社会技能,这种社会技能会影响儿童对亲社会问题的推理,以及为他人利益着想的动机。艾森伯格将亲社会行为定义为一切符合社会期望而对他人、群体或社会有益的行为,主要包括合作、分享、助人、捐献、谦让、安慰、同情等。

（一）艾森伯格的亲社会推理能力发展阶段

艾森伯格将亲社会行为的产生过程划分为三个阶段：对他人需要的注意阶段、确定助人意图阶段、意图和行为相联系阶段。艾森伯格并不赞同科尔伯格的道德发展理论，认为该理论不适用于其他类型的道德冲突情境。艾森伯格认为，两难故事只是研究了儿童道德判断推理的一个侧面——禁令取向的推理。于是，艾森伯格设计出新的亲社会道德两难情境来研究儿童的道德判断。需要指出的是，艾森伯格并不关注法律、惩罚、权威等在道德认知发展中的作用。她依据儿童亲社会道德判断的年龄变化趋势，将儿童亲社会道德判断的发展概括为五个大阶段，六个小阶段。

阶段1：享乐主义的推理。该阶段儿童助人或不助人的理由包括个人的直接得益、将来的互惠，或是出于自己的需要或喜欢。

阶段2：需要取向的推理。该阶段儿童会对他人身体的、物质的和心理的需要表示关注。但儿童仅仅是对他人的需要表示简单的关注，并将其作为提供帮助的合理依据，若不能提供帮助也不会感到内疚。

阶段3：赞许和人际取向的推理。该阶段儿童在解释其助人或不助人的行为时，更多会提及好或坏、善或恶的人物定型，以及他人的赞许和认可等。

阶段4包括两个亚阶段。阶段4a：共情的推理。儿童的判断中出现了自我投射性的同情反应或角色采择，关注他人人权，能注意到与行为后果相关的内疚等情感。阶段4b：过渡阶段。儿童助人或不助人的理由涉及内化了的价值观、规范、责任和义务，对社会状况的关心，以及保护他人权利和尊严的必要性等，但儿童并未将这些思想清晰地表述出来。

阶段5：深度内化推理。儿童是否助人主要依据其内化了的价值观、规范或责任，个人和社会义务，改善社会状况的愿望，以及是否践行自身价值观所体验到的积极或消极情感。

（二）对艾森伯格亲社会道德发展理论的评价

艾森伯格的亲社会道德发展理论是对科尔伯格理论的有力补充，也为针对不同发展阶段的儿童的道德教育提供了理论支持。该理论将可能影响亲社会行为的各种因素有机地统一在亲社会行为产生的整个过程之中，并对其作用机制进行了较深刻的剖析，尤其是对认知、情感和人格的作用做出了详细的说明，对开展亲社会行为研究具有一定的理论指导意义。

与此同时，该理论还具有重要的实践意义。研究证实，通过干预亲社会行为的影响因素能在一定程度上增加儿童的亲社会行为。[①] 如通过共情训练可提高儿童亲社会行为的发生

---

① 聂宏斌,阴山燕,任丽君,等.共情训练改善初中生人际关系的实验研究[J].中国健康心理学杂志,2018,26（9）:1398–1402.

频率;通过为儿童提供行为范例可强化儿童亲社会行为等。这说明在儿童道德教育中,应格外注重因材施教和启发式教育相结合,情感教育和人格养成教育相结合。

然而,该理论也不可避免地存在一些局限。正如艾森伯格所言,该理论侧重解释和说明情感、认知、人格因素对亲社会行为的作用,没有针对所有影响因素展开研究,如并未纳入生物学因素。此外,该理论没有体现出不同情境下亲社会行为的复杂性,仅适用于解释满足他人需要的亲社会行为,这在一定程度上限制了该理论模式的应用普遍性。

第三节　儿童道德情感的发展

近年来,道德情感引起了越来越多研究者的关注。研究者试图将道德情感作为儿童早期道德教育的出发点,制订相应的道德教育策略,培养儿童形成良好的道德意识,从而为儿童道德行为的建立奠定基础,进而帮助儿童认同符合社会规范的道德行为标准,并逐步内化为自身道德行为的准则。

一、道德情感理论

早期关于儿童道德发展的研究主要集中在儿童道德认知的发展,以及行为意图和结果对道德判断的影响。然而,研究者逐渐意识到道德认知发展理论难以全面解释儿童的道德发展机制,对道德心理的研究不仅应重视个体道德认知的发展,还要关注道德情感。自20世纪80年代以来,道德情感对儿童道德判断的影响逐渐成为道德发展领域研究的重要主题。

道德情感是指个体根据社会规范或行为准则对自己或他人的行为进行评价时产生的与个人或社会利益、福祉有关的内在体验。当行为违反社会规范、损伤他人利益时,个体会产生内疚、羞耻等负性的道德情感;而当行为符合社会规范、有利于他人时,个体会产生自豪、感戴等正性的道德情感。道德情感既能促进个体道德行为的发展,也能阻碍不道德行为的产生。艾森伯格指出,道德情感具有自我理解和评价的含义,因此通常属于"自我意识情感"。

当前道德情感理论主要包括三大取向:社会功能主义取向、建构主义取向和认知—评价取向。

(一)社会功能主义取向的道德情感理论

社会功能主义取向的道德情感理论以社会功能的理论路径来阐释道德及相关情绪情感的价值。具体来说,道德情感在个体、人际互动、群体和文化等层面上具有重要的社会功能。

在个体层面上,情绪体验、认知和生理上的变化既为个体提供关于机遇和威胁等社会事件的反应信息,又为个体提供采取行动的生理和动机性力量。例如,与愤怒相关的交感神经和额叶激活的不对称性能够使个体采取积极的趋近行为,进而消除不公正的来源。

在人际互动层面上,情绪情感表达的声音、面部和姿态变化为人际互动提供了交流信息。这些信息有助于帮助个体理解他人的想法、意图和情绪。此外,情绪情感交流能够唤醒他人的情绪以及双方的情感互补,为个体应对社会事件提供心理支持。

在群体层面上,情绪情感被定义为表达群体成员立场、认同群体目标的价值信号。情绪体验可以帮助不同地位的群体成员参与集体目标导向的行为,从而促进整个群体利益的发展。这种情绪体验也可以被嵌入对个体社会地位的认知中,以此证明他们在某个领域的地位。例如,社会公众人物对弱势群体的关爱和善举更容易引起整个人类群体的情感认同,而他们的违规行为同样会引起广大群体成员更强烈的不满。

在文化层面上,经过历史因素塑造的情绪可以嵌入文化研究、实践、规范和文化话语中,帮助个体获得文化认同。正如道德厌恶可以激发人们对道德违规者的回避和疏离,父母对某一事件的情绪反应和社会实践中的情绪嵌入有助于儿童更好地学习道德规范和培养正确的价值观等。

(二)建构主义取向的道德情感理论

建构主义取向的道德情感理论并不赞同社会功能主义关于特定道德情感与特定道德领域一一对应的观点,主张道德情感是核心情感与不同道德领域相联结而成的。建构主义认为,道德情感是由基本的情感元素和其他心理元素组合而成的,而概念性知识在这一过程中起到了关键作用。概念性知识包括系统的语义知识、自传体记忆以及特定的情境知识。它通过"情境概念化"将核心情感与特定文化语言背景下的情绪性知识转化为离散的道德情感体验,使这些核心情感具有特定的意义。[①] 简而言之,建构主义者认为道德情感是基本情感与道德情境相互作用形成的。

基于上述理论,研究者提出了情绪与认知相互作用的综合模型。[②] 该模型认为,道德情感是复杂情绪,需要大量认知过程的参与,其发生、发展离不开个体对社会的基本理解,是个体在与社会互动过程中逐渐发展起来的。婴儿早期对社会规范的认识和理解有限,无法将自身思想与他人的观点相联系。通过社会互动,儿童逐渐加深了对社会和道德规范及他人心理的理解,并实现了自身行为与规范要求的一致性。儿童不仅逐渐能够预期自己和他人行为的结果所带来的共情或内疚等情绪反应,还能通过由自我或者他人评价而产生的情绪体验促进对道德规范的认可,这种情绪和道德认知的不断融合使得个体的道德情感不断发展和提升。

(三)认知—评价取向的道德情感理论

认知—评价理论在情绪情感研究中具有广泛的影响力。有研究者试图统一不同道德情

---

①   LINDQUIST K A, GENDRON M. What's in a word? Language constructs emotion perception[J]. Emotion review, 2013, 5(1): 66–71.

②   MALTI T, DYS S P. A developmental perspective on moral emotions[J]. Topoi, 2015, 34(2): 453–459.

感的认知—评价模式,以此建立规律性的认知—评价机制。其中,颇具代表性的是道德情感的归因理论。归因指人们借助特定条件或因素对自己或他人行为进行解释、得出结论的认知过程。道德情感的归因理论借鉴了凯利(G. A. Kelly)的"人人都是科学家"的隐喻,认为每个人都是一位必须做出是非判断的法官。面对复杂的事件,对原因和结果的感知是影响个体进行道德情感归因的核心要素。认知—评价理论认为,道德情感的产生需要考虑三种认知因素,即应当、目标实现情况和努力。

应当即个体应该做什么,是一种客观要求的认知表征。它反映了超越个体自身利益和愿望的标准,具有跨情境的稳定性和超越个人主观意愿的客观性。目标实现即个体实际做了什么,个体实际的行动结果与道德标准所要求的结果是否一致。目标实现情况往往需要考虑任务困难和情境因素,它可以分为目标实现和目标未实现两种情况。在目标实现情况下,积极目标的实现代表个体的行为符合道德要求,而消极目标的实现意味着个体不符合道德的行为的发生。努力即个体采取行动的可控性意志力量,是促进个体有效行动的动机性因素,可划分为高、中、低等不同水平。在道德领域,个体的选择自由和可控性是道德评价的必要前提,即个体可以选择付出高努力或低努力来实现目标,这是诱发个体道德情感的决定性因素。

三种认知因素的不同结合可以产生多种道德情感。有研究者对道德情感的归因理论进行了实证检验,通过向被试呈现一系列包含应当、目标实现和努力程度信息的道德事件,让被试报告自己的情感体验,结果发现以上三种认知因素很好地预测了被试在道德情感报告上的差异。[①] 例如,在自我评价中,当个体的行为符合道德标准,有积极结果,并付出较高努力时,往往会产生自豪感;而在他人评价中,若满足这些标准,则会诱发尊敬、钦佩等情感。在自我评价中,当努力去实现消极结果或未能尽力遵守道德标准时,往往会诱发内疚和羞愧等;而在他人评价中,若满足这些要求,则会产生愤怒等。

二、道德情感的类型

根据效价可将道德情感分为积极道德情感和消极道德情感两大类。下面主要介绍一些有代表性的道德情感类型。

(一)积极道德情感

1. 自豪

自豪是常见的自我意识情绪之一,它具有动机功能,对人们的行为会产生重要影响。郭小艳和王振宏将自豪定义为当目标成功实现或被他人评价为成功时,个体产生的积极

① RUDOLPH U, SCHULZ K, TSCHARAKTSCHIEW N. Moral emotions: an analysis guided by Heider's naive action analysis[J]. International journal of advances in psychology, 2013, 2(2): 69-92.

体验。[①]

根据自豪感的来源,可将其分为源自个人层面的自豪感,以及源自家庭、团体、社会、国家等集体或文化层面的自豪感,目前大多数研究聚焦于个人层面的自豪感。此外,自豪感还可分为真实的自豪感和自大的自豪感两种。以往研究主要探讨真实的自豪感,这种自豪感以成就为导向,以努力归因为基础,能够影响自我调节过程,促使个体积极发展自身能力,使行为更加符合个人和社会标准,更具适应价值。研究表明,诱发真实的自豪感能够促进个体坚持完成任务,激励个体对长期目标的追求[②],即使水平较低,真实的自豪感也能促使个体改变学习策略,提高努力程度[③]。与此同时,作为一种功能性的积极社会情感,真实的自豪感有利于亲社会行为的产生。相比之下,自大的自豪感多与自负、傲慢相联系,以能力归因为基础,无条件地对自己持积极看法,与自恋、拒绝敏感性和特质焦虑呈正相关关系,易导致攻击、侵犯等不良行为甚至反社会行为。

2. 感戴

感戴是一种积极道德情感,是个体在得到他人无私的帮助或受到恩惠后产生的一种情绪体验,它能够促使受惠者积极回报施惠者,具有人际特征,能激发个体的亲社会行为。感戴包括感戴情绪和感戴行为倾向。感戴情绪是由于得到他人帮助而产生的一种幸运、感激的主观感受,感戴行为倾向则是怀揣感激之心并积极做出反应的一种行为倾向。感戴被认为是一种与幸福感高度相关的心理因素,当施惠者对受惠者施以令人感激的善意之举时,受惠者能感受到幸福并激励其对施惠者做出回报行为。感戴具有积极的适应功能,会增强个体与社会的联结,进一步丰富个体的社会资源,这反过来会促使个体产生更多的幸福感。高水平的感戴与直接感知到的社会支持呈显著正相关,且能显著改善或减少压力和抑郁。

此外,感戴不仅反映出个体对他人帮助的满意程度,还会激励个体表现出更多的亲社会行为,同时受惠者对施惠者的积极反馈也会激励施惠者在未来表现出更多的道德行为。[④]

(二)消极道德情感

1. 内疚

内疚是一种自我意识情绪,同时也是一种典型的消极道德情感。霍夫曼认为,内疚是由于个体伤害了他人或违反了道德规范而进行自我反省时产生的负性情绪体验。

在行为表现方面,内疚是个体由于违反了道德准则而产生的痛苦、自责等,这种内心的不适感会激发个体做出一些弥补行为,如道歉、忏悔。也就是说,内疚个体可能会通过某种途径去弥补被伤害的人,即出现补偿行为或自我惩罚。例如,有内疚倾向的儿童更乐于帮助

① 郭小艳,王振宏.积极情绪的概念、功能与意义[J].心理科学进展,2007(5):810-815.

② SHIMONI E, BERGER A, EYAL T. Priming pride promotes delay of gratification[J]. Motivation and emotion, 2019, 43:786-802.

③ GILCHRIST J D, SABISTON C M, CONROY D E, et al. Authentic pride regulates runners' training progress[J]. Psychology of sport and exercise, 2018, 38:10-16.

④ 任俊,高肖肖.道德情绪:道德行为的中介调节[J].心理科学进展,2011,19(8):1224-1232.

他人,他们表现得更富有同情心、善良和正直。此外,内疚也可以阻碍不道德行为的产生,增加个体的亲社会行为倾向。

在自我感受方面,内疚不会影响个体的自我认同,而是通过促使个体进行自我反省而对未来的行为产生积极影响。因此,在某种程度上,内疚是一种具有良好社会适应性且能够促进个体身心健康发展的道德情感。

2. 羞耻

羞耻是个体进行社会性自我评价的产物,即个体进行自我评价时把失败或错误行为归结为整体自我的结果。因此,羞耻是一种强烈的、与痛苦相联系的负性情绪体验,会干扰个体行为和思维加工。羞耻是一种与无能和自卑相关的自我意识情绪,羞耻个体通常认为自己缺乏社会吸引力,尽量避免出现在社交场合并极力隐藏自己。羞耻常常伴随沮丧、退缩、渺小和无价值感,这些由羞耻而产生的痛苦体验会使个体出现防御、愤怒或攻击行为。大量研究发现,羞耻与抑郁、焦虑、创伤后应激障碍、饮食失调等心身障碍存在密切关系。

羞耻常常会伴随着内疚出现,但羞耻与内疚有许多不同之处。例如,内疚直接指向行为,主要由具体事件引起;而羞耻指向自我,由个体对事件的解释引起。因此内疚和羞耻的一个核心区别就是"指向自我"还是"指向行为"。此外,羞耻和内疚的发展情况也不同。有研究表明,初中三年级是学生内疚感和羞愧感分化的关键期:随着年级的增长,学生在内疚事件中体验到的内疚程度呈"W"形发展,分别在高一和初二达到最大值和最小值;而在羞耻事件中体验到的羞耻程度大体呈"M"形发展,分别在初二和初三达到最大值和最小值;性别在其中没有显著影响。[①]

三、儿童道德情感的发展趋势

道德情感发展以基本情绪发展为基础,出现时间晚于基本情绪。婴儿在出生后的9个月内就已经产生了全部的基本情绪,而在3岁左右道德情感才开始萌芽。根据的情绪发展模型,特定情绪的出现需要个体具备相应的认知能力。对于道德情感的产生,需要两种重要的认知能力参与其中:一种是区分自我和他人的能力,即自我意识;另一种是根据一定的标准、规则和目标对自己的行为进行评价的能力。

随着自我意识的形成和发展,2岁左右的儿童开始获得初级自我意识情绪,例如同情,但这些情绪只是基于自我意识而不需要儿童对自己进行评价。之后,儿童在2—3岁时开始理解道德规范并据此对自己行为的对错做出判断,从而形成次级自我意识情绪,这需要儿童同时具备自我意识和自我评价两种能力。次级自我意识情绪也被称为自我意识评价情绪,包括内疚、羞耻和自豪等。

虽然儿童在3岁左右已经获得了包括内疚、羞耻和自豪在内的几种主要的道德情感,但此时道德情感的发展尚未成熟,与道德情感相关的情绪情感在随后的几年内仍不断发展。

① 樊召锋,俞国良.自尊、归因方式与内疚和羞耻的关系研究[J].心理学探新,2008,28(4):57-61,79.

例如,艾森伯格认为,儿童在 3 岁之前就会表现出初步的内疚情绪,但对内疚的理解和表达则在儿童早期随年龄的增长不断发展。国内研究也表明,儿童对内疚的理解在小学一至三年级快速发展。[①] 同样,对自豪的研究表明,儿童在 3 岁末开始表现自豪情绪,但直到 4 岁才开始能够有效地将自豪和基本情绪进行区分,并且儿童对自豪和其他情绪的辨别能力在3—7 岁不断发展。[②]

综上所述,道德情感在 3 岁左右开始萌芽,并随儿童年龄的增长而不断发展并趋于成熟。不同道德情感的产生和发展在年龄上也有所不同。发展的目标是使儿童有效地将道德情感与相应的行为联系起来,最终在情绪、认知与社会行为之间建立稳定的关系,使儿童能在适当的情境下表现出适当的情绪和行为,并且能根据自己和他人的情绪与认知来指导自己的行为。

四、儿童道德情感发展的促进

自豪、感戴、羞耻、内疚等道德情感可以帮助儿童在认识道德事件和自身情绪感受的基础上进一步理解与内化道德原则。因此,早期儿童道德教育可以从培养良好的道德情感入手,这不仅能够促使儿童朝着“人性本善”的方向发展,更有助于引导儿童心理的健康成长。根据道德情感的定义与功能,可从以下三个方面(认知、行为与情感)入手开展儿童道德情感教育。

第一,认知策略,即认识自我,学会自我评价,这是道德情感发生的前提。道德情感是在自我不断发展与成熟基础上产生的。自我是儿童社会化的重要组成部分,是个性成熟水平的标准,是整合、统一个性各部分的核心力量,是推动个性发展的内部动因。儿童社会化的目标就是形成完整的自我。在早期儿童教育过程中,教育者要引导儿童认识自我,学会恰当地评价自我。例如,引导儿童进行自我介绍,知道自己的喜好、爱憎与愿望,并能够据此做出一定的自我评价,这都能为儿童道德情感发展奠定良好基础。

第二,行为策略,即进行规则意识与责任意识的教育,这也是塑造良好道德行为的基础。学前儿童处于学习和掌握规则并逐步形成规则意识的阶段。他们认为,遵守规则会受到他人的尊重和积极评价反馈,违反规则则会受到外界的负面评价与批评。因此,前者会让儿童产生自豪等积极道德情感,后者则会使儿童产生内疚、羞耻等消极道德情感。但不论何种道德情感,对儿童道德行为的建立都具有一定的积极意义。自豪有助于儿童建立自信与自尊,而适当的内疚、羞耻也是儿童在成长过程中不可缺少的情绪情感体验,这些看似消极的道德情感有助于儿童对自身行为进行反思,产生补偿行为,以弥补自身的过失。教育者可以采用以下行为策略帮助儿童青少年培养规则意识与责任意识:一是榜样示范,即教育者为儿童青少年亲身示范守规则的行为,以身作则,说话算话;二是适当激励,即当儿童青少年做出具体的行为后,教育者及时给出赏罚分明、宽严有度的反馈;三是情境模拟,即创设一些典型

① 张晓贤,桑标. 小学生内疚情绪理解能力的发展[J]. 心理发展与教育,2012,28(1):9-15.
② TRACY J L, ROBINS R W, LAGATTUTA K H. Can children recognize pride?[J]. Emotion, 2005,5(3):251-257.

的游戏情境帮助儿童青少年塑造适当行为、积累经验、引发思考。

第三,情感策略,即学会体验与表达情感,这是道德情感发展与完善的必要条件。中华人民共和国教育部印发的《3—6岁儿童学习与发展指南》提出,幼儿教育的重要目标之一是"帮助幼儿学会恰当表达和调控情绪"。儿童的情绪情感体验随年龄增长而不断丰富,儿童能感受到自豪、羞愧、内疚等道德情感是其良好发展的一种表现。随着儿童情绪社会化的发展,学会合理表达自身的情绪感受,是个体有效进行社会交往的一种方式,它可以促进人际互动与交流,有助于儿童认识自我、调节自身的情绪状态。如何通过体验道德情感,获得处理与他人关系的能力,尤其是与他人积极互动的能力,如理解他人感受、倾听他人说话、尊重他人意见等,以及与同伴建立、维持友爱的关系,是儿童早期道德情感教育需要关注的重要方面。

第四节　儿童道德行为的发展

道德的发展,不仅仅体现在道德认知发展水平与道德情感的表现上,更重要的是体现在道德行为上。道德行为主要包含亲社会行为和攻击行为两大类。

一、儿童亲社会行为的发展

亲社会行为(prosocial behavior)是人类生活中的一种普遍社会现象,是指对他人有益或对社会有积极影响的行为,包括分享、合作、助人、安慰、捐赠等。亲社会行为既可能是出于利己的目的(如为了逃避惩罚、获得物质的或精神的奖励等),也可能是基于实际情况的考虑,出于利他的目的(如内心对他人的关心、内化了的道德准则等),后者又称利他行为(altruistic behavior)。相较于为了避免惩罚或获得物质和精神奖励而做出的亲社会行为,利他行为更具有道德性。需要注意的一点是,通常情况下不把由利己动机引发的亲社会行为和由利他动机引发的利他行为区分开来。因此,凡是对他人有益或对社会有积极影响的行为,都统称为亲社会行为。

(一)亲社会行为发展的理论

关于亲社会行为的发展,主要有认知发展理论和社会学习理论两种理论取向。

1. 认知发展理论

认知发展理论认为,儿童的亲社会倾向不仅与儿童的社会经验有关,还依赖儿童认知能力与智力的发展。根据艾森伯格的理论,儿童亲社会行为的发展经历了四个阶段。

第一阶段:1—2岁,儿童开始出现分享和共情能力,能够对他人的痛苦有所反应。他人难过时,儿童会难过,或者试图去安慰他人。该阶段以儿童区分自己和他人的能力为基础。

第二阶段:3—6岁,相当于皮亚杰的前运算阶段。该阶段儿童相对地以自我为中心,关于亲社会问题的思考通常是自我服务指向的,他们做好事时会考虑是否会给自己带来好处。

第三阶段:7—11、12岁,相当于皮亚杰的具体运算阶段。该阶段儿童的自我中心思维有所减少,儿童具备了角色扮演能力,开始把他人的合理需要当作亲社会行为的主要依据。这时,共情和同情也在行为中起着重要作用。

第四阶段:青少年期,相当于皮亚杰的形式运算阶段。这时青少年开始理解并尊重抽象的亲社会性规则的意义,更多考虑亲社会行为接受者的利益。一旦违背亲社会性规则,他们就会产生内疚和自责。

2. 社会学习理论

社会学习理论认为,个体的亲社会行为是社会学习和强化的结果。班杜拉认为,观察学习是儿童获得亲社会行为的重要途径,观察到的榜样行为及其后果对儿童的亲社会行为影响最大。因此,树立一定的榜样,使儿童有意无意地进行模仿,可有效促进儿童亲社会行为的形成与发展。成人的亲社会行为会成为儿童学习的榜样,可诱导儿童表现出相似的行为;另外,儿童经常受到榜样的引导,更可能内化利他性原则,从而促进其利他倾向的发展。

(二)影响亲社会行为发展的因素

环境因素和认知因素共同影响亲社会行为的发展。

1. 环境因素

家庭是儿童生活的第一场所,对儿童社会化起着重要的作用。家庭环境对儿童亲社会性的影响主要体现在两个方面。一方面,家庭教养影响亲社会行为的发展。研究表明,适度关爱与鼓励的家庭教养方式会帮助孩子建立亲社会性,而一味惩罚和否定的家庭教养方式会导致孩子抑郁、对失败十分敏感、缺乏社会责任感。[1]另一方面,家庭氛围影响儿童亲社会行为的发展,亲密的家庭关系有助于亲社会行为的发展。有研究发现,来自亲密度高、矛盾较少的家庭的幼儿表现出更多的亲社会行为。[2]

电影、电视、报纸、杂志等大众传播媒介对儿童亲社会行为的发展也有着重要影响。那些反映人们之间互相关心、帮助和善良、关怀的作品,为儿童学习亲社会行为提供了直观、生动的示范或榜样,有助于儿童通过观察和模仿习得亲社会行为。

根据生态系统理论,儿童的发展还受地区政策、文化价值观等宏观系统的影响。对13个国家的4—11岁儿童进行的大规模调查发现,个体主义与集体主义的社会背景会影响儿童的亲社会行为。具体来说,个体主义背景下的儿童更倾向于公平分配,而如果分配对象存在受伤情况,在同情的作用下,集体主义背景的儿童才更有可能公平分配资源。[3]

① 潘泽泉,朱江. 父母教养方式对青少年亲社会行为的影响研究[J]. 云南大学学报(社会科学版),2019,18(2):90-98.

② 杜春霞. 家庭环境与同伴关系对幼儿亲社会行为的影响[J]. 幼儿教育,2010(30):43-46.

③ HUPPERT E, COWELL J M, CHENG Y, et al. The development of children's preferences for equality and equity across 13 individualistic and collectivist cultures[J]. Developmental science, 2019, 22(2): e12729.

专栏　亲社会电视节目对学前儿童道德判断和道德推理的影响

社会直觉模型和道德基础理论强调，人类先天存在六对道德直觉：关心／伤害、公平／欺骗、忠诚／背叛、权威／颠覆、圣洁／神圣和自由／压迫。这六对道德直觉会直接影响个体的道德判断和道德推理。而媒体传播的关爱、公平等相关的道德内容会促使个体换位思考，从而影响后续的道德判断和道德推理。有研究者设计了实验对此进行验证。①

实验中，研究者选取美国流行的儿童电视节目《亚瑟》中的某单一剧集作为实验材料。实验组儿童观看的视频包含了道德信息：主人公乔治用木偶吓唬患病的同伴，有人告诉乔治与同伴互动时要考虑对方的感受，与此同时节目中显示了公平和关爱他人的道德信息。对照组儿童观看的视频不含任何道德信息：一个音乐家将他那把据说有魔力的吉他带给乔治的父亲修理时，主人公乔治和他的同伴觉得只要触摸这把吉他，他们就会拥有魔法；视频结尾，孩子们了解到吉他并没有魔法，但音乐有。看完视频材料后，研究者对儿童的观点采择、道德推理和道德判断进行了测量。

结果发现，与对照组儿童相比，实验组儿童的观点采择的水平更高，进而表现出更高水平的道德判断和道德推理。由此可知，在儿童观看的电视内容中嵌入促进公平、关爱他人和换位思考的道德信息能有效提高儿童的道德判断和道德推理。这对于儿童电视节目的设计有重要的启示：在设计儿童电视节目时巧妙地在节目中加入儿童可理解的道德信息，会对儿童道德发展产生积极的影响。

2. 认知因素

亲社会行为的认知发展学说认为，儿童亲社会行为的增长与观点采择、道德推理等认知因素有关。

（1）观点采择

观点采择是指个体推断他人内部心理活动的能力，即能站在他人角度采取他人的观点，设身处地地理解他人的思想、愿望、情感等方面的认知技能。研究者认为，观点采择水平高的个体更倾向于表现出亲社会行为，这是因为较高的观点采择能力有助于他们识别并领会导致他人痛苦或不幸的原因。当处于困境的儿童有明确的求助倾向时，大多数儿童都乐意帮忙；而当他人的求助意愿很难被觉察或只能间接被发现时，有较高观点采择能力的儿童会更容易觉察并给予帮助。

与儿童亲社会行为相关的观点采择包括两种：社会观点采择（即识别他人的想法、意图和目的）和情感观点采择（即识别他人的情感体验）。在这两个方面均表现出较高水平的儿童，其亲社会倾向更强，且这种相关关系会随着年龄的增长而增强。

① CINGEL D P, KRCMAR M. Prosocial television, preschool children's moral judgments, and moral reasoning: the role of social moral intuitions and perspective-taking[J]. Communication research, 2019, 46(3): 355-374.

（2）道德推理

道德推理是指个体运用已有道德概念和道德认知对道德现象进行分析、评价、推断和选择的心理过程。艾森伯格在研究儿童亲社会道德推理时设计了一种有别于科尔伯格两难问题的亲社会两难情境，其特点是一个人必须在满足自己愿望、需要和价值与满足他人愿望、需要和价值之间做出选择，助人者的利益和受助者的利益之间存在着不可调和的矛盾。研究结果表明，相较于其他形式的道德推理，儿童的亲社会道德推理与亲社会行为之间的关系更为密切。

（3）共情

共情是指个体在观察他人情绪状态时，会产生与被观察者相同的情绪体验。共情是一种替代性的情绪情感反应，也就是一个人设身处地地为他人着想、识别并体验他人情绪情感的过程。共情—利他假说认为，当个体注意到他人陷入困境时，会产生一种指向受助对象的情绪，这种情绪包含着同情、怜悯等，这种情绪促使个体产生一种纯粹的、想要缓解他人苦恼的动机，情绪越强烈就越想做出帮助他人解除困境或危机的行为。而这种对他人感受、境遇的重视，会逐渐形成一种认知行为模式，体现在以后的助人行为之中。张文新等采用追踪研究考察共情在母亲积极教养与青少年亲社会行为间的中介作用，发现母亲积极教养能显著正向预测青少年的认知共情（即对他人情绪和感受的理解），进而增加其亲社会行为。[①]

（三）儿童亲社会行为的培养

儿童亲社会行为的培养有以下三种方法：

1. 角色扮演法

角色扮演是一种让儿童想象自己站在他人的立场上的模拟练习，使儿童通过扮演不同于自己的角色身份来感知他人的心理状态。该技术最初由心理学家莫雷诺（J. L. Moreno，1889—1974）创立，后来在心理学领域被广泛应用。斯陶布曾考察角色扮演对儿童亲社会行为发展的影响。[②] 他先把儿童一一配对，然后让其中一名儿童承担需要他人帮助的角色，如他要搬凳子，但凳子太重搬不动等；另一名儿童扮演帮助人的角色，他不仅要想出合适的办法帮助别人，而且要表现出相应的行为。之后，两名儿童交换角色。训练一周后，实验者通过为儿童呈现他人需要帮助的情境（如一名儿童从椅子上跌下来，正在哭泣）来考察儿童的助人行为是否有变化。实验结果表明，受过角色扮演训练的儿童比没有受过角色扮演训练的儿童会比实验前表现出更多的助人行为。在家庭心理剧治疗中，家庭成员之间的角色扮演也被用于改善家庭关系并减少青少年的问题行为。[③] 还有研究采用角色扮演游戏显著

① 张文新，李曦，陈光辉，等. 母亲积极教养与青少年亲社会行为：共情的中介作用与 OXTR 基因的调节作用［J］. 心理学报，2021，53（9）：976-991.

② STAUB E. The use of role playing and induction in children's learning of helping and sharing behavior［J］. Child development，1971，42（3）：805-816.

③ MAYA J, JIMÉNEZ L, LORENCE B, et al. Scene-based psychodramatic family therapy with troubled adolescents and parents：a pilot study［J］. Family process，2020，59（1）：111-126.

提升了六年级小学生的共情能力,并减少其攻击和欺凌行为。[①] 角色扮演也可以增强 7 岁儿童的心理能力,即有效地处理日常生活中各种需要和挑战的能力,进而促进其合作行为。[②] 由此看来,角色扮演法是促进儿童亲社会行为发展的有效方法之一。

2. 共情训练法

共情训练法是一种旨在使儿童善于体察和理解他人的情绪情感,并与他人产生共鸣的训练方法。费什巴赫曾利用共情训练程序对儿童的亲社会行为进行干预。[③] 在实验中,实验者把儿童随机分为共情训练组和控制组,仅让共情训练组儿童参加一系列共情训练活动,每周训练 3 次,每次大约 45 min,共持续 10 周。结果表明,共情训练组儿童的亲社会行为显著高于控制组儿童。目前,共情训练方案主要有五类:动物情绪体验、卷入式故事、随堂讨论、角色扮演和社交共情训练。[④] 此外,共情训练法也旨在通过冥想练习来提高个体的共情能力,从而促进其亲社会行为。[⑤]

3. 榜样示范法

社会学习理论认为,儿童可以通过观察他人(榜样)所表现的行为及其结果而进行学习。因此,设置一定的社会情境,树立良好的榜样,使儿童对榜样进行模仿,可以有效地促进儿童亲社会行为的发展和良好品德的养成。大量研究发现,亲社会行为榜样可以增加儿童的亲社会行为。例如,婴儿在看到成人榜样的安慰行为后,会表现出更多的安慰行为[⑥];通过观察亲社会榜样,学龄前儿童的亲社会行为得到相应提升[⑦]。即使脱离实验情境并经过一段时间后,榜样对儿童的亲社会行为仍具有一定的影响。除了现实生活中的成人榜样,有关亲社会行为的电视节目、卡通片、漫画书等,也是儿童习得亲社会行为的重要途径。

除了上述三种方法外,认知冲突法、行为训练法等也是促进儿童亲社会行为发展的有效方法。这些方法在培养儿童亲社会行为上各具特色,教育者在培养儿童亲社会行为的实践中,应该根据具体情况综合运用多种方法,使之互相补充。

---

① BAGÈS C, HOAERAU N, GUERRIEN A. Play to reduce bullying! Role-playing games are a useful tool for therapists and teachers[J]. Journal of research in childhood education, 2021, 35(4):631-641.

② PARRA E, ELIANA I. Habilidades mentalistas y conducta prosocial en niños escolarizados[J]. Revista salud uninorte, 2012, 28(1):113-130.

③ FESHBACH N D. Empathy, empathy training and the regulation of aggression in elementary school children[M]// KAPLAN R M, KONECNI V J, RAYMOND W. Aggression in children and youth. Dordrecht: Springer Netherlands, 1984:192-208.

④ 姜英杰,金雪莲. 国外共情训练理论与实践对我国留守儿童情感教育的启示[J]. 外国教育研究, 2018, 45(9):104-115.

⑤ ASH M, HARRISON T, PINTO M, et al. A model for cognitively-based compassion training: theoretical underpinnings and proposed mechanisms[J]. Social theory & health, 2021, 19:43-67.

⑥ WILLAMSON R A, DONOHUE M R, TULLY E C. Learning how to help others: two-year-olds' social learning of a prosocial act[J]. Journal of experimental child psychology, 2013, 114(4):543-550.

⑦ WÖRLE M, ESSLER S, PAULUS M. Paying it back and forward: the impact of experiencing and observing others' sharing and stinginess on preschoolers' own sharing behavior and expectations[J]. Journal of experimental child psychology, 2020, 198:104886.

二、儿童攻击行为的发展

攻击行为是儿童最常见的行为问题之一。一般认为,攻击行为是指有目的、有意图地伤害他人心理或身体的行为或倾向。攻击行为一般不为社会规范所许可。作为不良适应行为的一种形式,攻击行为在个体社会化过程中逐渐形成,并逐渐泛化到其所处的不同环境中。儿童的攻击行为在其成长早期就已经出现,并在学前期迅速增多。一项针对我国中小学生的调查表明,攻击行为的发生率为 3.27%,而学龄前儿童攻击行为的发生率更高,攻击行为总检出率为 8.83%—11.9%。[①]

(一)攻击行为的类型

儿童的攻击行为从形式上可以分为外显攻击和内隐攻击。根据攻击手段不同,攻击行为又可以分为三种形式:身体攻击,是指通过使用身体动作或武器直接实施的攻击行为,例如打人踢人,以及损坏他人物品等;言语攻击,是指通过口头言语来实施的攻击行为,包括言语侮辱和威胁、骂人和争吵;关系攻击,是指旨在破坏他人人际关系而对他人造成伤害的行为,包括不和某人说话、故意忽视某人、威胁撤出友谊关系、直接告诉某人群体活动不欢迎他/她等。

除此以外,攻击行为还涉及欺凌行为,其形式包括直接暴力行为以及口头、关系欺凌等。随着互联网的发展和普及,网络欺凌也成为备受关注的社会现象。网络欺凌是指个体或群体通过电子媒体传播冒犯性信息,目的在于对他人造成伤害,其渠道包括短信、视频、电子邮件等。欺凌渠道的多元性也进一步提升了欺凌行为的发生率。

(二)攻击行为的理论

有许多理论阐述了攻击行为形成的原因,其中影响较大的有本能论、习性论、挫折—侵犯理论、社会学习理论和社会认知理论等。

1. 本能论

弗洛伊德的精神分析理论认为,人有两大本能:生的本能与死的本能。攻击是死的本能的体现,是一种对内的自我破坏倾向。儿童的攻击行为源于儿童的破坏性本能。生的本能与死的本能是对立的,人只要活着,死的本能的表现就会受到生的本能的妨碍,从而将对内的破坏力量转向外部,以攻击的形式表现出来。由于攻击源于本能冲动,因此,这种能量如果不加以释放会引发精神疾病,而攻击行为则是以社会不允许的方式释放能量的结果。弗洛伊德的理论主要是基于其临床治疗实践发展起来的,因而其解释范围更聚焦于心理疾病患者,不能简单地扩展到正常人群。

---

① 余毅震,史俊霞,黄艳,等. 家庭因素与儿童青少年攻击行为关系探讨[J]. 中国学校卫生,2005(10):811–813.

2. 习性论

洛伦茨的习性学观点认为,攻击和争斗是一种本能,但并非如弗洛伊德所言的指向毁灭,而是具有生物保护意义的生的本能的体现。他相信,攻击是动物、也是人类生活不可避免的组成部分,儿童的攻击行为源于人类的生物保护本能,人类要想减少攻击行为,就需要多开展冒险性的体育活动,以消耗这种攻击本能。习性说指出了人类攻击行为的生物遗留性质,提出了减少攻击行为的代偿法,有一定的合理性。但它试图用生物本能的观点解释人类包括战争在内的所有攻击行为,而忽视人类社会的规律,显然犯了心理学主义的错误。

3. 挫折—侵犯理论

挫折—侵犯理论认为,攻击是人体遭受挫折后所产生的行为反应。多拉德(J. Dollard,1900—1980)等人指出,攻击永远是挫折的一种后果,攻击行为的产生,总是以挫折的存在为条件的。勒温(K. Lewin,1890—1947)在实验中发现,挫折组儿童比控制组儿童表现出更多的如摔、砸等破坏性损坏玩具的行为,即挫折引发了儿童更多的破坏行为。马利克(J. Malik)的搭积木实验也发现,受挫折的实验组儿童比控制组儿童对他人实施电击次数更多、电压也更高,即挫折增加了儿童造成他人痛苦的攻击行为。生活实践也表明,儿童的攻击行为通常是在受到各种挫折后产生并加剧的。可见,挫折是导致儿童攻击行为的一个重要原因。

4. 社会学习理论

社会学习理论认为,攻击行为是通过观察和强化习得的,也可以通过新的学习过程予以消除,学习是攻击行为的主要决定因素。研究发现,对儿童的攻击行为给予奖励,可以明显增加儿童的攻击性,即攻击可以通过强化来培养。班杜拉的充气娃娃实验发现,攻击可以通过观察学习来获得,不仅直接的观察学习可以使儿童学习到攻击行为,而且通过大众媒介的间接学习也会让儿童习得攻击行为。按照社会学习论的观点,攻击行为既可以习得,也可以通过新的学习过程加以改变或消除,这为我们控制儿童的攻击行为提供了一定的依据,具有重要的实践指导意义。

5. 社会认知理论

社会认知理论认为,攻击是因为攻击者对于社会信息的错误理解而引起的,个体对所面临的社会情境的认知过程是攻击行为产生的基础。以往关于攻击行为的认知过程的研究多关注敌意解释偏向。敌意解释偏向是指个体以敌意的方式将模棱两可的信息进行解释的一种心理倾向。有研究表明,敌意解释偏向与儿童青少年的攻击行为之间存在显著正相关关系[1],并且这种正相关关系具有跨文化一致性[2]。纵向研究也发现,四、五年级儿童的敌意解

---

[1]　MARTINELLI A, ACKERMANN K, BERNHARD A, et al. Hostile attribution bias and aggression in children and adolescents: a systematic literature review on the influence of aggression subtype and gender[J]. Aggression and violent behavior, 2018, 39: 25–32.

[2]　DODGE K A, MALONE P S, LANSFORD J E, et al. Hostile attributional bias and aggressive behavior in global context[J]. Proceedings of the national academy of sciences, 2015, 112(30): 9310–9315.

释偏向会预测其两年后攻击行为的增加。[①]

与此同时,对敌意解释偏向的实验研究也验证了其与攻击行为之间的因果关系。在一项研究中,研究者采用认知偏向修正范式(cognitive bias modification paradigm,CBM)来操纵被试对社会信息的解释偏向,即使用反馈来训练个体以积极(友善)或消极(敌意)的方式来解释模糊的社会情境,进而观察个体在不同信息解释偏向条件下的攻击行为是否存在差异。[②] 结果表明,积极解释训练会增加个体的亲社会解释偏向,进而降低其攻击行为;而旨在增加敌意解释的消极解释训练,会使个体表现出更多的攻击行为。

(三)影响攻击行为的因素

影响攻击行为的因素主要有生物因素和社会环境因素两类。

1. 生物因素

大脑的发育成熟为儿童攻击行为的产生提供了重要的生物学前提。攻击行为与大脑的协同功能有关。行为是大脑认知活动的结果,而大脑及其功能又是认知活动的物质基础。关于攻击行为儿童大脑两半球的认知活动特点的研究表明,攻击行为较多的儿童与正常儿童相比,大脑两半球均衡性发展较差,具体表现为左半球抗干扰能力较弱,右半球完形认知能力较弱,这可能构成了儿童攻击行为的神经心理学基础。[③] 此外,母亲孕期情绪不稳定可对胎儿中枢神经系统的发育产生影响,进而影响幼儿心理行为的发展,导致幼儿攻击行为的产生。[④]

攻击行为也与情绪唤起水平有关。大量研究发现,不仅总体较高的情绪唤起水平能直接影响攻击行为的产生,特异性的唤起,如性唤起,也会增加个体的攻击性。

攻击行为还与性激素存在一定关系。攻击行为具有明显的性别差异,这与两性的性激素水平差异密切相关。

2. 社会环境因素

影响攻击行为的社会环境因素主要包括家庭、学校、同伴群体与大众传媒等。

家庭在儿童社会化的过程中起关键作用。缺乏温暖的家庭、不良的家庭管教方式以及对儿童缺乏明确的行为指导和活动监督都可能造成儿童以后的高攻击性。例如,母亲的育儿压力越大,儿童的攻击行为越多,原因可能在于持续的育儿压力会使得母亲采取消极的教养方式与亲子互动模式。而父亲参与教养对小学生身体攻击行为和关系攻击行为都具有显

---

① YAROS A, LOCHMAN J E, WELLS K. Parental aggression as a predictor of boys' hostile attribution across the transition to middle school[J]. International journal of behavioral development, 2016, 40(5): 452-458.

② ALMOGHRABI N, HUIJDING J, FRANKEN I H. The effects of a novel hostile interpretation bias modification paradigm on hostile interpretations, mood, and aggressive behavior[J]. Journal of behavior therapy and experimental psychiatry, 2018, 58: 36-42.

③ 张倩,郭念锋.攻击行为儿童大脑半球某些认知特点的研究[M]//周光召.面向21世纪的科技进步与社会经济发展(下册).北京:中国科学技术出版社,1999:866.

④ 管红云,王声湧,刘治民,等.学龄前儿童攻击性行为的影响因素分析[J].中国学校卫生,2005(11):18-19.

著的负向预测作用。① 此外,还有研究发现,亲子相处中父母低头玩手机冷落孩子能够正向预测青少年的攻击行为。②

学校在儿童社会化的过程中也起主导性作用。例如,研究表明,教师对欺凌的态度和行为会影响欺凌行为的发生。③ 如果教师能公平对待并运用强化原理正确处理欺凌行为,为儿童树立良好的行为榜样或惩戒规则,则能有效预防攻击的发生,而不良的校园风气则会引发儿童相互模仿并增加攻击行为。

同伴群体也是影响儿童攻击行为的重要因素。同伴群体有感染作用、去个性化作用等,因此不良同伴群体会导致儿童相互模仿、降低攻击他人产生的负罪感,从而直接增加儿童的攻击行为。

大众传媒中的暴力传播会增加公众尤其是儿童的攻击性。例如,电视媒体暴力能启动儿童的攻击认知、扭曲儿童的社会情感、阻碍儿童的社会交往并诱发儿童的攻击行为。④

(四)儿童攻击行为的控制

控制和减少儿童的攻击行为可从以下四个方面入手:

1. 引导儿童合理地进行心理宣泄

弗洛伊德大力推崇精神宣泄法,他认为,应该鼓励人们不时地表现他们的攻击性冲动,否则积聚到一定水平就会触发暴力性发泄。攻击的挫折理论也认为,人们一旦被挫折情境惹怒,愤怒的情绪状态就会作为一种有攻击危险的心理准备而存在,被激起的愤怒情绪必须得到宣泄,才能有效降低人们的攻击性。宣泄是一种很好地消除个体怨恨、愤怒和攻击冲动的方法,实际进行攻击、想象攻击行为和观察他人攻击都具有宣泄作用。因此,在社会规范允许的范围内,教会儿童通过从事体育运动、向师长好友尽情倾诉或进行一些没有破坏性的想象攻击等方法,合理地进行心理宣泄,有助于儿童控制并减少自己的攻击行为。

2. 教给儿童有效减少冲突的策略

由于自我控制能力较弱,缺乏社交技能和解决人际问题的策略,儿童常以敌对的、不恰当的方式,例如,打架、骂人等攻击行为,来解决冲突。事实上,当儿童观察到榜样采取非攻击性的方式解决了冲突或直接教给儿童使用非攻击性的方式解决问题时,他们很可能会使用同样的方式解决自己的问题。所以,成人应通过示范和解释使儿童明白攻击行为对自己和他人造成的消极后果,通过启发和传授使儿童掌握合作等解决问题的办法,以减少儿童的攻击性。此外,激发与攻击行为不相容的替代反应,如奖励合作友好行为、观看幽默卡通片等,也能在一定程度上提高儿童解决社会性问题的技能。实践证明,榜样法和奖赏法的结

---

① 高雯,朱进慧,方臻. 父亲参与教养对小学生攻击行为的影响:母亲育儿压力的部分中介效应[J]. 心理发展与教育,2020,36(1):84-93.

② 张永欣,董思唯,丁倩,等. 父母低头行为与青少年攻击行为:一个双路径模型[J]. 中国临床心理学杂志,2022,30(1):129-133.

③ 焦永国. 儿童攻击行为研究综述[J]. 西安社会科学,2010,28(3):148-149,152.

④ 王金霞. 电视媒体暴力对儿童社会性发展的影响[J]. 中小学心理健康教育,2014(20):35-36,38.

合,能够相当迅速地减少儿童的攻击行为。

3. 培养儿童的共情能力

共情能力与攻击行为呈负相关关系,儿童的共情能力越低,就越倾向于对他人采取攻击行为。因此,让攻击者更多地了解其攻击行为给对方可能造成的不良后果,觉察和体验他人的痛苦,能有效地减少其攻击行为。例如,利用角色扮演法,让那些爱欺凌他人的儿童扮演被欺凌者的角色,让他们体验被欺凌时的心情,想象自己受欺凌时的恐惧、逃避、愤恨甚至悲伤、委屈等的情绪反应,并要求将之表演出来。经过这样的多次练习,欺凌者就会学会从受欺凌者的角度想问题,意识到欺凌给他人造成的痛苦,从而抑制自己的攻击冲动。总之,要教给儿童学会关怀,培养其用他人的眼睛看世界、体验世界的能力,以有效控制儿童的攻击行为。

4. 塑造儿童的健康人格

儿童的攻击倾向与其特定的人格特征紧密相关。例如,欺凌者通常表现出高度自我中心、敏感,他们脾气暴躁,易被激怒,具有与社会相悖的价值观,这些人格特征会促成其特定的情绪反应模式和攻击行为模式;而受欺凌者通常表现出低自尊、缺乏自信、内向退缩、过敏性、情绪性等人格特征,因而易陷于被攻击、被欺凌的境地,这反过来又强化了他们的消极人格特征。也就是说,具有健康、成熟人格的人,自我意识和控制水平较高,对他人采取攻击行为的可能性也较小;反之,人格不成熟者运用社会允许的方式来满足自己需要的能力较低,缺乏客观的自我意识和自我控制能力,倾向于运用攻击行为来达到自己的目的。因此,要及时矫正儿童的自卑、退缩、富于侵犯性等不良人格特征,培养儿童自尊、负责、关爱他人、有道德责任意识等良好的人格特征,进而塑造其行为。

【本章小结】

作为个体心理发展的重要内容,道德发展是个体认识社会道德规范和准则,形成道德认知、道德情感和道德行为的过程。其中,道德认知是道德发展的核心;道德情感是产生道德行为的内部动力,是实现知行转化的催化剂;道德行为则是道德认知和道德情感的具体表现,是衡量道德品质的重要标志。本章简要介绍了道德发展的含义及其三种主要成分,并在此基础上,详细阐述了有代表性的儿童道德认知发展理论,比较和分析了各理论之间的关系;聚焦儿童道德情感发展,分析了道德情感的相关概念及其主要理论,梳理典型的道德情感类型和道德情感的发展趋势;针对儿童道德行为的两种典型表现——亲社会行为与攻击行为,分别阐述了相关的理论模型和影响因素,并为引导和培养儿童良好道德行为提供了心理学思路与方法。综上所述,本章结合理论分析与实证研究,系统介绍了儿童道德及其主要成分的发生发展规律、影响因素与培养策略,对于正确理解儿童道德的产生与发展、促进其积极社会适应具有重要意义。

【实践·反思·探究】

1. 皮亚杰与科尔伯格的道德发展理论有哪些异同点？
2. 良好的道德情感的培养策略有哪些？
3. 亲社会行为和攻击行为共同的影响因素有哪些？
4. 培养亲社会行为的方法有哪些？

【推荐阅读】

［1］张林,刘燊,徐强,等.日常环境中的暴力暴露对攻击行为的长期影响：一个有调节的中介模型［J］.心理学报,2017,49(1):50–59.

［2］曾欣然,汪玥,丁俊浩,等.班级欺凌规范与欺凌行为：群体害怕与同辈压力的中介作用［J］.心理学报,2019,51(8):935–944.

［3］张文新,李曦,陈光辉,等.母亲积极教养与青少年亲社会行为：共情的中介作用与OXTR基因的调节作用［J］.心理学报,2021,53(9):976–991.

［4］XUE J,HU R,CHAI L,et al. Examining the prevalence and risk factors of school bullying perpetration among Chinese children and adolescents［J］. Frontiers in psychology,2022,13:720149.

［5］PINQUART M,FISCHER A. Associations of parenting styles with moral reasoning in children and adolescents: a meta-analysis［J］. Journal of moral education,2022,51(4):463–476.

第九章
儿童人格的发展

【学习目标】

● 了解人格的含义、结构和基本特征。

● 掌握儿童气质、性格和自我意识的年龄发展特征。

● 理解个体因素、家庭因素、学校因素和社会文化对儿童人格发展的影响。

● 应用相关知识,开展促进儿童健全人格的教育教学活动。

【知识导图】

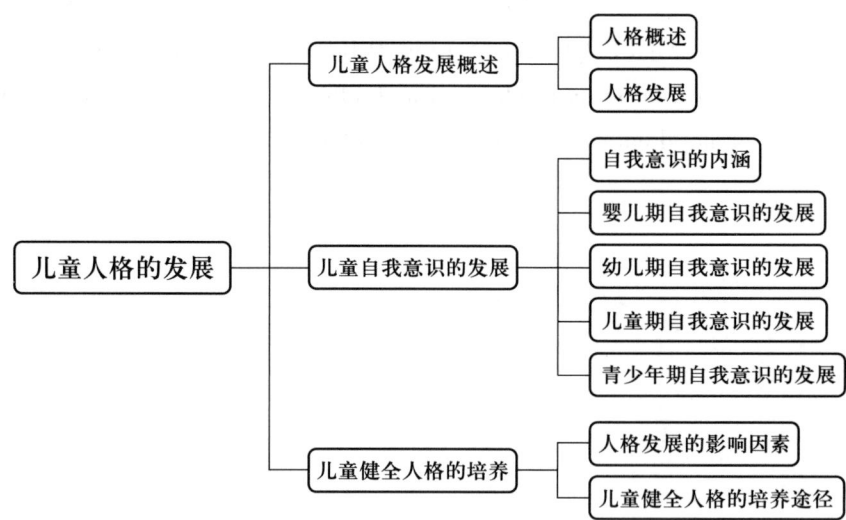

【案例导入】

幼儿园门口贴满了欢迎的标语,小帅拉着妈妈的手东瞧瞧西看看,一走进幼儿园的大门,便迫不及待地奔向戴着太阳发卡的老师。小丽把头靠在爸爸的肩上,双手紧紧地环住爸爸的脖子,老师轻声细语地哄,可是小丽轻轻地摇摇头,不肯转头看老师一眼,爸爸安抚地拍了拍小丽的背,对老师无奈地笑笑。洋洋目不转睛地看着正在打电话的妈妈,妈妈把洋洋的小书包带子往上提了提,在接电话的间隙,妈妈给洋洋做出了新学期第一天嘱咐的手势——听老师的话,和同学好好相处,妈妈下班就来接你。洋洋看向自己的脚尖点点头,然后噘着嘴转身走向正微笑着来迎接他的老师。

开学第一天,幼儿们呈现出不同的情绪和行为反应。而这种差异早在婴儿期就已存在。有研究者曾向6个月大的婴儿呈现不同的玩具(如玩偶盒、跳跳狗和面具等),并观察他们的第一反应。结果发现,不同的婴儿看到相同玩具时的反应并不相同,例如,有的婴儿看到玩偶盒时非常激动,有的则表现得相当冷静。

为什么儿童在面对同样的情境或玩具时,会表现出明显不同的情绪和行为反应? 这些不同的反应模式背后反映的是何种差异? 儿童在早期表现出的这种个体差异又是否会随着年龄的增长而发生变化? 围绕上述问题,本章将阐述儿童人格和自我意识发展的规律以及健全人格的培养方法。

第一节　儿童人格发展概述

我们在成长过程中总会不经意发现自己与他人的不同。有人是天生的领导者,有人从小就对一切充满好奇,也有人对他人的情感变化有着敏锐的洞察力,这些都是人格差异性的体现。多年后,我们可能会发现曾经胆小孤僻的发小变得乐观健谈,好动的同桌变得稳重而老练。但他们身上有的东西又未曾改变,让人感到熟悉。可见,人格既有稳定的一面,但又并非一成不变。

那么,儿童为什么会形成不同的人格? 儿童人格的差异又究竟体现在哪些方面? 人格的这些不同方面又是如何发展的呢?

一、人格概述

(一)人格的含义

人格,也称个性,是儿童呈现出的一种整体的精神面貌。它形成于一定的社会条件下,是儿童在不同环境中经常表现出来的、具有一定倾向性的、比较稳定的各种心理特征的总和。人格深刻反映了一个儿童区别于其他儿童独特而相对稳定的心理行为模式。

（二）人格的结构

人格是一个具有多层次、多侧面的复杂系统，可以划分为既相互联系又具有差异的三个子系统：个性倾向性系统、个性心理特征系统和个性调控系统。

1. 个性倾向性系统

个性倾向性包括需要、动机、兴趣、理想、信念和价值观等，是人格结构的核心。作为人格结构中的动力系统，个性倾向性决定着儿童对现实的态度、对认识对象的趋向和选择，是儿童行动积极性的源泉。个性倾向性的发展较少受遗传因素的影响，主要是在儿童社会化的过程中逐渐形成的。因此，发挥个性倾向性系统的动力作用，对构成个性倾向性的不同成分进行正确引导和塑造，对儿童的人格发展至关重要，决定着儿童人格发展的具体方向。

2. 个性心理特征系统

个性心理特征指的是儿童在活动中经常表现出来的、较为稳定的心理特征，主要包括气质、性格、能力。这些不同心理特征的独特结合构成了儿童不同的心理面貌。个性心理特征是人格结构的特征系统，是儿童人格独特性的集中表现。其中，气质是指儿童在反应性与自我调节方面的差异，是儿童个性心理的重要组成成分之一；性格是儿童对待现实的稳定态度和习惯化了的行为方式，是人格最核心的特征；能力是指儿童能顺利完成某种活动的心理特征。

3. 个性调控系统

个性调控系统以自我意识为核心，是人格结构中的自动调节和控制系统，包含自我认识、自我体验、自我控制等，实现人格系统的自动协调和组织，使构成人格的不同成分相互统一，从而形成完整而稳定的人格结构。作为人格系统最重要的组成成分，自我意识主导着儿童人格的发展。

尽管人格是由三个子系统构成的，但它们彼此之间以及构成各子系统的不同成分或要素之间并非彼此孤立的，而是相互渗透、相互制约、相互影响的，共同勾画出儿童完整的个性风貌。

（三）人格的基本特征

人格的基本特征主要表现在整体性、独特性和共同性、稳定性和可塑性、生物性和社会性四个方面。

1. 整体性

人格的整体性是指构成人格的各种心理成分或特质，如能力、气质、性格、动机、价值观等，在个体身上并非孤立存在的，而是具有内在一致性的，不同成分或特质彼此相互联系构成了完整的人格系统。这意味着，当构成人格的某种心理成分或特质发生变化时，为维持人格系统内部的和谐稳定，其他心理成分或特质会相应地发生变化。例如，儿童的兴趣通过影响他们所选择的游戏、学习和交往活动，进而影响他们能力的发展。当儿童的兴趣与自己所从事的活动相统一时,便有助于提高其动机水平。

2. 独特性和共同性

独特性是人格最重要的基本特征之一。人格的独特性是指人格特质在不同个体之间存在差异,即每个人都是独特的。"世界上很难找到两片完全相同的叶子,也很难找到两个完全相同的人"便是人格独特性的体现。人格是个体在与环境交互作用的过程中逐渐形成的,因此即便是具有相同遗传因素的两个人(如一对同卵双生子),由于所处的后天环境不完全相同,在成长过程中仍会逐渐表现出不同的兴趣爱好和脾气秉性。可以说,没有人格的独特性就无所谓"个性",正是人格的独特性让我们成为一个个可以相互区分的"人"。

强调人格的独特性,并非否认人格的共同性。人格的共同性是指在一定条件下,同一民族、地区或群体中的个体所具有的共同的典型心理特征。人格的独特性和共同性是个性与共性的关系。没有人格的独特性就无所谓人格的共同性;而人格的共同性使得人格特征各不相同的社会成员之间能够相互沟通、交流与理解。人格独特性与共同性的统一,共同组成了一个人复杂的心理面貌。

3. 稳定性和可塑性

人格的稳定性是指个体身上表现出来的一贯的、具有持久性的特征,具有跨时间的连续性和跨情境的一致性。个体偶然表现出的特征或行为并不属于其人格的范畴。"江山易改,秉性难移"便形象地说明了人格的稳定性。例如,一个好胜心较强的儿童无论是在学习、竞赛还是在游戏中,均有可能表现出更强的竞争意识。

但"难移"并非"不可移"。事实上,人格在具有稳定性的同时,还具有一定的可塑性。人格是在个体与环境的相互作用中形成的,因此当个体所处的环境(包括个体自身内部环境和所处的外部环境)发生重大改变时,如经历生理成熟、家庭变故、生活环境的改变等,其人格往往也会随之发生较大甚至彻底的改变。从出生到青少年期,由于生理的成熟、环境的变化,许多儿童的兴趣爱好、脾气秉性等会发生较大的变化,这便是儿童人格可塑性的体现。但人格的变化是比较缓慢的、不明显的,不可能一蹴而就。总之,人格在保持相对稳定性的同时,在一定条件下是可变的,具有可塑性,这为健全人格的塑造提供了可能。

4. 生物性和社会性

人格具有生物性,即个体先天具备的遗传和生物特征是人格形成的物质基础与前提条件。人格的生物性在儿童人格发展中起着重要作用,影响着人格发展的方向和人格形成的难易程度。但人格的发展并非完全由遗传因素决定,它也受到社会环境的影响。人格的形成过程就是人社会化的过程。俗话说"近朱者赤,近墨者黑",儿童人格在很大程度上受社会文化、家庭环境和家庭教养方式等因素的塑造。因此,在培养儿童人格的过程中,应充分认识到人格是生物性和社会性的统一,在尊重儿童与生俱来的人格差异的基础上,为儿童的人格发展创造适宜的外部条件。

专栏　人格并非一成不变

　　俗话说"三岁看大,七岁看老",这反映人格具有稳定性。而"近朱者赤,近墨者黑"则意指在环境等因素的作用下,人格会发生变化,即人格具有可塑性。那么随着年龄的增长,人格究竟能否发生改变? 如果能,人格的变化方向如何?

　　罗伯特的研究团队对人格发展的稳定性和可塑性进行了较为系统的研究。在 2000 年发表的研究成果中,该团队对 152 项人格研究的结果进行了元分析,发现人格特征表现出跨年龄的稳定性和可变性。[①] 具体表现为:一方面,在个体的整个生命历程中,人格特征表现出较高的一致性水平;另一方面,从婴儿期至中年期(3—50 岁),人格特征在线性增长的同时,每十年会达到一个发展的平台,并在 50 岁左右达到顶峰。此后,随着时间的推移,人格特征仍在发生缓慢的变化。

　　2018 年,该团队发表的研究成果探讨了人格对个体成就的影响,进一步揭示了人格发展的方向。[②] 研究人员对 44 万余名美国高中生进行了调查,结果表明学生时期的人格特征如责任心、学习兴趣、动机水平等对他们 50 年后所取得的成就(如受教育水平、职业地位、收入水平)具有正向预测作用。50 年后,对其中 1 952 个被试的追踪调查发现,在自信、镇静、责任心、领导能力和社交敏感性等影响成就水平的人格特征方面,他们的得分比青少年时期更高。这在一定程度上表明人格特征随着年龄增长会朝着适应性的方向发展。

　　2019 年发表的研究成果更为全面地揭示了人格发展的特征。[③] 研究者分别在 1960 年和 50 年后对美国 1 795 名高中生的人格进行测量。结果揭示了在 50 年间,人格的确具有相当程度的稳定性。此外,无论在群体平均水平还是个体层面上,人格的变化模式均遵循成熟原理(the maturity principle),即随着年龄的增长,大部分人格特征均表现为适应性发展(如更高的责任心、宜人性、情绪稳定性、外向性等),支持了人格的可塑性模型。

　　上述研究为人格的稳定性和可变性以及人格变化的方向提供了证据。一方面,由于遗传和环境具有连续性以及基因与环境会相互作用,人格在人的一生中表现出相当程度的稳定性。另一方面,人格在人的整个生命历程中并非一成不变,而是具有一定程度的可变性或可塑性。且随着年龄的增长,大部分人的人格特征会逐渐朝着适应性的方向发展。

二、人格发展

　　儿童的人格发展既是组成人格的不同系统的发展过程,也是人格不同系统间相互影响、

①　ROBERTS B W, DELVECCHIO W F. The rank-order consistency of personality traits from childhood to old age: a quantitative review of longitudinal studies [J]. Psychological bulletin, 2000, 126(1): 3–25.

②　ROBERTS B W. A revised sociogenomic model of personality traits [J]. Journal of personality, 2018, 86(1): 23–35.

③　DAMIAN R I, SPENGLER M, SUTU A, et al. Sixteen going on sixty-six: a longitudinal study of personality stability and change across 50 years [J]. Journal of personality and social psychology, 2019, 117(3): 674–695.

最终整合统一形成儿童独特人格的过程。

　　儿童的人格发展受遗传因素和外部环境因素的交互影响。气质和性格是儿童人格特征中最为突出的两个方面。前者具有显著的遗传生物学特征,可以说是儿童"最初的人格";而后者主要受环境的影响,是后天形成的,展现了儿童"多彩的人格"。

（一）儿童气质的发展

　　气质是儿童与生俱来的一种相对明显、稳定且持久的心理特征,它包含儿童在情绪、注意、反应性和自我控制等方面的差异,并主要表现在心理活动的强度、速度、灵活性和指向性等方面。气质是人格形成的基础,是儿童人格发展的基石。刚出生的婴儿,有的爱哭闹,有的安静,有的活泼,这就是气质差异的体现。

　　1. 气质的类型

　　气质的类型是不同心理活动特性的典型结合。传统四类型说将人的气质分为四种类型:胆汁质、多血质、黏液质和抑郁质。这四种气质类型及对应的心理特征如表9-1所示。值得注意的是,在现实生活中,仅表现出某种单一气质类型特征的人并不多,绝大多数的人是四种气质的特征兼而有之的。

表 9-1　四种气质类型及对应的心理特征

气质类型	心理特征
胆汁质	直率、热情、精力旺盛、情绪易激动、心境变化剧烈,具有外倾性
多血质	活泼、好动、敏感、反应迅速、喜欢与人交往、注意容易转移、兴趣容易变换,具有外倾性
黏液质	安静、稳重、反应缓慢、沉默寡言、情绪不易外露、注意稳定、善于忍耐,具有内倾性
抑郁质	孤僻、行动迟缓、善于观察细小事物、情感发生较慢但持续

　　此外,托马斯(A. Thomas,1914—2003)和切斯(S. Chess,1914—2007)提出的婴儿气质的三类型说至今仍被广泛运用。他们运用日常行为观察法和父母问卷调查法,对2—6个月大的婴儿在不同时间点的各种行为及行为发生的背景进行了系统性的调查,提出了儿童气质的九个维度,并依据这九个维度将儿童的气质类型划分为容易型、困难型和迟缓型三种(如表9-2所示)。容易型儿童的日常生活较为规律,对周围人和环境的接近性、适应性强,具有温和且积极的情绪反应;困难型儿童常表现为生活不规律、接近性和适应能力低、具有强烈且消极的情绪;迟缓型儿童的活动性、接近性和适应性水平均较低,具有消极而缓慢的情绪反应,且情绪时好时坏,常常不稳定。

表 9-2　婴儿气质的九个维度和三种类型 [①]

	容易型	困难型	迟缓型
活动水平	变动	变动	低于正常
节律性	非常规律	不规律	变动

---

① 白学军. 儿童发展[M]. 北京:高等教育出版社,2016:146.

续表

	容易型	困难型	迟缓型
分心程度	变动	变动	变动
趋避性	积极接近	逃避	起初逃避
适应性	适应性强	适应慢	适应慢
注意广度和持久度	高或低	高或低	高或低
反应强度	中等或中偏下	强	很弱
反应阈限	高或低	高或低	高或低
心境质量	积极	消极（烦躁）	消极（低落）

值得注意的是，尽管儿童存在不同的气质类型，但气质类型之间并无好坏之分，每一种气质都有其积极和消极的一面，它仅代表儿童自出生起所呈现出的一种特定的行为风格。个体所表现出的气质类型的差异不仅存在于婴儿期，到幼儿期、儿童期、青少年期甚至到老年期这种差异可能依旧存在。巴斯（D. Buss，1953—　　）和普洛闵（R. Plomin，1948—　　）同样将气质描述为一种特征，并认为这种特征表现出了跨越生命全程的稳定性。

当然，也有研究者认为气质并非一成不变，在儿童社会化过程中，气质也会呈现出一定的可变性。气质发展的特点有助于我们进一步探索儿童人格发展的规律，依据气质发展的特点总结不同年龄、不同气质类型儿童的人格发展方向，也能为其成长提供可借鉴的教育建议。

2. 儿童气质的发展特点

气质作为人格发展的基石，具有较强的稳定性和一定的可变性。一方面，遗传因素是个体气质形成的基础，遗传因素所带来的气质的稳定性决定了儿童的气质类型直至老年期可能都不会有较大的变化。另一方面，来自家庭、学校、社会的外部环境因素都可能会在一定程度上影响气质，使儿童气质发生缓慢而微小的变化，表现出一定的可变性。总的来说，气质在个体的发展过程中表现出"稳定中缓变、微变"的特点。

（1）气质的稳定性

由遗传因素决定的气质的稳定性特征在儿童个性发展过程中具有重要作用。儿童的情绪反应、行为风格自婴儿期便已存在差异，这种最初的个体差异形成了儿童独特的、多样的人格特征。

首先，在不同的活动中，气质不随个体活动的目的、动机、内容或活动性质的变化而发生改变。例如，一个积极情绪水平较高的儿童在与同伴交往时相对活泼、易于交往，同样在与父母相处时，这样的儿童也会表现得更加积极，与父母的相处更加和谐；而一个积极情绪水平较低的儿童无论在与同伴交往还是在与父母交往的过程中，都会表现出相对低沉的情绪状态。

其次，在个体发展的不同年龄阶段，气质也是相对稳定的。有研究者基于实验室观察与父母报告，发现在幼儿期至青少年早期的近十年间，儿童的气质表现出相当大的稳定性；随着年龄的增长，气质的稳定性略有增加，到成年晚期，个体气质稳定性与年龄之间的相关程度依旧在增长。[1] 这说明在青少年期以前,个体的气质便已表现出了稳定的特点,随着年龄的增长,气质并未因受到社会环境或经验的影响而发生较大变化,反而变得更加稳固。

最后,在婴儿早期至儿童期,气质的不同维度也表现出相当高的稳定性。一项追踪研究考察了气质的九个维度的稳定性,结果发现,婴儿在4—8个月和1—3岁时在气质的九个维度上均表现出稳定性。[2] 还有研究以3岁、4—5岁和6—7岁的儿童为研究对象,发现消极情感、外向性和努力控制三个维度在所有年龄组中均表现出相似性。[3] 为了提升实验效度,戴森等人采用实验室观察法,通过构建结构方程模型探讨了幼儿气质的结构稳定性。[4] 结果表明,由积极情感/兴趣、社交性、烦躁不安、恐惧/抑制、冲动与约束组成的五因素结构在3岁和6岁儿童中高度吻合,表明儿童的气质结构具有良好的跨年龄的稳定性。

（2）气质的可变性

虽然气质由遗传因素决定,表现出较高的跨年龄的稳定性,但这并不意味着气质是一成不变的。人是一个开放的系统,在成长过程中可以通过直接和间接的方式习得许多经验。这些经验与个体所处的环境共同影响着气质的发展。例如,在儿童成长过程中,父母的教养方式会影响儿童气质的发展。研究发现,在控制了气质各维度的初始水平后,敏感、温暖的养育方式会减少儿童的消极反应[5];而严厉、控制的养育方式会增加儿童消极反应[6]。由此可见,由于受到成熟、经验和环境等因素的共同影响,气质在具有稳定性的同时还表现出一定的可变性。

专栏　儿童气质与父母教养:发展拟合优度模型

不难发现,儿童的发展并非由先天遗传因素或后天环境因素单独决定。发展心理学家试图从这两方面因素的交织作用中为儿童的发展寻找答案。其中,托马斯和切斯提出的发展拟合优度模型(goodness-of-fit model of development)描述了个体的气质和其他特征是如何在与环境因素的相互作用下对儿童发展产生动态影响的。

拟合优度是指个体的智力、能力、动机等特征与外在环境的要求和期望相一致的情况。个体与环境达到拟合优度能够促进个体朝最优化的方向发展。反之,则会产生拟合

① KOPALA-SIBLEY D C, OLINO T, DURBIN E, et al. The stability of temperament from early childhood to early adolescence: a multi-method, multi-informant examination[J]. European journal of personality, 2018, 32(2): 128–145.

② MCDEVITT S C, CAREY W B. Stability of ratings vs. perceptions of temperament from early infancy to 1–3 years[J]. American journal of orthopsychiatry, 1981, 51(2): 342–345.

③ ROTHBART M K, AHADI S A, HERSHEY K L, et al. Investigations of temperament at three to seven years: the children's behavior questionnaire[J]. Child development, 2001, 72(5): 1394–1408.

④ DYSON M W, OLION T M, DURBIN C E, et al. The structural and rank-order stability of temperament in young children based on a laboratory-observational measure[J]. Psychological assessment, 2015, 27(4): 1388–1401.

⑤ Bates J E, Schermerhorn A C, Petersen I T. Temperament and parenting in developmental perspective[J]. Temperament in childhood, 2012, 425–411.

⑥ Braungart-Rieker J M, Hill-Soderlund A L, Karrass J. Fear and anger reactivity trajectories from 4 to 16 months: the roles of temperament, regulation, and maternal sensitivity[J]. Developmental psychology, 2010, 46(4): 791.

差度,导致个体的适应不良。由此可见,父母的教养方式影响儿童气质类型的形成与发展方向的关键在于,父母的教养方式是否与儿童的气质特点相符合。例如,对于胆小、不活跃的儿童,父母应多鼓励他们去探索周围的世界;而对于活泼的儿童,父母频繁的鼓励和指导反而有可能妨碍儿童的自主探索行为,削弱他们的好奇心。值得注意的是,尽管父母教养方式对儿童气质的发展有重要的塑造作用,儿童也并非单向、被动地接受外界施加的影响,即儿童与父母是相互影响的。

每个儿童都带着独一无二的气质来到这个世界上,父母应根据儿童的不同个性特点和气质表现,采取恰当的教养方式并为儿童的发展提供适宜的环境。

首先,气质的可变性反映为儿童情绪性的发展。情绪性包括个体对人、对事等的积极情绪和消极情绪表达,以及情绪表达的适度性,是婴儿期和幼儿期气质发展的核心。积极情绪包括微笑、大笑和其他愉悦的表现;消极情绪则包括情绪的不稳定性、易怒、胆怯等。微笑是早期婴儿积极情绪的主要表现形式,婴儿在大约 3 周大时就开始对刺激做出反应性的微笑,但第一个反应性的社交微笑在接近两个月大时才出现;婴儿的笑声在 4 个月左右出现,12 个月大时会产生更多的社交笑声。6—12 个月时婴儿的积极情绪开始增长,与前 6 个月相比,6—12 个月的婴儿在情绪上表现得更为积极。

其次,气质的可变性反映为儿童活动水平的发展。活动水平表现在儿童对活动强度、活动时间和活动速度的要求上,还表现在对受限动作的反应上。活动水平高的儿童主动性较高,精力充沛,似乎很少感到疲劳;但他们也很容易烦躁不安,很难长久保持一个坐姿。儿童活动水平的发展还与其他诸多因素有关,照料者是影响婴儿活动水平的重要因素之一,当儿童与主要照料者在一起时,无论情绪积极或消极,均能够表现出较高的活动水平。在 3 岁以前,儿童的活动水平表现为增长的趋势,4 岁以后,儿童的活动水平逐渐下降并趋于平稳。

最后,气质的可变性表现为儿童努力控制的发展。努力控制是与注意相关的一个气质维度,可理解为儿童为了激活次要反应而主动抑制主要反应的能力、制订计划的能力,以及错误监测的能力。注意的集中或转移、抑制控制、知觉敏感性和低强度愉悦等均属于努力控制的范畴。纵向研究发现,婴儿早期的注意和情绪调节都是由外部刺激所引发的,直至 6—12 个月努力控制才出现[1];2 岁后,随着生理结构的日益成熟,努力控制能力迅速发展,并在幼儿期和儿童期呈线性递增的趋势;7 岁左右,儿童努力控制的能力趋向成熟[2]。但值得注意的是,并非所有儿童的努力控制水平的变化均遵循这样的趋势,儿童努力控制的初始发展水平与递增速度存在显著的个体差异:初始水平较高的儿童,其努力控制水平随时间提高得也较快。

从神经科学的角度来看,努力控制依赖与执行功能有关的前注意神经系统。一项以 4—

① KOHNSTAMM G A. Temperament in childhood: cross-cultural and sex differences [M]//Kohnstamm G A, Bates J E, Rothbart M K. Temperament in childhood. Hoboken, N. J.: John Wiley & Sons, 1989: 483–508.

② 刘文,彭菲菲. 气质努力控制的研究综述 [J]. 辽宁师范大学学报, 2008, 31(4): 45–47.

8岁儿童为对象的研究发现,前额叶皮质是儿童自我控制能力发展的生理基础,为儿童努力控制能力的发展提供了可能性。腹内侧前额叶皮质、背外侧前额叶皮质、前扣带回与基底神经节的联合发展有助于提高儿童对思维和情绪的努力控制能力。[①]

总体而言,由于气质所依赖的遗传生物学基础也是处于发展中的系统,这些系统的成熟可能会改变气质的结构和特点,而儿童的后天经验和社会环境也会以某种特定的方式作用于生物学基础从而影响个体的气质,使气质在个体发展中也呈现出一定的可变性。

（二）儿童性格的发展

如果说气质在儿童人格发展过程中充当基石,那么性格便体现出儿童在人格发展过程中多彩的一面。性格是指个体对现实生活的稳定态度以及习惯化了的行为方式,包含一个人的品行道德与风格,并主要表现在个体的思维、情感、行为以及与这些外在表现相关联的心理机制中。性格是最核心的个性心理特征,儿童的性格特点与需要、动机、信念和世界观联系得极为密切,能够影响气质的发展及其表现。例如,两个气质类型同为胆汁质的儿童,在后天环境的影响下,一个可能脾气暴躁、容易冲动、自制力差,另一个可能热情活泼、思维敏捷、精力充沛。这都体现了儿童性格发展的差异。

1. 性格的结构

儿童的性格结构包含态度、意志、情感和理智四个方面,如表9-3所示。这四个方面相互组合、相互联系,共同组成了个体完整的性格。

表 9-3　性格的结构

特征	含义	主要表现
态度特征	性格的重要组成部分,主要包括对社会、集体和他人的态度、对学习和工作的态度,以及对自我的态度等	积极的态度包括:乐于助人、热爱学习、善良真诚、严于律己等 消极的态度包括:自私冷漠、粗心大意、自以为是等
意志特征	个体在调节自己行为的方式和水平上表现出来的性格特点	对行为目的明确程度的特征,如目的明确或盲目冲动;对行为的自觉控制特征,如自律或任性;对行为执行的特征,如坚毅或半途而废;对突发情况的反应特征,如果敢或犹豫
情感特征	个体在情绪活动中表现出的性格特点	情绪的强度;情绪的稳定性;情绪的持久性;情绪的主导心境
理智特征	个体在认知过程中表现出的认知特点和认知风格,也称性格的认知特征	如有的孩子敏感,有的孩子迟钝;有的孩子记东西快且牢,有的孩子记东西慢且忘得快;有的孩子善于独立思考,有的孩子善于附和他人等

---

① BUSS K A, DENNIS T A, BROOKER R J, et al. An ERP study of conflict monitoring in 4-8-year old children: associations with temperament[J]. Developmental cognitive neuroscience, 2011, 1(2): 131-140.

2. 儿童性格的发展特点

儿童的性格在很大程度上是社会化的结果。新生儿并不存在自己对现实的态度和行为方式,儿童性格的发展是在先天气质的基础上,受后天的家庭环境、学校环境、社会环境的影响,在儿童自身实践活动中逐渐形成的。儿童的性格有好坏之分,例如,开朗、诚实、守信均属于好的性格特点,而刻薄、暴躁、自私等均属于不好的性格特点。此外,如表9-4所示,儿童的性格发展还表现出明显的年龄特点。

表9-4 不同年龄阶段儿童性格的发展特点

年龄阶段	发展特点
婴儿期	性格发展的萌芽期,在这一时期,良好的亲子关系及依恋关系是塑造婴儿良好性格的基础
幼儿期	性格的初步发展期,也是性格培养的关键期。在这一时期,照料者的教养方式对幼儿性格发展至关重要
儿童期	性格形成与发展的重要时期,学校环境与同伴交往在儿童性格发展中的作用日渐显现
青少年期	性格迅速发展变化的时期,性格特点逐渐分化,表现得更加鲜明、内敛,更加稳定

（1）婴儿期性格的发展

婴儿期是性格发展的萌芽期。刚出生时婴儿所表现出的情绪与行为上的差异可以归结为气质类型的不同,随着婴儿的成长,其性格特点逐渐形成,主要照料者(如父母)的陪伴、支持与教育对婴儿性格发展的影响越来越重要。在这一时期,良好的亲子关系及依恋关系是塑造婴儿良好性格的基础。安全的依恋关系能够使婴儿体会到来自照料者的爱与信任,使得婴儿能够积极探索,在后续成长过程中能够建立良好的自我认同感和自信心,能够主动表达情绪,这都有助于培养婴儿积极、乐观的性格特点。而不安全的依恋关系往往使婴儿缺乏积极的情绪体验,从而增加了形成怀疑、孤僻等消极性格的可能。除此之外,婴儿生活的环境主要为家庭,父母的情绪状态、婚姻质量等因素均会影响婴儿早期的性格。

（2）幼儿期性格的发展

6岁之前是儿童性格培养的关键时期,此时,幼儿尚未开始接受系统的学校教育,主要照料者在幼儿性格发展过程中依旧发挥重要作用。照料者的不同教养方式可能塑造幼儿不同的性格特点。例如,民主型的教养方式使幼儿能够参与家庭决策,有助于幼儿形成自信、开朗、大方的性格特点;专制型的教养方式容易造成矛盾的亲子关系,父母强烈的控制欲望要么被幼儿模仿,从而形成暴躁易怒的性格特点,要么使幼儿变得懦弱;放任型的教养方式对幼儿的缺乏约束,极易导致幼儿形成自由散漫的性格特点;保护型教养方式下成长的幼儿常被过度溺爱,过度的保护往往导致幼儿独断专横、容易自负。因此,在儿童成长过程中,父母要有意识地使用恰当的教养方式以有助于幼儿性格自然的发展以及幼儿良好性格的形成。

（3）儿童期性格的发展

小学阶段是性格形成与发展的重要时期。升入小学后,教育环境对儿童的影响逐步超过家庭环境,同伴关系与师生关系在儿童性格塑造过程中逐渐占据重要地位。但在小学低年级,教师与同伴的影响尚不稳固,因此在这一阶段其对儿童性格发展的影响相对较弱;而到了小学高年级,儿童集体活动的范围日益扩大,集体意识日益提高,教师和同伴在儿童心中的地位逐渐提高,他们对儿童性格的影响也逐渐增强。根据群体社会化发展理论(group socialization theory of development),儿童在家庭之外的社会化结果主要源于同伴群体的认同以及对群体规范的同化。同伴间的情绪与行为反应总是相互影响的,如在一个活泼爱笑的同伴的带领下,一个沉默寡言的儿童也可能变得活泼起来。

(4) 青少年期性格的发展

青少年期是个体从儿童成长为成人的过渡时期,在这一时期,个体的身心均发生着剧烈的变化。从儿童期到青少年期个体性格的发展表现出从整体性到更加差异化、具体化的发展趋势,青少年的性格特点更为凸显。随着学习环境的转变以及心理的不断成熟,高中生的性格特点更加鲜明、更加内敛,随着自我控制能力的提升,此时的青少年能够调控自己的行为,从而形成较为稳定的性格特点。

自我控制能力的发展不仅促进了儿童性格的稳定形成,在一定程度上也体现了儿童人格的成熟水平。事实上,它的发展还反映了儿童人格发展的另一个重要方面——自我意识的发展。

第二节　儿童自我意识的发展

自我意识是儿童人格结构的重要组成部分,是自我调节系统的核心。尽管儿童人格的形成和发展受遗传和环境两种因素的交互影响,但儿童绝不是被动地接受它们的影响。儿童并非天生就知道自己是谁,自我意识也并非与生俱来。"我"这个词是儿童在出生很久以后才学会的。儿童对自我由浅入深的认识过程就是不断回答"我是谁"的过程,亦是不断塑造"我"的过程。在这一过程中,自我意识帮助儿童实现了对自己人格塑造的主动性——在与环境的交互作用过程中,儿童不断进行自我评价和自我调节以培养自己的健全人格。从这个意义上而言,自我意识是儿童人格发展的动因,对儿童人格的形成和发展起着积极的、主导的作用。

一、自我意识的内涵

有关自我的研究源于詹姆斯(W. James,1842—1910)于1890年提出的自我理论。他指出,自我包含主体我(I)和客体我(Me)两个方面,前者指认识的主体,后者指认识的对象。尽管当前国内外学者对自我意识的含义众说纷纭,但对其核心意义的理解基本一致。概括而言,自我意识就是自我,是个体对自己,以及自己与周围人和事物之间关系的认识,具有认知、情感、意志三种基本表现形式,是一种多层次、多水平的稳定而统一的心理系统,对人的心理和行为起统领和调节的作用。

根据自我意识的认知、情感、意志三种表现形式,可将自我意识划分为自我认识、自我体验和自我控制三个部分。具体而言,自我认识是自我意识的认知成分,指个体对自己的观察和理解,包括自我感觉、自我观察和自我评价等;自我认识是自我意识的核心,同时也是自我体验与自我控制发展的基础。自我体验是自我意识的情感成分,指个体自己的情绪体验,包括自尊、内疚、自豪等。自我控制是自我意识的意志成分,指个体对自身行为和思想进行调节和控制的能力。这三个部分相互作用、相互依存,统一于个体的自我意识之中。

二、婴儿期自我意识的发展

(一)自我认识的发展

婴儿最开始分不清主体我和客体我,他们不能区别自己和他人。随着婴儿认识到主体我,即对自己作为活动主体有了一定的认识,能够区分自己做出的活动和他人做出的活动之后,才逐渐开始认识什么是客体我。客体我的形成,即儿童学会使用代词"我"来指代自己,是自我意识发展的第一个飞跃期的重要标志。埃里克森认为,婴儿学会了大量的技能,能够主动地进行一些社会活动,他们开始有意识地去做一些自己想做的事情。伴随而来的是第一个逆反期,表现为儿童不愿意父母对他们的行为进行干涉,希望能成为一个独立的个体,并且能够按照自己的意愿进行活动。

(二)自我体验的发展

自我体验包括个体对自己产生的各种情绪情感的体验。婴儿在出生后的第一年就会表现出所有的基本情绪(如,快乐、愤怒、悲哀和恐惧等),而自我意识情绪(如,窘迫、羞耻、嫉妒、自豪、内疚等)由于需要自我意识的参与,因而出现得较晚。个体一般在2岁末或3岁初时表现出自我意识情绪的萌芽。研究表明18—24个月的婴儿会表现出垂下脑袋、双手捂脸以及尴尬的情绪。[①]3岁儿童在与他人和社会的交互中习得一系列的标准、规则和目标,同时开始根据这些标准、规则和目标对自己的行为进行基本的评价;当自我的行为遵守或者违反了规则时,他们会体验到积极或消极的自我意识情绪,如自豪、羞耻。[②③]

0—3岁依恋形成的关键期,因而婴儿自我意识情绪的发展和表现与父母教养方式密切相关。例如,具有消极自我意识情绪经历的父母更有可能采取不恰当的教养方式,如感到强烈羞

---

① LEWIS M, SULLIVAN M W, STANGER C, et al. Self development and self-conscious emotions[J]. Child development, 1989, 60(1): 146-156.

② TRACY J L, ROBINS R W. Putting the self into self-conscious emotions: a theoretical model[J]. Psychological inquiry, 2004, 15(2): 103-125.

③ 俞国良,赵军燕. 自我意识情绪:聚焦于自我的道德情绪研究[J]. 心理发展与教育, 2009, 25(2): 116-120.

耻感的父母,可能诉诸自我辩解、回避,甚至责备孩子,使得孩子难以满足归属和爱的需求,从而形成不安全的依恋方式,这会进一步导致婴儿在之后的成长过程中更容易进行消极的自我评价,体验到消极的自我意识情绪。由此可见,婴儿期父母教养方式对个体的自我体验有着深远的影响。婴儿在与主要照料者的互动中形成的积极或消极的自我体验模式,便是自尊的雏形。

(三)自我控制的发展

自我控制是个体对自身心理与行为的主动掌握,它使个体在无外界监督的情况下能主动地选择目标、抑制冲动、控制行为,从而保证目标实现。刚出生的婴儿对自我的控制仅限于系统组织,表现为唤醒状态和早期活动的激活调节。随后,婴儿在先天的无条件反射的基础上,逐渐产生自主控制的动作,涉及对自己身体躯干和身体动作的控制。随着年龄的增长以及身心的全面发展,婴儿的自我控制能力呈上升趋势,并促进其独立性和自主性的发展。

延迟满足是个体甘愿为更有价值的长远结果而放弃即时满足的一种抉择趋向,以及在等待期展示出的自制能力。婴儿的延迟满足能力随年龄增长而逐渐增强。2岁时婴儿延迟性自我控制行为已经初步上升至主导地位,但其自我控制能力的水平还较低,且具有明显的冲动性,表现为反应性的控制不足(例如不安等)和反应性的过度控制(例如对新奇事物的恐惧反应等)。随着年龄的增长,婴儿对自己行为的控制力以及根据外界要求调整自己行为的能力有所提高。2—3岁是婴儿自我控制发展的关键期。

三、幼儿期自我意识的发展

(一)自我认识的发展

幼儿期自我认识的发展表现为随年龄的增长而逐步上升。幼儿很少用内部的心理特征来描述自己,他们通常基于自己的外部特征来介绍自己。例如,我是一个漂亮的女孩子,我最喜欢的活动是跳舞等。相比而言,幼儿自我评价的发展趋于成熟。具体表现为,幼儿从容易相信成人、对外部行为进行评价,以及做出较笼统的、带有主观情绪的评价逐步向独立评价、对内部心理品质进行评价和较为细致的、初步客观的评价转变。幼儿的自我评价能力在一定程度上影响着幼儿对他人的态度。总的来说,幼儿期的自我认识处于一个上升阶段,此时,教师和家长应该给予幼儿正确的引导,培养幼儿正确认识自己和评价自己。

(二)自我体验的发展

自尊是幼儿自我情绪体验中的重要成分,也是心理健康的重要指标之一。自尊萌芽于3岁左右,之后呈上升趋势,到4岁后开始下降,随后在5—6岁趋于稳定。出现这种波动的原因可能是幼儿长期处于被优待和被照顾的环境中,从未经受过来自外界的困难和挫折,多数幼儿接收到的来自他人的评价信息是以赞扬为主的。因此,早期幼儿对自己具有不切实际的高估。随着年龄的增长,幼儿自我评价的恰当性逐渐提高,此时幼儿的自尊会出现一定程度的回落。

（三）自我控制的发展

从 4 岁开始，幼儿的自我控制水平进一步发展，幼儿的认知和行为开始由他们的"自我"来控制。幼儿可以遵守规则，能够有意识地控制自己的行为，遵从社会规范。但幼儿内化外在规则的能力还很有限，需要通过成人的提醒和鼓励进行强化。在幼儿期，幼儿不但能充分理解延迟满足的含义，也可以有效地采取分心策略等高水平策略顺利完成延迟满足任务。儿童自我控制能力在 3—3.5 岁发展较为缓慢；3.5—4.5 岁发展迅速；4.5 岁以后，发展速率再次减慢。由此可见，3.5—4.5 岁是儿童自我控制发展的敏感期。绝大多数 5—6 岁儿童都形成了一定的自我控制能力。

专栏 "照镜子"促使儿童说出真相

世界上所有的儿童都会说谎，它跟儿童的性别、个性和气质无关。此外，随着年龄的增长，儿童说谎的现象也变得越来越频繁。那么，有没有方法能够减少儿童的说谎行为呢？近几年，减少儿童说谎行为的相关研究有了新的进展。研究者发现，诱导自我意识（通过在镜子里看自己）可以促进儿童的诚实行为。2018 年，班达研究了自我意识对加拿大幼儿（3—4 岁）讲真话的影响，发现与控制组幼儿相比，被要求看着镜子中的自己并说出自己的姓名和年龄的幼儿更有可能承认自己的不道德行为，即偷看被要求不要看的玩具。[①] 这是迄今为止最成功的干预技术之一，因为与控制组的幼儿相比，实验组幼儿的说谎率低了 37%。那么，这种技术是否适用于中国儿童呢？ 2019 年，有研究者在中国重复了这一研究，并比较了自我意识和他人意识（看同伴的照片）在促进中国幼儿诚实方面的有效性。[②] 研究者将幼儿（3—4 岁）随机分配到自我意识组、他人意识组或控制组，并要求他们在无人在场的情况下不要偷看玩具。当被问及他们是否偷看了玩具时，与控制组幼儿相比，自我意识组的幼儿更有可能说出真相，而他人意识组和控制组幼儿在讲真话方面没有表现出显著差异。这表明，自我意识作为一种促进幼儿诚实的技术在不同文化中都有一定的有效性，但诱导他人意识可能无法促进儿童的诚实行为。

四、儿童期自我意识的发展

（一）自我认识的发展

随着年龄的增长，儿童期的儿童能够逐渐将自己的内心世界与外部行为、短期行为和长期

---

① BENDER J, O'CONNOR A M, EVANS A D. Mirror, mirror on the wall: increasing young children's honesty through inducing self-awareness[J]. Journal of experimental child psychology, 2018, 167: 414-422.

② DING X P, O'CONNOR A M, WENG M, et al. The effects of self-and other-awareness on Chinese children's truth-telling[J]. British journal of developmental psychology, 2019, 37(3): 323-335.

行为整合起来。但是,这一时期儿童对自己的存在,以及能力、性格等方面的认识仍然带有具体性和绝对性。儿童进入小学以后,对自己的认识和描述逐渐从外部活动转向内部抽象的心理特征。他们的自我概念也由简单变得细致而复杂,开始试图根据品质、人际关系和动机等方面的特点来描述自己。同样,儿童的自我评价能力在进入小学之后也进一步发展,逐渐脱离以往那种顺从别人的评价、笼统地对自己进行评价的方式,并转变为独立评价、对自己个别或多方面进行评价。童年期是儿童自我认识发展的重要时期。在这一时期,儿童对自己的认识和评价均会变得更加理性和客观,儿童自我认识的良好发展与其未来的学习成绩等发展结果息息相关。

（二）自我体验的发展

在小学阶段,儿童自我体验与自我评价的发展有着高度的相似性。随着儿童开始内化外界的标准、规则和目标来评价自己,他们的自我体验也更加深入、全面。进入小学后,儿童自尊的发展与同伴交往和学业成绩之间存在密切联系。这可能是因为,儿童对父母的依赖逐渐降低,其社会关系转移到以学校生活为基础的同伴关系上,而学业表现作为衡量学生成就的重要指标,一定程度上也能够反映社会对儿童价值的肯定。具体而言,同伴关系和谐、学习成绩优秀的儿童会有更高水平的自尊;反之,自尊水平较高的儿童有更为积极的自我评价,他们更加肯定自我的价值,促使其建立良好的同伴关系,学业表现更为优秀。总的来说,小学阶段儿童自尊的发展水平与其同伴关系、学业表现、自我评价等方面紧密联系、相互作用。

（三）自我控制的发展

自我控制能力的提升是小学阶段儿童关键性、标志性的发展成就。在这一阶段,儿童的自我控制能力不断成熟。儿童的情绪调控能力到青少年期前整体呈不断提高的趋势;儿童的行为控制能力在4—9岁明显提高,在9—13岁逐渐趋于稳定。小学低年级儿童主要认同权威的外在控制,而随着自我意识的发展,小学高年级儿童对外在控制的依赖不断减少,逐渐由外在控制向内在控制转化。但自我控制能力的发展仍不足以使儿童充分掌控自己,在这一阶段儿童的自我控制能力会表现出不稳定性。

五、青少年期自我意识的发展

（一）自我认识的发展

自我意识发展的第二个飞跃期出现在青少年期。进入青少年期之后,青少年的身体迅速发育,很快出现成人的体态特征,但这种身体的变化太突然,会导致身心发展的不平衡,由此青少年会产生一种"失衡"的感觉。他们会将自己的思想重新指向内心世界,将更多的心智用于内省。此外,青少年期也是发展自我同一性的关键期。自我同一性是指个体在特定环境中的自我整合与适应之感,是个体寻求内在一致性和连续性的能力,是对"我是谁""我未来做什么"等问题的一系列回答。因此,在这一时期,教师和家长应该及时关注青少年的心理健康状态,及时给予青少年一定的支持来帮助他们度过这一关键时期。

(二)自我体验的发展

青少年期是心理危机和心理矛盾产生的高峰期。在这一阶段,青少年身体的发育使他们试图摆脱儿童的角色并开始寻求稳定的成人认同感,在这个过程中他们常常会感到困惑并伴随着自尊的变化。在青少年前期,青少年自尊的稳定性出现了下降的趋势。因为这一时期的青少年身体和生理发生巨大变化,但他们的心理尚不成熟,这种身心发展的不平衡性带来一系列心理危机,自尊水平的较大波动就是其中之一。大部分青少年在面对自尊变化时,都能够很好地应对。到了青少年后期,青少年对"我是谁?""我想成为什么样的人?"这一系列与自我意识相关的问题有了更深刻的认识,他们的自我评价也更加客观,青少年的自尊开始表现出跨时间的稳定性。

(三)自我控制的发展

在青少年期,自我控制处在一种动态的发展过程中。对青少年来说,自我控制能力在不断增长,控制能力发展以内部动力为主,但仍不稳定,具体表现为青少年具备了一定的自我监控和调节能力,但其身心发展的不平衡性使他们容易高估自己的力量。

来自磁共振成像技术的研究结果进一步证实了青少年自我控制能力的不稳定性。研究者比较了儿童、青少年和成人在完成奖赏操纵任务时的大脑激活模式,发现青少年在伏隔核(大脑皮质下负责奖赏加工的关键区域)的激活水平与成人相似,而前额叶(认知控制加工的关键区域)的激活水平却与儿童更加相似。[1] 发育相对成熟的边缘系统与发育不够成熟的前额叶区并存于青少年身上,这种大脑发育的不平衡性在一定程度上可以解释青少年的冲动行为和自我控制的不稳定性。

第三节　儿童健全人格的培养

儿童人格发展的最终目的是实现人格系统内部与儿童所处的外部环境系统的和谐统一,让儿童在内部成熟的基础上发展成为适应良好的健康个体。影响儿童人格发展的因素主要包括儿童自身的个体因素以及家庭、学校、社会等外部环境因素。在梳理这些影响因素的基础上,本节将探讨如何从家庭、学校等层面实现对儿童健全人格的培养。

---

① GALVAN A, HARE T A, PARRA C E, et al. Earlier development of the accumbens relative to orbitofrontal cortex might underlie risk-taking behavior in adolescents[J]. Journal of neuroscience, 2006, 26(25): 6885-6892.

一、人格发展的影响因素

（一）个体因素

1. 气质类型

人格的形成以个体气质类型为基础。气质从婴儿期就开始出现,是人格特质中最稳定、最基本的成分。气质源于遗传,主要受基因、染色体等遗传因素的影响,在一定程度上决定个体成年后的人格特征。一项双生子研究发现,在14—20个月大的婴儿中,遗传因素至少能够解释25%的气质差异。同样地,对1 037名新西兰3岁儿童进行的为期15年的追踪研究发现,儿童3岁的气质特点在18岁时仍然存在。[①]随着幼儿的成长和个体社会化的进行,儿童的气质在受到外界刺激与个体经验影响的同时,也会影响个体经验及对外界刺激的感知和反应,正是这种内外的相互作用形成了儿童独特的人格特征。例如,儿童的气质会使父母对其产生不同的反应。父母在抚养容易型儿童时更愉快且更有耐心,对其做出更多的夸赞、爱抚和亲切举动;而面对困难型儿童时则容易失去耐心,认为自己是失败的,进而较少地与儿童进行互动。

2. 自我意识成熟水平

自我意识是人格系统中的自动调节或控制结构,它不仅可以衡量个性的成熟水平,还能够推动人格的发展。自我意识水平的成熟,能够帮助儿童对自己的心理活动和社会行为进行更好的监督。随着青少年时期自我意识的飞速发展,个体会自觉改造和重建自己的人格结构,使其符合社会化目标,从而加速人格社会化的过程。

（二）家庭因素

家庭是儿童最早接触的社会环境,也是儿童最主要的生活场所,它对儿童人格的形成和塑造有着直接而重要的影响。在家庭系统中,父母作为儿童最为重要的养育者,通过其特定的教养态度和行为,与儿童形成了长期而稳定的互动模式,是儿童人格形成和发展最重要的影响因素。此外,家庭结构与家庭经济地位为儿童家庭生活提供了重要的环境基础,也深刻影响着儿童人格的形成和发展。

1. 父母教养方式

鲍姆林德(D. B. Baumrind,1927—2018)指出,决定父母教养方式的维度有两个:一是要求性,即父母能够根据儿童不同的心理发展水平提出合理要求,并坚持要求儿童达到标准;二是反应性,即关爱儿童、对儿童充满爱意,承认和接受儿童,能对儿童的需求敏感地做出反应。根据这两个维度可以将父母教养方式分为四种类型,如表9-5所示。

---

① POULTON R, MOFFITT T E, SILVA P A. The dunedin multidisciplinary health and development atudy: overview of the first 40 years, with an eye to the future[J]. Social psychiatry and psychiatric epidemiology, 2015, 50: 679-693.

表 9-5   父母教养方式的四种类型

	高反应性	低反应性
高要求性	权威型	专制型
低要求性	放纵型	忽视型

权威型父母对儿童既有要求也有关爱,他们能对儿童提出合理要求,设置合理的行为界限并前后一致地要求儿童遵守;同时他们对儿童是爱护的、有耐心的,能够听取儿童的意见,鼓励儿童参与家庭决策。权威型父母在儿童心里是可敬可亲的,有较高的威信。在这种家庭中成长的儿童,自尊水平较高,情绪较为稳定,能够愉快自信地学习和游戏,他们的自我控制能力较强,并且能够勇敢地进行社交活动。

专制型父母对儿童有要求但不够关爱,这类家长主张父母的绝对权威,不倾听、无民主,要求子女无条件服从。专制型父母在儿童心中是可怕的"暴君",在这种家庭中成长的儿童在父母面前规规矩矩,背着父母却我行我素。这类儿童通常焦虑水平比较高,自尊水平低下,常常感到不愉快,他们在与同伴交往时常表现出不自信和退缩行为,在遭遇挫折时容易产生攻击行为。

放纵型父母从不对儿童提出什么要求和行为界限,即使提了也不会要求儿童执行,对待儿童的行为缺乏约束,一味顺从。这类父母"说话不算数",在儿童心中毫无威信可言,被儿童认为是可被挑战的。在这种家庭中成长的儿童骄横、任性、自以为是,具有神经质的特点。他们在学习生活中懒懒散散、缺乏进取心,自控能力差,对困难任务难以坚持;在与他人交往时蛮横、自私。

忽视型父母对儿童是拒绝的,既没有要求也较少提供关爱,他们很少与儿童沟通,对儿童的需求也不能及时做出回应。在这种家庭中成长的儿童身心发展结果是最差的,他们情绪不稳定,难以捉摸;行为上没有规矩,自控能力薄弱;不愿与人交往,缺少社会交往技能。

可见,父母教养方式对儿童人格的形成有重要影响。权威、民主地教导儿童可以培养儿童安全的依恋关系、较高的自尊水平,提高儿童的情绪稳定性,促进儿童的社会性发展。同时,积极的教养方式使儿童拥有正确的思想观念、情感态度和行为规范,在很大程度上影响着儿童的人生观、世界观和价值观,决定着儿童未来的发展方向。

2. 家庭结构与家庭经济地位

从传统的几代同堂到如今的核心家庭(父母与其未成年子女组成的家庭),家庭结构对儿童人格的影响不容小觑。生活在核心家庭的儿童相比于生活在三代同住家庭的儿童表现出更高的独立性和更强的自我控制能力,而且这类儿童的情绪更稳定,与人交往更加文明礼貌。此外,家庭经济地位较低的父母在教养方式上重视对权威的尊重,强调顺从;行为上专断,教育方式单一;缺乏对儿童必要的关怀与温暖。这类教养方式容易引起儿童低自尊,同伴关系不良等一系列适应性问题。同时,家庭结构和经济地位是动态变化的,家庭生活出现重大变故,如父母失业,工作调动,婚姻危机以及二胎出生等都会对儿童人格发展产生影响。以离婚为例,家庭的破裂会让儿童经历情感的痛苦,他们会产生焦虑、抑郁并体会到痛苦,如果成人无法进行有效的引导会加剧儿童问题行为的出现。

（三）学校因素

学校是儿童学习生活的重要场所,其中学校课程、教师以及同伴关系等因素综合影响着儿童的人格发展。

1. 学校课程

学校课程作为教育的主要载体,是儿童人格发展的动力。幼儿园和小学阶段是儿童人格的形成期和快速发展期。此时,儿童没有较大的升学压力,学校应该结合合理的课程设置,更好地促进儿童健全人格的发展。相比之下,传统单一的课程模式和讲授方式难以适应不同学生的个性需求,以至听不懂课的学生选择退缩甚至不听讲。学校课程评价方式的单一和标准化,会磨灭儿童的创造力,使儿童人格结构中较为突出的特质很难发挥出来。例如,幼儿园"定量"评价将幼儿放置在一个预先确定的共同标准下,或单单以成绩"定高下"忽略了儿童的个性发展,无法促进儿童创新能力和实践能力的个性化发展。随着时代的发展,我国教育变革与发展的基本趋势也从"五育并举"逐渐发展到"五育融合"。学校教育应当重视德智体美劳的全面培育,追求"五育"平等的发展机会、发展过程、发展结果,以立德树人为根本目标,保障学生的全面发展。

2. 教师

教师在儿童健全人格培养的过程中扮演着重要的角色,教师的人格特征会潜移默化地影响儿童的人格特征。儿童易受暗示且模仿力比较强,教师常常是他们的楷模和偶像。教师的情绪特点、道德品质和人际交往风格都会成为儿童模仿和学习的对象。尤其是教师积极乐观的态度、自信坚持的品格、和谐的人际关系、善于控制自己的情绪等人格特征会对儿童的坚持性、情绪稳定和人际交往产生良好的影响。如果教师个性死板、班级缺乏民主,学生们就会一味地看老师脸色行事,处处小心翼翼,儿童的激情与聪慧就会被磨灭,容易形成依赖、笨拙、唯唯诺诺的性格特点。

教师对儿童的评价与反馈直接影响儿童人格发展的方向。研究发现,教师的评价是儿童自我概念的强有力的预测因子。[①] 我们常常会发现,儿童回家后开心或不开心的情绪状态很多时候都是因为教师的一句评价。

3. 同伴关系

同伴是与儿童相处的具有相同或相近社会认知能力的人,同伴关系对儿童人格发展的影响随时间变化,在青少年早期达到顶峰。在与同伴的互动过程中,儿童将同伴作为行为发展的榜样和衡量指标,进行自我评价与行为修正。儿童在交往中认识到同伴的不同观点,从而改变自己不合适的行为与想法,这有助于儿童自我同一性的发展。同时,同伴可以给予儿童安全感、归属感与稳定感,良好的同伴关系能够促进儿童发展开放、包容的态度以及好奇、

① COLE D A. Change in self-perceived competence as a function of peer and teacher evaluation[J]. Developmental psychology, 1991, 27(4): 682–688.

探索的人格特征。同伴间的日常交流与互动还有助于儿童逐渐构建起对生命、是非和周围世界的理解。

（四）社会文化

不同社会文化背景下的儿童的人格特征不尽相同。例如，在含蓄、委婉、注重集体主义的东方文化背景下，中国儿童乐观、合群、重感情；相比之下，在强调个人主义的西方文化背景下，美国儿童自信、独立，有强烈的自我意识。儿童人格发展虽具有多样性特点，但总体上也是趋近其所生活的社会文化背景的要求的。

二、儿童健全人格的培养途径

"当代儿童青少年要努力做一个心灵纯洁、人格健全、品德高尚的人"，儿童青少年人格的积极、健全发展对个人、社会和国家都具有重要意义。家庭教育和学校教育是促进儿童人格全面、和谐、健康发展的关键环节。家庭是儿童最先接触的生活空间，有温度的家庭教育在儿童健全人格的培养中具有统摄性的力量。学校作为连接家庭与社会的桥梁，亦是培养儿童健全人格的主要场所，积极的学校文化熏陶将有助于儿童积极人格的养成。

（一）家庭教育与健全人格培养

父母是儿童的第一任老师，其教养方式与态度对儿童健全人格的养成具有至关重要的作用。在具体的培养过程中，父母要系统全面地了解儿童自身的发展规律，掌握科学的教育方法。例如，可以定期参加亲子课堂、育儿讲座或接受家庭指导培训，学习如何让儿童拥有更加规律的生活作息、如何保持对新鲜事物的好奇心、如何使儿童的情绪处于积极状态等。同时，父母需要采取恰当的教养方式，营造温暖的家庭氛围，积极参与儿童成长。父母要对儿童的成长有明确的培养目标，为儿童提出安全且符合其能力发展的要求，采取民主、平等、合理的方式对待和约束儿童。例如，主动承担教育儿童的职责，鼓励儿童参与家庭决策；合理地对儿童的生活和学习提出要求，积极地与儿童交流，耐心倾听儿童的想法，为儿童的积极行为提供支持；鼓励儿童与他人交往、培养良好的同伴关系等。父母双方对儿童发展的影响侧重有所不同。例如，母亲的支持对儿童努力控制的发展起着重要作用，父亲的接纳和鼓励在约束儿童不良行为方面发挥着更大的作用。因此，在儿童将外部标准内化为自我约束的过程中，需要父母双方共同承担起接纳和鼓励儿童的责任，给予他们无条件的关爱与温暖。在日常生活中，父母也可以有意识地采取动之以情、晓之以理的说服教育，做到以身作则、品行一致，成为儿童心中良好的榜样。

需要注意的是，父母要避免过多地采取心理控制等消极的教养方式对儿童的行为、心理、情绪和观点等进行约束和控制。例如，父母在儿童没有达到标准时表现出冷漠的态度，经常拿"别人家的孩子"来贬低儿童，抑或是拿"我是为你好"来体现自己的牺牲等，这样的教养方式极易限制儿童的需求满足，降低儿童的自我效能感，导致问题行为的发生。因此，父母需要对约束的"度"有一个良好的把握,不随意干涉儿童的活动但也并非听之任之,严格要求而非苛求儿童,与儿童沟通时要适当听取他们的意见,而不是将自己的想法强加于他们,等等。只有秉持积极的教养观念和掌握科学的教养方法,才有助于儿童的人格健康发展,助其形成相对稳定的人格特征,具备更高的认知能力和社会成熟性。

(二)学校教育与健全人格培养

学校教育对儿童健全人格的培养十分重要,理想的学校教育应该服务于儿童的人格发展。首先,学校应该为儿童塑造一个充满活力的、自由的学习环境。学校环境不应抑制儿童的精力与天分,要与儿童的社会生活环境相适应,尽可能防止儿童校内生活和校外生活的割裂。其次,在制订培养目标和课程体系时,学校需要紧紧围绕因材施教,按照儿童发展阶段特点开展教学,设置形式多样的高质量课程。诸如,课程设置要有弹性,不同课程设置不同的内容和时长、课程设计要符合儿童的心理特点;注重儿童兴趣的培养、开设不同的专业课程以满足儿童习得日常技能的需要等。同时,学校也不能只强调教师的教学技能,也需要引导教师在日常生活中细致观察每位儿童的个人特点和发展情况,以便及时给予恰当的指导。

教师在教育教学中占据主导地位。首先,教师是儿童成长过程中的积极示范者,其一言一行都会产生深层次的影响,因此教师自身应掌握广泛的学科知识与教学技能,培养自信、坚定、热情和极具责任感的人格特征。其次,教师要尽力为儿童创造充分发展的条件,比如,更多给予儿童参与实践活动的机会,让儿童在做中学,帮助他们在实践中探寻知识的本质并掌握相关技能。教师要充分尊重儿童的发展天性和探索兴趣,建立民主和谐的师生关系。但民主并非放任自流,而是需要适时、适当地对儿童的不良行为进行约束,给予儿童合理的指引。游戏是儿童成长过程中必不可少的活动,教师也要重视游戏的价值,通过游戏活动矫正儿童问题心理和问题行为,引导儿童发展积极健康的同伴关系。在游戏中,教师要让儿童做游戏的主人,自主选择游戏和决定游戏进程,引导儿童自由发挥和创造,不进行过多干预,帮助儿童发现并放大自身的闪光点,从而促进他们健全人格的发展。

专栏 家校合作视角下小学生健全人格的培养[①]

儿童健全人格的培养是一个长期而缓慢的过程,需要家庭和学校的共同努力。家庭教育与学校教育的协同发展对学生健全人格的培养以及良好行为习惯的养成十分重要。通过从倾听、表达和操作三个维度上进行调查发现,家校合作普遍存在理念偏差、形式化、表浅化以及合作模式有局限等问题,这导致了儿童健全人格培养的内容失调、实效低下、缺乏可持续性和培养过程失之偏颇。因此,家庭和学校应该建构有效的合作路径以对小学生人格的培养施加积极影响。于家长而言,家长应该树立积极的教育理念,提升对人格教育的关注度,深层次地了解家校合作对儿童健全人格发展的价值,加强对学校人格培养活动的参与度等。比如,家长不能从行为或心理上拒绝学校的活动安排,也不要抱有"学校安排给家长的活动是让家长分担教师应该做的工作"等想法。家长也要适时关注儿童的在校情况,与教师保持密切联系,了解完情况后需要对儿童进行适当的引导,若没有时间参与学校的活动,也应该及时与教师沟通和规划。于学校而言,学校应该强化教师正确的家校合作观念,把家校合作纳入学校的教育体系建设中。教师在与家长的日常沟通中,应给予家长适度的引导,解决"家长和学校对健全人格培养教育的认识不一致"的问题,提高家长的积极性和主动性。同时,学校也要着力加大夯实健全人格教育的师资力量,应对"家校合作层次不高,合作模式单一"的问题。例如,邀请权威人士对教师和家长开展健全人格、教育观念、亲子教育等方面的专业培训与指导。

【本章小结】

儿童人格的形成与发展是一个复杂的过程,各部分并非独立运作,而是相互影响的。在儿童人格发展的过程中,气质是基础,性格是核心,二者与能力协同作用共同体现出儿童的人格心理特征。自我意识在人格发展过程中起重要的调节作用,自我意识的发展水平直接影响着人格的发展水平。儿童人格的发展是成长过程中至关重要的一个环节,受儿童个体因素,以及家庭、学校和社会文化等多个方面的影响。培养儿童的健全人格有助于儿童健康成长和适应社会,父母应结合儿童的自身特点,采取民主、尊重的教养方式,积极配合学校和教师开展"家校联动",为儿童人格的健康发展保驾护航。

【实践·反思·探究】

1. 为什么气质并无好坏之分,而性格有好坏之分?
2. 自我意识包括哪些部分,影响自我意识发展的因素有哪些?
3. 请结合生活实际,谈谈可以从哪些方面培养儿童的健全人格。

【推荐阅读】

[1] 刘金花.儿童发展心理学.[M].3版.上海:华东师范大学出版社,2013.

[2] 苏彦捷.发展心理学[M].2版.北京:高等教育出版社,2023.

[3] 桑标,刘俊升.儿童发展心理学[M].2版.北京:高等教育出版社,2022.

[4] 杨丽珠,高毓婉,孙岩,等.幼儿健全人格何以养成:基于全国教育现场实验的实证研究[J].教育研究,2019,40(7):111-124.

第十章
儿童情绪的发展

【学习目标】

- 掌握情绪的含义和种类。
- 了解情绪发展的理论。
- 掌握婴儿期、幼儿期、儿童期和青少年期情绪发展的特点。
- 了解促进儿童情绪调节能力发展的策略。

【知识导图】

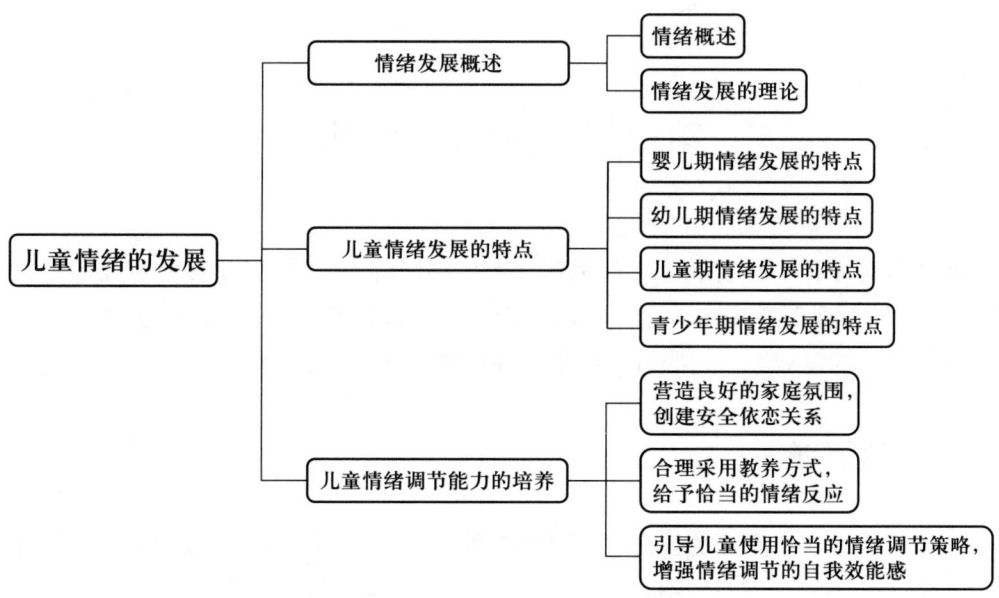

【案例导入】

> 婴儿有大量的情绪表现,相比成人,他们的情绪变化更加频繁且不受限制。例如,当一个新生儿哭了,周围所有人都想知道新生儿为什么哭,以及怎样才能让他停下来。哭是生命初期试图得到关注和照顾的唯一方式。出生几个月后,婴儿开始有微笑;到 2 岁大的时候,他们开始知道尴尬和羞愧;当步入幼儿园和小学,儿童逐渐学会在合适的场合表达合适的情绪,开始有意识地调节自己的情绪。进入儿童期,儿童会意识到他们能在同一时间体验到不止一种情绪,并开始学习和遵守情绪表达的规则,同时学会调节自己的情绪。进入青少年期,青少年的情绪体现出半成熟、半幼稚的矛盾性特点,但同时青少年也能更好地意识到情绪的重要性,并且能更有效地管理自己的情绪。

从婴儿期到青少年期,与情绪相关的大脑结构相继发育成熟,这些神经生理的变化带来情绪的发展性变化,使得不同时期个体的情绪发展表现出独特的特点。儿童的情绪体验和表达,以及他们识别和解释他人情绪的能力会随年龄发展逐渐提升,儿童也逐渐学会调节和控制自己的情绪。这些对个体来说都是意义重大的成就,因为这使得他们能够更有效地与他人交往,同时达成各种个人发展目标。

第一节　情绪发展概述

情绪的发展变化不仅反映了个体情绪体验的多样性,也体现了个体心理发展的许多特征,包括情绪的心理生理基础,知觉、心理理论和自我认知的发展,情绪表达规则的掌握,以及情绪调节能力的发展等。这些特征逐步发展成熟,共同塑造了情绪的发展。

一、情绪概述

什么是情绪?这个问题的答案可能有很多种。但是大多数的心理学家都认为情绪由四种成分构成。一是感受,包括积极的和消极的。二是生理反应,包括心率的变化、皮肤电反应、脑电波活动等。三是认知,即引发或伴随感受和生理变化的认知活动。四是行为,包括趋利避害、影响他人、交流需求或愿望等。例如,一个儿童看见他的生日礼物正是自己期盼已久的玩具时,他会感到非常高兴,这种"高兴"的感受会伴随着心率加快和特定的认知活动——"我得到了我想要的玩具",这些情绪和感受会驱动他马上拿起玩具,或者对送礼物的人表达感谢。国内学者傅小兰将情绪定义为伴随着生理唤醒和外部表现的主观体验。

（一）情绪的种类

个体在特定的生活环境中，在一段时间内产生的情绪情感体验，叫作情绪状态。情绪状态既有赖于个体当时进行的心理活动，又能对个体的心理活动产生显著影响。积极的情绪状态能激活个体的认知能力和意志活动；反之，消极的情绪状态则使个体认知迟钝、意志涣散。情绪的基本状态有心境、激情和应激三种。

1. 心境

心境是具有渲染性的、比较微弱而又持久的情绪状态。例如，个体因某件事引发的愉快、喜悦的情绪状态，其强度并不强烈，但事过之后它不会马上消失，往往会持续一段时间。在这段时间里，这种愉快、喜悦的情绪影响着个体的整个行为表现，仿佛一切事物都染上了快乐的色彩。反之，心境忧愁、悲伤的个体，在一段时间里都表现得忧愁、悲伤，仿佛一切事物都染上了忧伤色彩。

心境对个体的生活、学习、工作和身体健康都有很大的影响。积极、良好、乐观的心境会促进个体主观能动性的发挥，提高活动效率，增强克服困难的信心，有益于个体的身体健康。消极、悲观的心境则使个体厌烦、意志消沉、活动效率降低，有碍于个体的身体健康。

2. 激情

激情是短暂的、猛烈而爆发性的情绪状态。激情往往是由个体生活中的重大事件，对立意向的冲突，过度的抑制或兴奋等引起的。如获得重大嘉奖后的狂喜、得到意想不到的礼物时的惊喜、惨遭失败后的绝望和沮丧、失去至亲后的极度悲伤等，都是激情状态。

激情伴有明显的外部表现，如面红耳赤、咬牙切齿、哭泣呼号、手舞足蹈、捧腹大笑等，有时甚至出现痉挛性动作，出现言语过多或不流畅。在激情状态下，个体的认识活动范围缩小，控制力减弱，做出的事情会使自己和他人难以预料，对自己行为的后果也不能做出适当的估计。激情有积极的和消极的两种，能激发个体积极向上、克服困难的激情是积极的，这种激情通常与冷静的理智和坚强的意志相联系；对个体有害的、不符合社会要求的激情是消极的。

3. 应激

应激是在出乎意料的紧张与危急状况下出现的情绪状态。当个体遇到困难，特别是遇到出乎意料的紧急情况时，就进入了应激状态，从而把各种潜力调动起来，以应对紧张的局面。比如，突然遇到火灾、遇到坏人时的行动，在危险情况下刹那间的反应，环境突然发生变化时的行为，都属于应激状态。

在应激状态下，个体可能有两种表现。一种是应激造成的高度紧张会抑制个体的思维，阻碍认知功能的正常发挥，甚至发生感知、记忆的错误，大大削弱个体处理事件的能力。另一种是应激引起的身心紧张有利于个体全力解决紧急问题，这时的紧张情绪有助于个体认知功能的发挥，使个体积极行动起来，思维活动特别清晰、明确，能做出平时做不到的大胆判断和动作。

应激状态是一种保护机制，但长期如此会损害个体的健康。如果一个人长期处于应激状态,其体内的生理环境就会失调,抵抗疾病的能力就会下降,并可能最终导致疾病。

(二)情绪与情感的区别与联系

情绪和情感是既有区别又紧密联系的两个概念。两者的区别如下:

首先,情绪更多是与个体的生理需要满足与否相联系的体验,如在饥饿时有食物吃个体就会很高兴,冬天无法御寒会使个体产生忧愁、不满意等情绪;而情感是与社会性需要满足与否相联系的体验,如看到他人不遵守社会公德会使个体产生厌恶、讨厌、蔑视等情感,他人乐于助人会使个体产生赞赏、钦佩等情感。情绪是人和动物所共有的,情感则是人所独有的。

其次,情绪带有情境性、不稳定性,它往往是由当时的情境引起的,一旦情境改变,情绪就会很快消失。情感则不同,它既具有情境性,又具有稳定性、长期性,很难为情境变化所左右。

最后,情绪具有冲动性和较明显的外部表现,如个体高兴时会手舞足蹈,愤怒时会咬牙切齿。情感则较深沉和内隐,很少有冲动性。

当然,情绪与情感的区别是相对的,有时我们很难对个体的情绪和情感做出严格区分。情绪和情感具有密切的联系,情绪是情感的基础,情感离不开情绪,情感是在情绪的基础上稳定发展起来的,情感通过情绪的形式表达出来。

(三)情绪对儿童发展的意义

情绪对儿童发展的意义主要体现在以下三个方面:

1. 适应生存

情绪是人类适应生存的心理工具。从进化的意义来讲,情绪尤其可以帮助新生儿更好地适应与生存。对于新生儿而言,他们需要物质供给和其他生存所必需的要素,这些要素的获得在很大程度上依赖成人的给予。新生儿与成人的相互作用最初凭借的不是语言,而是情绪性信息。情绪表达了新生儿的生存需要,使他们不是被动地接受成人的抚育,而是与外界进行主动的信息交流。

2. 适应社会生活

情绪是人类适应社会生活的心理工具。婴儿的情绪表现可以影响照料者的行为,如哭泣会引来照料者关注,早期的微笑和好奇会让照料者感觉到孩子愿意并渴望与自己建立社会关系,而恐惧和伤心则暗示婴儿感到不安全或需要照顾。婴儿的愤怒说明照料者的行为让他不高兴,应该停止,而愉快则鼓励照料者继续当前的行为。所有的一切促成了儿童与成人之间良好的社会交往,从而帮助他们适应社会生活。

3. 组织心理活动

情绪是人类组织心理活动的工具。情绪对于儿童的行为和心理过程起着引发、保持或干扰的作用。感知、记忆、注意、思维都会影响情绪,也会受到情绪的调节。新鲜事物所引发的兴趣会引导儿童进行视觉追踪、听觉定位和触摸动作。情绪不仅放大个体的内驱力,而且直接起到动机的作用,诱发个体产生相应的行为。对儿童而言,兴趣、愉悦等积极情绪会推动他们从事一些探索性和创造性的活动。

情绪对儿童心理活动的组织,也表现在其对儿童认知活动的调节上。情绪既可以促进个体的认知活动,也可以抑制个体的认知活动。比如积极情绪有助于提高儿童的认知操作水平,而消极情绪则会干扰和抑制儿童的认知操作活动。情绪强度也会影响认知活动。20世纪50年代,心理学家赫布(D. Hebb,1904—1985)发现,个体的情绪唤醒水平和认知操作效率之间存在一种非线性关系,即情绪与认知的"U"形曲线关系。情绪唤醒水平过高或过低均不利于认知操作活动,只有中等程度的情绪唤醒水平,才能使认知操作达到最佳效果。

(四)儿童情绪的测量

儿童情绪的测量方法主要有以下三种:

1. 生理测量

个体处于情绪状态下会表现出许多生理反应,这些生理变化可以作为情绪的客观指标,如心率的变化、呼吸的变化、皮肤电阻的变化以及神经生化指标的变化等。20世纪70年代以来,认知神经科学的飞速发展使得一系列无创性神经观测技术日趋成熟,如事件相关电位技术、功能磁共振成像技术等,使得研究者可以实时地观察和记录儿童脑内的变化等。

2. 行为测量

行为测量是对儿童的行为进行测量观察,主要是基于对儿童面部表情以及言语表情的分析。儿童处于高兴、悲伤、愤怒和其他情绪状态时,眉毛、眼睛和嘴部肌肉都会产生细微的运动变化。同时儿童发声的频率、响度、持续时间和声音模式也是反映其情绪状态的指标。

艾克曼(P. Ekman,1934—　　)等人在总结过去对面部表情评定工作的基础上,构建了一个区分面部运动的综合系统——面部动作编码系统(facial action coding system,FACS)。伊扎德(C. E. Izard,1923—2017)发展了一套儿童面部表情变化的编码系统,并利用这套系统发现:儿童在4个月时出现了惊奇和悲伤的表情,5—7个月时出现害怕或愤怒的表情,害羞和羞愧的表情直到6—8个月时才出现,而假装和内疚的表情直到2岁时才会出现。在婴儿面部表情中,研究最多的是微笑,因为婴儿的微笑是最受欢迎的表情。

3. 主观体验测量

主观体验测量评定儿童对自己或他人情绪的解释。主观体验测量运用标准化的量表测量被试的情绪体验,要求被试报告其直接感受到的经验(如"告诉我,上星期什么事让你感到高兴"),或者要求儿童完成命名、匹配或表现情绪性表情(如"请指出谁感到伤心")。随着儿童的发展,他们开始用成人的概念来对情绪进行解释和命名。如一个孩子不小心弄坏了自己的玩具而大哭起来,家长可能会告诉孩子他是因为生气而哭,另一位家长可能会告诉孩子他是因为伤心而哭,第三位家长可能告诉孩子他是因为害怕受到惩罚而哭。这样儿童就从具体的情境和感受中学会了不同的情绪标签,并将在类似的情境中应用这些情绪标签。

（五）情绪调节的含义及分类

情绪调节是对情绪的内在过程和外部行为采取的监控、调节，以适应外界环境和人际关系需要的动力过程。

首先，情绪调节既包括对负性情绪的调节，也包括对正性情绪的调节。在日常生活中，情绪调节既可以是对负性情绪（如愤怒）的抑制和削弱的过程，也可以是对正性情绪（如高兴）的维持和增强的过程。有时为了符合情境的要求和需要，正性情绪在某些情况下也需要被抑制和削弱。

其次，情绪调节既包含有意识的过程，也包含无意识的过程。情绪调节既体现为自动化的生理、认知、情绪、情绪与认知相互作用、情绪与行为相互影响等过程，也体现为认知水平、行为水平有意识的努力过程，如采用认知策略、表情调节策略、人际策略等。总之，情绪调节既包含意识的、努力的、控制的调节，也包含无意识的、无须努力的、自动的调节。

最后，情绪调节具有情境依赖性。我们不能先验地假定某种形式的情绪调节是好的或是坏的。情绪调节的过程既可能得到比较好的结果，也可能让事情变得更糟，这依赖当时的情境。例如，抑制负性情绪的调节策略，可以使外科医生在做手术时更好地应对压力情境；但有时抑制负性情绪可能会使个体表现出较低水平的移情，从而降低其助人动机。

关于情绪调节的类型，有以下四种分类：

1. 内部调节和外部调节

从情绪调节过程的来源，可以将情绪调节分为内部调节和外部调节两类。其中，内部调节主要由个体自身完成，包括对神经生理、认知体验和动作行为的调节。外部调节源于个体以外的环境，可以分为支持性环境调节和破坏性环境调节。前者即环境因素有利于情绪调节，后者即环境因素不利于情绪调节。

2. 减弱调节、维持调节和增强调节

根据情绪调节的努力程度，可以将情绪调节分为减弱调节、维持调节和增强调节三类。减弱调节，主要针对消极情绪，尤其是对强度过高的消极情绪进行调整和修正。维持调节，主要针对那些有益的积极情绪，如兴趣、快乐等。增强调节则是对一些需要适当增加强度的情绪进行调节。

3. 原因调节和反应调节

根据情绪调节发生的阶段，可以将情绪调节分为原因调节和反应调节两类。原因调节是对引发情绪的原因进行加工和调整，包括情境选择、情境修正、注意分配、改变认知等。反应调节发生在情绪反应过程，此时情绪已经被激活，是个体从生理反应、主观体验和表情行为三个方面通过增加、减少、延长等策略调整正在体验中的情绪。

4. 认知调节、体验调节、行为调节和生理调节

根据情绪调节的对象，或情绪调节的主要成分，可以将情绪调节分为认知调节、体验调节、行为调节和生理调节。认知调节，即调节个体对情绪产生原因的解释。认知评价是情绪产生的重要环节，认知重评是情绪调节的重要过程，调整对情绪产生原因的解释可以

有效地改变情绪体验。体验调节是指对个体主观的情绪感受进行调节。行为调节是个体通过控制和改变自己的表情与行为来实现情绪调节,如抑制和掩盖不适当的情绪表达。生理调节是以一定的生理过程为基础,通过适当的生理唤醒使个体神经系统强度适中,从而使个体更好地进行其他心理活动。

二、情绪发展的理论

情绪是先天的生物模块还是社会建构的动态过程? 情绪究竟是如何发展起来的? 对这些有关情绪本质问题的论述构成了现代多种错综复杂的情绪发展理论。

(一)情绪分化理论

情绪分化理论(differential emotion theory)认为,人类的大多数基本情绪是具有适应价值的进化产物。情绪分化理论是当代生物学观取向的典型代表。情绪分化理论的支持者伊扎德认为,人类所有外在的情绪表达、内在的情绪体验都有着特定的神经生理基础:自主神经系统维持情绪的稳定;网状激活系统对情绪进行放大或减弱;底层中枢神经系统,尤其是杏仁核对内、外部刺激事件的意义进行评估,从而激活情绪体验和情绪表达。这些情绪的神经生理基础在生命早期就有明显表现。例如,婴儿在尝到苦味食物时表现出的厌恶表情可能是一种先天反射,使其拒绝不喜欢的食物,这种反应可以保护婴儿远离可能有害的食物;婴儿在不舒服或者饥饿的时候会通过哭向照料者传达自己的不适或者表达自己需要照料,这样能够满足婴儿的生存需要。

情绪分化理论强调情绪的先天性,因此如何看待情绪发展就成为其面临的一个问题。情绪分化理论认为,各种基本情绪本身在个体一生中基本保持不变,但随着个体的发展,情绪不断建立和发展与其他系统的连接,各种基本情绪表达的精确性、准确性不断提高,各种情绪表达所涉及的肌肉组织不断复杂化。

(二)认知主义的情绪理论

认知主义的情绪理论认为,情绪的发展是个体认知发展的结果,情绪的成熟依赖认知的成熟。随着新的认知机能的发展,情绪状态的刺激类型系统地从外部转向内部,个体体验的情绪在数量上也飞速发展。婴儿早期不能区分情绪是因为没有语言能力,不能对情绪进行解释和命名。婴儿能够体验情绪的变化,但通常只表现为笼统的兴奋状态。随着认知能力的增长,儿童逐渐出现特定的情绪状态。这种变化的一个重要机制是照料者对儿童情绪的称呼,使儿童学会了在特定的情境采用特定的术语来描述自己的情绪。认知主义的情绪理论强调引发个体情绪的不是客观的刺激而是个体对这一刺激的主观解释。

(三)机能主义的情绪理论

机能主义的情绪理论认为,婴儿不能表现出分化情绪,他们的情绪主要是由积极(兴奋)或者消极(悲伤)体验组成的;情绪的最基本目的是影响行为并引发指向目标的行动;情绪是在对个体具有显著意义的情境或事件上,个体建立、维持、改变或终止其与情境或事件的关系的一种企图。当婴儿被束缚时,他可能会看着或转向那个束缚他的人,通过脸变得通红、扭动、踢打或者其他行为来表达自己的愤怒,以消除引发自己疼痛或不舒服的原因,或者引起他人的安抚反应。如果成功,他的这种愤怒表达就是"功能性"的,体现了情绪的适应功能。

　　机能主义强调环境对情绪发展的影响,对环境的成功适应需要儿童控制他们的情绪,而不是随意表达情绪。持续表达愤怒的儿童可能会发现自己被孤立,没有人愿意和他一起玩耍。随着儿童逐渐了解到在特定环境下表达某些情绪是被允许的或者是不被允许的,他们的情绪表达也就随年龄增长越来越表现出社会适宜性。由于情绪对生存的适应性价值,个体的某些交互模式是与生俱来的,并能持续帮助个体适应新的环境。随着个体社会化和认知发展,其与情境交互模式的数量、复杂程度不断发展变化,情绪也因此不断发展。可见,情绪发展与个体的经验获得、认知发展以及社会化有关,这与认知主义的情绪理论的观点有着相通之处。

（四）建构主义的情绪理论

　　建构主义的情绪理论对情绪发展的解释,可以说是对认知主义和机能主义情绪理论的进一步综合。建构主义用其解释人类认知和行为的观点来解释情绪,认为情绪既是个体自身内部的建构(这与认知主义的观点相通),更是个体之间乃至个体与环境之间的建构(这与机能主义的观点相通)。从建构主义的观点来看,情绪发展是一种自组织的发展,情绪发展意味着情绪复杂程度的增加,情绪各成分之间、机体和环境之间越来越协调。不论是在实时交互中,还是在个体发展的不同阶段,情绪的各种动态过程、各种成分不断组织融合形成一个自洽的模式,而这一模式独立于特定的情境。情绪的各个过程、各种成分都可以自行地、不同步地发展,随着时间推移和情境变化最终自组织为特定的情绪模式。

　　综上所述,情绪分化理论强调情绪是独立于认知的动机系统,是先天预定的生物模块,为解释婴儿期个体情绪的面部表达提供了基础理论框架。认知主义的情绪理论则强调情绪依赖认知,情绪随着认知发展而发展,这有助于解释个体发展过程中情绪调节能力的增长。机能主义的情绪理论考虑了情境因素对个体生存和发展的作用,强调情绪是个体适应周围情境的产物,因而也离不开认知和经验的影响。建构主义的情绪理论一方面认为,情绪的发展需要认知能力作为基础,另一方面又关注社会文化因素对情绪发展的影响。建构主义对认知主义和机能主义的观点又做了进一步阐述和综合,强调情绪是在人际交互作用情境中的社会建构。

第二节　儿童情绪发展的特点

情绪作为一种适应环境的工具,对个体的生存具有重要的意义,在生命早期就已发生,且在不同阶段表现出不同的发展特点。

一、婴儿期情绪发展的特点

从出生起,婴儿就是一个社会人,婴儿就被包围在各种物体、刺激和社会关系当中。伴随着学会爬行、站立乃至走路,以及语言和自我概念的发展,婴儿的基本情绪也有了很大的发展,他们试着去识别和理解自己和他人的情绪,并且出现了情绪调节的萌芽。

（一）基本情绪的发展

在生命的初始阶段,个体的神经生理发育不成熟,认知能力发展并不充分,社会经验也十分匮乏。婴儿,尤其是新生儿的情绪更多表现为先天的基本情绪,承担着婴儿与照料者之间的交流功能。基本情绪具有普遍性,是所有个体都会经历的。基本情绪在所有婴儿身上都会在大约相同的年龄如约而至,不同的文化对基本情绪的解读也非常类似。孟昭兰根据自己的研究及对前人研究的总结提出了婴儿情绪分化理论:人类婴儿有8—10种从种族进化中获得的情绪;个体情绪发生有一定的时间次序和诱因(如表10-1所示);情绪发展遵循一定的规律,也有个别差异。

表 10-1　婴儿情绪发生的时间、诱因和情绪表现

时间	诱因	情绪表现
初生	痛,异味,新异光、声、运动	痛苦,厌恶,感兴趣和微笑
3—6 周	看到人脸或听到高频语声	社会性微笑
2 个月	打针	愤怒
3—4 个月	痛刺激	悲伤
7 个月	与熟人分离,在高处	悲伤,怕
1 岁	新异刺激突然出现	惊奇
1—1.5 岁	在熟悉的环境遇到陌生人,做了不对的事	害羞内疚,不安

1. 哭

婴儿一出生就拥有的情绪表现就是哭。婴儿会在他们饥饿、困倦、胀气或者任何他们不舒服的时候哭泣。婴儿通过哭来表达不安,即一种对所有不快或不喜欢的事物的未分化的抗

拒。婴儿的哭对身边的人有即刻而有力的影响,特别是婴儿的父母。哭是生命初期寻求关注和照顾的主要方式。

婴儿也会表现出"同情哭",即对另外一个婴儿的哭声做出回应。好像他们在说:"我不知道那是什么,但是好像发生了什么对婴儿不好的事情。"目前尚不确定同情哭的功能,但是婴儿确实会在某些时候选择性地表现这种趋向。同情哭一般会在 6 个月时消失,到一岁大时,婴儿几乎不会再对其他婴儿的哭声表现出不安。

2. 笑

新生儿最早表现出积极情绪是在他们放松的时候:有时他们会嘴角上扬。在生命的最初几周,婴儿只有模糊的视觉,所以他们倾向于看人脸的上部,例如眼睛,而不是下部。出生后 3 周左右,新生儿开始眯起眼睛,并且可能会张开嘴呈现一个完整的笑容。这些表情看起来像笑,但是跟社会情境几乎没有关系。这时,轻轻抚摸婴儿脸颊、腹部,也可以引起婴儿微笑。4—5 周时,让婴儿双手对拍、听各种各样的声音或者看转动的玩具,都能引起婴儿的微笑。但此时,这些微笑不管是内源性的还是诱发性的,都是反射性的微笑,而不是社会性的微笑。在第 5—6 周,婴儿开始区分人和其他非社会性刺激,成人的声音和面孔更容易引起婴儿的微笑,社会性微笑(即对他人微笑)开始出现。这时,婴儿会对对他微笑的人报以微笑,这对父母及其他跟婴儿互动的成人来说是一种奖赏。父母发现与那些会对他们的微笑报以回复的婴儿互动是更加有趣的,因此那些展现出社会性微笑的婴儿,更能吸引成人与他们互动。这种增强的社会互动对于婴儿未来的认知和社会性发展十分关键,它帮助婴儿得到关注和照顾。研究发现,先天失明的婴儿和视力正常的婴儿在相同的情境下都会出现微笑。[①]

5 周—3.5 个月,婴儿对成人的社会性微笑是不加区分的,他们对主要照料者或家庭成员、陌生人的微笑都是一样的。从 3.5 个月尤其从 4 个月开始,婴儿能够分辨熟悉的脸和其他人的脸,出现有差别的、有选择的社会性微笑。婴儿对熟悉的人笑得更多,而对陌生人带有警惕的注意。这是社会性微笑的进一步发展,也是真正意义上的社会性微笑。从 4 个月开始,婴儿对主要照料者笑得最频繁,其次是家庭其他成员和熟人,对陌生人笑得最少。

3. 愤怒

婴儿情绪研究的先驱——伊扎德进行了一系列研究。他发现 1 个月大的婴儿不会做典型的愤怒表情,虽然他们可以做出一种眉毛降低、脸颊扬起的表情,但跟一般的愤怒表现完全不同。最早在两个月的时候,婴儿在打针、不能掌控玩具或遭遇其他事情时,脸上会出现憋红的愤怒(与一般的痛苦表现不一样,但此刻的愤怒并不典型)。在 4 个月大时,婴儿会表现出现愤怒表情,表现为眯眼、紧闭嘴唇、皱眉、脸颊上扬,如果自己喜欢的食物或玩具被拿走,或者他们的目标指向行为遇到挫折(父母阻止他们拿某个玩具),或者照料者离开了一段时间,婴儿就会愤怒。[②] 这些愤怒反应在 6 个月大时逐渐变得强烈,且婴儿会将愤怒指向明确的对象。

① MASTUMOTO D, WILLINGHAM B. Spontaneous facial expressions of emotion of congenitally and noncongenitally blind individuals[J]. Journal of personality and social psychology, 2009, 96(1): 1–10.

② SULLVAN M W, LEWIS M. Contextual determinants of anger and other negative expressions in young infants[J]. Developmental psychology, 2003, 39(4): 693–705.

一项针对婴儿愤怒的实验发现,在婴儿 1 个月大时,如果研究者限制婴儿手臂的移动,婴儿只能发现自己不能移动手臂,但不理解为什么;到 4 个月大时,婴儿会盯着自己被限制住的手臂,但还是不能将这种挫折的感觉和施加者联系在一起;在 7 个月大时,婴儿开始责怪这种情境下的研究者(或者自己的妈妈)。[①] 也就是说,婴儿在生命的第一个月中就可以开始感受到不同种类的不安,随着认知能力的发展,他们可以将自己的挫折感归因于特定的理由或者某一个人,到 7 个月大时才能表现出更为典型的愤怒,同时他们也发展出了可以表现自己愤怒的运动能力。

4. 恐惧

恐惧是个体天生就有的情绪反应,甚至可以说是本能的反应。在不同年龄阶段,引起个体恐惧的刺激是不同的(如表 10-2 所示)。个体最初的恐惧不是由视觉刺激引起的,而是由听觉、肤觉、机体觉等刺激引起的。如刺耳的声音、从高处摔下等,都会引起婴儿的恐惧。

与知觉和经验相联系的恐惧出现在 5—7 个月。[②] 从这个时候开始,视觉刺激对婴儿恐惧的产生渐渐起主要作用。此时当不熟悉的成人出现时,婴儿会变得警觉,他们会躲开目光、变得慌乱,眼睛在陌生人和母亲之间来回看,有的婴儿会突然大哭起来。如果陌生人离去,婴儿会恢复平静,如果陌生人又回来了,婴儿还是会大哭,这种反应被称为陌生人焦虑。陌生人焦虑具有适应意义,因为这时候婴儿开始爬行了,这种警觉可以让婴儿避免爬得离熟悉的照料者太远。但是婴儿也并非见到陌生人就一定会害怕,这取决于一些因素的影响,如父母在场且在家中,婴儿几乎很少出现陌生人焦虑。陌生人焦虑在婴儿 8—10 个月时达到高峰,在 1—2 岁逐渐减弱。直到婴儿和其照料者形成了依恋关系,对未来有短暂的理解能力时,婴儿才会正确看待陌生人,对其表现出积极反应。随着想象的发展,婴儿到 2 岁左右,会出现预测性恐惧,如怕黑、怕狼、怕坏人等,这些是和想象相联系的恐惧情绪。

表 10-2 引起恐惧的刺激

年龄	引起恐惧的刺激
0—1 岁	失去支持、巨大的噪声、意外、若隐若现的物体、陌生人、高度
1—2 岁	与父母分离、受伤、陌生人、沐浴(害怕被水冲入下水道)
2—3 岁	与父母分离、动物尤其是大狗和昆虫、黑暗
3—6 岁	与父母分离、动物、黑暗、陌生人、人身伤害、想象中的怪物和幽灵、噩梦
6—10 岁	蛇、伤害、黑暗、孤独、盗贼、新环境(开始上学)
10—12 岁	同伴的负面评价、学业失败、雷电交加的暴风雨、嘲笑和尴尬、伤害、盗贼、死亡
青少年期	同伴的抛弃、学业失败、分手、父母离婚等家庭问题、战争和其他灾难、未来

---

① STENBERG C R, CAMPOS J J. The development of anger expressions in infancy [M] // STEIN N L, LEVENTHAL B, TRABASSO T R. Psychological and biological approaches to emotion. New York: Psychology Press, 1990: 247–282.

② GARTSTEIN M A, BRIDGETT D J, ROTHBART M K, et al. A latent growth examination of fear development in infancy: contributions of maternal depression and the risk for toddler anxiety [J]. Developmental psychology, 2010, 46(3): 651–668.

（二）情绪的识别和理解

　　婴儿起初对高兴面孔或厌恶面孔并无偏好，但是在对其中一种面孔习惯之后，他们就能够成功对两者进行区分。在两三个月大时，婴儿的视力显著提高，这时候他们开始能够区分高兴、悲伤及愤怒的面孔。研究发现，3 个月大的婴儿可以分辨母亲高兴、悲伤及愤怒的面孔，并且能根据不同的情绪给出相应的回应 [①]；4 个月大的婴儿开始能够理解隐藏在面部表情和音调背后的情绪 [②]；6 个月大的婴儿能够对代表情绪的身体动作进行确认和比较 [③]。除了能识别情绪之外，婴儿还表现出对恐惧、愤怒等负性情绪面孔的注意偏向。例如，5—7 个月大的婴儿对恐惧情绪面孔会给予更多的注意 [④]；与快乐情绪面孔相比，婴儿对负性情绪面孔的注意更难转移 [⑤]。

　　婴儿对他人情绪的识别和理解有利于他们对自己行为的选择和判断，并加深其对外部环境的了解。婴儿对情绪的识别和解读是如何开始的呢？社会参照的发展是重要基础之一。社会参照是指在模糊的情境下，个体依据他人的情绪反应做出相应的反应，并引导其后续行为。社会参照是婴儿情绪社会化的一种重要现象和过程，充分显示了情绪的信号作用和人际交往功能，是情绪社会化的重要方面。在生命第一年的后期，婴儿开始从其信任的照料者身上找寻他们需要的、用来看待新事物或事件的信息。当婴儿处于陌生的、不能确定的情境时，他们往往从成人的面孔上搜寻信息，然后决定自己的行动。例如，婴儿在 9 个月大时会根据母亲所给的不同线索（恐惧或开心），决定要不要通过视崖实验中的玻璃。11 个月大的婴儿会避免与让他人厌恶的玩具在一起，14 个月大的婴儿在测试结束 1 h 后还是会对让他人厌恶的玩具表现出厌恶，更大的婴儿会长时间记得从他人那里习得的物品—情绪联系。[⑥] 不同的文化关于情绪会有不同的期望，并且通过不同的规则去呈现，婴儿从与家人和其他人的日常互动过程中逐步地学会这些期望。[⑦] 婴儿根据父母的情绪反应来调节自己的行为，这种社会参照随着年龄增长越来越常见，并从父母扩展到其他人。此外，社会参照也

① MONTAGUE D P, WALKER-ANDREWS A S. Peekaboo: a new look at infants' perception of emotion expressions [J]. Developmental psychology, 2001, 37(6): 826–838.

② BERTIN E, STRIANO T. The still-face response in newborn, 1.5-, and 3-month-old infants [J]. Infant behavior and development, 2006, 29(2): 294–297.

③ HOCK A, OBERST L, JUBRAN R, et al. Integrated emotion processing in infancy: matching of faces and bodies [J]. Infancy, 2017, 22(5): 608–625.

④ KOTSONI E, DE HAAN M, JOHNSON M H. Categorical perception of facial expressions by 7-month-old infants [J]. Perception, 2001, 30(9): 1115–1125.

⑤ PELTOLA M J, LEPPäNEN J M, PALOKANGAS T, et al. Fearful faces modulate looking duration and attention disengagement in 7-month-old infants [J]. Developmental science, 2008, 11(1): 60–68.

⑥ HERTENSTEIN M J, CAMPOS J J. The retention effects of an adult's emotional displays on infant behavior [J]. Child development, 2004, 75(2): 595–613.

⑦ MUCH N C. A semiotic view of socialisation, lifespan development and cultural psychology: with vignettes from the moral culture of traditional Hindu households [J]. Psychology and developing societies, 1997, 9(1): 65–106.

是幽默感发展的基础,当父母对某些出乎意料的事情哈哈大笑时,婴儿也会学着发展自己的幽默感。①

尽管婴儿很早就可以分辨不同的情绪面孔,但在 3 岁以前,婴儿在识别和形容图片中人物的表情或木偶的面部表情时表现很差②,他们要么不能识别人物的面部表情,要么把大多数表情都说成"高兴"。这可能是因为婴儿尚未学会(或不能提取)形容各种情绪的词语。

(三)情绪调节的萌芽

情绪发展的另一重要方面是情绪调节。情绪调节是指对情绪的反应进行管理、监测、评估以及调整,以减少情绪唤起的强度和持续时间。任何在坐长途飞机和火车途中曾经坐在儿童旁边的人都肯定会同意,儿童调节自己情绪的能力非常重要。儿童需要减少他们情绪唤起的强度和反应时间,减少情绪爆发的次数。学会调节自己的情绪能够让儿童感觉更好,也能够增加周围的人对他们的喜爱。

个体对情绪的管理甚至出现在出生之前,如胎儿会将拇指放到嘴里来舒缓自己。在婴儿刚出生时,照料者就会通过摇晃、轻拍、轻哼等方式调节婴儿的情绪,让他们从过度活跃的状态变得安静。出生 4—6 个月后,婴儿会开始使用简单的策略来调节自己的情绪。例如,当陌生人出现时,婴儿通常会把脸转过去以转移自己的视线,就像成人转过脸或闭上眼睛以回避让自己害怕的事物一样。到 1 岁左右,婴儿开始使用一些较为复杂的策略,如离开引起自己悲伤或恐惧等的情境、求助依恋对象等。在 1.5—2 岁,婴儿会尝试控制那些让他们烦恼的人和物体的活动,如能通过玩玩具等分心活动来应对因等待食物和礼物等而感受到的挫折体验③,他们甚至会皱起眉头或抿住嘴唇以压抑自己的愤怒或悲伤。到 2 岁时,感到痛苦的婴儿,其面部表情主要表现为悲伤,而不是恐惧或者愤怒,这是因为此时婴儿已经懂得悲伤的表情是吸引母亲注意和支持的上上之策。④这说明 2 岁的婴儿已拥有了更加复杂的情绪调节策略。⑤

在生命的最初几年,婴儿逐渐表现出了全部的基本情绪,这对个体早期的社会性发展有非常重要的意义。婴儿的情绪起到了一种沟通作用,会影响照料者的养育行为。如,悲伤的哭泣能够带来亲密的陪伴,微笑和感兴趣的表情能帮助婴儿建立早期的社会关系,恐惧和伤心能给婴儿带来他们需要关注或者安抚。婴儿的情绪具有适应意义,促进其早期社会联结

① MIREAULT G C, CROCKENBERG S C, SPARROW J E, et al. Social looking, social referencing and humor perception in 6-and-12-month-old infants[J]. Infant behavior and development, 2014, 37(4): 536–545.

② WIDEN S C, RUSSELL J A. A closer look at preschoolers' freely produced labels for facial expressions[J]. Developmental psychology, 2003, 39(1): 114–128.

③ GROLNICK W S, BRIDGES L J, CONNEL J P. Emotion regulation in two-year-olds: strategies and emotional expression in four contexts[J]. Child development, 1996, 67(3): 928–941.

④ BUSS K A, KIEL E J. Comparison of sadness, anger, and fear facial expressions when toddlers look at their mothers[J]. Child development, 2004, 75(6): 1761–1773.

⑤ 王莉, 陈会昌. 2 岁儿童在压力情境中的情绪调节策略[J]. 心理学报, 1998(3): 289–297.

的构建,引导照料者调节自己的行为以满足婴儿的需要。

二、幼儿期情绪发展的特点

随着语言及自我概念的发展,幼儿情绪能力有了很大的进步,主要反映在自我意识情绪、情绪理解和情绪调节的发展上。

(一)自我意识情绪

自我意识情绪是个体在具有一定自我评价的基础上,通过对自我的反思而产生的情绪,是自我卷入情绪中的一种特殊情绪,包含内疚、羞耻、尴尬、嫉妒、自豪等。自我意识情绪对个体行为具有显著的调节作用,能促使个体通过引发和协调自己的行为来达到特定的社会目标,从而保持与真实的或理想中的自我表征相一致。个体在从事某种社会行为时,自我意识情绪的产生可以帮助其识别和改正自己的行为,以避免做一些可能会引起自己或他人不满的事情。自我意识情绪的产生涉及一系列复杂的认知活动,这也是自我意识情绪出现比较晚的原因。

自我意识情绪出现在18—24个月,这时婴儿已经意识到自己是分离的、独特的个体。[1]个体要体验到自我意识情绪,就必须能够有一种自我感,能够观察自我和他人,能够意识到标准和规则,能够比较自己的行为和标准。[2]换句话说,就是需要用别人的眼光来审视自己。到3岁时,幼儿的自我意识情绪与自我评价有了比较明确的联系,但是由于他们关于行为好坏的评价标准仍处于发展之中,因此他们会依靠成人的信息来确定什么时候应该感到骄傲、羞耻或内疚。[3]到7岁左右时,儿童自我意识情绪才开始与内心正确的行为标准整合起来。[4]如果父母对孩子及其表现给予反馈,孩子就能体验到更强烈的自我意识情绪:成功以后更加骄傲,失败以后更加羞耻。相比之下,如果父母的关注点在于如何改善行为表现,并控制事件或活动引起的羞耻和骄傲是恰到好处的、具有适应性的,这会让孩子在面对困难任务时坚持不懈。[5]

自我意识情绪服务于个体的社会化需求,使个体达到某些特定的社会目标。如个体表现出羞愧可以赢得谅解和同情;通过实现某种社会价值而得以表现出自豪,提高其社会地位。此外,自我意识情绪会引导个体做一些对社会有益的事。具体来说,社会告诉我们该成

---

① 冯晓杭,张向葵.自我意识情绪:人类高级情绪[J].心理科学进展,2007(6):878–884.

② LEWIS M. Self-conscious emotions: embarrassment, pride, shame, guilt, and hubris[M]// BARRETT L F, LEWIS M, HAVILAND-JONES J M. Handbook of emotions. New York: Guilford Press, 2016: 792–814.

③ LEWIS M. Embarrassment: the emotion of self-exposure and evaluation[M]// TANGNEY J P, FISCHER K W, Self-conscious emotions: the psychology of shame, guilt, embarrassment, and pride. New York: Guilford Press, 1995: 198–218.

④ 贝克.儿童发展:第5版[M].吴颖,等译.南京:江苏教育出版社,2002:559–571.

⑤ KELLY S J, DAY N, STEISSGUTH A P. Effects of prenatal alcohol exposure on social behavior in humans and other species[J]. Neurotoxicology and teratology, 2000, 22(2): 143–149.

为什么样的人,个体会将这些信念内化为真实的或理想的自我表征,自我意识情绪会引导个体的行为指向这些自我表征。

（二）情绪理解

理解他人情绪的能力在整个幼儿期一直在稳步提升。3—5岁,幼儿在正确识别和形容别人(或木偶)的简单面部表情方面做得越来越好。到四五岁时,儿童能准确推断一个人是否高兴、愤怒、悲伤;也能预测玩伴表达某种情绪之后接下来可能干什么,如愤怒的孩子会打人,高兴的孩子更容易分享;还能知道如何缓和他人的消极情绪,如用拥抱来让对方消气。

3—4岁,幼儿开始用"伤心"(或愤怒)来形容消极情绪。"恐惧"的表达会越来越常见,并且使用的准确性更高。[1]但是,即使5岁的儿童也极少用"惊奇"或"厌恶"来形容情绪,儿童一直到小学早中期才能正确地形容这些情绪,以及骄傲、羞愧和内疚等更复杂的情绪。幼儿就可以根据姿势动作来识别他人的情绪。如研究发现,4岁、5岁和8岁的儿童在观看成人跳舞时,都能从成人跳舞时富有表现力的身体动作中看出成人是快乐、悲伤、愤怒还是恐惧的。[2]父母对幼儿情绪理解能力的发展有重要影响,如果父母经常捕捉到孩子的情绪反应并给予反馈、经常与孩子谈论情绪的因果,幼儿以后就能很好地识别和理解他人的情绪。

（三）情绪调节

随着语言的发展,幼儿变得更加健谈,会开始谈论自己的感受,而耐心的父母经常会帮助他们建设性地应对消极情绪,给孩子建议并提供情绪控制的策略。比如帮助孩子将注意从令人不快的情境中转移出来,或者帮助他们理解恐惧、挫折、失望。在幼儿期,幼儿越来越能够处理令人不快的情绪,他们会将注意从令人害怕的事件上转移出来。例如,"我害怕毛毛虫,我闭上眼睛回想在游乐园玩的情境",即去想高兴的事来抑制不愉快;又如"妈妈走了,但她回来时,她会带我去游乐场玩",即以更令人满意的方式来解释其悲伤的原因;再如被其他同伴排挤出一个游戏之后决定不再玩这个游戏,即改变自己的目标。

父母在幼儿的情绪管理中仍然有不可替代的作用。如母亲的情绪意识和情绪管理技能对幼儿情绪调节技能的发展产生影响。[3]父母在孩子伤心时做出反应,父母为体验设定框架(如在去看医生的路上显得兴高采烈),父母为孩子解释情绪管理的期望和策略,这些都可以

---

① WIDEN S C, RUSSELL J A. A closer look at preschoolers' freely produced labels for facial expressions[J]. Developmental psychology, 2003, 39(1): 114-128.

② BOONE R T, CUNNINGHAM J G. Children's decoding of emotion in expressive body movement: the development of cue attunement[J]. Developmental psychology, 1998, 34(5): 1007-1016.

③ CRESPO L M, TRENTACOSTA C J, AIKINS D, et al. Maternal emotion regulation and children's behavior problems: the mediating role of child emotion regulation[J]. Journal of child and family studies, 2017, 26: 2797-2809.

为情绪调节树立榜样。① 如果父母自己很少表现出积极情绪或者认为孩子的情绪不重要,那么孩子就很可能会有情绪管理的问题。

三、儿童期情绪发展的特点

随着年龄的增长和周围社交环境复杂性的增加,儿童对自己的及他人的情绪的认识也在发展,他们对于情绪的理解进一步加深,他们意识到自己能够在同一时间体验到不止一种情绪,明白人们表现出的情绪可能和主观想法不一样,理解多重情绪或冲突情绪的存在,也逐渐能够在社会互动中调节自己的情绪表现。

(一)情绪理解的发展

3—4 岁的幼儿已经能对真实—表面情绪进行区分,通常认为 4 岁时幼儿已开始具备真实—表面情绪区分能力②,但在 5 岁之前这种区分能力以一种内隐形式存在,直到 5—6 岁才能清晰地通过口头外显表达出来。即儿童对真实—表面情绪的认知能力在 3—5 岁时快速发展,直至 6 岁以后发展才趋于平稳。6 岁儿童能够认识到,人际交往中面部表情会让他人产生错误的信念,并用以保护自己或者适应社会。但区分情绪的表面表达和实际感受的能力,在 10 岁之前都是很有限的,儿童 10 岁以后才可以肯定地提出实际感受和情绪表达之间的不匹配。

儿童也逐渐能意识到,他们自己能够在同一时间体验到不止一种情绪,这些情绪既可能是积极的也可能是消极的,并且强度也会大相径庭。例如,他们会因为过生日时收到很多礼物而感到开心,同时也会因为没有得到自己想要的东西而感到一点失落和一点美中不足。他们也越来越能够通过语言来表达冲突的情绪。许多研究都指出,儿童对冲突情绪的理解发展得较晚,要到 7—8 岁才发展出来,大部分 9 岁儿童可以理解冲突情绪的存在。对冲突情绪的理解到 10—11 岁才比较稳定,这时,儿童能很好地理解同一情境可能引发两种矛盾的情绪。③④

(二)学习情绪表达规则

儿童是如何学会何时、何地、以何种程度去表达自己的情绪的? 一项对来自 48 个国家的家庭的调查发现,所有家长都希望他们的孩子是开心的,而不是惊恐的,并且希望孩子有能力控制自己的愤怒。⑤ 大多数父母都可以容忍 2—3 岁的孩子有时候表现出冲动和攻击行为,随

① SALA P, PREFUMO F, PASTORINO D, et al. Fetal surgery: an overview[J]. Obstetrical & gynecological survey, 2014, 69: 218–228.

② 刘航,刘秀丽. 3~6 岁儿童情绪伪装认知能力发展及其与错误信念理解的关系[J]. 心理学探新, 2014, 34(2):179–185.

③ 陈璟,李红. 幼儿心理理论愿望信念理解与情绪理解关系研究[J]. 心理发展与教育, 2008(1):7–13.

④ 郑裴,马伟娜. 聋哑儿童情绪理解的发展[J]. 中国临床心理学杂志, 2009, 17(5):584–587.

⑤ DIENER E, SUH E M, LUCAS R E, et al. Subjective well-being: three decades of progress[J]. Psychological bulletin, 1999, 125(2):276–302.

着孩子年龄的增长,父母开始期望孩子能克制自己的情绪和行为,并且同伴也会排斥那些不能克制冲动和攻击行为的孩子。情绪表达规则约束了各种情绪在各种情境中应当或不应当被表达,这是儿童与他人交往必须学会使用的规则。

3 岁时,儿童开始学会隐藏自己的情绪。学会迅速掩饰自己不满的学前儿童会被认为善于控制自己的情绪,而且更能胜任学校里的任务。由于认知能力和社会能力的限制,儿童对情绪表达规则的理解直到小学阶段才得到快速发展,在 9 岁左右达到最快速的发展期。[1] 童年中期是情绪表达规则理解的重要发展时期,儿童开始能够真正理解情绪表达规则的意义和目的,在随后的几年里,儿童对情绪表达规则的意义、适用范围和重要性的理解显著提高,并最终保持在相对稳定的水平。在这个过程中,儿童逐渐获得了情绪表达规则,并用来指导自己在特定社会情境下表现出社会认可的情绪。即儿童逐渐了解在什么情境下、对谁应该表现出什么样的情绪。但是,在一些社会情境中,人们可能需要掩饰、伪装自己的真实情绪。例如,即使得到一个不喜欢的礼物,也要微笑并表示很喜欢这个礼物。到 8—10 岁,大多数儿童已经学会了这种表达规则,即他们能够在不高兴的时候展现出笑脸,假装很痛苦的样子,或是在不该笑时隐藏自己的快乐。[2] 但很多 7—9 岁的儿童(特别是男孩)在收到一份不喜欢的礼物时,仍然不能掩饰失望;很多 12—13 岁儿童在被同伴嘲笑时,仍不能很好地抑制愤怒。[3]

对情绪表达规则认识更深入并应用更好的儿童,其社交能力更强,也更受同伴的喜爱。[4] 对情绪的唤起和表达进行控制不仅有益于儿童本身的幸福感受,同时也有利于儿童与世界的互动。控制情绪表达可以帮助儿童获得他们想要的关注和认可。如对悲伤的事情报以微笑,或表现得悲伤但不大声号哭、乱扔东西时,成人给予的回应会更加积极。在这个过程中,父母对儿童的情绪表达的期待有性别差异。例如,相对于女孩而言,父母可能更加重视男孩对自身恐惧和愤怒的控制,并且更加鼓励女孩表现出快乐的表情[5];父母会特别关注男孩的愤怒情绪的爆发[6],更倾向同女孩谈论情绪的话题[7];父母对女孩施加了更大压力,要

① 侯瑞鹤,俞国良. 儿童对情绪表达规则的理解与策略的使用[J]. 心理科学,2006(1):18-21.

② VON SALISCH M. Themes in the development of emotion regulation in childhood and adolescence and a transactional model[M]// VANDEKERKHOVE M, VON SCHEVE C, ISMER S, et al. Regulating emotions: culture, social necessity, and biological inheritance. New Jersey: Blackwell Publishing, 2008: 146-167.

③ UNDERWOOD M K, HURLEY J C, JOHANSON C A, et al. An experimental, observational investigation of children's responses to peer provocation: developmental and gender differences in middle childhood[J]. Child development, 1999, 70(6): 1428-1446.

④ 刘小童,刘灵. 儿童情绪表达能力的研究综述[J]. 科教文汇(中旬刊),2020(11):165-166,169.

⑤ DIENER E, SUH E M, LUCAS R E, et al. Subjective well-being: three decades of progress[J]. Psychological bulletin, 1999, 125(2): 276-302.

⑥ CHAPLIN T M, COLE P M, ZAHN-WAXLER C. Parental socialization of emotion expression: gender differences and relations to child adjustment[J]. Emotion, 2005, 5(1): 80-88.

⑦ FIVUSH R, BROTMAN M A, BUCKNER J P, et al. Gender differences in parent-child emotion narratives[J]. Sex roles, 2000, 42(3): 233-253.

求其在特定社会情境中"举止良好",所以女孩对情绪表达规则的顺应比男孩更积极,技能也更强[①]。

(三)情绪调节的发展

对消极情绪的控制是儿童情绪发展的一个方面,情绪调节能力在儿童期快速增强。儿童会明白什么东西会让自己愤怒、害怕或伤心,会知道他人对这些情绪会做出什么样的反应,并据此相应地调整自己的行为。随着儿童越来越多地进行社会比较、越来越关心同伴的赞许,他们的情绪调节能力也自然而然地发展起来。

到10岁时,大多数儿童能够恰当地轮换使用两种问题解决策略。第一种策略是"聚焦于问题的策略",即他们认为情境并非一成不变的,搞清楚困难所在之后,再决定怎么做。如果这种策略不起作用,他们会使用第二种策略——"聚焦于情绪的策略",即无能为力时,自己在内心中控制悲痛。例如,面对一次令人烦恼的考试时,年龄大一些的儿童会认为解决问题和寻求社会支持是最好的策略。但是,如果结果失控,如考试考砸了,他们会选择转移注意,或者试图对情境进行重新界定:"这次考得真差。不过还有下次。"与幼儿不同的是,小学儿童更多地使用内在策略来管理情绪,因为他们对思维和情绪进行反省的能力已经大为改善了。

儿童也会从父母那里学习情绪调节。如果父母在与孩子的交流中保持积极和乐观,在孩子生气或痛苦时能提供抚慰,儿童对愤怒的反应就会更加具有建设性,儿童调节自身情绪能力更强、情绪表达也更为适当。当父母由于孩子的情绪表达,尤其是负面情绪表达而对其进行责骂或惩罚时,儿童会在情绪调节方面遇到障碍。例如,与其他儿童相比,受虐待儿童在情绪调节方面的缺陷尤为突出。[②] 而那些轻视儿童情绪("这有什么好哭的")或者对儿童的感受漠不关心("不要担心了,看电视去吧")的父母也没能教育儿童如何调节自身情绪。在孩子面前打架的父母同样无法对其情绪调节提供帮助,如接触过多家庭暴力的儿童在情绪调节上存在很多问题。[③] 但是,如果父母能够采取建设性的方式解决争端,儿童产生情绪调节问题的可能性就会小很多。

此外,小学儿童通过与父母、老师和同伴的交往,会越来越懂得如何以社会赞许的方式表达消极情绪。他们更多地使用言语策略,而不是吼叫、生气或攻击。只不过,小学低年级儿童这么做的原因是为了逃避惩罚或获得成人的赞许;到小学三年级以后,儿童开始强调要顾及他人的

① DAVIS T L. Gender differences in masking negative emotions: ability or motivation?[J]. Developmental psychology, 1995, 31(4): 660-667.

② SHIPMAN K L, SCHNEIDER R, FITZGERALD M M, et al. Maternal emotion socialization in maltreating and non-maltreating families: implications for children's emotion regulation[J]. Social development, 2007, 16(2): 268-285.

③ KATZ L F, HESSLER D M, ANNEST A. Domestic violence, emotional competence, and child adjustment[J]. Social development, 2007, 16(3): 513-538.

情绪,这样会使儿童更受老师和同伴的喜欢,因为他们乐于助人、善于合作,社交反应性好。[①] 经常表达积极情感、很少愤怒或伤心的儿童,比经常表现出愤怒、悲伤或喜怒无常的儿童更容易得到老师的表扬和喜爱,他们的同伴关系也更好。[②] 在情绪理解测验上得分高的儿童,在教师评价的社会能力上的得分一般也较高,即他们的社交技能使他们能轻松地与同学交朋友并建立积极人际关系。[③] 在情绪调节(尤其是愤怒)方面有困难的儿童常常会被同伴拒绝,并且出现易过分冲动、缺乏自控和不恰当的攻击行为,以及焦虑、抑郁和社交退缩等适应问题。[④]

四、青少年期情绪的发展

青少年的情绪表现充分体现出半成熟、半幼稚的矛盾性特点。随着青少年心理能力的发展和生活经验的丰富,其情绪感受和表现形式虽不再像之前那么单一,但其情绪体验远不如成人那么稳定。

(一)青少年期情绪的两极性

青少年的情绪表现具有两极性,主要表现在以下三个方面:

1. 强烈、狂暴性和温和、细腻性共存

青少年期一直以来都被描述为一段情绪混乱的时期,青少年的情绪起伏较大,有时如狂风暴雨般令人紧张。同样一个刺激,引起的青少年的情绪反应强度可能相对其他年龄段个体要大得多。但青少年情绪体验的时间较短,表现为喜怒无常,他们会更频繁地出现情绪高峰和情绪低谷。有研究发现,青少年的杏仁核对恐惧的激活反应大于儿童组和成人组,而且杏仁核的激活程度与恐惧表情相对于高兴表情的反应延迟时间呈正相关关系;相对于成人,青少年更易受到情绪干扰,且不成熟的前额叶活动会阻碍青少年在情绪背景下做出决策。[⑤]

青少年的情绪表现有时候也呈现温和、细腻的特点。与幼儿期和儿童期的个体相比,青少年已经积累了较多的经验,了解不同的情绪在人际关系中具有不同的作用,因此他们可以适当控制自己的消极情绪,并以相对缓和的形式表现出来。同时,青少年已经逐渐克服了情绪体验的单一性和粗糙性,情绪表现变得更加丰富和细致。表现为,有时青少年表现出的情

① MCDOWELL D J, PARKE R D. Differential knowledge of display rules for positive and negative emotions: influences from parents, influences on peers[J]. Social development, 2000, 9(4): 415–432.

② HUBBARD J A. Emotion expression processes in children's peer interaction: the role of peer rejection, aggression, and gender[J]. Child development, 2001, 72(5): 1426–1438.

③ MOSTOW A J, IZARD C E, FINE S, et al. Modeling emotional, cognitive, and behavioral predictors of peer acceptance [J]. 2002, Child development, 73(6): 1775–1787.

④ MAUGHAN A, CICCHETTI D. Impact of child maltreatment and interadult violence on children's emotion regulation abilities and socioemotional adjustment[J]. Child development, 2002, 73(5): 1525–1542.

⑤ HARE T A, TOTTENHAM N, GALVAN A, et al. Biological substrates of emotional reactivity and regulation in adolescence during an emotional go-nogo task[J]. Biological psychiatry, 2008, 63(10): 927–934.

绪反应并不直接来源于外部刺激,而是加入了青少年自己的主观因素,如对外部刺激的理解。

2. 情绪的可变性和固执性共存

青少年常从一种情绪转为另一种情绪。尽管青少年情绪表现的强度很大,但其情绪体验的深度并不与此成正比,致使一种情绪很容易被另一种情绪所取代。青少年的情绪会随着环境的变化而摇摆起伏,他们情绪的变化比成人更为频繁。[①]

青少年对客观事物的认识还存在偏执性的特点,这也带来了他们情绪上的固执性。例如,有的青少年会因为经历几次挫折而陷入一种无助和抑郁的情绪之中,很长时间都不能摆脱。

3. 内向性和表现性共存

情绪的内向性是指情绪表现形式的隐蔽性。青少年不再像小时候那样毫无掩饰地表达自己的情绪,他们倾向于将自己的喜、怒、哀、乐等各种情绪隐藏于心。但这并不意味着青少年一点儿也不表达自己的情绪。青少年情绪的表现性是指在情绪表达过程中,青少年会自觉或不自觉地带上表演的痕迹。青少年在团体中有时为了从众等,会给情绪加上一层表演的色彩,即在情绪的表达上失去了童年时那种自然性,带有造作痕迹。比如由于从众或虚荣等心理的制约,他们在表达自己真实的情绪时,尤其是积极的情绪时,往往会以一种夸大的方式来进行。情绪化是青春期早期的正常情况,大多数青少年最终会从这一情绪化时期脱离出来,成为有控制能力的成人。

(二)青少年期情绪变化的影响因素

在整个青春期,激素的水平会发生显著变化。青少年可能在这一刻还处在快乐的顶端,下一刻又跌落到忧郁谷底。从生物学因素来看,青少年期个体激素水平的剧烈变化,特别是性激素(如雌激素和雄激素)的剧烈波动会导致青少年的情绪起伏。随着青少年进入成年期,他们的情绪变得不再那么极端,这可能是因为随着时间推移,他们逐渐适应了自己的激素水平。

青少年与父母、老师,以及同伴之间的日常冲突和生活中压力性事件的增多,也是青少年积极情绪体验减少、情绪波动增多的重要原因。可能会引起青少年情绪变化的压力性事件包括升学、性体验和恋爱关系的开始等。例如,对青少年来说,升入中学后环境的变化和学习任务的加重、压力的陡升,都会增加青少年的消极情绪。有研究发现,父母与子女在个人责任和自我管理事件上的冲突在青少年早期至中期达到顶峰,在随后的整个青少年期逐渐下降。[②] 因此随着家庭内冲突的逐渐减少,青少年积极情绪下降的趋势也趋于平稳。

————————

① NOË B, TURNER L D, LINDEN D E, et al. Timing rather than user traits mediates mood sampling on smartphones[J]. BMC research notes, 2017, 10: 1–5.

② SMETANA J, GAINES C. Adolescent-parent conflict in middle-class African American families[J]. Child development, 1999, 70(6): 1447–1463.

（三）青少年情绪胜任力的发展

随着情绪经验的积累,青少年可能会意识到自己的情绪变化规律,如在愤怒之后会感到内疚。这种对情绪的自我觉察会提升他们理解和应对自身情绪的能力。在向别人表达自己的情绪方面,青少年同样变得更有技巧性。他们开始意识到要学会掩饰愤怒,也意识到要以建设性的方式沟通情绪以提高关系质量。这种情绪胜任力是青少年在以父母为中心的人际关系向着以同伴为中心的人际关系发展的过程中逐步发展的。情绪胜任力的出现表明青少年在一定程度上脱离了父母的制约,其对青少年的多方面发展起到推动作用。[①]

青少年认知能力和意识的提升也使他们能更有效地应对压力和情绪波动,在青少年发展的过程中,其情绪胜任力是平稳上升的。但也有一些青少年并不能有效地管理自己的情绪,因此他们可能会受到抑郁、愤怒和较差情绪管理的影响,这些影响可能会引发诸如学习困难、青少年犯罪或者饮食障碍等问题。例如,有研究发现,即使控制了认知水平,那些在日常学习活动中体验到更多消极情绪的青少年的平均成绩更低。[②]

第三节　儿童情绪调节能力的培养

在成长过程中,家庭是儿童接触最早、最多,也是儿童情绪和身心发展最主要的场所。儿童最初对情绪的识别和反应,是参照父母的情绪反应进行的,儿童也从父母那里学会了情绪调节。因此,良好的家庭氛围和父母教养方式等家庭因素,以及恰当的情绪调节策略对儿童情绪调节能力的培养十分重要。

一、营造良好的家庭氛围,创建安全依恋关系

在家庭互动中,儿童会以父母的情绪表达作为社会参照进行模仿。如果儿童在潜移默化中习得不良的情绪调节方式和策略,当以后出现类似的情境时更容易出现与父母相似的消极情绪反应。因此,父母在遇到压力性生活事件时,要学会调节自己的情绪,为儿童树立良好的榜样。良好的家庭氛围要求照料者不仅关注儿童的衣食住行,更重要的是关注儿童的情绪状态。

除了为儿童提供有关情绪调节的指导和树立榜样示范外,父母与儿童建立安全型依恋

---

① CHANG L. Variable effects of children's aggression, social withdrawal, and prosocial leadership as functions of teacher beliefs and behaviors [J]. Child development, 2003, 74（2）: 535–548.

② GUMORA G, ARSENIO W F. Emotionality, emotion regulation, and school performance in middle school children [J]. Journal of school psychology, 2002, 40（5）: 395–413.

关系,也能更好地促进儿童的情绪调节能力。

二、合理采用教养方式,给予适当的情绪反应

权威型教养方式更有利于促进儿童适应性情绪调节能力的发展:父母能接纳儿童的情绪反应,能主动与他们共情并提供帮助和建议;当儿童有负面情绪时,父母能及时给予安慰。父母的及时反馈不仅使儿童有机会向父母学习情绪调节策略,也能使儿童明白自己可以通过寻求关怀来调节自己的消极情绪。

父母要及时觉察儿童的情绪变化,对于其流露的情绪,父母既不能对其缺乏关心、轻易否定,也不能过于严厉呵斥批评、严格控制。父母要经常与儿童进行情绪方面的谈话,以一种温暖、理解的态度,引导儿童在面对不同的情绪事件时合理地表达情绪。儿童在与父母交谈的过程中不仅能学会体验和理解情绪,还能感受到来自父母的鼓励、支持和帮助。

三、引导儿童使用恰当的情绪调节策略,增强情绪调节的自我效能感

在日常生活中,儿童体验和表露出许多情绪,有积极的、消极的,也有极端的、适度的,父母应当引导其合理地使用情绪调节策略。例如,当儿童产生负面情绪时,教会他如何调整自己的情绪,找到其不良情绪的根源,引导其使用恰当的情绪调节策略。

当负性情绪来临时,最常见的情绪调节策略是宣泄。合理的情绪宣泄是疏导儿童负性情绪的重要途径。因此当儿童产生负面情绪时,父母应通过合理的方式引导他们适当地宣泄出来。例如,耐心地倾听儿童诉说,不加任何评价地接受儿童的情绪;带儿童跑跑步、打打球,通过运动的方式发泄情绪;给儿童提供合适的空间,让儿童大哭一场或通过喊叫来发泄心中的烦闷;等等。

除了合理宣泄之外,转移注意力也是一种有效的情绪调节策略。儿童可以选择听一些自己喜欢的歌曲或看一场电影来调节自己的负面情绪。音乐和影视对人们的情绪有着直接的影响:轻快的音乐和喜剧电影会使人们心情愉悦,悲伤的音乐和电影会使人们感伤。儿童也可以通过看书、睡觉或做自己喜欢的事等多种方式转移注意力,让自己不再过多地沉浸在负面情绪中。

还有一种有效的情绪调节策略是改变错误的认知,即使用认知重评的方法来处理负面情绪。父母可以在儿童出现负面情绪时引导儿童正确地认识自身情绪,分析产生不良情绪的具体原因,找到影响情绪的根源,之后通过改变认知的方法缓解不良情绪。比如,有的儿童十分害怕考试,每次在考试前都会全身紧绷、心跳加速,最终影响正常的发挥。此时,父母应当引导孩子探索害怕考试的原因,如是怕考不好被家长批评,还是怕被老师和同学笑话。在明确儿童负面情绪产生的原因后,父母可以帮助儿童改变对考试的认知,使儿童明白考试只是检验其对知识的掌握程度,通过考试可以发现自身不足进而明

确今后努力的方向,避免下次再犯同样的错误。一时的成绩好坏代表不了什么,重要的是对知识的掌握和学习能力的日益提升。通过这种方式,改变儿童对考试的错误认知,达到减少负性情绪的目的。

积极情绪和消极情绪的产生都是非常正常的事情,父母要允许孩子适当地发泄,并用合理的方式帮助、引导孩子掌握有效的情绪调节策略,使孩子学会调节情绪,增加情绪调节的自我效能感,做情绪的主人。

【本章小结】

本章首先介绍了情绪的种类、情绪与情感的区别与联系、情绪对儿童发展的意义、儿童情绪的测量方法、情绪调节的含义及分类,以及四种情绪发展的理论。随后依照个体成长的不同阶段,分别阐述了婴儿期、幼儿期、儿童期及青少年期情绪的发展。在婴儿期,而随着年龄的增长,个体开始试着去识别和理解自己和他人的情绪,并出现了情绪调节的萌芽。到幼儿期,个体自我意识情绪,以及情绪理解和情绪调节水平发展迅速。到儿童期,儿童需要理解更复杂的情绪、学习情绪表达的规则,这无疑对其情绪调节能力提出了更高的要求。而到青少年期,由于生理及心理的发展,青少年的情绪呈现两极性特点,同时青少年也发展出情绪胜任力来更好地应对日常生活。科学系统地了解个体情绪的发生、发展规律以及各个阶段的特点,不仅有助于儿童青少年情绪的良性发展,对于促进其社会适应也具有重要意义。

【实践·反思·探究】

1. 了解和掌握儿童情绪发展的特点有何意义? 如何帮助儿童进行情绪调节?

2. 回想自己最近一次强烈的情绪体验,尽可能详细地把它写下来。然后回想自己最早一次强烈的情绪体验,也尽可能详细地写下来。对比这两次情绪体验有什么共同点和区别? 对于这些区别,你有何解释?

3. 你对自己童年时期的情绪社会化过程是否还有记忆? 例如,你的照料者或者他人如何告诉你什么样的情绪是合适的。这些指点可能是直白的,如某人告诉你对特定事件应该有何感受以及如何感受;也可能是隐晦的,如某人对你的情绪做出积极或消极的反馈。尽可能多地找出一些例子,试着分析这些情绪社会化的过程是如何展开的。

4. 选择身边的一个青少年,利用观察、访谈等方法,对其情绪特点进行分析,并根据实际情况,为青少年的情绪调节提出相应的建议。

【推荐阅读】

［1］傅小兰.情绪心理学［M］.上海：华东师范大学出版社，2016.

［2］希奥塔，卡拉特.情绪心理学：第3版［M］.周仁来，等译.北京：中国轻工业出版社，2021.

［3］贝克.婴儿、儿童和青少年：第5版［M］.2版.桑标，等译.上海：上海人民出版社，2014.

［4］ARNETT J J. Adolescent storm and stress: reconsidered［J］. American psychologist, 1999,54(5): 317–326.

［5］史冰，苏彦捷.儿童情绪伪装能力的发展和影响因素［J］.心理科学进展，2005,13(2): 162–168.

［6］樊召锋，俞国良.自动情绪调节：基于社会文化与神经科学的考量［J］.心理科学进展，2009, 17(4): 722–729.

第十一章
儿童人际交往的发展

【学习目标】

- 了解亲子交往、师生交往和同伴交往对儿童心理发展的重要意义与作用。
- 掌握儿童亲子交往、师生交往和同伴交往的发展特征。
- 能够依据儿童人际交往的发展特征开展适宜的教育活动。

【知识导图】

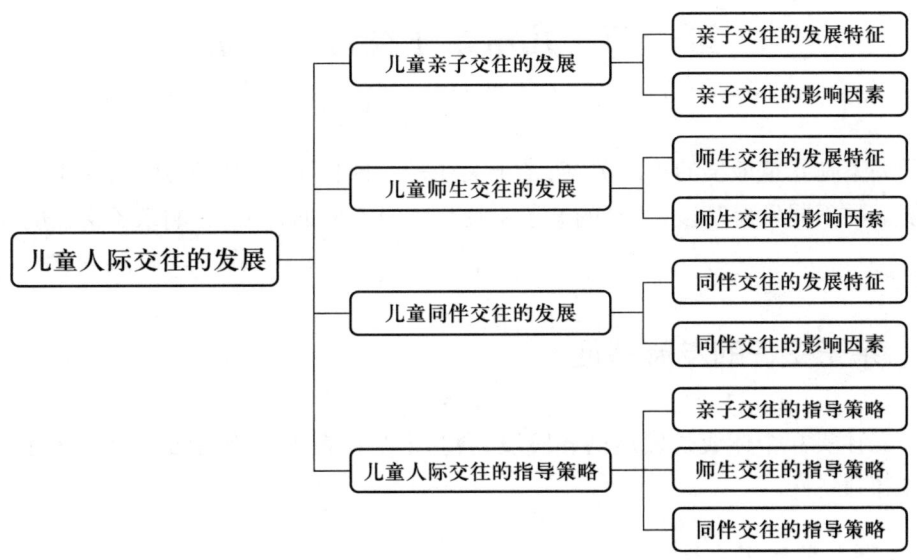

【案例导入】

妞妞在幼儿园中是一个活泼好动的女孩,经常与同伴争抢玩具和游戏器材,游戏中也经常冲撞同伴。因为这样,很多小朋友都不愿意和她一起玩。即使到了大班,妞妞还是不懂得如何与同伴交往。刚进入小学,妞妞就经历了一场家庭变故,她渐渐变得不那么活泼了,话也少了,在班上显得很孤独。一天,童童与她产生了矛盾,这次妞妞没有选择忍耐,而是冲上去与童童扭打在一起。经过这件事以后,妞妞变得更加孤独,很少与老师和同学交流,在家也经常因为琐事顶撞妈妈。现在妞妞已经是一名初中生,她留着一头短发,穿着打扮和行为举止显得十分男性化,她平日里孤立不合群,经常我行我素。面对这种情况,妞妞妈妈与班主任都十分苦恼。

亲子交往、师生交往和同伴交往,都属于儿童社会性发展的重要内容。那么,儿童与父母、教师、同伴的交往方式是一样的吗? 儿童的亲子交往、师生交往、同伴交往在不同阶段的发展有什么特点呢? 我们应该如何根据这些特点来对其开展适宜的教育呢?

第一节   儿童亲子交往的发展

亲子关系是儿童最早的人际关系,亲子交往是一种长期和频繁的互动,对于儿童的发展非常重要。在不同发展阶段,儿童的亲子交往呈现出不同的特征,影响亲子交往的因素也是多样的。

一、亲子交往的发展特征

亲子交往贯穿个体成长发展的各阶段,会基于个体在不同阶段的心理发展特点而呈现出差异性和独特性。

（一）婴儿期亲子交往

亲子互动的出现可能比我们想象中更早。当胎儿还在母体中时,人的本能会帮助父母与胎儿建立关系。在妊娠末期,催产素开始在母亲体内分泌,这种激素会使子宫收缩,使母亲的心情更加平静、放松,并在胎儿出生后,增加新生儿积极的情绪反应,促进父母与新生儿建立亲子关系[1],促使亲子依恋关系的形成。依恋是儿童与特定个体之间形成的正向情

---

[1]   伯克.伯克毕生发展心理学:从0岁到青少年:第4版[M].陈会昌,译.北京:中国人民大学出版社,2014:117.

绪联结,亲子依恋的建立是婴儿期亲子交往的最主要特征。鲍尔比将婴儿期亲子依恋关系的建立分为以下四个阶段[①]:

1. 无差别的社会反应阶段

这一阶段一般是指0—3个月,此时的婴儿对任何人都一视同仁,不同的人出现不会使婴儿出现不同的反应。这时的婴儿喜欢所有人,对接触到的所有人都会回以微笑以表达喜悦。这一阶段的婴儿还未与父母建立起亲子依恋关系。

2. 有差别的社会反应阶段

3—6个月大的婴儿开始用不同的反应来区别对待他人。这时婴儿会对父母(特别是母亲)表现出更多的偏爱,在行为上表现为手舞足蹈、亲近、牙牙学语等。而对其他家庭成员虽愿意接近但不像在母亲面前那样活跃。这一阶段的婴儿还是愿意与陌生人接近的,他们并不怯生。

3. 特殊的情感联结阶段

在6个月—2岁,由于婴儿与母亲的交往增多,他们对母亲的依赖增加。若母亲在时,婴儿会表现出更多的积极情绪,但如果母亲离开,他们就会开始哭闹。母亲仿佛是这一阶段婴儿的“定心丸”,只要母亲在他们就很安心。与此同时,这一阶段的婴儿开始对陌生人产生恐惧,例如他们见到陌生人会哭闹、不安。

4. 目标调整的伙伴关系阶段

在2岁以后,婴儿才真正意义上把母亲当作可以交往的伙伴,他们会迎合母亲的需求。这一阶段的婴儿知道母亲不会抛弃自己,因此他们不再过分要求母亲时时都在身边。若母亲需要离开他们一段时间,他们也不会吵闹,而是自己玩耍,并相信母亲一会儿就会回来。

(二) 幼儿期亲子交往

在幼儿期,父母仍是儿童最主要的照料者和玩伴。这一时期的父母更适应了“父母”角色,他们也在思考着怎样做一个好父母,父母与儿童的教养关系由此成立。教养是幼儿时期最主要的亲子交往方式。幼儿脱离了出生时生物个体的属性,在不断社会化过程中衍生出个性和社会性。在社会化过程中,幼儿将受到各种行为规范、价值观念和知识技能的影响,体会到个人愿望与社会要求的冲突。此时,父母扮演着教养者的角色与幼儿进行交往,促使幼儿获得社会技能,并为幼儿今后的学校生活打下基础。

在这一时期,由于父母更占智力与成熟的优势,因此亲子交往往往呈现出不对称性。虽然父母掌握更大的权力,但在此期间父母付出了无私的爱,甚至做出了自我牺牲。父母与幼儿的交往表现出照顾与被照顾、指导与被指导、要求与被要求、控制与服从等垂直的特点。[②]

---

① 林崇德.发展心理学.[M].3版.北京:人民教育出版社,2018:198-199.

② 李红.幼儿心理学[M].北京:人民教育出版社,2007:293-294.

（三）儿童期亲子交往

当儿童进入小学，他们的内部身心状态和所处的外部环境都产生了巨大的变化。他们开始接触更多的同伴和更多样的社会环境。进入小学后，儿童逐渐把一部分精力转移到学校生活上，他们变得更独立，与父母在一起的时间大大减少，这也意味着亲子交往面临新的挑战。

在这一阶段，父母开始担心儿童的人际交往，如自己给儿童分配零用钱的数量和方式是否恰当，儿童交往的朋友是好还是坏，儿童在学校的表现怎样等。到小学后期，儿童进入叛逆期，更多问题会暴露在亲子交往中。如研究发现，六年级儿童对父母的依恋出现骤降，因为随着年龄的增长，小学生的自我意识增强，他们会要求摆脱父母、寻找同伴，并想改变幼儿期亲子交往中的不对称性。[①] 虽然会出现这些问题，但这在早期建立了权威型教养方式的家庭中却能更好地化解。因为这类家庭的儿童拥有更强的逻辑思维，而且对父母的知识和能力表现出更多的信任和尊重。父母只需要与他们进行开诚布公的交流，并共同做出决策，就可以化解亲子交往中的危机。虽然进入小学的儿童会较以往表现出更多的独立性，但他们依然把父母当作自己最信任的人，并且需要父母给他们提供一定程度的支持。他们常常向父母寻求生活和学业上的建议，以提高自我价值。

这一时期的儿童和父母的交往与婴儿期和幼儿期还是有相似之处的，如与母亲交往的时间多于父亲。但在与儿童的交往中，父母的分工会有所不同，如母亲会更关注儿童的饮食起居等生活方面的事务，而父亲会更关注与儿童成就有关的活动，如课业成就和体育竞技等。

（四）青少年期亲子交往

当个体进入中学，也逐渐步入青少年期，这期间的身体变化将带给他们成人般的成熟和性的变化。但青少年相比于成年人，往往会具有不稳定的情绪，他们在一天中情绪高涨的时候是与同伴待在一起或者能做自己喜欢的事情时，而一天中情绪低落的时候往往发生在由成人主导的环境中。这给亲子交往带来了新的变化和挑战。在这一时期，"争吵"会频繁出现在亲子交往中，不管是在亚洲或者是在父母权威相对较弱的北美、欧洲家庭，争吵在亲子之间都发生得一样频繁，"亲子疏离"都会一定程度上出现。在这一阶段，青少年的认知发展和自主意识逐渐提高，父母也会尝试给予他们独立和责任的训练。青少年在解决问题和做出决定时越来越游刃有余，他们会对父母"去理想化"，即父母在他们心中不再是以前那个无所不能的形象，而是一个"普通人"。因此青少年不再像小时候那样盲从于父母的"权威"。而父母也会思考，为什么孩子不再像以前一样和自己亲近了，反而更愿意去相信同伴。这样的矛盾促进青少年期亲子关系的调整。

青少年尽力向成年人靠拢，想让自己看起来像个大人，因此他们对自主性有强烈的追求。他们想争取到更多能自己做决定的权利，而不是父母帮助自己做决定。在这一时期，亲

---

① 于海琴,周宗奎.小学高年级儿童亲子依恋的发展及其与同伴交往的关系[J].心理发展与教育,2002(4):36-40.

子交往在把青少年培养成独立自主、有责任心的人方面，仍具有至关重要的作用。如果父母能用开放、包容的眼光与孩子交往，并尊重他们的发展，就会有助于青少年自主性的培养，促进青少年自信和学习能力的发展。

二、亲子交往的影响因素

影响亲子交往的因素众多，主要有儿童自身的因素、父母相关的因素以及其他因素。

（一）儿童自身的因素

1. 个体特征

子女作为亲子关系中的重要一方，其自身的特征是影响亲子关系发展的重要因素。例如，在抚养过程中，容易型婴儿对照料者表现出更多的微笑、愉悦等积极情绪反应，与父母的相处更为融洽；而困难型婴儿往往伴随着吵闹、哭泣等行为；迟缓型婴儿则较为淡漠、孤僻，这在一定程度上会导致照料者缺乏耐心，由此影响亲子间的互动。受气质等个体特征的影响，儿童经常性的行为表现也会存在差异，因而父母会根据子女的内在特点而产生差异性的抚养行为和亲子互动，这都会影响亲子关系的发展。

2. 自我意识

儿童的自我意识随着年龄的增长而逐步发展。在自我意识形成初期，为了将自己和其他个体区别开来，儿童往往会通过反抗父母来证明自己的存在，并开始要求独立自主的权利。到了青少年期，青少年的自我意识急速发展，自我意识极其强烈，倾向于挑战父母的权威。与此同时，青少年的情绪容易激动且不稳定，若没有得到良好的引导和教育，在这一阶段，亲子间极易产生矛盾与冲突，严重影响亲子关系的发展。

（二）父母相关的因素

1. 父母教养方式

亲子关系因父母教养方式的不同而存在差异。其中，权威型、民主型父母与子女的关系更为亲密，而专制型父母容易与子女发生冲突，影响亲子关系。[①] 父母采用权威型教养方式，在教育孩子时将孩子看作独立的个体，尊重孩子，善于理解和引导孩子，为孩子打造安全的心理基地，有利于建构良好的、亲密的亲子关系。相反，父母在采用专制型教养方式时，往往站在孩子的对立面，父母常常处于情绪失控的边缘，轻则命令、吼叫孩子，重则打骂孩子，这必然会导致亲子冲突增多，影响亲子间的亲密性。

2. 父母婚姻关系

父母婚姻关系会影响亲子关系。和谐、稳定的婚姻关系有助于良好亲子关系的形成，而

---

① 韦慧. 父母教养方式及家庭成员对儿童的影响［J］. 学校党建与思想教育, 2010（33）: 63-64.

夫妻经常争吵、互相挑剔的家庭,以及离异和再婚家庭,较易出现亲子冲突。[①] 父母之间频繁的冲突与他们对孩子的消极情感相关。例如,离异家庭父母教育子女的适当性比完整家庭差,离异家庭的父母往往对孩子采取放任自流、不闻不问的教养方式,这不利于良好亲子关系的形成。父母离异的孩子相对来说会不信任亲密关系,从而影响亲子关系。青少年相对较容易接受父母因感情不和而离婚的事实,但他们却较难适应父母再婚,个别青少年对父母再婚的意见很大,甚至会阻止父母再婚,由此引发亲子关系淡漠和亲子冲突。[②]

3. 家庭结构

家庭结构类型也会影响亲子关系。常见的家庭结构主要有两种。一种是"核心家庭",即父母和孩子两代人组成的家庭;另一种是"三代人家庭",即孩子与父母,以及祖父母或外祖父母一起生活。在"三代人家庭"中,祖辈与父辈的教养观念与方式可能会产生分歧,如果祖辈与父辈经常在孩子面前表现出教养矛盾和冲突,往往不利于良好亲子关系的形成。而在"核心家庭"中,特别是独生子女家庭中,常出现父母对孩子过于关心呵护、期望过高、过分保护等,这都不利于形成健康、良好的亲子关系。

4. 亲子沟通

亲子间保持有效的沟通、相互尊重,有利于形成良好的亲子关系。儿童能够正确合理地表达要求和期待,父母能够认真聆听与回答;在交流过程中,儿童感受到自己是被尊重的,从而朝着父母期待的方向表现,亲子冲突也相应减少。父母是孩子的第一任老师,自孩子呱呱坠地,父母对孩子的养育照料让孩子产生了最初的信任感与安全感。在养育孩子的过程中,父母不仅保证其基本的生理的需要,也满足孩子安全与爱的需要,帮助和关注孩子的成长。良好的沟通是父母表达爱的过程,也是亲子相互产生信任的纽带,还是减少亲子冲突的必要条件。

(三)其他因素

亲子关系的形成与发展除了与儿童和父母因素息息相关外,还会受到社会环境,如社会文化、民族传统、风俗习惯等诸多因素的影响,表现出文化差异性。例如,在我国大多数家庭中,受传统儒家思想文化的熏陶,亲子关系多是父母处于权威地位、子女顺从的形态。近年来,由于社会经济的不断发展和全球化水平的提高,我国家庭中受传统文化影响的亲子关系模式发生了一定的改变,代际的尊重沟通、情感表达等积极成分逐渐凸显,亲子交往更为密切。[③] 由此可见,家庭所处的宏观及微观的社会环境均会对亲子关系和亲子交往产生潜移默化的影响。

① 刘晓洁,李燕,谢庆斌,等. 母亲依恋焦虑与学前儿童社交焦虑的关系:婚姻冲突和亲子依恋的链式中介作用[J]. 中国临床心理学杂志, 2020, 28(4): 700–704.

② 陈宛玉,周姗姗. 青少年的亲子关系特征及影响因素研究综述[J]. 当代教育实践与教学研究, 2015(6): 194–195.

③ 崔宝琛. 家庭社会经济地位、亲子关系与欠发达地区农村留守儿童积极发展:基于两省两校农村儿童调查数据的研究[J]. 人口与发展, 2023, 29(4): 2–19.

第二节　儿童师生交往的发展

与教师的交往是儿童人际交往的重要方面,对儿童认知、社会性、人格发展和心理健康都具有十分重要的影响。了解师生交往的发展特征,关注师生交往的影响因素,以促进师生和谐交往,对儿童身心和谐发展和教师专业发展等都具有积极的意义。

一、师生交往的发展特征

师生交往在儿童的学习和社会发展中扮演着至关重要的角色。一方面,作为教育过程中的基本关系之一,师生关系的发展表现出教育过程中人际关系的基本特征。另一方面,随着儿童的逐渐成长,师生交往也因教育阶段的不同表现出不同的发展特征,反映儿童认知、情感和社会性的演变。

（一）儿童师生交往的基本特征

师生交往是儿童人际交往的重要一环,了解儿童的师生交往在推动儿童良好人际交往技能的获得、社会性发展等方面具有积极的价值。师生交往作为一种不同于亲子交往和同伴交往的人际互动,其具有自身的独特性,具体表现如下 [1]:

1. 教育性

教育性是师生交往的首要特征。在师生交往中,无论是交往的目的、内容和交往发生的途径、情境,还是交往主体担任的角色,都具有明显的教育性特征。首先,师生交往的主要目的是促进学生的学习与发展,尤其是学生认知和社会性的发展。因此,无论师生交往的目的、内容还是交往的方式,多是围绕这一目标而展开的,相应地,教育内容也是为这一目标服务的。其次,尽管师生交往发生的情境具有多样性,例如,师生交往不仅发生在课堂和教育教学活动中,也广泛发生在日常生活的其他情境中。但无论在何种情境下,教师的言行及其对人、事、物的态度都对儿童有着潜在的、巨大的影响。最后,由于教师角色的特殊性及其在学生心中的特殊地位,教师自觉或不自觉流露出来的对学生的情感、期待与评价,将会直接影响学生的自我认知、社会行为,以及教育效果。

2. 交互性与连续性

交往是一个交互影响和相互作用过程,交往的双方总会根据对方的反应来调整自己的行为或者表现。在师生交往中,一方面,教师的行为对学生有很大的影响,学生往往是按照教师要求进行表现的,另一方面,学生的行为同样对教师产生影响,由此构成了师生

---

① 庞丽娟.教师与儿童发展［M］.北京:北京师范大学出版社,2001:163–165.

交往的双向交互性。同时,师生间的这种双向、交互影响不是一时的或者间断的,而是连续的、循环的,除了交往当时对师生双方产生较大影响外,对双方以后的发展和人际交往等也会产生影响。

3. 网络性

师生交往的网络性表现在师生交往不局限在师生之间的相互作用,还会对双方与他人的互动产生影响。具体而言,师生交往除了直接作用于交往双方,还会对该儿童与其他教师、该教师与其他儿童,以及该儿童与其他儿童之间的互动产生影响。

师生交往除了上述基本特征外,还具有组织化与非正式化相结合、非一一对应性、系统性和综合性等特征,这些特征并不是独立存在的,它们之间相互联系,共同构成了师生交往的基本性质和总体特点。

(二)儿童师生交往发展的阶段特征

1. 幼儿的师生交往

儿童进入幼儿园后,活动中心便由家庭转向了幼儿园。幼儿与教师的接触增多,与教师的交往成为幼儿人际交往的重要内容,而幼儿园教师也成为幼儿心中的重要他人。此时,儿童心中的权威已从父母部分转移到教师身上,教师自身的言行、对幼儿的态度等都会对儿童产生巨大的影响。

幼儿期师生交往具有独特的表现。首先,幼儿的师生交往具有游戏性。[①] 游戏是幼儿最喜欢的活动,也是幼儿重要的学习方式,这决定了教育的目标和内容总是围绕着游戏展开。其次,幼儿的师生交往也呈现出亲密性和依赖性。[②] 由于幼儿身心发展的局限性,幼儿对成人具有极强的依赖性,主要活动场地的转变,使幼儿将这种依赖转移到教师身上,也使得幼儿在心理上依附于教师。同时,教师既是幼儿生活的照料者,亦是幼儿成长的引导者,幼儿和教师的交往既存在于课堂教学中,也存在于生活的方方面面,比中小学教师与学生接触更长久、广泛、全面,因而相比而言,幼儿与教师交往的亲密性和依赖性更加突出。此外,随着幼儿自主意识的觉醒,师生交往也逐渐表现出冲突性。

2. 小学生的师生交往

小学儿童与教师的交往具有特殊性。与幼儿园教师相比,小学教师更为严格,既引导儿童学习、掌握各种科学知识与社会技能,又监督和评价学生的学业与品行。与中学教师相比,小学教师的工作更加细致与具体,小学教师在学生心中更具有权威性。在小学阶段,教师在儿童心目中具有绝对的权威,这种权威甚至要高于父母。在这一时期,大部分儿童与教师的关系都比较友好。然而,随着儿童独立性和评价能力的提高,他们对教师的态度发生变化,开始对教师有评价倾向,对不同教师表现出不同的喜好。

随着年龄的增长,儿童的交往方式、交往观念都在发生变化。小学生的师生交往仍然

---

① 秦金亮.儿童发展概论[M].北京:高等教育出版社,2008:201.

② 李燕芳,刘丽君,吕莹,等.人际关系状况与学龄前流动儿童的问题行为[J].心理学报,2015,47(7):914-927.

保留冲突性和亲密性,但此时的依赖性已经转变为反应性。这表明在身心发展过程中,儿童主动性的增强,尤其是自我意识的发展,使得儿童对待教师从心理上的依附转变为主动的反应。小学阶段的师生交往呈现出亲密性(师生间具有亲密相处、相互接纳的态度和行为)、反应性(师生间具有情绪、认知上的主动反应)和冲突性(师生间经常有情绪、行为上的冲突)的特点,这些特点在不同年级和性别上表现出差异。从年级上看,随着年级的增长,由于儿童自身社会认知等各方面的发展,师生交往的亲密性从五年级开始呈下降趋势;反应性一直处于比较稳定状态,直到六年级开始表现出显著的下降趋势;冲突性呈波浪式发展,具体表现为,三年级、五年级时较高,四年级、六年级时较低。[①] 从性别上看,与男生相比,女生在与教师交往中表现出更多的亲密性、较少的冲突性,女生的师生关系比男生的更积极。[②]

3. 中学生的师生交往

初中生在生理上发生巨变的同时,独立意识增强,各方面的能力也有了很大的提升。初中生不再绝对地信赖和服从教师,不再像小学生那样把教师看作至高无上的,教师的权威地位进一步动摇。初中生对教师有了新的认识,并有了更高的要求,他们对于喜欢什么样的教师有了更加明确的看法。总之,初中生已经能够以一种批评的态度去看待教师了。[③] 此外,初中生与教师的交往更多地表现在学习活动中。初中生虽然在许多方面都更愿意与同龄人交往,但是,在解决学习上的困难时,他们还是常常向教师求助。这从侧面表现出,该年龄阶段的儿童主要在学习上与教师发生联系。

初中生的师生交往同样具有亲密性、冲突性和反应性,但呈现出回避性和理解性的新特征。初中阶段正处于个体身心发展的过渡时期,儿童对人和事物有自己的主张和观点,成人感和封闭性是该阶段学生的重要心理特征与外在表现。同时,教师往往在学生心中是威严的、缺乏亲和力的。因此,该阶段的师生交往也呈现出回避性的特点,主要表现为初中生不愿意接触教师,在思想和行为上有意识地回避教师。理解性是指师生之间相互信任、体谅。初中阶段是个体身体发育的高峰时期,也是心理和行为发展的重要时期。整体来看,初中生的心理发展呈现出半成熟、半幼稚的状态,他们渴望能够与成人进行平等的交流与相处,希望得到尊重与理解,所以在师生交往的过程中往往表现出理解性。[④]

高中生的师生交往依然表现出冲突性、亲密性等特征。但有所不同的是,心理水平的进一步发展,尤其是抽象逻辑思维的迅速发展,伴随着高中生独立性、自觉性的增强,以及自我意识逐渐成熟,这使高中生对教师的亲密程度有所下降。[⑤]

① 王耘,王晓华,张红川.3—6年级小学生师生关系:结构、类型及其发展[J].心理发展与教育,2001(3):16-21.
② 宋德如,刘万伦.中小学生师生关系发展特征研究[J].心理科学,2007(4):873-877.
③ 张清,刘蕾.青少年发展与教育心理学[M].北京:北京大学出版社,2017:108-109.
④ 张野,李其维,张珊珊.初中生师生关系的结构与类型研究[J].心理科学,2009,32(4):804-807.
⑤ 杨阿丽,方晓义,李辉,等.云南省中小学生师生关系发展特点及对学校适应的预测[J].心理发展与教育,2007(2):49-56.

二、师生交往的影响因素

促进师生和谐交往的前提就是要探明影响师生交往的主要因素,而师生交往的发生发展是一个非常复杂的过程,会受到很多方面的影响,主要包括儿童因素、教师因素,以及家庭环境、班校环境和社会文化因素等。

(一)儿童因素

影响师生交往的儿童因素包括性别、气质、认知水平、人际经验、行为表现、学习表现和自我意识等。这些都会直接或间接影响师生交往过程中双方的态度和主观感受,从而影响和谐师生关系的建立。

在儿童性别方面,相比于男孩,女孩更倾向于掌握更多的"让教师满意的技能"。同时,女孩在学校活动中的合作性更高、攻击性更少,出现的行为问题更少,因此女孩与教师会更少发生矛盾冲突,与教师的交往也更为融洽。[①] 在儿童气质方面,节律性、活动水平和趋避性等气质特征对师生交往有一定影响。有研究发现,其中高节律性儿童规律的生活习惯在集体环境中往往被忽视或打乱,他们与教师的交往也因此难以表现出同步性和适应性,师生交往质量较差;活动水平越高的儿童越容易与教师发生冲突,越难与教师进行良好互动;趋避性则对师生关系有积极作用,表现为趋向性儿童更易适应新环境,从而与教师形成良好的师生关系,而回避性儿童往往在新环境中会出现退缩心理,导致其与教师间缺乏积极主动的互动行为。[②]

在儿童认知水平方面,大量研究发现,儿童的智商与其师生关系间存在显著的正相关关系。在儿童人际经验方面,儿童在亲子交往和同伴交往中积累的人际经验,会通过影响儿童在各种活动中的行为间接影响师生交往。在儿童行为表现方面,在集体活动中有混乱行为、攻击行为和抗拒行为等问题的儿童与教师的互动更少,即使互动,师生双方也更容易产生负面情绪,难以进行良好的师生互动。儿童的学习表现也会影响师生互动,那些在学习上积极主动或学业成绩优异的儿童,往往会得到教师更多的关注,更有机会与教师进行互动。[③] 儿童的自我意识也在师生互动中发挥作用。随着儿童年龄逐渐增长,他们的自我意识会越来越强烈,在与教师交往过程中,如果儿童没有得到足够的认可和尊重,就会产生被冒犯的感觉,从而与教师形成紧张对立的关系。[④]

---

① 秦金亮. 儿童发展概论[M]. 北京:高等教育出版社,2008:203-204.
② 张晓,王晓艳,陈会昌. 气质与童年早期的师生关系:家庭情感环境的作用[J]. 心理学报,2010,42(7):768-778.
③ 张紫屏. 国外课堂师生互动研究:热点问题与未来趋势[J]. 外国中小学教育,2015(4):42-48,41.
④ 潘颖秋. 初中青少年自尊发展趋势及影响因素的追踪分析[J]. 心理学报,2015,47(6):787-796.

（二）教师因素

教师因素,如教师的学生观、教育观念、情绪管理能力、教育评价标准、班级管理风格等诸多方面都会直接或间接地影响师生交往。

教师秉持的学生观对师生交往有很大的影响。例如,崇尚权威的教师会在师生交往中处于高高在上的位置,掌握主动权和话语权,让学生处于被动接受的位置;追求平等的教师则会与学生处于平等的位置,民主平等地进行师生交往。教师的教育观念也会影响师生交往。比如,遵循传统教育观念的教师会过分强调教师中心、教材中心,易忽视学生的主观能动性,被动的学习会使学生对教师产生古板无趣的印象,不愿亲近教师。[1] 在情绪管理能力方面,教师在处理繁重的教学和日常工作过程中难免产生消极情绪,如果教师习惯将自己的消极情绪发泄在学生身上,学生就会对教师产生畏惧感,不敢靠近教师。[2] 从教育评价标准来看,若教师片面地强调学习结果,将成绩优劣作为评价学生的唯一标准,会因成绩好坏对学生表现出不同态度,那么教师与学生的互动也会有所差异,这并不利于和谐师生交往的构建。班级管理风格也是师生交往的影响因素之一。采用独断专行管理风格的教师往往会给学生带来距离感,而采用友善民主管理风格的教师则会让学生更愿意亲近。此外,教师在与学生沟通交流中敏感度的高低,教师教学效能感的强弱,教师自我期望的达成与否,也会间接地影响师生交往,甚至教师在幼年时的依恋关系也能预测其未来与学生的关系。[3]

（三）家庭环境

家庭是学生社会化的重要场所之一,其中的家庭关系、家庭教养方式、家庭氛围、儿童留守情况、家长对教师的态度等都会对师生交往产生影响。

从家庭关系上看,成员关系和谐的家庭更容易培养出一个性格良好、人际关系协调的学生,他们对待师生交往的态度也是温和积极的;而成员关系矛盾多的家庭容易导致学生敏感孤僻或者叛逆,难以处理好与教师的关系。从家庭教养方式上看,民主型和专制型家庭中的儿童,相比于忽略型家庭中的儿童具有更和谐的师生关系。研究发现,民主型家庭中成长的儿童有较多与父母沟通协商的经验,他们在与教师交往时能更从容轻松;专制型家庭中成长的儿童习惯于服从,在与教师交往时也显得更温顺乖巧;而忽略型家庭中成长的儿童因缺少人际交往经验,在与教师交往时显得冷淡。[4] 家庭氛围同样也会影响师生交往,在温馨和谐家庭中成长的儿童更具有调节和疏导师生关系的本领,而在不良家庭氛围中成长的儿童更容易

① 戚业国. 课堂交往的影响因素及对教师的建议[J]. 思想理论教育,2008(4):46-51.

② 付春新,赵敏. 基于OLS模型的中学师生关系影响因素分析[J]. 宁波大学学报(教育科学版),2020,42(1):126-132.

③ 秦金亮. 儿童发展概论[M]. 北京:高等教育出版社,2008:203-204.

④ 付春新,赵敏. 基于OLS模型的中学师生关系影响因素分析[J]. 宁波大学学报(教育科学版),2020,42(1):126-132.

疏远教师,更可能激化与教师的矛盾。此外,留守儿童缺乏父母的引导和关心,不擅长与教师交往。因此相对而言,在父母身边长大的儿童会更具有融洽的师生关系。家长对教师的态度也会影响师生交往。尊重教师的家长会引导儿童与教师和谐相处,而轻视教师的家长会让儿童与教师产生更多的矛盾。

（四）班校环境

班级规模、学校行政干预等班校环境因素对师生交往也有一定的影响。

具体而言,班级规模越小,教师与学生越容易形成安全依赖的关系。在规模较小的班级中,教师有更多机会和每位学生进行交流。交流越多,双方越了解,就越容易形成良好的互动关系。班级规模越大,教师越难与每位学生都沟通充分,了解越少就越难形成积极的师生互动。此外,学校行政干预如学校对教师的监督和管理也会间接地影响师生关系。例如,一些学校用许多额外的工作占用教师的教育教学精力,缩减教师与学生沟通交往的时间,使得教师无暇顾及与学生的交流互动。

（五）社会文化因素

师生关系还会受到社会文化背景和大众传媒等社会文化因素的影响。例如,受传统的宗法关系和师道尊严的影响,一些教师强调并践行教师的天然权威。这种强调学生必须服从教师的不对等关系,会阻碍良好的师生交往。此外,大众传媒也是影响师生关系的重要因素。例如,影视剧为了突出戏剧效果,故意夸大师生冲突,这会对思想尚未成熟的学生做出错误的引导,影响他们对教师的看法和态度。新闻媒体对一些师生冲突事件的不实报道,也容易将教师与学生置于对立面,不利于师生间的良好交往。

第三节　儿童同伴交往的发展

在出生后不久,儿童便开始表现出同伴交往的迹象。作为人际交往中的重要关系之一,儿童的同伴交往具有平等、自由等特点,对儿童在社会性、语言能力、情绪理解、认知等方面的发展具有独特价值。了解同伴交往的发展特征,分析儿童同伴交往的影响因素,对促进儿童和谐的同伴交往具有积极意义。

一、同伴交往的发展特征

个体的社会交往能力和社会性的发展是一个循序渐进的过程。随着年龄的增长,个体的同伴交往经历了从简单到复杂、从低级到高级、从不熟练到熟练的发展过程。根据身心发展的水平和特点,在婴儿期、幼儿期、童年期和青少年期,儿童的同伴交往也会表现出不同的发展特征。

（一）婴儿期同伴交往

婴儿期个体的社会交往能力发展迅速，尤其是随着自我意识的出现，婴儿逐渐与周围环境中的其他个体产生互动交流。总体来看，婴儿的主要社会关系是亲子关系，在此基础上婴儿的同伴交往能力开始发展，主要可划分为单向关注信息的发出、简单回应行为的发生和互补交往行为的出现三个阶段。

1. 单向关注信息的发出

在出生半年后，婴儿就能够对同伴微笑、发出声音。尽管只有短暂的接触，双方随后也互不理睬，但这种笑一笑、碰一碰、抓一抓的行为是婴儿实现同伴交往的第一步。值得注意的是，对于 10 个月之前的婴儿而言，他们之间的交往并不具有社会性，此时的婴儿可能把同伴当作某个物品，互动的对象也主要集中在玩具或者其他物体上。

2. 简单回应行为的发生

出生 10 个月以后，随着认知和动作能力的发展，婴儿的行为不再是单向发出的，婴儿间开始出现双向的互动，表现出应答的特征。即一个婴儿开始回应另外一个婴儿，并对其行为产生影响。例如，婴儿 A 冲着婴儿 B 微笑，婴儿 B 可以通过微笑、注视、动作等方式对婴儿 A 做出回应；同时，婴儿 A 也可能会对婴儿 B 的回应做出回应。在这一阶段，互动双方能够进行直接的相互接触和影响，即婴儿进入了同伴交往的简单相互作用阶段。但是，由于婴儿社会认知发展的局限，这种简单的交往行为较少发生。

3. 互补交往行为的出现

出生第二年起，尤其是 18 个月后，婴儿的动作和语言得以快速发展，婴儿之间的互动时间增多，互动的内容和方法也越发复杂。[①] 这时，婴儿出现了较多的互动性游戏，比如你追我赶、你躲我藏等，游戏逐渐变为婴儿主要的互动形式。到出生第二年末时，社会性的游戏已经超越单独游戏成为婴儿主要的游戏方式。同时，婴儿也开始关注同伴本身，与同伴互动时会考虑自己的行为与对方的反应，逐渐掌握社交的方式与技巧。婴儿之间的交往已经进入互补的相互作用阶段。

（二）幼儿期同伴交往

随着身心的发展，幼儿的同伴交往也迈入了迅速发展时期。总体来说，幼儿的同伴交往会经历小班混沌期、中班转折分化期、大班稳定期三个阶段。在这个过程中，游戏是幼儿同伴交往的主要形式。

1. 幼儿同伴交往的年龄特征

上幼儿园后，幼儿的主要社交场所从家庭转到幼儿园，幼儿开始了早期的校园同伴交

---

① ECKERMAN C O, STEIN M R. How imitation begets imitation and toddlers' generation of games[J]. Developmental psychology, 1990, 26(3): 370-378.

往。小班幼儿的同伴交往处于混沌时期,表现为同伴交往的随机性和同伴偏好的弥散性。具体而言,在选择交往同伴时,幼儿并没有表现出明显的喜恶和标准,他们往往会依据"他就坐在我旁边""他对我笑了一下"等随机因素进行选择。同时,小班幼儿更多地关注自我,大多数幼儿处于被同伴忽视的状态。此外,小班幼儿交往同伴的不确定性以及稳定的互选朋友较少,使幼儿还不能与同伴建立起较为稳定的联系。

进入中班以后,幼儿的社会认知和交往能力得到迅速发展,同伴关系处于转折分化时期。随着年龄的增长和同伴之间互动的增多,中班幼儿对同伴已经具有较为明显的喜恶,选择同伴的标准也较为明晰,因此他们两两之间互选作为朋友的可能性增大,能够在探索中逐渐建立起较为稳定的同伴关系,被忽视型幼儿的数量减少,受欢迎型和被拒绝型幼儿的数量增大。

到了大班,幼儿的同伴交往具有了一定的稳定性。此时,幼儿对同伴的喜恶也趋于稳定,选择同伴的标准也较为稳定。因此,他们的交往对象比较稳定,已具有稳定的同伴关系。同时,由于幼儿主要在自发形成的小群体中进行交往,同伴冲突与矛盾也大多发生在小群体之内。

2. 幼儿同伴交往的性别特征

（1）同伴交往存在性别差异

男孩在同伴交往中倾向于通过与朋友的互动作用不断外延并扩大交际网络,从而使得自己的交往更为广泛。而女孩的交往比较集中,他们更愿意和最好的朋友在一起,而不愿意处在三人或三人以上的团体中。这种交际网络倾向,使女孩更注重同伴关系的维持。在与同伴发生冲突时,女孩更可能从关系角度去判断不良行为,更愿意采取礼貌的协商来解决。而男孩则不同,他们常常通过武力冲突来解决问题。[1]

（2）同伴交往存在同性别倾向

儿童对同性别玩伴的偏好在很早的时候就已经显现。30—36个月大的婴儿开始与同性别的同伴一起游戏。[2]在小班时,幼儿对同性同伴的选择会多于对异性同伴的选择。进入中班后,这种情况有所改变,幼儿会更喜欢与异性同伴做朋友。而到了大班,幼儿又重新表现出偏向同性别交往的情况,异性朋友减少,同性朋友增加。

（三）儿童期同伴交往

进入小学后,儿童在自我认识、表达交流、合作等方面的能力逐渐提高。在这一时期,儿童的同伴交往变得更加复杂,同伴关系对他们的影响也越来越突出。

一方面,同伴交往的选择性增强。小学生在与同伴交往的过程中,会更倾向于选择与同性同学进行交往,并选择跟异性同学保持一定的距离。另外,他们在与同伴交往的过程中,

---

① 魏勇刚.学前儿童发展心理学［M］.北京:教育科学出版社,2017:186-188.

② FABES R A, MARTIN C L., HANISH L D. Young children's play qualities in same-, other-, and mixed-sex peer groups［J］.Child development, 2003, 74（3）:921-932.

不会仅仅选择长得漂亮的同学,而是更注重对方的性格和兴趣等,倾向于选择那些与自己有共同兴趣爱好的同学作为同伴。

另一方面,出现同伴团体。随着同伴关系的不断发展,小学阶段的儿童开始形成各种各样的小团体。小学生的同伴团体选择也表现出同性交往的特点,但随着年龄的增长以及生理和心理的发展与成熟,他们会表现出对异性的好奇与兴趣,逐渐开始与异性接触与交往。到小学高年级,男女混合的同伴团体开始出现。[①]

(四)青少年期同伴交往

青少年期是个体生长发育的鼎盛时期,在这一阶段,个体的身心会产生一系列特殊变化。这使得他们对自己和外界产生不安,而同伴交往可以为其带来安全感和稳定感。这一时期的同伴交往对初中生身心发展发挥着独特的作用,因此显得更为突出和重要。相比小学阶段,中学阶段的同伴交往有了新的内容,同伴交往的发展也达到了新的水平。

1. 初中生同伴交往

第一,同伴交往的选择更加严格。初中生的交往对象从父母转移到同伴。他们主要结交同性朋友,选择年龄相近、空间距离相近、性格相近且有共同兴趣、烦恼、价值观和优良品质的同伴。这一时期的友谊比任何一个年龄阶段的友谊都更为纯洁和直率。[②]

第二,同伴交往以亲密性为核心。与小学生相比,初中生更看重朋友,认为朋友比父母更知心和亲密,并且他们会减少与亲人的交往。初中生交往的对象是能谈心的、能说心里话的人。他们认为,朋友是无话不谈的、能相互倾诉的,他们非常理解和信任对方。

第三,同伴交往的稳定性不够。初中生大多结交的是初中时期认识的朋友,他们的友谊还不够稳定,容易产生波动。尤其是女生的同伴关系比男生的更不稳定。

第四,同伴交往存在性别差异和个体差异。初中生刚刚进入青少年期,性意识开始萌发,他们会对异性产生兴趣,但往往会以一种不友好或相反的方式来表达。[③] 在这一阶段,出现较为稳定的异性同伴关系。[④] 女生同伴交往和友谊感发展较早,她们对交往和友谊的标准更高,女生之间的友情更加温和细腻;而男生之间的友情强度更大,稳定性和持久性更好。

2. 高中生同伴交往

高中阶段是个体从独立走向社会的准备时期。这一时期个体的自我意识不断增强,追求独立的意识也越发明显,对同伴交往的需要猛增,与同龄、同性朋友的交往越发频繁。

第一,同伴交往的范围扩大。高中时期是同伴交往的高峰期和关键期。由于身心发展

① 潘玉进,曹立人.小学四、五年级儿童同伴团体的特征及其对学业成就的调节作用[J].应用心理学,2009,15(4):374-378,384.
② 刘爱书,庞爱莲.发展心理学[M].北京:清华大学出版社,2013:253.
③ 林崇德.发展心理学[M].3版.北京:人民教育出版社,2018:386.
④ 周宗奎,万晶晶.初中生友谊特征与攻击行为的关系研究[J].心理科学,2005(3):573-575,572.

的需求,高中生渴望与他人交流和倾诉。相比于其他阶段,高中生同伴互动的频率更高,范围更广;结交的朋友更多,持续性更久;同伴关系更为复杂。

第二,同伴交往的选择性和稳定性都有飞跃性的增长。高中生的择友标准重内轻外,重视彼此个人品质的相似性和互补性。他们认为,没有友谊的生活是枯燥无味的,友谊是一种思想上的契合。高中阶段是结交同性朋友的高峰期,大多数高中生都有3—5个关系亲密的朋友。

第三,同伴交往存在性别差异。表现为,男生结交的朋友数量相较于女生要多,且男生更注重兄弟情谊。

二、同伴交往的影响因素

儿童的同伴交往有其自身内在逻辑,同伴交往的行为和整个发展过程是非常丰富和复杂的,受到多方面因素的影响。其中,起主要作用的有儿童、家庭、学校和同伴等方面的因素。

(一)儿童因素

儿童自身的因素一方面决定他们交往的行为方式,另一方面也影响他们在团体中的受欢迎程度。受欢迎的儿童是高接纳和低拒绝的,在同伴群体中有着高地位和高声望。

首先,儿童的外形、姓名、性别等因素,都影响着儿童受欢迎的程度。那些身体外部特征突出、长相漂亮和名字好听的儿童往往在团体中更受欢迎。儿童在同伴交往过程中也表现出性别差异。男孩通过与同伴的交往互动不断延伸和扩大着友谊网,从而形成较为广泛的友谊圈。而女孩的同伴交往较为集中,友谊多以二元形态出现,她们更愿意与最好的朋友在一起,且女孩同伴关系的发展优于男孩,她们更易得到同伴的喜欢。

其次,儿童的气质、性格、情感等个性心理因素影响着儿童对同伴的态度和交往中的行为特征,由此影响儿童同伴交往中的积极主动性、社交行为和交往技能。那些经常被同伴接纳的儿童往往是活泼外向的,且情绪控制能力较好[1],在交往中能关心他人的情绪,情感积极,有更多友善、亲社会行为[2][3];而被同伴拒绝和排斥的儿童经常情绪激动,有外部攻击、破坏行为,频繁愤怒,经常欺负同学等[4];被忽视的儿童则可能是因为其退缩腼腆、怯懦害羞、

① GÜLAY H, ÖNDER A. A study of social-emotional adjustment levels of preschool children in relation to peer relationships[J].Education 3-13, 2013, 41(5): 514-522.

② 黄辉,王岐富,陈捷.气质在体育生活方式对幼儿同伴交往能力影响的中介作用[J].中国健康心理学杂志,2021, 29(12): 1874-1878.

③ 刘国艳,李洁旋,朱小惠,等.气质在家庭环境对幼儿交往能力影响时的中介作用[J].中国儿童保健杂志,2020, 28(5): 525-528.

④ 高志华,刘晓红,马红霞,等.唐山市中小学生同伴接纳性及其相关因素分析[J].中国学校卫生,2010, 31(5): 561-562.

不善表达、缺乏交往的主动性和交往技能[①]。

最后,儿童的语言发展和心理理论也会影响其同伴交往。儿童使用的语言(听和说)是具备交际功能的。那些被拒绝儿童的口头语言交流能力往往发展较差,而能根据不同的听者调整表达方式和策略的儿童更能被同伴接受。心理理论作为社会认知的重要组成部分,被发现能显著影响和预测儿童的同伴交往。[②] 儿童在同伴交往时会仔细地观察和分析交往情境,心理理论能力较好的儿童更主动、更善于合作和倾听[③],能够更好地理解他人的想法、意图和情绪等,并据此选择恰当的交往方式和策略,采取更有利于交往的言行举止,进而会有不错的人缘。

(二)家庭因素

家庭也是造成儿童同伴交往差异的主要因素。儿童的社会性发展首先是在家庭中发生的,其中父母对儿童社会性交往的发展有着不可替代的作用。

首先,亲子间的依恋关系是儿童进行同伴交往的起点,亲子关系和同伴关系在人际关系模式中是一致的。拥有安全型依恋的儿童容易把亲子关系中的安全感带入同伴交往中,从而建立更好的同伴关系。安全型依恋的儿童喜欢帮助别人,攻击行为较少,能更受同伴喜爱。[④] 容易与父母发生冲突的儿童在同伴交往中也倾向于与同伴发生冲突。此外,母子依恋关系对儿童同伴交往诸方面的影响比父子依恋更大。[⑤]

其次,父母的教养方式在潜移默化中影响着儿童人际交往能力的发展。民主型教养方式的父母通常对子女是温暖支持的,子女会表现得注重合作、富有同情心,且有更多积极的社会行为,因此更易受到同伴欢迎。专制型教养方式的父母表现出对子女过度保护、身体惩罚和言语责骂,子女会习得更多的攻击、暴力行为;而放纵型教养方式的父母对子女过于放任和缺乏管束,子女的亲社会行为水平较低。这两类教养方式使儿童容易遭到同伴拒绝。儿童习得的同伴交往态度和行为大多是父母与他人交往特征的翻版。一方面,儿童能通过观察、模仿和学习,习得父母人际交往的态度与行为,并内化为自己的应对模式;另一方面,儿童在亲子交往中也是主动学习者,会学习父母对待自己的方式来向父母和他人表达自己的感受和需求。

此外,家庭环境对儿童交往也有较大影响。高质量的家庭交往环境是儿童人际交往发展的关键。父母良好的婚姻关系、家庭成员之间的友好行为营造了温馨的家庭氛围。亲子关系和谐、情感表达好、氛围温馨的家庭环境有利于儿童的积极模仿,有助于其建立积极的情绪体验,促进儿童同伴交往能力的发展。[⑥] 同时,家庭结构类型对儿童同伴交往也存在影

① 程利国,高翔.影响小学生同伴接纳因素的研究[J].心理发展与教育,2003(2):35-42.

② BOSACKI S L. Children's theory of mind, self-perceptions, and peer relations: a longitudinal study[J].Infant and child development, 2015, 24(2):175-188.

③ 马伟娜,洪灵敏,桑标.同伴交往、亲子交往与儿童心理理论发展的关系[J].心理科学,2009,32(1):81-84,121.

④ 赵金霞,王美芳.母亲教养方式与幼儿行为问题、同伴交往的关系[J].中国临床心理学杂志,2010,18(5):664-666.

⑤ 于海琴,周宗奎.小学高年级儿童亲子依恋的发展及其与同伴交往的关系[J].心理发展与教育,2002(4):36-40.

⑥ CHALLITA J, CHAPPARO C, HINITT J, et al. Patterns of cognitive strategy use common in children with reduced social competence derived from parent perceptions[J].Australian occupational therapy journal, 2019, 66(4):500-510.

响。曹安指出,父母独自养育儿童的三口之家的居住环境、人际关系简单,能充分发挥儿童的交往技能。[①] 而由祖辈和其他人教养的幼儿,可能出现更多的行为障碍和人际交往缺陷[②],在同伴群体中的地位较低;家庭管理差、离异家庭的儿童更容易被同伴拒绝,同伴交往能力较低[③]。

(三)学校因素

教师是家庭之外与儿童接触较多的交往者,对儿童的同伴交往能力也有直接的影响。首先,教师自身的素质与能力、交往理念和行为直接影响班级环境和班级文化,从而影响班级中儿童的同伴交往。[④] 其次,教师对儿童的接纳、认可程度和评价,影响着其他儿童对该儿童的评价和接纳。高志华等发现,在小学阶段,儿童对教师的"得力助手"和"宠儿"的接纳度和认可度较高;而初中生受教师喜爱反而会引发其被同伴拒绝。[⑤] 最后,师生关系和互动直接影响儿童的社会行为和同伴交往能力。[⑥] 教师不仅起到人际交往示范的作用,还可在儿童交往过程中给予支持和指导。

(四)同伴因素

群体社会化理论认为,儿童在家庭之外必然要参与和认同一个群体,而这个同伴群体的规则决定他们在家庭之外的行为。儿童是否能积极地加入一个同伴群体,并形成积极、良好的同伴关系,以及是否接受有能力的同伴的榜样作用,都会对儿童社会能力和同伴交往能力的发展产生重要影响。儿童与同伴交往的经历也对儿童的发展有一定的作用,这些经历构成了儿童发展的重要环境,儿童在这种环境中能获得更广泛的交往技能、态度和经验。

此外,不同的同伴交往情境也会影响儿童的同伴交往。儿童在游戏中所表现出的同伴交往能力高于日常活动中的。例如,3 岁的幼儿能在社会装扮游戏中进行分享,但在实际生活中他们很难表现出这一亲社会行为。[⑦]

---

① 曹安.3—6 岁城市儿童社会交往能力及其与家庭因素的关系的调查[J].上海教育科研,2000(6):40-43.

② 赵振国.隔代教养对幼儿情绪调节策略发展影响的城乡差异研究[J].心理研究,2012,5(4):29-35.

③ 李文权,夏容梅,陈昌明,等.离异家庭儿童同伴关系初探[J].中国心理卫生杂志,2006,9(20):571.

④ CHANG L. Variable effects of children's aggression, social withdrawl, and prosocial leadership as functions of teacher bieliefs and behaviors[J]. Child development, 2003, 74(2): 535-548.

⑤ 高志华,刘晓红,马红霞,等.唐山市中小学生同伴接纳性及其相关因素分析[J].中国学校卫生,2010,31(5):561-562.

⑥ SETTE S, SPINRAD T, BAUMGARTNER E. Links among Italian preschoolers' socio-emotional competence, teacher-child relationship quality, and peer acceptance[J]. Early education and development, 2013, 24(6): 851-864.

⑦ HOWES C, HAMILTON C E. The changing experience of child care: change in teachers and in teacher-child relationships and children's social competence with peers[J]. Early childhood research quarterly, 1993, 8(1): 15-32.

第四节　儿童人际交往的指导策略

人际交往是交往双方互动交流的动态过程。对于儿童而言,良好的人际交往能在很大程度上促进其情绪情感、言语理解、认知能力等方面的发展。在不同的人际关系中,受儿童内部与外部等诸多因素的影响,儿童或多或少会面临一些问题和困境,阻碍儿童的身心健康成长和发展。因此,从亲子交往、师生交往、同伴交往等不同人际关系出发,为儿童提供有效且具有针对性的交往指导,对营造良好的人际交往发展环境具有重要意义。

一、亲子交往的指导策略

良好的亲子交往不仅有助于增进亲子关系,也有利于提高父母的教养能力,帮助儿童获得更多的安全感和自信心,进而保障儿童在未来的生活中得到更好的发展。提高亲子交往的质量可以从以下三个方面入手:

(一)更新亲子交往理念,形成科学养育观

家长是家庭教育的核心力量,在亲子交往中,家长的言行常常具有方向性,为儿童在交往活动中的主体性的发挥提供限制条件。因此,家长需要及时更新自身的教育理念,形成科学的教养观念。一方面,家长需要熟知各个年龄阶段儿童的身心发展特征,依据儿童的身心发展特征进行亲子交往。儿童在不同的成长阶段,与其进行亲子交往时的内容侧重应有不同。例如,在婴幼儿阶段,亲子交往可能更多地倾向于动作形象和情感性的交往活动。另一方面,家长还需要了解亲子交往互动中蕴含的心理学知识。只有基于科学的知识,家长在亲子交往中才能更好地理解孩子的行为,从而形成高质量的亲子互动。

(二)尊重儿童,营造民主和谐的家庭交往氛围

家庭环境对儿童的成长具有重要作用。在温暖和谐的家庭氛围中,家长与儿童之间的交流平等、有效,亲子交往的质量也更好;在充满专制敌意的家庭氛围中,儿童的主体性受到极大的限制,不利于亲子交往的顺利进行。因此,家庭成员应共同构建民主和谐的家庭氛围,父母应与孩子以平等的地位进行交往,在发挥自身引导性的基础上尊重孩子的主动性,要赏识孩子,了解孩子的内心需求。父母应多运用引导性、鼓励性的交往策略,避免使用命令性、强迫性的语言,共同构建良好的亲子关系。除此之外,父母还需要根据孩子的兴趣爱好,开展亲子交往,激发孩子的积极性。

（三）拓宽亲子交往领域，促进亲子深入交往

坚持五育并举，培养全面发展的儿童始终是我国致力于实现的教育目标。党的二十大报告中强调，要"落实立德树人根本任务"，"培养德智体美劳全面发展的社会主义建设者和接班人"。教育的目的是要培养全面发展的儿童，但在不少家庭中，父母仅注重对孩子知识学习能力的培养，而忽视其道德、身体健康等其他方面的发展。学习方面的内容往往成为亲子交往的重点，而亲子互动的范围和形式过于单一，不利于儿童的健康发展。因此，拓展亲子交往的领域，引导亲子深入交往，是促进儿童全面成长的重要途径。此外，亲子交往并不局限于家庭中，因此，需要充分利用学校和社会等环境资源，参与丰富多样的亲子交往活动。例如，父母可以在各类亲子游戏中陪伴儿童，这样既可以通过游戏观察和了解儿童，也可以通过游戏中的亲子互动向儿童传递情绪与想法。

二、师生交往的指导策略

作为师生关系的外在表现，师生交往反映着师生关系的内在状态，良好和谐的师生关系对于提高教育教学质量和促进学生发展都起着重要作用。促进师生交往可从以下三方面入手：

（一）与时俱进更新教育观念

建立良好的师生关系，教师要转变传统的教师观和学生观，树立与时俱进的教育观念：教师不再仅仅是传授知识的角色，应把学生视为独立的个体认真对待，成为学生发展的参与者、引导者和合作者。首先，教师在与学生交往的过程中，应避免使用命令性语言，避免用教师权威干涉学生的活动，而应通过对话和协商给予学生更多的话语权，听取学生内心的渴求。其次，教师对待所有学生应一视同仁，公平对待和关爱每一位学生。由于学生在家庭经济条件、成长经历和生活环境等方面不尽相同，形成了他们在气质、性格、爱好特长和智力水平等方面的个体差异。教师应尊重学生的个体差异，以差异作为教育的起点，根据学生的个性特征有区别地进行教育。

（二）提高教师的自我修养

教师自我修养不仅影响着教学质量，同时也是学生信服教师的基础。教师应注重以下两方面素质的提升：首先，提升业务水平，做好教学工作。教与学是师生交往的基础，教师应不断学习教育学、心理学等科学知识和与所授科目相关的专业学科知识，并运用专业的教学知识和技能激发和调动学生的学习兴趣，帮助学生在学习过程中获得有效的发展，从而增强学生对教师的信心。在教学过程中，教师应摒弃直接灌输知识的陈旧教育方法，采用贴近

学生实际情况的探究法、讨论法等以达成更好的教学效果,发挥学生在学习中的主动性。[①]其次,教师应加强道德修养。和谐的师生关系需要德才兼备的教师的引导,教师在师生交往的过程中通过自身高尚的师德也能感染学生,在学生心中树立道德榜样,从而进一步巩固师生之间的积极情感关系。[②]

（三）营造温馨的心理环境

心理环境作为一种隐性的教育因素,对于实现和谐的师生交往起着至关重要的作用。教师在师生交往中处于主导地位,因此教师应主动增加与学生在课上和课下的交往与沟通,营造师生交往的温馨的心理环境。一方面,在教学活动中,教师在关注教学目标和教学过程的同时,应关注积极宽松的学习氛围的营造。如采用开放式的教学方法,为学生提供更多展示自我的机会,并通过积极的鼓励和肯定来加强和改善与学生的交往,帮助学生树立信心;教师还可以通过眼神、手势、表情等非言语沟通方式传递自己要表达的信息,如微笑、抑扬顿挫的语调和适当的手势动作等,以此拉近与学生的距离。[③]另一方面,教师应主动关心在学习和生活中存在困难的学生,以真诚的态度帮助他们解决实际问题,通过师生之间的直接交流加强互信,实现和谐融洽的师生氛围。还可从学生感兴趣的话题出发,深入学生的精神世界。通过举办宽松愉悦的社会实践活动等,增进师生间的情谊,助力师生关系的和谐发展。

三、同伴交往的指导策略

与同伴进行交往是儿童社会性发展的重要一环。但由于儿童自身的心理发展水平有限,他们在与同伴进行交往的过程中易受到外部环境的影响,因此需要成人采取科学的策略给予儿童同伴交往的引导和支持,这对于儿童的发展具有重要价值。指导儿童同伴交往可以从以下三个方面入手:

（一）创设交往情境,增加同伴交往机会

在儿童年龄较小时,虽然表现活跃的同伴与之交往时他们能做出反应,但儿童不会主动与他人交往,也很难主动发现集体中可以交往的同伴。因此引导儿童从关注自我到关注他人是促进同伴交往的首要策略之一。家长和教师要创设交往情境让儿童多在一起玩耍,进行小范围的同伴交往,建立关注他人的意识。在游戏中,可以鼓励儿童主动询问对方名字、最喜欢的活动等,并进行自我介绍,在参加某项活动时也邀请同伴一起参与。除此之外,要有意识地增加儿童在学校之外与同龄人接触的机会,让儿童在同伴交往中获得社会性经验。

①　陈亮,党晶.中小学师生交往关系的失真与重塑[J].课程·教材·教法,2018,38(6):118-124.
②　黄步军,汤涛.师生共同体:良好师生关系新模式[J].教育理论与实践,2021,41(17):49-51.
③　张彦君.论师生关系的心理教育价值及其实现[J].首都师范大学学报(社会科学版),2016(4):150-156.

（二）教给儿童积极的交往策略,树立良好的交往观念

儿童社会意识还未形成,道德水平有限,在与同伴交往的过程中常常会采用打闹、哭闹、争抢等消极策略来解决出现的问题。这就需要成人教给儿童积极交往策略,树立合理的交往观念,以帮助儿童获得良好的同伴关系。在引导时,成人需要抓住时机,当儿童与同伴发生冲突时,成人要告诉儿童:这是因为你们两个人相处不当造成的,并不是对方一人的过失;打闹、争抢等方式会破坏你们的友谊,应该采用协商、合作等友好的方式来解决问题。除此之外,还应教给儿童正确的交往策略,并对采用积极交往策略的儿童进行鼓励,以满足儿童想要获得表扬的心理需求。

（三）与同伴交流内心体会,学会自我反思

在同伴交往中,反思能帮助儿童更好地理解他人的行为、言语,也可以积累交往经验,以达到更好地与同伴相处的目的。但因儿童自身认知发展水平有限,同时又受外部环境影响,儿童对自己的交往行为往往达不到反思的目的甚至不反思。因此,教师和家长应该对儿童的想法和感受给予充分的尊重,尽量把交往主动权交给儿童,并在适当的时机引导儿童反思自己的交往行为,帮助儿童归纳原因和经验,以此获得成长。同时,指导者要鼓励儿童与同伴分享内心的体验,让交往双方了解对方的想法,促使同伴交往顺利进行。通过在同伴交往中了解对方的想法,也能改善同伴关系,使儿童的人际交往能力得到提高,促进儿童社会性的发展。

【本章小结】

社会化是儿童作为人类社会群体中的一员在成长发展过程中必然面临和解决的重大课题,而人际交往是攻克该课题的重要路径。亲子交往是儿童人际关系建立和社会性发展的第一步;同伴交往是儿童走出家庭、发展自我的关键环节;师生交往是儿童社会性发展的又一表现与结果。了解这三种人际交往方式的发展趋势及其特征,关注其影响因素,探寻有效的指导措施对儿童认知、社会性和人格发展,以及心理健康都具有十分重要的促进作用。

【实践·反思·探究】

1. 了解和掌握儿童师生交往的特点,对构建良好的师生关系有何意义? 作为教师,如何与儿童建立良好的关系?

2. 教师在儿童与其家长的交往过程中充当着什么角色? 有哪些方法可以协助儿童与家长建立良好的亲子关系?

3. 有特殊需要的儿童(如留守儿童等)在同伴交往过程中可能会遇到哪些问题? 教师应如何帮助其建立良好的同伴关系?

4. 请你选择身边的一位儿童,采用观察、访谈等方法,对其亲子交往、师生交往、同伴交往情况进行调查与分析,并根据该儿童的实际情况,为促进其人际交往提出相应的策略。

【推荐阅读】

[1] 马伟娜,洪灵敏,桑标.同伴交往、亲子交往与儿童心理理论发展的关系[J].心理科学,2009,32(1):81-84,121.

[2] 李阳杰.改革开放40年我国师生交往研究的回顾与展望[J].教师教育研究,2019,31(1):101-106.

[3] 刘建华.师生交往论:交往视野中的现代师生关系研究[M].北京:北京师范大学出版社,2011.

[4] 徐显国.心的解码:沟通中的情绪与冲突管理[M].北京:北京大学出版社,2012.

[5] 赵冬梅,周宗奎.儿童的同伴交往与心理适应[M].北京:中国社会科学出版社,2016.

[6] CHEN X Y. Culture,peer interaction,and socioemotional development [J].Child development perspectives,2012,6(1):27-34.

[7] KRAFT M A,ROGERS T. The underutilized potential of teacher-to-parent communication: evidence from a field experiment [J].Economics of education review,2015,47:49-63.

第十二章
媒体使用与儿童发展

【学习目标】

- 了解儿童媒体使用现状。
- 理解媒体使用对儿童认知发展、社会性发展以及健康的影响。
- 能够运用本章知识解决儿童媒体使用引发的实际问题。
- 能够举例说明媒体使用在儿童发展过程中的作用。

【知识导图】

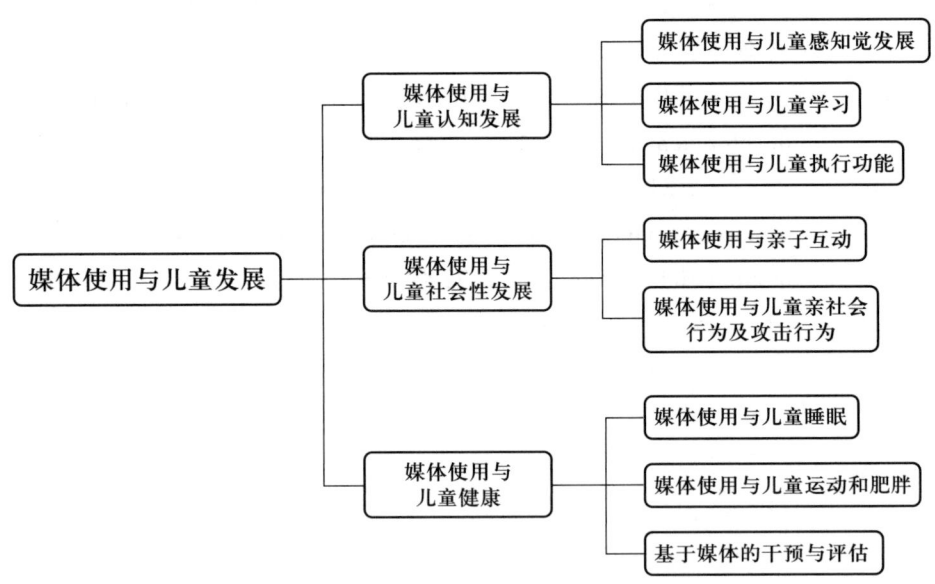

【案例导入】

随着数字技术的飞速发展,儿童使用的媒体类型更加多样化,媒体使用也成为儿童生活中不可或缺的一部分。中国社会科学院发布的《中国未成年人互联网运用报告(2022)》显示,我国未成年人互联网普及率已近饱和,上网率达99.9%,显著高于73%的全国互联网普及率。① 媒体使用已经渗透到儿童生活的方方面面,儿童能够通过媒体设备开展观看视频、玩游戏、阅读电子书、做作业和视频聊天等活动。

美国知名娱乐媒体——常识媒体(Common Sense Media)2021年的数据显示,2019—2021年,美国8—12岁儿童每天使用屏幕媒体的平均总时长从4 h 44 min增加到5 h 33 min,13—18岁儿童从7 h 22 min增加到8 h 39 min。短短两年的增长速度比过去四年的增长速度快得多。观看在线视频是8—18岁儿童最喜欢的媒体活动,对男孩和女孩都有吸引力,且不分种族/民族和收入水平。约1/4(26%)的8—12岁儿童通过电视机观看电视节目,超过1/3(35%)的13—18岁儿童通过智能手机、平板电脑或电脑等设备观看电视节目。

英国通讯管理局2022年的数据也显示,截至2022年,大多数3—17岁儿童(在家里或其他地方)通过手机(69%)和平板电脑(64%)上网。家长和孩子都认为上网有积极的作用,尤其是在学习(81%的孩子,84%的父母)以及建立和维持友谊(68%的孩子,65%的父母)等方面。

媒体不仅包括媒体设备本身(如电视、智能手机、电脑、平板电脑等),同时也包括这些设备所提供的内容(如视频、交互软件、游戏等)。随着时代与科技的不断发展,媒体使用已经成为儿童成长过程中无法回避的必然趋势。那么,在这个媒体与网络兴盛的时代,媒体使用对儿童的认知发展、社会性发展和健康将会产生怎样的影响?

第一节　媒体使用与儿童认知发展

随着时代的发展,媒体已经成为儿童生活中不可或缺的一部分。"学习"是家长同意孩子使用媒体的最强大动力,同时家长也认为儿童使用媒体有助于他们的学习能力、创造力乃至思维能力的提升。这些能力都与儿童的认知发展密切相关,儿童早期的认知发展水平也决定了他们后续的学业成绩。那么媒体对儿童认知发展的影响究竟如何? 本节将关注媒体使用对儿童的感知觉、学习和执行功能三个方面的影响。

_____

① 方勇,季为民、沈杰. 中国未成年人互联网运用报告(2022)[M].北京:社会科学文献出版社,2022:3-4.

一、媒体使用与儿童感知觉发展

感知觉作为儿童感知世界的基础,吸引了众多研究者的关注。随着科技的不断进步,媒体早已渗透在儿童生活的方方面面,其平面的二维特性使得媒体中的物品与现实世界的物品大不相同。那么儿童如何理解媒体中的图像? 如何表征屏幕上的图片? 媒体对儿童感知觉发展的影响主要体现在注意、运动技能和符号表征三个方面。

(一)媒体使用与注意

注意集中于特定目标的能力有助于提高儿童的学习效率。在成长过程中,儿童的注意集中能力一直是父母和老师关注的话题。注意集中是指个体在积极参与活动或任务的过程中保持注意力的能力,是使反应持久化、使认知信息处理和目标导向行为得以实现的主要注意技能之一。随着儿童越来越多地使用媒体,不断更新的大量信息和丰富多变的信息呈现形式让人们开始担忧媒体使用是否会对儿童的注意产生影响。随着研究的不断深入,研究者发现媒体使用对儿童的注意既有消极影响也有积极影响。

1. 媒体使用对儿童注意的消极影响

过多的媒体使用会导致儿童的注意问题。媒体使用可分为两种形式:一种是直接使用,即儿童自己使用媒体;另一种是间接使用,即儿童所处的环境中有他人使用媒体。有研究对儿童直接使用和间接使用媒体进行了全面的评估,发现儿童在 18 个月大时的累积媒体使用时间对其 22 个月大时的注意有直接的消极影响,同时也对其在 26 个月大时的注意产生间接的消极影响。[①]

此外,媒体使用还会导致儿童分心。具体表现在基于计算机处理多项任务时,儿童比成年人更容易分心,如儿童会在这个过程中频繁地切换页面。特别是本身就有注意问题的儿童,他们即使在做自己喜欢的事情时也会受到其他媒体活动的干扰。一项脑电图研究显示,使用平板电脑对儿童正在发育的大脑中与知觉和注意相关的神经机制会产生直接影响,表现为与他人进行互动相比,儿童在使用平板电脑时更容易分散注意,即注意与任务无关的信息。[②] 对学龄前儿童的研究也发现,互动性的电子书会导致儿童分心,因为在儿童阅读过程中会有一些与阅读内容无关的弹窗出现。[③]

2. 媒体使用对儿童注意的积极影响

儿童使用手机和平板电脑以及接触数字游戏也会对儿童注意的某些方面起积极作用。

① GUERON-SELA N, GORDON-HACKER A. Longitudinal links between media use and focused attention through toddlerhood: a cumulative risk approach[J]. Frontiers in psychology, 2020, 11: 569222.

② WETZEL N, KUNKE D, WIDMANN A. Tablet PC use directly affects children's perception and attention[J]. Scientific reports, 2021, 11(1): 21215.

③ REICH S M, YAU J C, WARSCHAUER M. Tablet-based ebooks for young children: what does the research say?[J]. Journal of developmental & behavioral pediatrics, 2016, 37(7): 585–591.

例如,经常使用手机和平板电脑的儿童在分散注意任务中,当被要求同时注意一个全局刺激和局部刺激时,他们对局部刺激的注意表现更好。也有研究表明,儿童与平板电脑的交互过程,有助于激发大脑中与注意相关的神经机制。

此外,成人陪伴儿童使用媒体可以有效减弱儿童单独使用时的消极影响,甚至使媒体使用对儿童的注意发展产生积极作用。父母和儿童共同使用媒体时,儿童更能集中注意力并且儿童对所看内容的理解也会更好。此外,一些特定内容可以提高儿童的注意水平,如在一些学习视频中插入图片、听觉刺激或其他儿童感兴趣的内容,这些内容可以帮助注意分散的儿童重新集中注意。例如,一项探讨教学媒体是如何吸引儿童注意的眼动研究发现,屏幕上出现的对话、对内容的解释和重复出现的视觉刺激都可以引导儿童增加对屏幕呈现内容的注意时间。[①]

(二)媒体使用与运动技能

这里的运动技能主要是指手部动作技能,包括伸手、抓握、操纵物体和使用工具。

1. 媒体使用对儿童运动技能的消极影响

媒体使用对儿童运动技能的发展存在消极影响。在儿童与媒体的互动过程中,大部分信息是以视觉形式传输的,涉及触觉、运动的信息较少。此外,随着儿童屏幕使用时间和频率的增加,一些如剪纸、搭积木等传统娱乐活动逐渐被取代,而这些传统娱乐活动对儿童运动技能的发展恰恰是十分有益的。

2. 媒体使用对儿童运动技能的积极影响

儿童与媒体的交互在某种程度上也可以促进儿童运动技能的发展。例如,儿童使用手机、平板电脑中的绘画应用程序或游戏应用程序,都可以提高儿童的运动技能。此外,儿童早期的触屏使用,尤其是操纵屏幕的滚动,与儿童早期运动技能发展也呈正相关关系。

(三)媒体使用与符号表征

符号表征能力对于儿童来说至关重要,他们需要使用符号或者一些具有代表性的事物与他人进行交流,或表达自己的思想。

1. 媒体使用对儿童符号表征能力的消极影响

当媒体不具备交互性时,通常会对儿童符号表征能力的发展产生消极影响。主要表现在影响儿童双重表征能力的发展,即儿童在学习一个符号的时候,不仅要理解符号本身就是一个事物,还要理解它也可以是其他事物的表征。例如,一张人物的照片不仅是一张照片,也可以表征一个具体的人物。早期研究表明,24 个月人的婴儿很难通过一个在房间里藏物

---

① NEUMAN S B, SAMUDRA P, WONG K M, et al. Scaffolding attention and partial word learning through interactive coviewing of educational media: an eye-tracking study with low-income preschoolers [J]. Journal of educational psychology, 2020, 112 (6): 1100–1110.

体的视频来找到这个客观存在的物体。[①] 因为对于年龄过小的儿童而言,他们可能将注意力集中于屏幕上,认为屏幕上的东西只是一幅图片,没有办法意识到这些内容可以表征真实存在的事物。

2. 媒体使用对儿童符号表征能力的积极影响

当媒体具备交互性时,可以促进儿童符号表征能力的发展。交互式媒体为儿童提供了越来越多可以进行操作的虚拟人物和物体,同时,这些交互式媒体还会根据儿童的操作给出相应的反馈。儿童可以将在屏幕中发生的交互很好地迁移到现实生活中。例如,当屏幕中的人物对儿童的行为或者声音做出回应时,儿童既可以从人物身上学习,又可以将屏幕上看到的东西和现实生活联系起来。但是,这种迁移能力在年龄较小的儿童身上并不具备。2岁的儿童可以完成二维到三维的迁移,即将在二维屏幕上学习的知识应用到三维世界,而15—16 个月大的儿童可以模仿屏幕上的动作,但是难以将其迁移到三维空间中。

二、媒体使用与儿童学习

除了日常娱乐,媒体也开始应用到儿童的学习活动中。目前已经涌现出许多针对儿童设计的应用程序。苹果公司的统计数据显示,截至 2021 年,苹果应用商店中教育类应用程序已经超过 19 万个。那么,媒体是如何影响儿童学习的? 儿童又能够通过怎样的方式更好地从数字媒体中学习呢? 下文将从电视节目和视频、电子书、触屏、视频聊天四种不同的数字媒体出发,以介绍媒体使用对儿童学习的影响。

(一)电视节目和视频

自 1968 年美国教育类电视节目《芝麻街》(Sesame Street)诞生以来,研究者就对"用电视节目向学龄前儿童教授学业技能是否可行"这一问题进行了激烈的讨论,并将这一问题从最初的教育类电视节目扩展到了教育类视频。许多研究者认为,儿童可以通过教育类电视节目或教育类视频中内置的互动元素、一个与他们具备准社会关系的教学角色,以及与成人共同观看来学习。

1. 互动元素

当儿童积极观看电视节目时,他们才能够更好地理解节目教授给他们的内容。例如,《芝麻街》中的角色会要求儿童积极回答问题,如复述字母和数字,并对内容进行批判性思考。与只是观看节目(无互动)的儿童相比,能够对电视节目上角色提出的问题进行回应的儿童更有可能记住节目中教授的内容。所以,在电视节目或视频中融入互动元素,可以使其与儿童现实生活中的体验产生联系,从而使儿童从电视节目和视频中学到更多知识。

---

① TROSETH G, DELOACHE J S. The medium can obscure the message: young children's understanding of video[J]. Child development, 1998, 69(4): 950—965.

2. 教学角色

在电视节目和视频中,一个能快速与儿童建立准社会关系的教学角色也可以很好地帮助儿童学习。要让屏幕上的教学角色与儿童建立准社会关系,就必须使角色对儿童有一定的社会意义性。例如,让儿童玩角色相关的衍生玩具,反复观看视频对角色产生熟悉感,或通过为角色设计提问问题、眼神注视等准社会互动的方式以增加儿童与教学角色的互动。这样,教学角色便渐渐地融入了儿童的日常生活,并为他们建立起媒体与现实世界之间的联系。因此,当儿童与某些角色产生准社会关系后,他们会对角色教给他们的知识产生兴趣,并由此获得问题解决能力、灵活的思维,促进其感知觉发展、塑造其社会行为。

3. 与成人共同观看

来自成人的社会线索对儿童,特别是年龄较小的幼儿,基于电视节目和视频的学习非常重要。儿童会将来自成人的眼神、手势等社会线索作为一种学习的信号,从而知道电视节目和视频中的哪些信息需要他们关注和学习。通过这种方式可以塑造儿童从媒体中学习知识的方式。美国儿科学会(American Academy of Pediatrics,AAP)也建议,父母应与儿童共同观看电视节目。在共同观看的过程中,父母可以对节目内容做出评论,并帮助孩子将屏幕上呈现的内容与他们之前的知识和经验建立有意义的联系。同时,共同观看能够提高儿童的注意力,并加深儿童对屏幕上呈现的学习内容的理解。当成人以对话的方式询问儿童共同观看的电视节目或视频中的一些问题时,会进一步提高儿童的学习效果。因此,在儿童观看教育类电视节目和视频时,家长应与儿童共同观看并提供一些社会线索,以帮助儿童通过电视节目和视频进行学习。

（二）电子书

电子书是以计算机为基础并以数字设备为媒介的电子书籍。随着无纸化阅读的发展,电子书渐渐成为一种能够帮助儿童学习的有效教学工具。以往有关电子书与儿童学习的研究主要集中在电子书与纸质书的对比,以及电子书的设计特征和成人的陪伴阅读对儿童学习的促进作用。

1. 电子书与纸质书的对比

有大量研究比较了儿童阅读电子书与纸质书对他们的故事理解与词汇学习的影响。例如,一项对2007—2018年发表的针对小学一年级至高中三年级学生阅读电子书或纸质书的14项研究进行的元分析发现,儿童在阅读理解电子书与纸质书方面并不存在差异,即电子书可能成为传统纸质书的可行替代品。[①] 同样是元分析,在比较39项实验研究发现的电子书和纸质书对1—8岁儿童学习结果的不一致影响后,研究者得出结论:电子书中的嵌入词典有助于儿童的词汇学习,且随着故事连贯性的增强,电子书对儿童学习的促进作用甚至优于纸质书;但在故事理解方面,电子书对儿童虽没有负面影响,却不如纸质书给予儿童的帮

---

① SWANSON E, AUSTIN C R, STWEART A A, et al. A meta-analysis examining the effect of e-book use on literacy outcomes for students in grades K-12[J]. Reading & writing quarterly, 2020, 36(5): 480–496.

助更多。① 总体而言,对于儿童来说,纸质书虽不可缺少,但电子书也不失为儿童学习词汇与开展阅读的有效选择。

2. 电子书的设计特征

电子书中的一些交互性元素是帮助儿童学习的关键要素。带有交互性元素的电子书往往带有一系列动画、音乐和声音,这些元素与同时呈现的故事文本相匹配,可以起到帮助儿童整合非语言信息与言语信息的作用,从而促进儿童的知识存储。交互性元素不只是简单的交互按钮和旁白,当电子书具备了引导、提示与反馈的高交互性时,儿童的阅读动机和故事理解都会有显著的提高。

3. 成人陪伴阅读

成人陪伴阅读是帮助儿童通过电子书学习的重要方式。家长或教师与儿童一起阅读电子书比儿童自己使用电子书中出现的交互性元素更容易促进儿童对电子书中故事的理解。相较于在没有教师陪伴的情况下阅读一本带有词典的电子书,在有教师陪伴时,含有词典辅助的电子书更能够促进儿童的词汇学习。但在阅读电子书时,有的家长可能会更多地与孩子讨论一些与故事内容无关的话题(如电子书的操作方法等),这些与故事无关的内容在一定程度上可能会导致儿童对故事本身的分心。因此,成人在与儿童共同阅读电子书时,应关注故事本身,而不是与儿童交流一些与故事无关的话题。

(三)触屏

随着科技的不断发展,平板电脑一类的触屏设备正在潜移默化中影响着儿童的学习与生活。由于具备交互性、即时反馈性、渐进性和便携性等特征,儿童可以通过拖拽、点击和滑动等方式对触屏上呈现的内容进行操作和探索。同时,触屏中内置的一些交互功能也会为儿童提供即时的反馈。儿童可以在触屏中选择与自己发展相适应的学习任务,并在多种环境中完成学习。触屏设备所具备的这些特点,有利于儿童对学习材料的注意维持,引发儿童的探索与思考,同时增加儿童学习时的参与感,从而有效地促进儿童知识和技能的习得。那么触屏更能帮助儿童在哪些领域的学习?儿童是否能将从触屏中学习的知识迁移到现实生活?哪些因素会影响儿童的触屏学习?下面将围绕这三个问题对触屏与儿童学习的关系展开介绍。

1. 触屏有效的学习领域

基于触屏的应用程序往往能够有效地帮助儿童在科学、技术、工程、数学(Science, Technology, Engineering, Mathematics; STEM)学科中的学习与词汇学习。一项让5—6岁儿童通过一个触屏交互游戏学习时钟知识的研究发现,所有儿童的后测成绩均显著高于前测成绩,并且后续研究发现,5—6岁的儿童通过触屏交互游戏学习时钟知识的效果好于观看

---

① FURENES M I, KUCIRKOVA N, BUS A G. A comparison of children's reading on paper versus screen: a meta-analysis[J]. Review of educational research, 2021, 91(4): 483–517.

相关视频的学习效果。[①]同样,关于词汇学习的研究也表明,与传统教学方式相比,2—5 岁儿童基于交互性触屏应用程序的词汇学习效果更好。[②]

2. 触屏与学习迁移

研究者也关注儿童是否能将触屏中学到的知识迁移并应用到其他情境中。研究结果表明,儿童能够将通过触屏习得的知识迁移到日常学习或测验环境中。例如,4—6 岁的幼儿能够将在触屏上学习到的解决河内塔任务的策略顺利地迁移到实际河内塔任务解决中;5—6 岁儿童可以将在触屏中学习到的时钟知识顺利迁移到纸质测验和实物教具测验中。此外,儿童通过触屏学习迁移的能力与他们的年龄有关,对于 3 岁以下的婴儿来说,他们通过触屏学习往往会表现出迁移局限的现象,即他们不能将从二维屏幕中学习的知识迁移到三维的现实世界中。因此,在使用触屏辅助儿童学习的过程中仍需要针对儿童的年龄,开展个性化的辅导,以期更好地帮助儿童学习并迁移。

3. 影响触屏学习的因素

儿童触屏学习的效果会受学习者个体特征(如,年龄、性别)和交互操作方式(如,点击、划动、拖拽)的关联程度高低的影响。例如,让 2—3 岁婴儿分别通过观看视频、低关联交互应用程序(点击屏幕上任何位置激发相应词汇)与高关联交互应用程序(须点击屏幕上特定位置才能激发相应词汇信息)学习新词,结果发现,2 岁前期的儿童借助高关联交互应用程序的学习效果更好,而在 2 岁中后期,低关联交互应用程序组的儿童能学习更多的词汇。[③]同样是词汇学习,通过观看、点击、拖拽三个操作探讨触屏对 3 岁儿童语言词汇学习的影响,结果发现,3 岁女孩在拖拽条件下学习的单词更多,而男孩在观看条件下学习的单词更多。[④]因此,将触屏应用于儿童学习时,需要根据特定学习材料、学习者性别等选择合适的教学方式,以使得触屏帮助儿童取得更好的学习效果。

(四)视频聊天

视频聊天是一种能够为通话双方提供虚拟的面对面对话机会的通信媒介,具有视听结合、即时互动和二维性等特点。基于视频聊天视听结合与即时互动的特点,相较于电视节目和视频等传统媒体,视频聊天对儿童尤其是婴幼儿的学习更能起到积极作用。儿童在通过视频聊天学习的过程中往往会获得来自屏幕内与屏幕外的两种社会线索:来自屏幕内教学

① WANG F X, Xie H P, Wang Y X, et al. Using touchscreen tablets to help young children learn to tell time[J]. Frontiers in psychology, 2016, 7: 01800.

② NEUMANN M M. Using tablets and apps to enhance emergent literacy skills in young children[J]. Early childhood research quarterly, 2018, 42: 239–246.

③ KIRKORIAN H, CHOI K, PEMPEK T A. Toddlers'word learning from contingent and noncontingent video on touch screens[J]. Child development, 2016, 87(2): 405–413.

④ RUSSO-JOHNSON C, TROSETH G, DUNCAN C, MESGHINA A. All tapped out: touchscreen interactivity and young children's word learning[J]. Frontiers in psychology, 2017, 8: 578.

者的关联性反馈与屏幕外共同观看者提供的社会线索。这两种社会线索能够有效地帮助儿童通过视频聊天进行学习。

1. 来自屏幕内教学者的关联性反馈

关联性反馈是指成人在与儿童的互动中回应迅速且有意义的交流,这种交流方式能够提高儿童在互动过程中的注意水平,同时,注意又可以使儿童进一步参与到带有关联性的互动之中,使得成人提供的信息能很好地促进儿童的认知和言语发展。在视频聊天过程中,屏幕上的教学者能根据儿童的言语和行为,实时调整自己的反应,从而给予关联性反馈。屏幕内教学者的关联性反馈可以帮助儿童通过视频聊天进行词汇学习。例如,将 12—25 个月大的儿童随机分配到视频聊天和录制视频两种条件下学习单词,结果发现,年龄较大的儿童(22—25 个月)在视频聊天条件下能学会更多的新单词。[①] 同样,设置现场互动、视频聊天和录制视频三种实验条件以考察关联性反馈在 24—30 个月大的儿童词汇学习中的作用,结果同样发现,与录制视频条件相比,儿童在视频聊天条件下学到的单词更多,并且视频聊天与现场互动条件下儿童的学习表现无显著差异。[②] 因此,视频聊天中的关联性反馈对儿童词汇学习具有积极影响,甚至在一定程度上能达到与现场互动同样的学习效果。

2. 屏幕外共同观看者提供的社会线索

儿童通常在成人陪伴下使用视频聊天,因此,屏幕外的共同观看者也可以为儿童提供社会线索。根据观看的社会中介理论,一个屏幕外的共同观看者往往可以采用认知(提问、榜样作用)、情感(鼓励、安慰)和技术(解释数字学习环境中的特性)三种不同的社会线索为儿童提供学习的"脚手架",增加他们对屏幕内容的注意和兴趣,从而促进儿童的学习。

由共同观看者提供的脚手架式的社会线索有时比屏幕上教学者提供的关联性反馈更能对儿童的视频聊天学习起到促进作用。有研究者探讨了关联性反馈和共同观看者提供的社会线索对 28—32 个月大的儿童视频词汇学习的作用。[③] 结果显示,关联性反馈和共同观看者提供的社会线索都能增加儿童在词汇训练中的注意水平;然而,只有在共同观看的条件下,儿童掌握的词汇量才有显著提高。同时,共同观看者对屏幕上教学者的积极回应更能够帮助儿童学习单词。

综上所述,媒体使用可以帮助儿童学习,但媒体使用仍要结合如年龄、性别等的儿童自身特征,以及教学材料的相关特征。同时,无论使用何种媒体,对于各方面发展尚未成熟的儿童来说,成年人的陪伴观看都可以对儿童通过媒体的学习产生积极影响。

---

① MYERS L J, LEWITT R B, GLLO R E, et al. Baby FaceTime: can toddlers learn from online video chat? [J]. Developmental science, 2017, 20(4): e12430.

② ROSEBERRY S, HIRSH-PASEK K, GOLINKOFF R M. Skype me! Socially contingent interactions help toddlers learn language [J]. Child development, 2014, 85(3): 956–970.

③ STROUSE G A, TROSETH G L, O'DOERTY K D, et al. Co-viewing supports toddlers' word learning from contingent and noncontingent video [J]. Journal of experimental child psychology, 2018, 166: 310–326.

三、媒体使用与儿童执行功能

从认知发展角度而言,媒体使用不仅会影响儿童的学习,也影响着儿童的基本认知功能,如对儿童发展特别重要的执行功能(儿童加工信息和抑制控制的能力)。

(一)媒体使用时间对儿童执行功能的影响

根据媒体使用的替代假说,儿童在媒体上花费的时间会取代其他有益于执行功能发展的活动(如,身体运动、亲子互动等),因此儿童频繁使用媒体可能会对其执行功能发展产生消极影响。学龄前儿童累积观看电视的时间与其执行功能呈负相关关系。例如,3—4岁儿童观看电视的时间会负向预测其1年后的执行功能[1];婴儿在4个月时过多地接触屏幕媒体,会导致其在14个月时的抑制控制能力更差[2];儿童2岁时的屏幕使用时间可以负向预测其3岁时的执行功能[3]。总之,儿童过多使用媒体会对其执行功能产生消极影响。

(二)媒体特征对儿童执行功能的影响

在媒体类型方面,研究发现不同类型的媒体对儿童执行功能的影响是不同的。儿童积极主动使用触屏媒体会对其执行功能产生积极影响。在2—3岁儿童观看卡通动画、玩教育类应用程序或者观看教育类电视节目之后对其执行功能(认知灵活性、工作记忆、延迟满足)进行测量发现,玩教育类应用程序的儿童相比于观看卡通动画和教育类电视节目的儿童的延迟满足的时间更长,他们在工作记忆任务上的表现也更好。[4]观看虚幻内容会损害儿童的抑制控制能力,但是与触屏的积极交互则没有产生这种消极影响。因此,相比于被动观看,儿童积极使用触屏会对其执行功能产生一定的积极影响。这可能是受触屏交互特征的影响,即儿童可以通过点击、拖拽、滑动等动作实现与屏幕内容的互动。与被动观看卡通动画和电视节目不同,儿童更容易将与触屏媒体的交互看作一项游戏活动,在这一过程中儿童会积极参与并获得丰富的感知觉和互动体验。

在媒体使用内容方面,以往研究主要关注媒体内容的教育性,以及真实性与虚幻性对儿童执行功能的影响。教育类电视节目会对儿童执行功能的发展产生积极影响,而观看娱

① BLANKSON A N, O'BRIEN M, LEERKES E M, et al. Do hours spent viewing television at ages 3 and 4 predict vocabulary and executive functioning at age 5? [J]. Merrill-palmer quarterly, 2015, 61(2): 264–289.

② McHARG G, RIBNER A D, DEVINE R T, HUGHES C. Infant screen exposure links to toddlers' inhibition, but not other EF constructs: a propensity score study [J]. Infancy, 2020, 25: 205–222.

③ McHARG G, RIBNER A D, DEVINE R T, HUGHES C. Screen time and executive function in toddlerhood: a longitudinal study [J]. Frontiers in psychology, 2020, 11: 570392.

④ HUBER B, YEATES M, MEYER D, et al. The effects of screen media content on young children's executive functioning [J]. Journal of experimental child psychology, 2018, 170: 72–85.

乐性和暴力性电视节目会损害儿童的注意力。快节奏内容和虚幻内容会损害儿童的执行功能。快节奏内容是指视频中包含快速变化的场景、动作和切换的镜头等,4 岁儿童分别观看 9 min 快节奏卡通动画和慢节奏卡通动画后发现,看快节奏卡通动画组比看慢节奏卡通动画组和控制组儿童在执行功能任务中的表现更差。[①]虚幻内容是指违反儿童对现实的认识和期望的内容(如会飞的房子、会说话的动物),由于虚幻内容与儿童的心理表征相违背,因此观看虚幻内容会增加儿童的认知负荷、消耗认知资源,使儿童在执行功能任务上的表现变差。

(三)环境特征调节媒体使用对儿童执行功能的影响

首先,家庭社会经济地位会调节儿童媒体使用对其执行功能的影响。具体而言,高社会经济地位家庭的父母会限制孩子的媒体使用时间,并引导儿童使用高质量的媒体内容,这会缓解媒体使用对执行功能的消极影响。而对于低社会经济地位的家庭,父母对儿童媒体使用的监管和指导相对较少,儿童更容易受到媒体使用的消极影响。

其次,背景电视会加剧媒体使用对儿童执行功能的消极影响。背景电视是指当儿童在场的情况下,家庭环境中播放不适宜儿童观看的节目(如成人导向的电视剧等)。尽管儿童对这种电视节目的关注度较低,但其也会吸引儿童的注意并对儿童正在从事的活动产生干扰。大量研究发现,背景电视会降低儿童的执行功能。一个原因是背景电视干扰和减少了父母与儿童之间高质量的互动;另一个原因是背景电视播放了不适合儿童观看的内容,儿童难以理解从而增加其认知负荷,并进一步损害其执行功能。

(四)个体特征调节媒体对儿童执行功能的影响

在个体特征中,年龄是一个重要的变量。不同年龄段的儿童对媒体的易感性不同,表现为年龄较小的儿童更容易受到影响。儿童开始观看电视的年龄越小,执行功能表现越差。对于这一点,3 岁可能是一个重要的年龄划分点。3 岁之前,儿童大量使用媒体会对其之后的认知发展产生消极影响,如在婴儿期更多接触和使用媒体会对执行功能的发展产生消极影响,而 3 岁之后这种消极影响会减少。3 岁之前,儿童观看暴力或娱乐电视节目与随后出现的注意问题显著相关,但在 4—5 岁时,观看任何类型的内容相对较少导致随后的注意问题。这可能是因为年龄较小的儿童的大脑和神经系统发育都不够成熟,由于认知发展的局限性,他们对教育内容无法完全吸收和理解;而随着年龄的增大,儿童认知发展更加成熟,媒体使用对其执行功能的消极影响会减少。

---

① LILLARD A S, PETERSON J. The immediate impact of different types of television on young children's executive function[J]. Pediatrics, 2011,128(4):644-649.

第二节　媒体使用与儿童社会性发展

媒体不仅为儿童提供了更多的学习资源,也为他们提供了与他人互动、娱乐的平台。儿童可以与父母一起在媒体设备上阅读电子书,也可以从中观看电影或玩电子游戏。那么,媒体使用对儿童的社会性发展起着怎样的作用? 儿童的媒体使用将如何影响亲子互动? 媒体中的视频与游戏对儿童的亲社会行为与攻击行为产生了怎样的影响?

一、媒体使用与亲子互动

亲子互动对儿童的社会性发展起着十分重要的作用。在与父母共同使用媒体的过程中,基于媒体的亲子互动会如何影响儿童与父母的亲子关系? 媒体使用对亲子互动产生了怎样的影响? 儿童的亲子互动与媒体使用又有着怎样的关系?

（一）媒体使用对儿童亲子互动的积极影响

美国儿科学会在 2016 年发布的指南中指出,父母应与儿童共同使用媒体。[①] 这是因为父母的参与在儿童使用媒体的过程中起着非常重要的作用。具体而言,父母在与儿童共同使用媒体时,能够为儿童提供身体、认知、技术和情感四个方面的支持,这些支持会使儿童与父母之间产生一系列积极互动,有利于儿童在语言、学习、亲子关系等方面的发展。例如,父母与儿童可以通过共同玩数字游戏进行互动,从而增强家庭关系,促进亲子互动。

交互性媒体(如,触屏、视频聊天)相较于非交互性媒体(如电视)更容易促进亲子互动,因为它们可以使成人和儿童在与媒体互动过程中进行即时的、有意义的交流。当父母和儿童与媒体交互时,媒体的即时反馈会为父母和儿童提供社会关联性的体验,从而促进亲子互动。例如,当父母和儿童共同使用媒体、与媒体产生交互时,交互性媒体为父母和儿童提供的即时反馈会促进亲子对话。也就是说,由于交互性媒体具有社会关联性,因此相比于非交互性媒体,交互性媒体更能促进亲子互动。

（二）媒体使用对儿童亲子互动的消极影响

第一,媒体使用可能导致父母与儿童间的矛盾和冲突。例如,父母可能会强行拿走设备并推开孩子的手、以严厉的语气命令孩子交出设备等。此时,儿童可能的反应有被动接受、抗议、推开父母的手、与父母发生争吵等。

第二,无论是儿童还是成人,广泛使用媒体都可能会导致其社会功能受损,缩短亲子相

---

① American Academy of Pediatrics. Media and young minds[J]. Pediatrics, 2016, 138(5): e20162591.

处的时间,从而减少儿童与家人互动的机会。例如,有研究表明,数字条件(儿童与父母一起在触屏上绘画)比非数字条件(儿童与父母一起在纸上绘画)下的亲子合作和温暖程度更低,且对于年幼的幼儿来说,与父母共同使用媒体,可能更容易体验到较少的合作互动。[①] 除此之外,父母与儿童进行数字娱乐活动时比传统亲子娱乐活动时产生的互动与交流更少;父母与儿童共同使用教育类应用程序时比共同阅读纸质书过程中产生温暖或热情的亲子互动更少。

第三,父母以担忧的态度介入儿童使用媒体,会导致亲子之间产生消极的社会互动。例如,一项国内研究共采访了 30 个家庭,分别对儿童与其父母进行访谈,结果发现,儿童使用新媒体有低龄化、娱乐化的倾向;而父母对子女媒体使用的介入行为最为常见的是限制儿童使用的时长,而较少管控具体内容;部分家长虽然会引导儿童使用媒体,但较多强调风险,且缺乏亲子共同使用与讨论等积极的参与行为。[②] 此外,未成年人使用媒体还可能会给父母带来一些烦恼,因为父母不容易直接控制儿童使用媒体的时间,儿童自己也较难按照与父母商定的时间进行合理使用。在这个过程中,就可能会因为父母限制儿童使用媒体产生一些冲突,从而不利于亲子互动。有研究者对 18 名 8—9 岁儿童的研究发现,儿童脱离限制地使用平板电脑等可能会对儿童的社会互动、家庭关系产生不利影响。[③]

综上所述,媒体使用可以促进亲子互动,且交互性媒体可以更好地促进亲子互动。但媒体使用也可能伴随着消极亲子互动的产生,主要是因为父母对儿童使用媒体进行管控引发一些冲突和矛盾,或是因为儿童使用媒体的时间过长而使亲子相处的时间缩短、父母与儿童的社会互动减少,等等。

二、媒体使用与儿童亲社会行为及攻击行为

不恰当的媒体使用会影响儿童的社会行为。那么媒体使用具体是如何影响儿童亲社会行为和攻击行为的呢?

(一)媒体使用与儿童亲社会行为

媒体可以通过多样化的内容和交互形式来影响儿童的亲社会行为。与成人节目相比,亲社会内容在儿童节目中尤为常见。例如研究发现,迪士尼电影中的亲社会行为出现率很

① CARR A, DEMPSTER T. Parent-child interactions during joint engagement with touchscreen technology: a comparison of younger versus older toddlers[J]. Infant behavior and development, 2021, 64: 101587.

② 陈青文. 新媒体儿童与忧虑的父母: 上海儿童的新媒体使用与家长介入访谈报告[J]. 新闻记者, 2019, 438(8): 15–25.

③ LEE S-J, CHAE Y-G. Children's Internet use in a family context: influence on family relationships and parental mediation[J]. Cyberpsychology & behavior, 2007, 10(5): 640–644.

高,每分钟大约会表现出一次亲社会行为,这些亲社会内容会促使儿童产生亲社会行为。[①]当儿童观看亲社会内容时,这些内容会促进儿童产生高水平的共情关注和更多的亲社会行为,并有助于降低其攻击行为和攻击性认知、攻击性情感。同时,亲社会内容还会影响儿童的观点采择能力,从而对他们的道德判断和推理产生影响。例如,在观看有关分享的内容后,大多数儿童的分享倾向会有所提升。但值得注意的是,亲社会内容的过度饱和会使儿童体验有所下降,从而减弱了对儿童亲社会行为的促进作用。

当电子游戏中包含一定的亲社会内容时,电子游戏也可以起到维持积极情感关系、增加合作与分享以及促进共情的作用。例如,儿童在玩包含帮助、奉献等亲社会内容的电子游戏时,会有更高的社会满意度、同伴支持和更多的亲社会行为,从而促使其幸福感增加。除此之外,合作类电子游戏对儿童的同伴交往与亲社会行为也起着十分重要的促进作用。与单人游戏相比,多人游戏里玩家会有更多的合作、帮助等亲社会行为。因此,参加多人游戏的儿童比独自游戏的儿童更愿意与他人交朋友,也更愿意与他人分享物品。

(二)媒体使用与儿童攻击行为

媒体中包含的暴力内容也备受关注,暴力电视节目、暴力电影、暴力视频游戏和暴力音乐等通常被统称为暴力媒体。[②]而儿童接触暴力媒体(如观看暴力电视节目等)会增加其攻击倾向和攻击行为,对他人或自己造成伤害。暴力媒体对儿童暴力形成具有短期和长期效应。短期效应表现为,暴力媒体会在短时间内提高儿童的攻击性认知、敌对性认知和生理唤醒水平,进而促进暴力攻击行为的产生。长期效应表现为,暴力媒体通过强化儿童的攻击性信念与态度,巩固其攻击性。长期沉迷于暴力游戏不仅会改变儿童的人格,也会改变儿童的周围环境(如与家人、朋友、教师的交往减少),使儿童更容易结交一些具有攻击倾向的伙伴,受这些伙伴的影响,儿童的观念与活动场所会逐渐发生变化。人格的变化与新的环境相结合,最终会导致儿童将暴力媒体内容变成现实的攻击行为。

暴力视频游戏对儿童攻击行为的影响是近年来被关注较多的话题之一。虽然合作类暴力视频游戏会有助于儿童互助行为的增加,但是大量研究指出,随着时间的推移,暴力视频游戏与更高水平的身体攻击有关。随着智能手机的兴起,暴力内容得以以更多元的方式在儿童中呈现与传播,社交媒体就是其中之一,并且社交媒体比视频游戏更能预测成瘾等行为。美国常识媒体的报告也指出,8—12岁儿童使用社交媒体的人数正在增加。只关注电视、电影和游戏这些传统的暴力媒体,已不足以反映个体暴力媒体使用的情况及其对攻击行为的影响。

此外,暴力媒体使用对不同时期的儿童具有不同的影响,其中对幼儿的影响更明显。一

① PADILLA-WALKER L M, COYNE S M, FRASER A M, et al. Is Disney the nicest place on earth? : a content analysis of prosocial behavior in animated Disney films[J]. Journal of communication, 2013, 63(2): 393-412.

② 刘肖岑,何祺,窦东徽. 双人合作类电子/传统游戏对幼儿同伴交往与亲社会行为的影响[J].心理科学, 2021, 44(3): 567-574.

方面,幼儿的生理唤醒水平高,观看暴力媒体内容更容易引起兴奋,并倾向于通过攻击行为宣泄这种兴奋状态。另一方面,幼儿更容易依照即刻评估的结果来做出冲动鲁莽的决策和行为。因此,在儿童发展的不同时期,控制其不同的暴力媒体暴露水平,对儿童攻击行为的减少和健康发展尤为重要。

第三节　媒体使用与儿童健康

随着媒体在儿童生活中的普及,儿童与各种媒体朝夕相处,并把这些媒体设备当成自己的"保姆"和"玩伴",媒体使用与儿童健康发展的关系也得到了父母和研究者的关注。

一、媒体使用与儿童睡眠

高质量和充足的睡眠对个体健康发展和整体生活质量的提高都至关重要,尤其是对于正在生长发育的儿童。研究发现,睡眠时间与身体健康状况、认知技能的发展、学习成绩、情绪调节能力都息息相关。世界卫生组织为了促进0—5岁儿童的健康成长,发布了指导儿童使用数字媒体和睡眠行为的指南:婴儿(0—1岁)不应该接触屏幕媒体,每天要有12—17 h的高质量睡眠;学步期儿童(1—2岁)每天看电视的时间不应超过1 h,并且要有11—14 h的高质量睡眠;学龄前儿童(3—5岁)每天看电视的时间不应超过1 h,并保证13 h的高质量睡眠。[①]但由于数字媒体的普遍性和易得性,再加上父母的管控相对宽松,现在儿童媒体使用时间远远超过规定标准。

媒体使用影响睡眠有如表12-1所示的三种解释机制。[②]第一种是睡眠替代假说(sleep displacement hypothesis),认为儿童使用媒体的时间会取代睡觉时间或者延迟入睡时间,从而导致睡眠时间减少;第二种是媒体蓝光危害假说(blue light exposure hypothesis),认为暴露在媒体的蓝光下会抑制褪黑激素的分泌,扰乱昼夜节律,缩短睡眠时间并削弱睡眠质量;第三种是内容唤醒假说(content arousal hypothesis),认为媒体中动作类或恐怖类的内容会提高儿童情绪和生理上的唤醒,从而导致入睡时间延迟、睡眠质量下降、夜间睡眠时间缩短。这三种假说分别从媒体使用时间、媒体本身、媒体内容三个方面对媒体使用与睡眠的关系进行了解释,但总体上都认为儿童过度使用媒体会损害其睡眠。

---

① The World Health Organization. Guidelines on physical activity, sedentary behaviour and sleep for children under 5 years of age [M].The World Health Organization, 2019: 6.

② EXELMANS L, VAN DEN BULCK J. Sleep research: a primer for media scholars[J]. Health communication, 2019, 34(5): 519-528.

表 12-1 媒体使用对睡眠影响的三种假说

假说	假说内容
睡眠替代假说	使用媒体的时间取代睡觉时间,导致睡眠时间减少
媒体蓝光危害假说	蓝光会抑制褪黑激素的分泌,扰乱昼夜节律
内容唤醒假说	动作或恐怖类内容会提高情绪和生理的唤醒,导致入睡时间延迟

屏幕媒体使用时间是研究者关注最多的一个指标,大量研究表明,屏幕媒体使用时间的增加与睡眠时间的缩短和睡眠质量的降低有关。一项综述性研究对 0—5 岁儿童的屏幕媒体使用与其睡眠行为的研究进行了系统梳理,发现儿童过多接触和使用屏幕媒体会导致睡眠总时间、夜间睡眠时间缩短,白天小睡时间延长,就寝和醒来时间的延迟以及更差的睡眠质量。[①] 此外,屏幕媒体使用时间对儿童睡眠的消极影响在社会经济地位处于不利条件下的家庭(如家庭收入低、父母受教育水平不高等)的儿童中更为突出。屏幕媒体使用时间更多且家庭社会经济地位较低的儿童更难以入睡或保持睡眠,睡眠质量也更差,并且父母收入较低的儿童屏幕媒体使用时间更多,在白天的疲劳感也更高。

尽管婴幼儿因年龄太小不会主动去使用媒体,但父母会把媒体当作一种很有帮助的育儿工具来分散孩子注意力、安慰孩子、哄孩子睡觉等。因此婴幼儿接触媒体的时间并不少,而且暴露在媒体环境中也会对他们的睡眠造成消极影响。4 个月大的婴儿接触媒体的时间与其夜间睡眠呈负相关关系,婴儿每接触媒体 1 h,平均睡眠时间减少 13 min。[②] 青少年的媒体生活更加丰富多彩,他们使用媒体更加频繁。媒体使用也会对青少年的睡眠有一定程度的消极影响:睡前过度沉迷于数字媒体会导致青少年睡觉时间延迟,白天媒体使用占据了活动和学习的时间会导致青少年在白天精神不振,等等。青少年使用电子设备的时间越多,其睡眠不足的风险越高,使用多种电子设备的青少年入睡更困难,并且睡觉之前使用媒体对其夜间睡眠和日间活动有消极影响,例如,夜间被唤醒的频率和白天困倦增多。

早期研究者更关注电视对儿童睡眠的影响,而随着科技的发展,移动设备如手机、平板电脑的出现突破了时间和空间的限制,甚至很多儿童伴随着使用手机入睡。移动设备会对儿童的睡眠造成独特的威胁:首先,移动设备的便携性使得儿童更容易获得和使用这种设备,使用时间增长;其次,使用移动设备时儿童距离屏幕更近,受屏幕发出蓝光照射的威胁更大。因此,相比于固定的非移动媒体,移动设备对儿童睡眠造成的影响会更大。

综上所述,儿童接触和使用媒体会对其睡眠造成消极影响,过长的使用时间会损害儿童的睡眠,包括夜间睡眠减少、入睡困难、白天嗜睡等,并且移动媒体的使用对儿童睡眠威胁更大。因此父母和照料者在儿童媒体使用方面应做到:严格控制儿童的媒体使用时间;不要在睡前使用各类媒体,尤其是移动设备;减少儿童暴露在媒体环境中的频率,尤其是婴幼儿。

---

① MOORMAN J D, MORGAN P, ADAMS T L. The implications of screen media use for the sleep behavior of children ages 0-5: a systematic review of the literature [J]. Current sleep medicine reports, 2019, 5: 164-172.

② RIBNER A D, MCHARG G G, NewFAMS Study Team. Why won't she sleep? Screen exposure and sleep patterns in young infants [J]. Infant behavior and development, 2019, 57: 101334.

二、媒体使用与儿童运动和肥胖

除了对儿童的睡眠产生影响,长时间的媒体使用还会导致儿童的久坐行为,对儿童的运动技能发展造成威胁,导致儿童运动技能发展迟缓。例如,经常看电视的儿童比不经常看电视的儿童更有可能在运动方面发育迟缓;并且与运动发育正常的儿童相比,有运动发育迟缓的儿童倾向于花更多的时间使用媒体。

尽管某些特定媒体对儿童运动技能发展有益,如触屏媒体的使用会促进儿童精细动作包括抓握和滚动动作等的发展。但总体来说,儿童过多使用媒体会增加久坐行为、减少身体运动,对运动技能发育是不利的,并且很有可能导致超重和肥胖问题。因此,父母和照料者应控制儿童的媒体使用时间,鼓励儿童进行有规律的体育锻炼和户外活动,不要让媒体使用占据活动时间。

三、基于媒体的干预与评估

伴随着技术进步,一些媒体也开始应用到儿童心理评估和对特殊群体的干预中。下面以触屏和视频聊天为例。

(一)触屏

触屏可以作为记录儿童实验数据的工具,从而简化实验程序,使数据记录更无偏见,也更容易分析。触屏作为一种工具已在幼儿选择性信任、英语词汇学习、物体空间关系感知等研究中得到应用。以幼儿选择性信任为例,在传统的需要言语报告的实验任务中,3岁幼儿不能表现出选择信任,但触屏降低了实验任务对儿童言语能力的要求,结果发现幼儿在触屏任务中表现出了对不同来源信息的信任偏好。触屏作为测量工具也会优于传统的测量,对平板触屏演示、记录行为数据、眼动追踪三种测量方法进行比较发现,平板触屏演示在可靠性和时间敏感性方面优于其他两种方法。这说明触屏可以作为一种新颖且可行的研究工具,具备良好的有效性。

除了工具性应用之外,触屏设备还具有交互性,能够整合人工智能技术,为不同用户提供个性化反馈,利用触屏设备可以对特殊儿童(如阅读障碍儿童、书写障碍儿童、学习障碍儿童、自闭症儿童、多动症儿童、聋哑儿童等)进行干预和治疗。以学习障碍儿童为例,这些儿童很难将注意力集中在视觉材料上,然而视觉和听觉材料同时呈现却可以吸引他们的注意。因此在课堂中教师可以将文本呈现在平板电脑上并打开屏幕阅读器,让儿童同时得到视觉和听觉信息,从而延长他们对学习材料的注意保持时间。此外,利用触屏对自闭症儿童进行积极干预会改善自闭症儿童的协作能力,并为他们提供新的表达情感的方法。

（二）视频聊天

视频聊天也可以应用在对特殊儿童如肥胖症儿童和自闭症儿童等的远程干预中。与正常体重的儿童相比，患有肥胖症的儿童通常对身体的羞愧感与内疚感更强烈，对面对面的治疗方式存在抵触情绪。而基于视频聊天的移动医疗工具可以为肥胖症儿童提供替代干预模式。以视频聊天的方式向肥胖症儿童进行远程干预是有效的。对科博（Kurbo）的肥胖症儿童数据进行研究发现，该移动健康项目的用户损失率（20.9%）低于传统面对面体重管理项目的用户损失率（37%—41%）；并且接受基于视频聊天的培训可以有效地帮助肥胖症儿童减重。[1]此外，基于视频聊天的干预技术可以有效提升自闭症儿童的社交技能与沟通能力，使他们获得更多的情感支持。如采用视频聊天训练系统可以提高自闭症儿童的注意力和参与意愿；基于安卓平台的协作虚拟环境，采用视频聊天的形式也可以改善自闭症儿童的同伴合作行为和沟通技巧。

基于以上介绍，触屏作为一种测量方式或干预方式具有可行性和有效性，视频聊天可以对特殊儿童进行积极干预。此外，诸如智能语音助手、机器人等在教育实践中的应用也越来越多。例如，机器人在教学过程中可以承担多门课程教学，也可以作为导师引导课堂进程或是以同伴的身份与儿童共同学习。这些人工智能产品对儿童的影响也值得我们继续探索。

【本章小结】

媒体已经渗透进儿童生活的方方面面，并在儿童发展中起至关重要的作用。儿童的媒体使用对其感知觉发展既有积极影响又有消极影响，主要与媒体使用形式以及呈现内容有关。使用触屏媒体、观看教育内容等对儿童执行功能的发展有益，而过度使用媒体、观看含有虚幻和快节奏的内容、背景电视对儿童执行功能有消极影响。使用交互媒体可以促进儿童的社会互动和亲子互动。观看或玩具备亲社会内容的媒体能增加儿童亲社会行为，暴力媒体会增加儿童的攻击倾向和攻击行为，家长对儿童使用媒体的适当监督也有利于促进儿童产生更多的亲社会行为。儿童过度使用媒体会对其睡眠、运动技能发展不利，易导致肥胖问题。触屏和视频聊天可以作为有效的测量或干预方式帮助特殊儿童的发展。

---

[1] CUETO V, WANG C J, SANDERS L M. Impact of a mobile app-based health coaching and behavior change program on participant engagement and weight status of overweight and obese children: retrospective cohort study[J]. JMIR mHealth and uHealth, 2019, 7(11): e14458.

【实践·反思·探究】

1. 在学习本章内容后,你认为了解和掌握媒体使用对儿童的影响对促进儿童良好发展有何意义? 如何引导儿童正确使用媒体?

2. 选择身边的一个儿童,利用观察、访谈等方法,对其媒体使用情况进行调查与分析,并根据该儿童的实际状况,为促进其良好发展提出相应的策略。

3. 利用实习等机会,观察教师在教学和学校生活中是如何引导儿童正确使用媒体以获得更好发展的。如果有机会,请围绕此主题,尝试设计和组织一次活动,从中体会在儿童的媒体使用过程中,教师对儿童发展的促进作用。

【推荐阅读】

[1] 斯特拉斯伯格,威尔逊,乔丹.儿童、青少年与媒体:第3版[M].高丽,译.北京:清华大学出版社,2018.

[2] 凯尔士.媒体与青少年:发展的视角[M].王福兴,谢员,温芳芳,译.广州:世界图书出版广东有限公司,2014.

[3] 高春颖,王福兴,童钰,等."触电"时代的儿童:触屏媒体与幼儿发展[J].心理发展与教育,2020,36(4):502-512.

[4] BLUMBERG F C,BROOKS P J. Cognitive development in digital contexts [M]. Cambridge: Elsevier Academic Press,2017.

第十三章
特殊儿童心理发展

【学习目标】

- 了解发展性障碍、情绪障碍,以及行为障碍和行为问题的界定。
- 理解患发展性障碍、情绪障碍、行为障碍,以及存在行为问题的儿童的表现。
- 理解发展性障碍、情绪障碍,以及行为障碍和行为问题产生的原因。

【知识导图】

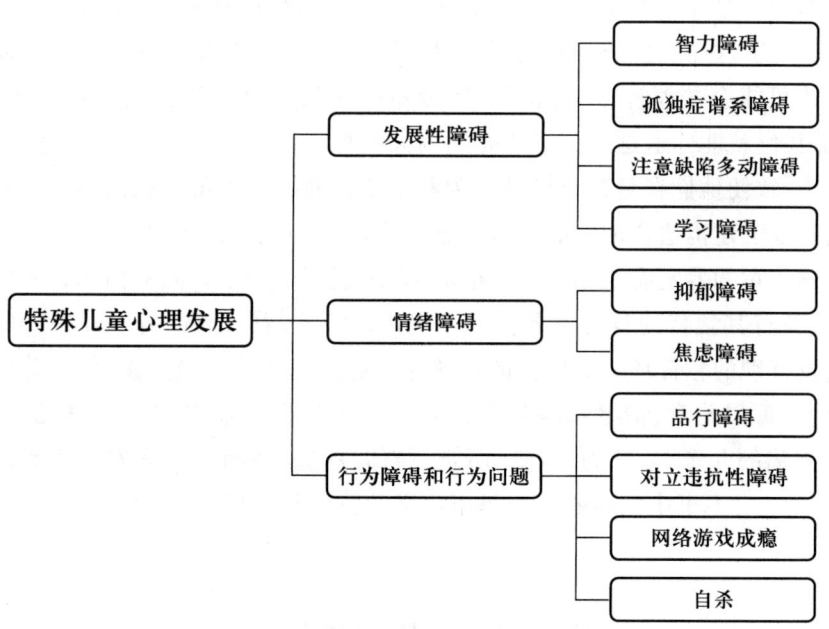

【案例导入】

明明是个男孩子,他从小活泼好动。进入幼儿园后,老师经常向家长反映:明明在上课时喜欢离开座位、不遵守课堂纪律;在自由活动时喜欢和同学玩但又经常发生冲突,主要表现为情绪易怒和推打同学。进入小学后,明明的行为问题和情绪问题愈发突出,老师向家长投诉的问题主要包括:上课时不能集中注意力、动来动去、抢答问题、招惹同学、无缘无故讲话或笑;下课时捉弄同学,如把同学的物品扔掉,在捉弄同学后不但没有意识到自己的错误,反而特别兴奋;如果有同学劝告明明或拒绝和他玩耍,明明会特别生气,认为别人在欺负自己,并会因此攻击同学。父母和老师每次都会严厉地批评明明,明明也会及时地向同学道歉,但之后他仍然会犯相同的错误。明明虽然经常和同学发生冲突,但他也特别向往和同学一起玩耍。他常常用自己的方式来讨好同学,比如送给同学一些自己叠的纸飞机。一旦同学收下了纸飞机,明明就会很高兴,觉得自己和对方是非常好的朋友;但如果同学不接受他的纸飞机,明明就会很生气,甚至会发很大的脾气。

案例中的明明是一个有发展性障碍的孩子,他同时被诊断为注意缺陷多动障碍和孤独症谱系障碍。对于这样的孩子,如果我们用典型发展儿童的视角去观察和评价他们,那么他们的很多行为可能会被理解为"坏的""屡教不改的";但是如果我们用特殊儿童的视角去观察他们,那我们就能知道这些孩子或是因为大脑神经系统的发育偏差,或是因为遗传与环境的综合作用,致使他们在管控自己的行为和情绪方面能力不足。我们需要引导家庭、学校和社会为这些孩子建构适合他们的小型生态系统,以促进他们的能力发展。

关于特殊儿童的界定有很多,但不同的界定都强调了一个共同的内涵,那就是相比普通儿童,特殊儿童有其独特的身心发展特点和规律,他们有着特殊的身心发展需要,社会也需要为他们提供特别的教育环境。广义的特殊儿童包括超常(天才)儿童、智力障碍儿童、品行障碍儿童、沟通障碍儿童、情绪障碍儿童和学习障碍儿童等;而狭义的特殊儿童包括生理或心理发展有缺陷的儿童,如智力、视觉、听觉、肢体、沟通、情绪等方面发展障碍,以及身体病弱、多种残疾等。[①] 本书中的特殊儿童是指广义的特殊儿童(但不含天才儿童)。

第一节 发展性障碍

发展性障碍是指出现在儿童期并持续终身,甚至严重影响个体某方面功能的一种生理

---

① 杨广学,张巧明,王芳.特殊儿童心理与教育[M].2版.北京:北京大学出版社,2012:2.

心理障碍,影响儿童语言、肢体、学习、运动等方面的发展。常见的发展性障碍包括唐氏综合征、脑瘫、视听障碍、智力障碍、注意缺陷多动障碍、学习障碍、孤独症谱系障碍等。发展性障碍儿童通常在 5 岁以内发病,其心理发展与典型发展儿童具有相似性,包括发展历程模式、生理组织结构、心理需求要素、人格结构发展、社会适应内容等;但与典型发展儿童相比,发展性障碍儿童的心理发展也具有独特性,表现为感知觉迟钝、注意力不集中、记忆以机械记忆为主、语言能力不佳、抽象思维能力较差、意志力不强、情绪变化快、独立生活能力差,以及有部分刻板行为等。对发展性障碍儿童的治疗通常包括药物治疗、康复训练、特殊教育训练、心理行为训练等多个方面,且每类发展性障碍儿童所需要的治疗方式和治疗侧重点是非常不同的。[1]

一、智力障碍

智力障碍是一种发生在发展阶段的疾患,它包括在概念、社会以及实务领域中出现智能和适应功能的缺陷。[2]

(一)智力障碍的症状

根据智力障碍个体的临床表现,可将智力障碍划分为轻度、中度、重度和极重度。

1. 轻度智力障碍

有此类问题的儿童的智商在 55—70。他们可通过教育和训练学习社会技能和职业技能;虽然有时需要督导和支持,但大部分都有维持自我生活的能力。

2. 中度智力障碍

有此类问题的儿童的智商在 40—54。在中等程度的督导下,他们可以做到生活自理。因很难理解社交情境中的线索,而使其与他人的互动受到影响;经过耐心引导和训练,可以做非技术性或半技术性工作。

3. 重度智力障碍

有此类问题的儿童的智商在 25—39。他们通常在婴儿期就出现发展迟缓现象,且常伴随有生理疾病或遗传疾病;在学龄期,通过训练可以学会走路、吃饭、穿衣和如厕;长大成人后,需在密切督导情境下做些简单的工作。他们通常需要和家人同住或者住在专业护理机构中。

4. 极重度智力障碍

有此类问题的儿童的智商在 25 以下。他们通常在婴儿期就出现发展迟缓的现象,且常伴有神经缺损或脑损伤;长期存在疾病问题或感觉缺陷,需要和家人同住在专业护理机构中。

① 马伟娜,周丹.发展性障碍儿童心理与教育干预[M].杭州:浙江大学出版社,2022:1.
② 杜丽君,樊海珍,贾利芳,等.儿童智力障碍/发育迟缓病因学探讨[J].中国妇幼保健杂志,2022,37(18):3449-3452.

（二）智力障碍的成因

关于智力障碍的病因，大部分研究都认为其与生物学因素有关，但社会因素也存在一定程度的影响。

1. 生物学因素

关于基因遗传的研究发现，先天性代谢异常、染色体隐性遗传、染色体错乱等，都容易导致个体智力发展迟缓或成为智力障碍患者。胚胎发育问题和孕期出现的问题，如染色体变异，母亲孕期喝酒、病毒感染、滥用药物、X 射线检查，胎儿营养不良、早产、产程中缺氧、病毒或其他感染、脑损伤、身体创伤等，也都有可能影响智力发展。出生后的病毒感染、脑和神经损伤等，也会造成智力障碍。

2. 社会因素

在儿童成长过程中，主要照料者，如父母、祖父母或保姆，在家庭中扮演很重要的角色。如果主要照料者无法提供适当且足够的关照，使儿童缺乏情绪或者生理上的照顾，缺乏语言、社会互动或其他刺激，甚至存在虐待或疏忽，那么儿童的智力发展很有可能会相对落后，进而提高其患上智力障碍的概率。

二、孤独症谱系障碍

孤独症谱系障碍是以神经生物学为基础的广泛性发育障碍，简称孤独症。

（一）孤独症谱系障碍的症状

孤独症谱系障碍患者的两大核心缺陷为：在多个情境持续有社交沟通缺陷和社会互动缺陷；重复出现刻板固执的行为、兴趣和活动。[1]

1. 社交沟通缺陷和社会互动缺陷

孤独症儿童不论智力正常与否，或功能高低，都在社会交往方面存在困难。从婴幼儿期开始，孤独症儿童便在社会发展多方面出现问题，主要包括以下五个方面：

（1）与照料者的关系

孤独症儿童很难在两岁前发展出与照料者的依恋关系。随着年龄的增长与能力的提升，大部分孤独症儿童可以与主要照料者发展出亲密关系，但临床症状严重的孤独症儿童仍然存在这方面的困难。

（2）对他人的关注和共同注意

孤独症儿童常常无视身旁其他人的存在，较难注意别人在做什么事，缺乏与他人的眼神接触，且他们不会为了吸引他人的注意，而分享、展示玩具，也不会利用手势动作来引起他人

---

① 魏寿洪,曹坚,米韬,等.孤独症谱系障碍儿童社会技能发展水平及其影响因素［J］.中国当代儿科杂志,2019,10（1）:77-81

的注意。

（3）社会认知

一方面孤独症儿童对情绪信息的敏感度较低，很难理解他人的情绪，对于具有情绪性（如喜、怒、哀、乐）的脸部表情和音调、姿势、肢体语言等，他们大多不做反应。在情绪的表达上，与一般儿童不一样的是，孤独症儿童会以不流畅的方式使用表达性姿势和怪异、生硬或机械的面部表情。另一方面，孤独症儿童难以理解他人的想法，这导致他们常对他人的行为感到困惑。例如，在学校中，当孤独症儿童违反规则时，如果有同学告诉他要遵守规则，那么孤独症儿童常常会认为同学在责骂或干涉他，进而发脾气或攻击同学。

（4）游戏

怪异的游戏方式也是孤独症儿童的特征之一。一般儿童喜爱的玩具，孤独症儿童可能会视若无睹，他们最爱的玩具可能是一条长纸片、绳子或玩具车的轮子。至于玩具的玩法，他们也与一般儿童不同。例如，把车子排成一条直线，只转着玩具车的轮子玩，将拼图一片片往家具之间的缝隙塞，甚至有些孤独症儿童钟情于数字积木，随时随地都要握在手中。

（5）社交互动

绝大多数孤独症儿童存在人际沟通方面的问题。相较于其他儿童，孤独症儿童在前语言期，很少用点头、摇头、手势、手指指示或眼神的非语言沟通方式来表达其内在需求；即使发展出一些口语，他们也很少将其用于社交性沟通。通常，孤独症儿童的父母或老师会描述他们的沟通方式似乎是不带感情的、笨拙的、不连贯且不相关的，与所处情境很少有意义的联结，所以孤独症儿童的语言是工具性导向的语言、非社交性语言。此外，孤独症儿童在非语言互动方面也存在困难，这使得孤独症儿童无法理解他人的表情，无法理解他人表情与事件的关联。在一般的社交情境中，通常有多种非语言信息同时出现，孤独症儿童很难同时解读并整合所有的非语言信息，导致其在社交互动方面存在困难。

2. 重复出现刻板固执的行为、兴趣和活动

孤独症儿童常有固定的仪式行为。例如，有些儿童只吃固定食物、在固定的地方睡觉、穿固定颜色的衣服、看固定的电视广告、出门走固定的路线等。他们常会表现出对某个事物特定的兴趣和刻板化的行为。一方面，当环境中出现不明确的指示命令他们去从事某个活动时，这些刻板化的行为即会出现；另一方面，当环境中出现一些新的、无法预测的或高要求的刺激时，孤独症儿童也经常出现一些刻板化的行为，这可能是他们控制环境或应对未知事件的一种方式。

孤独症儿童也常常表现出自我刺激行为，如身体前后摇晃、拍手等，有些临床症状较严重的孤独症儿童的自我刺激行为会从儿童期延续到成人期。这些特异的行为会给他们带来快感，从而使得自我刺激行为持续地发生。自我刺激行为出现的原因目前尚不清楚，有研究者认为，自我刺激行为可以兴奋孤独症儿童的神经系统；有研究者则认为，由于环境中存在太多刺激，因此重复的自我刺激行为可以当成一种阻断并控制不想要的刺激的方式。

（二）孤独症谱系障碍的成因

孤独症谱系障碍的成因很复杂，目前学界对此并没有明确的定论，但也追溯到了一些相

关的因素。基因研究指出，7q31—q35、15q11—q13 染色体的基因位点异常与孤独症发病存在相关性。其他的生理因素，如新陈代谢功能不足，5- 羟色胺浓度降低，风疹，结节性硬化症，胎儿过热、缺氧，新生儿产伤、黄疸，以及脆性 X 综合征等，都被视为引发孤独症的可疑因素。

通过病理解剖、影像学研究发现，孤独症儿童在加工社会信息时大脑某些区域的激活与正常儿童有所差异，特别是他们与"社会网络觉知"对应的大脑区域活跃度较低，镜像神经元的活跃度也较低，这些都被认为与孤独症患者的最大特征——社交功能障碍有密切关系。镜像神经元是大脑皮质内的一组神经元，当我们看到他人做一个动作，镜像神经元就会重现同一动作，宛如镜子，人类也通过镜像神经元，理解别人行为或言外之意。然而，孤独症儿童的镜像神经元的激活强度比一般人要弱很多，显示这方面的功能可能存在问题。

三、注意缺陷多动障碍

美国精神疾病诊断标准以注意力不集中、多动与冲动性行为这两个轴作为描述注意缺陷多动障碍的基础。第一个轴所描述的问题以注意力的表现为核心，包括注意力不集中、不专心、行为或生活失序；第二个轴所描述的问题以活动量与冲动控制为核心，包括活动量过高、行为过度冲动、缺乏抑制等。基于个体在这两个轴上表现的程度不同，注意缺陷多动障碍可分为混合型、注意力不集中型以及多动与冲动型三种表现形态。[①]

（一）注意缺陷多动障碍的症状

注意缺陷多动障碍主要有以下三个症状：

1. 注意力不集中

注意力不集中的儿童，在需要持续花费心力的工作上常不如人。注意力不集中的表现，随着年龄增长而不同：学龄前期的儿童表现如专注时间少于 3 min；学龄期儿童表现如忘东忘西、易分心、专注时间少于 10 min；青少年相比于同龄人无法持续专注动作、无法仔细注意细节、常忘记约会或约定、专注时间少于 30 min。根据对注意缺陷多动障碍儿童的观察，他们注意力不集中的表现有：比较不容易专注，可能常从一个游戏快速地转换到另一个游戏，很容易分心，常常不注意别人正在告诉他们的事，漫不经心，经常遗失物品，在比较无趣的情境或写作业时很容易失去耐性。不过，注意缺陷多动障碍儿童在他们感兴趣的事情方面，如看电视、看卡通或玩电动玩具时，都能相当专注。许多研究指出，注意缺陷多动障碍儿童注意力不集中的问题，多发生在重复性高、无趣的、日常生活性活动中，如做家务、抄写联络簿、写作业等。

2. 多动

多动是指儿童的活动或行为出现频率过高，行为反应强度过强，且行为或活动的持续时

① 李程. 儿童注意力缺陷多动障碍病因学研究进展［J］. 广东医学，2016，37（7）：1087–1089.

间过久。多动是注意缺陷多动障碍儿童最显著的行为问题。他们经常被描述为爱说话、动来动去、跑进跑出、静不下来、像是不需要休息似的。这些儿童好像是"困扰"的代名词,只要他们走到哪里,闯祸、打破东西、打翻饮料等困扰就会接踵而至。他们总是不停地玩或扭动不安,游戏时经常急躁且粗鲁,有时还会意外地造成同伴受伤。活动量过高的表现,也会随着年龄与发展的成熟而不同:大部分小学高年级的注意缺陷多动障碍儿童或注意缺陷多动障碍青少年,并没有像小学低年级的注意缺陷多动障碍儿童那样表现出肢体或动作上的多动,以及离开座位等明显的躁动行为,取而代之的是较多的抖脚、以手指轻敲桌面、主观感觉静不下来或多话等。

3. 冲动

冲动是行为抑制能力的缺损,其表现是急躁、缺乏深思熟虑的行为。冲动儿童比较缺乏耐性,对于需要等待的事情,容易表现出不耐烦和不愿等待,比较缺乏按部就班的行为,并且经常会想办法抄近路、走捷径、插队或无法轮流等待玩游戏。此外,他们常常急着想要完成一件事,但在做事之前缺乏整体的思考与规划,在还没有想清楚问题解决步骤之前,就已经开始着手去做,往往造成错误百出或反复犯错。这些儿童即使在从事一些具有危险性的行为时,也仍然漫不经心、欠缺思考,常常因此而发生意外。注意缺陷多动障碍儿童行为较冲动,在参与需要等待与耐心的游戏或活动时,更容易暴露其冲动、控制困难的缺点;他们倾向于在等待时打断别人,缺乏协商的能力,会突发地干扰或破坏游戏的进行,或者在游戏过程中容易出现攻击行为。对老师、父母与同伴而言,注意缺陷多动障碍儿童的行为常常是缺乏控制、自制力不佳、粗心、不负责任、不成熟、懒惰、不易沟通、顽固不化的。

(二)注意缺陷多动障碍的成因

注意缺陷多动障碍是一种慢性、成因复杂的发展性障碍,通常被认为是个体生理、心理与环境交互作用的结果,因此其成因是多方面的。

1. 生理因素

注意缺陷多动障碍可能通过基因在亲属间的传递。在注意缺陷多动障碍患者的家族中,有人患注意缺陷多动障碍或其他心理疾病的概率都比一般家族高。孕产期风险因素也可能造成儿童患注意缺陷多动障碍。这些风险因素包括孕期受到病毒的感染,生产过程出现胎儿缺氧,新生儿出生体重不足,营养不良,神经损伤,婴儿期疾病等。脑部结构与功能的异常也与注意缺陷多动障碍患者的各种临床症状息息相关。注意缺陷多动障碍患者的右脑额叶、尾核和苍白球的体积较小,前额叶皮质与纹状体功能异常,这些都有可能导致注意问题、多动和冲动问题。

2. 心理因素

注意缺陷多动障碍儿童的注意力不集中、多动和冲动等问题,与他们一系列心理能力缺陷有关,包括执行功能、动机等方面的缺陷。

执行功能是个体为了要达成目标而维持着的解决问题的能力,包括:认知历程,如工作记忆、心理运算、计划和参与、思考的弹性,以及组织策略的使用;语言历程,如口语的流畅性、沟通能力,以及发表自主的意见;动作历程,如体力分配、遵守禁止的指令、反应抑制、动作协调与排序;情绪历程,个人警觉的调整,以及成熟的道德推理。注意缺陷多动障碍儿童通常会在上述执行功能中存在一项或以上的功能缺陷,其中以行为抑制能力的缺陷尤其明显。行为抑制是执行功能的核心要素,它具备三种功能:阻断在一些情境下可能出现的反应、阻断正在进行的行为、排除干扰。一旦行为抑制能力受损,个体执行功能的各维度也会受到严重影响。注意缺陷多动障碍儿童执行功能受损的严重程度与他们的注意问题、多动和冲动问题的严重程度息息相关。

动机理论认为,注意缺陷多动障碍儿童需要相当强或相当明显的强化物,若是将这些儿童安排在缺乏强化物的单调情境下,其表现就会明显变差。此外,注意缺陷多动障碍儿童比较喜欢立即强化,而不愿意等待以获得更大的强化物。

3. 环境因素

虽然环境因素并不是导致注意缺陷多动障碍发生的直接因素,但是它们对注意缺陷多动障碍症状的发展有相当重要的影响。例如,家庭中的消极互动对注意缺陷多动障碍儿童的行为问题有重要的影响,这些消极的互动包括不恰当的教养方式、父母管教态度不一致、婚姻不和谐、对孩子的漠视与冷淡,以及对孩子的过度批评等。此外,家庭功能失调、单亲家庭、夫妻间的紧张关系等,都可能使家庭或父母失去原有的照顾、教育、辅导孩子的功能,因而导致儿童出现注意缺陷多动障碍症状。

四、学习障碍

学习障碍泛指因神经心理功能异常而造成的学习问题,包括阅读障碍、数学障碍和书写障碍,主要表现为在阅读、书写、拼字、演算等一项或多项技能上的不足,但不包括视觉、听觉、动作障碍或环境、文化、经济等不利因素所造成的学习问题。

(一)学习障碍的症状

学习障碍儿童通常在听、说、读、写、算等方面受到限制,比起一般可见的身体失能,这种隐性的失能更难让他人觉察并视为一种障碍。

1. 阅读障碍

个体在阅读时需要具备以下能力:聚焦在印刷字体上并控制眼睛随着页面移动、联结字形和字音、了解文字和文法、建立起概念和影像、比较新的和已知的概念并记忆等。这一过程中只要有一个环节发生问题,就可能产生阅读障碍。

阅读障碍的核心缺陷是解码的部分——将字快速地分解成部分并再组成完整的字。如果儿童无法觉察到语言的语音结构并自动化地再认字,其阅读发展便很可能受损。阅读障碍儿童通常会有视觉学习(视知觉)的困难,尤其是对字音与字形上较相似或需要特别记忆的内容,他们会出现一系列的典型错误。如语音混淆(世界 / 世介)、字形混淆或创新字、位置错误(好 / 子女)、惯用词序混淆(练习 / 习练)、写镜反字等。他们在阅读文章时也可能出现跳字跳行,对文章理解存在困难等。[①]

2. 数学障碍

数学技能包括数字的再认与记忆、排列数字以及了解数字的抽象概念。当上述任何一项技能出现问题时,便会引发学习问题。数学障碍的核心缺陷包括下列技能上的障碍:

一是知觉的技能,辨识数字符号或算数指令,以及将物件分类。

二是语言学的技能,包括对数学名称、计算等观念的理解和命名,以及将应用题理解写成数学算式。

三是注意的技能,正确地抄写数字或图形、记得进位,以及观察运算指令。

四是数学的技能,依序执行数学步骤、计数物件,以及学习乘法表。

此外,有数学障碍的人不只在数学技能方面存在问题,在理解抽象概念、视觉空间等能力上也可能存在问题。

3. 书写障碍

书写需要良好的工作顺序能力,涉及大脑各部位,例如,词汇、文法、手部动作和记忆等功能的联结,同时也牵涉其他认知过程,如计划、自我监控、自我评估和自我调节等。

相较于语言和推理能力,书写障碍儿童的视动能力明显较弱,可从其书写、图形抄画、图形旋转,以及其他需要手眼协调的活动中观察到。这类儿童会写出较短、枯燥无趣、组织较差的短文,且字迹凌乱,他们也不喜欢检查拼字、发音和语法。

4. 其他学习障碍症状

学习障碍儿童也常表现出以下症状:

一是思考冲动,常见未经思考即冲动作答或采取行动。例如,时常在未听(或看)完题目即将答案说(或写)出,以致常犯错。

二是注意力不足,常出现注意问题,如注意不能持续、不能集中,或不能注意该注意的重点。其中对儿童影响最大的是注意不能持续。

三是学习动机低落,普遍认为成就大都由外界所控,因此对自己较差的学业时常显得无能为力,而且不积极设法改善。

四是自我概念差,长期的学习失败,导致儿童自信心和自我价值感较低。

五是社交技能不佳,在同伴团体中常被孤立、排斥,人际关系适应困难。这些困难主要因学习障碍儿童缺少社交技巧所致。例如,他们无法适当地察觉在人际交往情境下的复杂信息,并做出适当反应,以致常被人误解。

(二)学习障碍的成因

学习障碍的成因主要有以下两个方面:

1. 遗传因素

5%—10% 的学习障碍儿童有家族性的神经问题。分子遗传学研究发现,15 和 6 号染

---

① 梁培勇.儿童偏差行为[M].北京:首都师范大学出版社,2016:416.

色体与阅读障碍密切相关。[①]

2. 神经生物因素

研究发现,阅读障碍中的语音加工问题与大脑左半球枕颞区、颞顶区和额下回的功能障碍有关;视觉空间处理问题与左侧颞顶区域和左侧额中回的功能障碍有关。[②]

数学障碍中的近似数系统缺陷可能与大脑右侧顶内沟、左侧角回、左侧内侧前额叶皮质的功能障碍有关;数量编码缺陷可能与大脑顶叶、枕叶、额叶和脑网络间的连接异常有关;简单计算能力缺陷可能与顶叶、枕-颞叶和前额皮质功能异常,以及顶内沟与单侧额-顶网络和默认网络的连接异常有关。[③]

专栏 "治愈问题"还是"与问题共存"?

发展性障碍儿童的很多症状是伴随终生的。如注意缺陷多动障碍儿童的注意力分散、多动、冲动问题;阅读障碍儿童的识字和理解字词意义困难。这些症状可以通过药物或心理行为训练得到缓解,但不能消除。因此在面对发展性障碍儿童时,人们亟须改变原有的"治愈问题"的思路,转而思考如何"与问题共存"。"与问题共存"也是当前心理咨询与治疗领域的重要理念,不过要做到这点并不容易。首先,父母、教师要换个角度看问题,要学习发现发展性障碍儿童各类"问题"的积极意义。比如,对于注意缺陷多动障碍儿童来说,他们的注意力虽然容易分散,但也给他们提供了从事一心多用的任务或工作的潜能;注意缺陷多动障碍儿童虽然多动和冲动,但他们精力充沛、说干就干。如果父母与教师能够因势利导,则能更好地促进注意缺陷多动障碍儿童的发展。其次,父母、教师要善于发现发展性障碍儿童的优势,要扬长避短。如对于有阅读障碍的儿童来说,即使通过专业的干预,这些孩子仍然可能在识字、理解意义方面存在困难,但这些孩子却可能在另一些方面存在优势。无论是在科学界、政商界还是文艺界,都有很多有患有阅读障碍的名人,如英国前首相丘吉尔、新加坡首任总理李光耀、好莱坞著名导演斯皮尔伯格等,他们都在自己擅长的领域取得了巨大成就。最后,父母和教师要协同为患有发展性障碍的儿童创设一个良好的小型生态系统,帮助他们更好地适应社会。

---

① TAIPALE M, KAMINEN N, NOPOLA-HEMMI J, et al. A candidate gene for developmental dyslexia encodes a nuclear tetratricopeptide repeat domain protein dynamically regulated in brain[J]. Proceedings of the national academy of sciences, 2003, 100(20): 11553–11558.

② SIOK W T, SPINKS J A, JIN Z, et al. Developmental dyslexia is characterized by the co-existence of visuospatial and phonological disorders in Chinese children[J]. Current biology, 2009, 19(19): R890–R892.

③ 李相南,李志勇. 数学学习神经机制的研究综述[J]. 心理研究, 2019, 12(2): 114–119.

第二节　情绪障碍

情绪障碍不是由智力、感官缺陷,也不是由其他健康条件引起的。患有情绪障碍的儿童不能与同伴、家人、教师建立或维持令人满意的人际关系;即使在正常的环境条件下,他们也会出现过度的情绪困扰和令人难以接受的行为方式;他们长期有不愉快的心境和抑郁、沮丧、压抑感;在个人和学校生活中遇到困难时,他们会出现生理症状或恐惧倾向。[①] 儿童情绪障碍的类型主要包括抑郁障碍、焦虑障碍、强迫障碍等。其中,在儿童青少年群体中发生率最高的两类情绪障碍是抑郁障碍和焦虑障碍。

一、抑郁障碍

抑郁障碍,也称抑郁症,是以情绪显著而持久的低落为基本临床表现,并伴有相应的思维和行为异常的一种精神障碍。

(一)抑郁障碍的主要症状

1. 儿童期抑郁障碍的主要症状

(1)抑郁心情

有语言能力的儿童,可能会告诉大人自己每天心情都很差。有的儿童虽不曾表现得满面愁容,但在行为上却表现得暴躁易怒;即便偶尔展露笑容,但很快又恢复到没有活力、面无表情的状态。

(2)对日常事物失去兴趣

儿童对原来很喜爱的事物突然失去兴趣,看起来非常懒散,不想做任何事。即便被大人勉强参加活动,也会抱怨活动无聊,表示下次不想再参加。

(3)社交的孤立

抑郁障碍儿童不但对事失去兴趣,对人也一再地疏远。他们不太愿意跟家人聊心事,不喜欢和朋友一起出去玩,也不喜欢邀请朋友来家里玩。有的儿童会抱怨朋友或兄弟姐妹对他不友善,并且表示自己也很讨厌他们。

(4)食欲减少和发育不良

患有抑郁障碍的儿童大都会食欲减少,因而会出现成长减慢和发育不良的问题。有的儿童会出现厌食和挑食,也有少数儿童会变得食欲大增、体重增加。

---

① 李闻戈.情绪与行为障碍儿童的发展与教育[M].北京:北京大学出版社,2012:2.

（5）注意力涣散

抑郁障碍儿童可能无法完成别人交代的工作，或者做事错误百出。有的儿童虽然看起来相当专注，如能独自安静地看书，但几个小时下来依然停留在同一页。

（6）精神衰退、活动量减少

抑郁障碍儿童主观上会觉得疲惫不堪，即便睡再多也会感到虚弱无力，活动也因此减少许多。在外显行为方面，抑郁障碍儿童的动作变得迟缓，走路、吃饭、说话甚至游戏，都变得笨拙。

（7）睡眠质量差

当儿童受抑郁障碍困扰时，可能会影响其睡眠质量。有的儿童可能整夜辗转难眠，导致早上起不来，上课时打瞌睡，或精神恍惚。相反，还有的儿童整天卧床不起，呈现嗜睡状态。

（8）自尊心受损

抑郁障碍儿童可能表现得很害羞、犹豫不决、怕丢脸，不敢在别人面前有所表现。

（9）希望的幻灭

抑郁障碍儿童可能对周围的人、事、物不抱任何期待。抑郁状况较重的儿童会沉溺于死亡的想法，尤其是亲人死亡或失去心爱物品等事件，可能会把儿童推入自杀的边缘。

2. 青少年期抑郁障碍的主要症状

（1）青少年前期抑郁障碍的主要症状

较多的自责、低自尊、持续的忧伤、社交退缩；自觉愚笨、认为没有人喜欢自己、对家庭有疏离感；失眠或嗜睡，饮食异常。

（2）青少年后期抑郁障碍的主要症状

暴躁烦怒更加严重、失去兴趣、学业表现更糟、与父母讨论交友选择或宵禁的问题时更易生气；负向的身体意象、低自尊、易内归因；容易疲累、精神差、食欲差、受睡眠问题困扰；对自己或整个世界、对现在或未来都认为毫无希望；经常经历孤独、自责、罪恶感、无价值感，有自杀意念与企图。

抑郁障碍会引起儿童青少年多方面的缺失，如智力水平低、学业表现差，而且会造成儿童青少年自我知觉、自尊、社交能力的下降，其本身也成为儿童青少年生活的压力源。然而，由于抑郁障碍经常与焦虑障碍或其他心理障碍共病，所以很难厘清相关症状是特定源于抑郁障碍的，还是所有心理障碍共有的一般的心理病理现象，也很难厘清认知以及心理社会的缺失是抑郁障碍的"因"还是"果"，因此我们需要系统综合地看待和应对儿童青少年的抑郁障碍。

专栏　抑郁症发病群体呈年轻化趋势，社会亟须重视青少年心理健康

《2022年国民抑郁症蓝皮书》报告，近年来我国抑郁症发病群体呈年轻化趋势。调研结果显示，18岁以下的抑郁症患者占总人数的30.28%；青少年抑郁症患病率已达15%—20%，接近成人；50%的抑郁症患者为在校学生；77.39%和69.57%的学生患者患抑郁症的原因是存在人际关系和家庭关系问题。

对青少年抑郁症患者来说，不利的家庭环境是使其陷入抑郁的重要原因。63%的学生患者在家庭中感受到严苛／控制、忽视／缺乏关爱和冲突／家暴。父母是青少年就医前极为关键的影响因素。他们能否及时察觉孩子的异常，并给予有效的关注和引导，在很大程度上决定了孩子未来的病情走向。然而，很多家长只看到孩子的行为表现，看不到背后的情绪和精神因素，把问题简单地定性为不爱学习、青春期叛逆或者意志力薄弱。长此以往，导致青少年摆脱抑郁之路"道阻且长"，甚至导致青少年出现自残、自杀等倾向。

虽然有一半的抑郁症学生患者会通过向朋友倾诉、与父母沟通或其他渠道进行求助，但仍有46%的学生患者没有寻求任何帮助，而近30%的学生患者从未想过寻求专业心理医生的帮助。

青少年罹患抑郁症的现象不容忽视，我们应当在社会、家庭、个人之间构成良好的动态系统，相互影响、促进改变。

（二）抑郁障碍的成因

抑郁障碍的成因主要有以下四个方面：

1. 遗传因素

流行病学调查显示，抑郁障碍与遗传因素有关，血缘越近，共病率越高。例如，异卵双生子共病率为19.7%，自幼分开抚养的同卵双生子后期共病率高达66.7%。遗传因素的影响随年龄增加而增加，且女孩比男孩更易受遗传影响。[1]

2. 家庭因素

家庭因素是导致儿童抑郁障碍的重要因素之一。关于家庭关系的研究表明，儿童抑郁与父母婚姻关系破裂之间存在显著的相关关系，女孩较男孩更容易受到父母离异的困扰而出现抑郁症状。关于教养方式的研究表明，父母严厉惩罚、过度干涉和保护将导致或加重儿童的抑郁症状，而对儿童给予更多的关注、理解和情感上的温暖能够减轻儿童的抑郁症状或减少患病概率。此外，家庭经济状况较差的儿童患抑郁障碍的概率更高。

3. 社会支持

社会支持与抑郁有较高的负相关关系。例如，同伴关系差的小学生与具有良好同伴关系的小学生相比，更易患抑郁障碍。

4. 应激生活事件

儿童的抑郁症状主要源自其在生活和学习中遇到的压力及各种应激生活事件。研究发现，转学、转班、成绩下降、学业压力过大、与同学产生严重矛盾、家庭生活变故、健康问题等，

---

① 黄良峰,陈洋洋,赵炳功,等.抑郁症的成因及其新药治疗研究进展[J].现代生物医学进展,2018,18(1)：180–185.

都是引发儿童抑郁障碍的重要因素。

二、焦虑障碍

（一）选择性缄默症

选择性缄默症是在没有言语器官损伤和智力发展障碍的情况下，有选择性地在某些社交场合保持沉默不语的症状，通常初发于儿童期。

1. 选择性缄默症的主要症状

选择性缄默症儿童在某些情境或某些场合下能正常说话，但在另一些场合却一贯地保持沉默。例如，有些儿童在学校从不说话，却可以在家中自在地表达自己；有些儿童与超市收银员聊天，但唯独在学校不讲话。临床上常发现选择性缄默症儿童只有在家里才讲话，或只跟亲人讲话，有的儿童甚至只跟双亲中的其中一个讲话，或是只跟某一个兄弟姐妹讲话。选择性缄默症常见于儿童期，在青少年期也有出现，但在这两个阶段中的表现略有差异，如表 13-1 所示。

表 13-1   儿童期和青少年期选择性缄默症的不同表现 [①]

特征	儿童期选择性缄默症	青少年期选择性缄默症
初发年龄	小于 6 岁	大于 12 岁
选择性缄默的对象	同伴、陌生人、治疗师	同伴、家人、治疗师
主诉	拒绝说话	其他行为，如偷窃、自杀意图等
相关的心理动力	依赖与分离焦虑	对家人意见不合

选择性缄默症儿童常因其主要的症状表现，伴随许多其他问题。例如：

（1）学业问题

当今的教育教学越来越强调互动式或团体合作式学习，学校老师要求儿童提出问题，口头表达学习的内容和观点，或是组成小组，进行分组合作、共同讨论。然而这对选择性缄默症儿童来讲，是非常困难的。选择性缄默症儿童可以做到单向接收老师教授的内容，或者用独立书面报告、考试来确认和考察他所学习到的内容，但很难以上述互动式、即席式的表达方式来呈现其学习成果。在传统的教育教学情境中，选择性缄默症儿童尚能应付课业学习要求，而随着教育教学方式的变革，这类儿童的学业困难就更加凸显出来了。

（2）社交困难

选择性缄默症儿童除了不说话、保持沉默外，多伴随环境互动上的困难和障碍。例如，在学校无法与同学互动、无法建立同伴关系；参与家人、亲戚往来时，无法做出恰当的反应；与邻居、社区工作人员间的交流存在困难等。

---

① 梁培勇．儿童偏差行为［M］．北京：首都师范大学出版社，2016：225.

（3）语言困难和障碍

部分选择性缄默症儿童伴有口吃、构音困难的问题。虽然上述问题不足以完全作为儿童拒绝说话的最主要原因，但一般而言，伴随较多语言困难和障碍的选择性缄默症儿童，预后效果可能不佳。

2. 选择性缄默症的成因

选择性缄默症的成因复杂，大致有以下五个方面[①]：

（1）生物基础

选择性缄默的诱发具有生物基础，如大脑杏仁核区域的可激发性极限降低。杏仁核接收并处理潜在危险的信号，选择性缄默症儿童的杏仁核的反应可能过度强烈，即便儿童并不是真正处于危险中时，杏仁核也能被激活，使他们陷入焦虑状态。

（2）焦虑基因倾向

大部分选择性缄默症儿童具有焦虑基因倾向。许多患有选择性缄默症的儿童，其父亲、母亲或兄弟姐妹同样患有选择性缄默症或其他类型的焦虑障碍，或表现出极度的羞怯。这表明这种症状可以通过基因传递。

（3）先天羞怯气质

具有羞怯气质的儿童更容易对新的环境产生恐惧和戒备，这导致他们患选择性缄默症的概率增加。诊断选择性缄默症的年龄为 3—8 岁；然而，许多患儿父母都说孩子在婴儿期就表现出极度的羞怯或内向，直到儿童进入需要他们行动、交往、讲话的学校环境中时，选择性缄默症才变得更明显。

（4）社会焦虑

社会焦虑是导致选择性缄默症的核心原因，是在焦虑基因和羞怯气质基础上的进一步表现。具有选择性缄默症的儿童与不熟悉的人交往时会紧张、焦虑，当儿童认为自己成为注意的中心或是处于被观察、评价的情境中时也会紧张、焦虑。当儿童逐渐习惯了一个特定的社会情境并且感到舒适放松时，他们才有可能开口讲话。看起来，这种极度的羞怯或自我意识（精神病学家称之为"社会焦虑"）是导致失调的核心原因。

（5）思维定式限制

许多选择性缄默症儿童以及他们周围环境中的人们已经习惯了他们不说话，因此对于选择性缄默症儿童来说，突破这种定式变得非常困难。就像一些患儿所说的："我现在不能说话，否则每个人都会看我并且说，'他说话了！他说话了！'"这样就形成了恶性循环，儿童会更担心自己成为被人注意的中心或者被人评价的对象；这种担心越大，选择性缄默的概率就越大，儿童就越难克服障碍开口讲话。

（二）分离性焦虑障碍

分离性焦虑障碍是儿童期最为常见的情绪障碍之一。分离性焦虑障碍是指个体与其依

---

① 张丽莉.选择性缄默症研究综述［J］.山西师大学报（社会科学版），2009，36（S2）：98-99.

恋对象分离或与其家庭分离时产生的过度焦虑和体感不适的一种现象。在严重情况下,儿童可能因为分离性焦虑障碍而不能上学或不能参加户外活动。分离性焦虑障碍还会使儿童出现躯体症状,所以他们通常会多次接受躯体检查。[①]

1. 分离性焦虑障碍的主要症状

分离性焦虑障碍的核心症状是当儿童与其主要依恋者或家庭分离时,会表现出明显的焦虑。分离性焦虑障碍往往有三个阶段:最初表现为反抗、哭闹、拒绝他人;后来发展为无助、冷漠、伤心、失望;最后儿童似乎变得正常,对与依恋对象的分离表现冷漠和无动于衷,直到儿童拒绝上学或有躯体不适,才会引起家长的重视。

分离性焦虑障碍在不同年龄阶段的表现形式也不同。幼儿期主要表现为与依恋对象分离时大哭不止、抓住依恋对象不放、打滚、不能接近等。5—8 岁分离性焦虑障碍儿童则常出现无根据的担心,如担心亲人会离开、自己会发生危险或意外事故,因而不愿离开亲人,拒绝上学或去其他地方。9—12 岁分离性焦虑障碍儿童主要表现为对分离过分苦恼:分离前担心即将来临的分离,分离时痛苦,分离后烦躁不安、注意力不集中。青少年期分离性焦虑障碍的常见症状是躯体症状,如呕吐、腹痛、头痛等,75% 的分离性焦虑障碍青少年表现出拒绝上学的行为。

2. 分离性焦虑障碍的成因

分离性焦虑障碍的成因主要有以下五个方面:

(1) 遗传因素

如果父母患焦虑症,则其子女出现分离性焦虑障碍的概率明显高于正常父母的子女;同卵双生子分离性焦虑障碍的相似率高达 50%。这都说明分离性焦虑障碍与遗传因素有关。

(2) 家庭因素

教养方式和亲子依恋情况与儿童适应学校生活的快慢有关。实践证明,注重培养孩子的独立能力,鼓励孩子探索新环境和与同伴一起玩的家庭,其孩子的上学适应期较短。而亲子过分依恋,孩子平时经常和父母待在一起,不与外界接触,父母对孩子过于珍爱、过分保护,会使孩子养成胆小害羞、依赖性强、难以适应外界环境的个性弱点。这样的孩子一旦与父母分离,就容易出现分离性焦虑障碍。

(3) 生活事件

儿童在出现分离性焦虑障碍之前,往往有生活事件作为诱因。常见的生活事件有突然与父母分离、在学校受到挫折、遭遇不幸事故、亲人重病或死亡等。这些压力性生活事件都会给儿童带来诸多不安和紧张。

(4) 环境的改变

儿童从家庭进入学校,环境有了巨大的改变。生活规律和生活习惯的改变让他们面临适应困难。学校有相对固定的一日生活时间表,什么时候上课、什么时候休息、什么时候吃饭都有统一规定;而孩子在家的生活并不一定与此相符。有些家庭生活作息比较随意,一切

---

① 王金霞,王吉春.小学生异常心理与行为问题[M].成都:西南财经大学出版社,2018:52.

以孩子的意愿为中心,这与在学校需要接受统一管理形成了明显的对比,会使孩子感到适应压力。另外,学校中教师要求学生具备一定的生活自理能力,自己的事情要学会自己解决,这些要求给儿童带来一定的压力和挑战,于是部分儿童选择逃避现实,不愿意面对学校,害怕与家人分离。

（5）社交焦虑障碍

患社交焦虑障碍的儿童社交能力差,胆小且依赖性强,他们很难与身边的儿童交朋友,适应能力较差,甚至会把陌生的地方看成"狼外婆的家",充满恐惧。因此他们不愿意与自己的家人分离,分离后会处于恐惧、焦虑的状态。

（三）社交焦虑障碍

社交焦虑障碍是指儿童对新环境或陌生人产生的焦虑、恐惧情绪和回避行为,是儿童期常见的情绪障碍,严重影响着儿童的身心健康。社交焦虑障碍儿童在陌生环境中表现为过分害羞、尴尬,对自己的行为过分关注,或进入新环境时感到痛苦和身体不适,并出现哭闹、不语、退缩等行为。[①]

1. 社交焦虑障碍的主要症状

在公共场合,如游乐场、公园、商场等,社交焦虑障碍儿童会感到极度的恐慌、紧张,并且他们害怕自己的行为或紧张的表现会遭到羞辱,其恐惧程度与实际情境不相称。具体表现为:他们害怕与同伴、大人面对面交流,即便有交流也是在极度的惊恐之中度过的,甚至出现尿频、尿急、紧张性手抖、心跳加快、面红耳赤、口干、出汗等现象。他们不敢直面陌生人,更不敢与陌生人交谈,有反复持续的回避行为,并有意避免去公共场所及需要与他人接触的场所。

2. 社交焦虑障碍的成因

研究者通常从父母教养、遗传及气质因素、应激性事件等方面考虑儿童社交焦虑障碍的成因。

（1）父母教养

过分严厉和教条化的父母教养行为,会使儿童的心理成长过程单一,社会理解和适应能力相对较差;过分粗暴或压抑的教养环境也会扭曲儿童心理发育过程,影响儿童的社会认知和社会交往能力。一些家长会告诫孩子不能与陌生人交往,不能随意去邻居家串门,也不允许其他孩子来自己家里玩,这些都会抑制孩子社交能力的发展,抑制孩子的社交欲望。此外,有的父母因自己工作忙,将孩子托付给老人和保姆。相对来说,老人和保姆对孩子的衣食起居和生命安全更重视,而不太注重儿童智力开发和社交能力的培养。封闭的教养环境也会使儿童的社会功能受损。

（2）遗传及气质因素

遗传因素是造成儿童社交焦虑障碍的原因之一。双生子研究显示,女性同卵双生子社

---

① 王金霞,王吉春.小学生异常心理与行为问题[M].成都:西南财经大学出版社,2018:65.

交焦虑障碍的共病率为 24.4%,异卵双生子的共病率为 15.3%;亲属中特别是直系亲属中如果有焦虑症或恐惧症患者,那么该家庭或家族中儿童的患病率会大幅提升。在行为抑制气质维度得分较高的儿童,他们的生理反应阈值较低,对环境有较高的负性评价,这会导致他们在新的环境与人群中担心、不安,进而增加他们患社交焦虑障碍的可能性。[①]

（3）应激性事件

在人际交往的过程中经历的应激性事件,容易给儿童造成心理创伤。这种创伤,也许是他人造成的,如欺辱;也许是家长给予的,如当众打骂。如果儿童的心理创伤没有得到及时修复,便会抑制其社交能力的发展。

（四）广泛性焦虑障碍

广泛性焦虑障碍,又称一般性焦虑障碍,是以持续的显著紧张不安,伴有自主神经功能兴奋和过分警觉为特征的一种慢性焦虑障碍。女性广泛性焦虑障碍的发病率比男性高两倍。广泛性焦虑障碍常与应激性事件有关,通常始于儿童期或青少年期。

1. 广泛性焦虑障碍的主要症状

广泛性焦虑障碍儿童经常表现出无明确对象或无固定内容的紧张不安和过度焦虑。这种紧张不安、担心或烦恼与现实很不相称,使儿童感到难以忍受又无法摆脱,常伴有自主神经功能亢进、运动性紧张和过分警惕。一般来说,广泛性焦虑障碍儿童的症状表现是多样的,包括一系列生理和心理症状。具体而言,主要有[②]:

（1）焦虑和烦恼

表现为对未来可能发生的、难以预料的某种危险或不幸事件的经常性担心,还有害怕性期待、易激怒、对噪声敏感等。广泛性焦虑障碍儿童可能对日常生活中的事物失去兴趣,以致生活受到严重影响。

（2）运动性不安

表现为搓手顿足、来回走动、紧张不安、不能静坐,可见眼睑、面肌或手指震颤。

（3）躯体表现

广泛性焦虑障碍的躯体症状源于交感神经系统的过度活动和骨骼肌紧张性的增加,具体表现为:口干,吞咽堵塞感、食管内异物感,过度排气、肠蠕动增多或减少,胃部不适、恶心、腹痛、腹泻;压迫感、吸气困难、气促和窒息感、过度呼吸;心悸、心前区不适、心律不齐;尿频、尿急;震颤、刺痛、耳鸣、眩晕、头痛、肌肉疼痛;睡眠障碍,如失眠、夜惊;兴奋多汗、面部发红或苍白;等等。

（4）过分警觉

表现为对外界刺激易出现惊跳反应,注意力难以集中,有时感到脑子一片空白,难以入睡和易惊醒、易怒等。

---

① 苏程,黄钢.儿童社交恐惧症的研究进展[J].中国妇幼健康研究,2006(2):122-124.

② 王金霞,王吉春.小学生异常心理与行为问题[M].成都:西南财经大学出版社,2018:52.

2. 广泛性焦虑障碍的成因

广泛性焦虑障碍的成因主要有以下三个方面：

（1）生理因素

遗传因素是导致广泛性焦虑障碍的重要因素之一，其中候选基因包括 5-羟色胺转运体，脑源性神经营养因子等。脑功能成像研究发现，广泛性焦虑障碍患者可能存在控制情绪的脑区结构和功能异常，如前额叶、杏仁核、下丘脑、海马、边缘系统、扣带回等。在广泛性焦虑障碍的神经生化病理机制方面，氨基酸神经递质假说认为，广泛性焦虑障碍患者的 γ-氨基丁酸受体减少，谷氨酸浓度增多，使广泛性焦虑障碍患者的抑制性和兴奋性功能遭到破坏。[①]

（2）心理因素

根据心理学的理论，广泛性焦虑障碍是由自我防御机制失效，或对危险情境的过度反应所导致的。精神分析理论认为，焦虑是一种生理的紧张状态，源于未获得解决的无意识冲突，自我不能运用有效的防御机制，便会导致病理性焦虑，进而导致广泛性焦虑障碍。认知理论则认为，焦虑是对危险情境的一种反应，信息加工的持久歪曲导致个体对危险产生误解从而出现焦虑体验。儿童感到自己无力应对环境威胁，失去对环境的可控感是导致焦虑持续的重要原因。

（3）诱发与维持因素

广泛性焦虑障碍的发生常与生活中的应激性事件有关，特别是威胁性事件，如人际关系问题、躯体疾病等。

应激性事件的持续存在会导致广泛性焦虑障碍的慢性化。同时，类似害怕他人注意到自己的焦虑，或者担心焦虑会影响其学习表现会产生恶性循环，使广泛性焦虑障碍症状严重而顽固。

（五）特定恐怖症

特定恐怖症是指对某一特殊情境、物体或活动产生持续的、过度的、不合理的恐惧，并明显妨碍个体功能的焦虑障碍。

1. 特定恐怖症的主要症状

特定恐怖症主要表现为对某些特定对象产生恐惧。患有特定恐怖症的儿童对一些危险较小甚至没有危险的物体或情境也会表现出极度的、影响其行为能力的恐惧，他们会想方设法地回避这些物体或情境。尽管有证据证明这些物体或情境没有恐惧的必要，周围的人也努力地去说服他们，但他们感觉到危险的信念依然会持续存在。特定恐怖症可以在任何一个年龄阶段出现，10—13 岁为发病的高峰期。[②]

特定恐怖症有以下六个方面的主要表现：

---

① 徐碧云. 广泛性焦虑障碍发病机制的研究进展［J］. 四川精神卫生，2012, 25（3）: 188-191.

② 王金霞，王吉春. 小学生异常心理与行为问题［M］. 成都: 西南财经大学出版社，2018: 65.

第一,在某一特定的物体面前或某一特定的情境下(如飞行、高空、动物、注射、看见血等),或在对这些物体或情境的想象中,出现明显的、持续的、过度的或不可控制的恐惧。

第二,遇到恐惧性刺激几乎总是能马上引起焦虑反应。

第三,患者认识到这种恐惧是过度的或者不合理的。

第四,患者设法回避这种情境,或以极度的焦虑或紧张来忍受这种情境。

第五,这种对某些情境感到焦虑或恐惧的体验严重地影响着患者的日常生活、学习及社交活动,他们也为此感到痛苦和烦恼。

第六,面对恐惧对象,患者往往会出现剧烈的、持久的惊恐和回避反应,而且伴有相应的生理改变,如心跳加速、呼吸变快、出冷汗、面色苍白等自主神经系统症状,行为反应则表现为哭泣、发脾气、身体僵硬等。

2. 特定恐怖症的成因

儿童自己经历的创伤事件、看到别人经历创伤事件、在特定情境中无预警的恐慌发作、接收到父母重复告诫或是经由媒体传播的信息,都可能是导致特定恐怖症的原因。

具体而言,当某一事件与创伤威胁相联系,儿童就会习得恐惧反应。人的本能是趋利避害的,儿童的回避行为,会使其焦虑暂时得到缓解,因而回避行为会获得强化。所以特定恐怖症的产生更多源于早期创伤性体验和条件恐惧的形成。

导致特定恐怖症形成的后天因素主要有以下三个方面:

(1) 直接的创伤体验

例如,对于狗的恐惧,可能源于曾经被狗咬伤过,于是儿童便将恐惧感与狗联结起来,当狗再一次出现时便会引起其恐惧和焦虑。为了缓解恐惧和焦虑情绪,儿童有意地选择逃离和避免狗出现的情境,于是恐惧感就被暂时缓解,这种可暂时缓解恐惧感的回避行为便被强化下来。

(2) 观察到的创伤或恐惧

儿童可以通过观察厌恶情境而学习到恐惧情绪。例如,看到过狗咬伤人的场景后会害怕被狗咬到。

(3) 被教导的恐惧

特定恐怖症还可能源于父母或他人对儿童的语言暗示和教导。例如,父母经常警告孩子,狗很危险,那么儿童可能就会对狗产生特定恐惧。

第三节 行为障碍和行为问题

儿童在发展过程中难免会偶尔出现一些行为问题,经家长和教师的引导后,一般能及时得到矫正。但具有行为障碍的儿童在学校和家庭生活中,会较频繁地出现行为问题,包括:各类攻击行为,如争吵,打架,用言语或身体攻击的方式攻击同伴、欺负弱小;表现出冲动和缺乏自控力的行为,如乱叫、无理取闹、爱发脾气和抱怨;逃避要求或任务,经常说谎、强词夺理、争辩、不服从命令和教导;无视组织纪律、损坏公物,有偷盗之类的不良行为和反社会行为;学习态度不认真、不完成作业、学习成绩差。[①]本节将介绍两类常见的行为障碍:品行障碍和对立违抗性障碍。此外,进入青春期后,除了上述行为障碍,青少年也会有一些较为突出的行为问题,如网络游戏成瘾、自杀等。

一、品行障碍

品行障碍是儿童青少年常见的一种行为障碍,常涉及侵犯他人的基本权利,违反与其年龄相称的社会规范,表现为反复持续出现的攻击性和反社会性行为模式。[②]

(一)品行障碍的主要症状

品行障碍表现为反抗成人的规定、不听成人的话、与成人或权威作对、做出言语或肢体上伤害他人的行为。品行障碍儿童更易出现攻击行为,有偷窃、对他人行为粗暴和违法行为等。

受上述症状的影响,品行障碍儿童在人际互动中常遭遇很多问题,如无法维持长久稳定的人际关系、缺乏适当的社交技巧、因经常攻击同伴而被同伴排斥等。许多研究发现,品行障碍儿童的智力发展较同龄者落后,尤其是语言表达能力较差,因此他们无法以适当的语言表达自己的情绪,通常会以较冲动的、攻击性较强方式表达情绪,存在自我控制较差的问题。再加上学习无法跟上同伴,留级与逃学是可预见的结果。

前述种种现象,经长年累积后,会使儿童自尊受损、出现自我概念偏差,因而将他人与其互动的意图做出消极的归因。若家庭成员无法提供适当的管教、家庭缺乏凝聚力,甚至家庭成员间互动状况不好,极易引发儿童做出自伤、滥用药物或不当性行为等伤己又伤人之事。

(二)品行障碍的成因

品行障碍的成因,主要包括基因和气质、神经生理、社会认知、家庭及社会文化等因素。

1. 基因和气质因素

关于收养儿童与双胞胎的基因遗传研究发现,基因与攻击行为有关,但与偷窃、说谎的相关性较低。气质相关的研究发现,困难型气质类型的儿童、努力控制较差的儿童,在青少年期出现反社会行为的可能性较高。

2. 神经生理因素

人类的大脑有两套处理行为的系统:一套是行为促进系统,主要作用是促进得到奖赏或免于受罚的行为;另一套是行为抑制系统,主要作用是抑制受罚或无法得到奖赏的行为。品

---

① 李闻戈. 情绪与行为障碍儿童的发展与教育[M]. 北京:北京大学出版社,2012:2.

② 梁培勇. 儿童偏差行为[M]. 北京:首都师范大学出版社,2016:123.

行障碍儿童天生在这两个系统的运作上与他人不同,他们的行为促进系统过于活跃,而行为抑制系统又过于压抑,这导致其无法经由处罚有效抑制其不适当的行为,因而易产生行为问题。

3. 社会认知因素

不成熟的思考方式(如不符合发展年龄的自我中心思考),认知偏差(如将中性刺激解释为有敌意的刺激),以及无法用语言表达来调适行为反应,都是造成攻击行为的社会认知因素。与一般儿童在判断他人意图时相比,高攻击性儿童在较少线索下即做出决定,因此容易造成错误的敌意归因,并表现出较高的冲动性及较差的自我控制能力。社会认知理论认为,攻击行为产生的原因主要是儿童对社交情境线索的错误解释,加之缺乏解决社交问题的技巧。产生攻击行为的信息处理过程包括输入、解释、反应搜寻、反应决定和行动五个步骤。当高攻击性儿童面对需解决的社交问题,并进行线索搜寻时,较少注意整体线索且会输入较少的信息就采取行动;当信息输入较少时,儿童对于情境的理解就变得模糊,在面对模糊情境时,儿童更倾向于将别人的行为解释为有敌意的;在搜寻要做出的反应时,因为缺乏解决社交问题的知识,且语言沟通能力较弱,儿童容易想到攻击性的反应,并决定且做出攻击行为,来解决其所面对的社交问题。

4. 家庭因素

家庭影响儿童多方面发展。若父母本身存在行为问题、家庭功能不好,加上父母管教不当,极可能培养出有品行障碍的孩子。例如,父母本身是酒瘾患者、罪犯或有反社会行为,他们的孩子出现品行障碍的可能性较大。在父母管教方面,体罚、不当的处罚(如因父母本身心情不好而打孩子),以及父母管教方式不一致等,都有可能是导致孩子品行障碍的原因。在家庭功能方面,婚姻冲突、家庭暴力、家庭疏离,致使家庭功能失调,孩子对这些不当行为和问题解决方式等的模仿学习,可能导致其品行障碍。不稳定的家庭结构,如经常搬家、离婚、失业,以及诸如贫穷、低社会经济地位、长期生病、空间拥挤、无法寻找社会资源等家庭压力,常使父母的情绪处于不稳定的状态,影响亲子互动,进而影响孩子的积极适应。

5. 社会文化因素

大众传媒中展现的攻击相关行为,会促使儿童模仿并表现出攻击行为。另外,所在地区有限的工作机会、住在高危险地区、邻居犯罪与移民,也与儿童的品行障碍有关。

二、对立违抗性障碍

对立违抗性障碍是一类以持久的公然违抗、敌意、对立、挑衅和破坏行为为基本特征的行为障碍。

(一)对立违抗性障碍的主要症状

对立违抗性障碍儿童既存在内化问题,也存在外化问题。在内化问题方面,对立违抗性障碍儿童的情绪很不稳定,伴有易激惹、焦虑、抑郁等情绪问题;在外化问题方面,对立违抗性障碍儿童常表现出攻击行为、对抗行为。

（二）对立违抗性障碍的成因

对立违抗性障碍的影响因素包括生物学因素、个人因素和家庭因素三方面。

1. 生物学因素

导致对立违抗性障碍的生物学因素主要涉及遗传、围产期不良因素影响、婴幼儿期发生外伤、重度营养不良、中毒、中枢神经系统感染等,这些因素均可导致儿童神经系统,特别是脑发育迟缓或异常,从而导致儿童的行为问题,为对立违抗性障碍的发生、发展埋下隐患。其中,母亲怀孕期间接触有害因素及新生儿疾病是导致儿童对立违抗性障碍最重要的生物学因素。此外,对立违抗性障碍具有一定的遗传特征。

2. 个人因素

在个人因素方面,对立违抗性障碍的发生与儿童自身的心理素质有关。例如,学习问题、生活自理能力差、人际交往不良等容易使儿童遭遇挫折和失败,引起挫败感;在遭遇挫折和失败后,儿童可能受到父母和老师的批评、处罚,同时也可能受到同伴的排斥、嘲笑,从而使儿童对他人产生敌意,导致儿童的自信心、自尊心受损,自我评价降低,上进心削弱,并进一步导致其社会适应困难、学习不良。如此形成恶性循环,最终会导致儿童出现对立违抗性障碍。

3. 家庭因素

在家庭因素方面,亲子关系的质量对儿童的认知和行为发展具有重要影响,是对立违抗性障碍发生的预测因素。此外,家庭环境,包括家庭氛围、家庭互动模式及家庭关系等,也是导致儿童出现对立违抗性障碍的重要因素。由此可见,对立违抗性障碍儿童所呈现出的问题是家庭成员之间相互作用的结果,家庭本身才是"病人",儿童所呈现出的症状实际上是家庭系统中功能不良的互动和交流模式的表现。

三、网络游戏成瘾

网络游戏成瘾是指个体难以控制自身长期的、过度的游戏行为,沉迷网络游戏无法自拔,最终导致生理、心理和社会功能受到不同程度的损害。由于概念和测量方法的多样性,网络游戏成瘾的患病率因文化而异(0.2%—10%)。[①]

（一）网络游戏成瘾的主要症状

网络游戏成瘾的主要表现包括沉迷游戏、对其他活动失去兴趣等。网络游戏成瘾与某些物质成瘾的机制类似,其中最突出的是游戏用户觉得他们无法控制对游戏的渴望和玩游

---

① FESTL R, SCHARKOW M, QUANDT T. Problematic computer game use among adolescents, younger and older adults [J]. Addiction, 2013, 108(3): 592–599.

戏的行为,当他们停止玩游戏时,会出现戒断症状,产生不适感。

(二)网络游戏成瘾的成因

网络游戏成瘾的成因可以分为以下三类:

1. 环境因素

青少年成长在稳定的家庭关系中,其网络游戏成瘾率更低;反之,家庭中较多的父母婚姻冲突和亲子冲突会增加青少年网络游戏成瘾的概率。此外,青少年不良同伴交往经历也会增加其网络游戏成瘾的可能性。[①]

2. 个人因素

网络游戏成瘾和青少年的孤独感、自尊、感觉寻求、心理控制源等人格因素存在相关关系。有网络游戏成瘾倾向的个体常常是孤独的和抑郁的;孤独感与网络游戏的使用增加呈正相关关系;低自尊者更容易网络游戏成瘾,他们往往在现实交往中受挫,而网络游戏作为逃避现实的手段对他们有更大的吸引力。[②]

3. 网络游戏本身的特点

网络游戏具有即时反馈、目标达成感快的特点。游戏设置带给玩家的沉浸式体验,以及在完成任务后给玩家带来的成就感,都使得玩家更容易网络游戏成瘾。网络游戏的特点使得个体很容易产生强烈的竞争和合作体验,在网络游戏中的竞争和合作体验越多,网络游戏成瘾程度越高。[③]

四、自杀

自杀是个体以自己的意愿与手段结束自己的生命,它是人类处于生理、心理、社会等各种因素所产生的敌意或混乱反应下,而产生的自我伤害行为。有时,自杀是个体用以表达情绪、控制他人,甚至换取某种利益(精神上或实质上)的一种沟通方式。然而,更多数时候,自杀是个体为了逃避内心深处的罪恶感及无价值感而采取的行动。

自杀是一个连续体上的四种不同状况,包括自杀意念、涉及自杀的沟通、自杀企图和自杀死亡。这四种状况虽有区别,却常有重叠。自杀意念,指与自杀有关的认知或想法,个体有离开或逃避人世的愿望,但未采取威胁自我生存的行为。涉及自杀的沟通,指用言语和非言语向他人传递想要死亡的意图,即个体在不久的将来可能发生自杀行为;它包括自杀威胁和自杀计划,这种或明或暗的信号并非自我伤害行为本身。自杀企图指向自我,目的是死亡,但可能会导致也可能不会导致真正的伤害和死亡。自杀死亡,指个体实施了自杀行为并

---

① 蒋欣玥,林悦,刘勤学.父母心理控制与青少年智能手机成瘾:心理需求网络满足和环境敏感性的作用[J].心理发展与教育,2022,38(2):254-262.

② 贾月亮,安龙,贾月明.大学生社交能力与网络成瘾的关系:社会适应与自卑感的链式中介作用[J].中国临床心理学杂志,2019,27(1):103-107.

③ 宗源.青少年网络游戏成瘾问题分析:从网游自身的特点切入[J].广东青年干部学院学报,2008(1):34-38.

导致死亡结果,是自杀行为的完成。[①]

儿童常用的自杀方法包括从高处跳下、服药/毒、割腕、引(燃)火、用刀刺杀、冲撞车道等。

(一)自杀的特征

儿童是否有自杀意念,多少可从他们平时的言语、行动上观察出来。在言语上,他们可能会说:"我觉得我没有未来。""生活不可能好起来了。""活着不值得。""我不会再烦你了。""没有我,你们会过得更好。""我很希望睡一觉后就不再醒来。"在行动方面,如果发现儿童突然开始写信、把心爱的东西送走、有自伤的行为、对药物或武器的来源突然感兴趣等,就须提高警觉、小心防范。当孩子表现出以下四种行为时,需特别留意。

第一,不愿谈及或讨论未来的事,道别时有永远告别的意味,或是一再提示他走了以后的事。另外,倘若儿童平时常提到自杀的事,当有一天他不再提及此事时,很可能危机已迫在眉睫。因为当他下定决心要结束自己的生命时,通常不愿让别人知道其自杀的时间、地点和方法。

第二,一个长期闷闷不乐的儿童突然开朗起来,可能意味着他已完成详密的自杀计划而有如释重负的解脱感。

第三,儿童开始把自己最珍贵的东西,如玩具、纪念品分送给他人,似乎在替这些心爱的东西找新的主人。

第四,儿童一再地出现意外的伤害,事实上这些不一定是意外,而是自杀的意图。有些青少年一再醉酒闹事,或者年龄较大的孩子"误饮"清洁剂等,都值得调查追踪。

(二)自杀的预防

虽然有一部分儿童在自杀前完全没有任何征兆,但通常儿童在自杀前会发出自杀信息,这意味着儿童在吸引他人的注意或求助。生死常是一念之差,因此自杀的预防需要父母和老师细心、敏锐地观察儿童可能的自杀征兆,然后及时采取必要的措施。例如,私下探听儿童的意向,如问他下个周末有什么活动?今年暑假有什么特别的计划?观察儿童的一举一动,以相关的事物来试探他目前的动向。对年幼的儿童可以直接询问其心中的感受。为儿童提供倾诉的机会,父母和老师采取倾听、接纳的心态,不必急于劝说或教训。如果事关紧要,可以直接探询儿童是否有自杀意念与自杀企图,倘若他没有这种念头,可能会认为父母或老师多猜疑而一笑置之,若有,儿童可能会因成人的关怀、支持而打消自杀的念头。及时进行危机处理,如果种种迹象显示儿童有自杀倾向,即便儿童矢口否认,成人仍需全天候监视戒备,并寻求专家的协助,必要时要考虑住院治疗。

---

① MAZZA J J, REYNOLDS W M. School-wide approaches to prevention of and intervention for depression and suicidal behaviors[M]//DOLL B, CUMMINGS J A. Transforming school mental health services: population-based approaches to promoting the competency and wellness of children. Thousand Oaks, C. A.: Corwin, 2008: 213-241.

专栏 中学生自杀现象调查报告

青少年自杀是引起广泛关注的公共健康问题。世界卫生组织的调查显示,全球范围内,自杀是15—24岁年轻人死亡的第二大原因。由于医学的不断进步,儿童和青少年的死亡率一直在稳步下降,自杀率却一直居高不下。事实上,自杀率在过去15年里出现增加的趋势,自杀意念和自杀企图更为常见。随着儿童年龄的增长,自杀意念的报告率增加。10—14岁儿童青少年自杀率较低,大约是15—24岁的1/8。15岁及以上青少年自杀的风险比10—14岁青少年高得多,比10岁以下的儿童更高。显然,青少年自杀现状严峻。青少年自杀行为是一个复杂的公共健康问题,它反映了青少年潜在的心理健康问题,对青少年自杀现象进行研究具有现实意义。

【本章小结】

本章介绍了三类特殊儿童的心理特点及成因。第一节聚焦发展性障碍,具体介绍了智力障碍、孤独症谱系障碍、注意缺陷多动障碍和学习障碍儿童的心理行为特点和问题成因;第二节聚焦情绪障碍,具体介绍了抑郁障碍和焦虑障碍儿童的心理行为特点和问题成因;第三节聚焦行为障碍和行为问题,主要介绍了品行障碍、对立违抗性障碍、网络游戏成瘾儿童的心理行为特点和问题成因,以及儿童自杀行为的特征和预防。

【实践·反思·探究】

1. 请观察一下你周围的儿童,是否有儿童表现出发展性障碍、情绪障碍和行为障碍的特征? 他们的具体表现是怎样的?

2. 请以你观察到的具有发展性障碍、情绪障碍和行为障碍特征的儿童为例,分析是什么原因导致他们这些心理行为问题的。

3. 搜寻一些有关提升发展性障碍、情绪障碍和行为障碍儿童心理能力的干预方法,分析哪些干预方法适合你观察的对象。

【推荐阅读】

[1] 李闻戈. 情绪与行为障碍儿童的发展与教育[M]. 北京:北京大学出版社,2012.

[2] 马伟娜,周丹. 发展性障碍儿童心理与教育干预[M]. 杭州:浙江大学出版社,2022.

[3] 考夫曼,兰德勒姆. 儿童和青少年情绪与行为障碍:写给老师和家长的心理学指南:第11版[M]. 凌春秀,译. 北京:人民邮电出版社,2021.

主要参考文献

贝尔,柯勒斯,帕罗蒂斯.神经科学:探索脑:第2版:中文版[M].王建军,主译.北京:高等教育出版社,2004.

贝克.儿童发展:第5版[M].吴颖,等译.南京:江苏教育出版社.

伯克.伯克毕生发展心理学:从0岁到青少年:第4版[M].陈会昌,等译.北京:中国人民大学出版社,2014.

邓赐平.皮亚杰发生认识论视角下的儿童思维与智慧发展[J].心理研究,2020,13(4):291-311.

方勇,季为民、沈杰.中国未成年人互联网运用报告(2022)[M].北京:社会科学文献出版社,2022.

格里格,津巴多.心理学与生活:第19版[M].王垒,等译.北京:人民邮电出版社,2014.

何妍,俞国良.心理健康教育一体化:促进道德认知是基础[J].中小学心理健康教育,2021(31):4-8.

姜英杰,金雪莲.国外共情训练理论与实践对我国留守儿童情感教育的启示[J].外国教育研究,2018,45(9):104-115.

姜英杰,严燕.4~6岁儿童元记忆监测判断的发展[J].心理科学,2013,36(2):406-410.

卡尔森.生理心理学:走进行为神经科学的世界:第9版·全彩[M].苏彦捷,等译.北京:中国轻工业出版社,2017.

勒弗朗索瓦.孩子们:儿童心理发展:第9版[M].王全志,等译.北京:北京大学出版社,2004.

李莹,赵鸿瑜,张木军,等.执行控制的双语优势效应及其调节变量:来自元分析的证据[J].心理科学进展,2023,31(6):970-987.

林崇德.发展心理学[M].3版.北京:人民教育出版社,2018.

马伟娜,周丹.发展性障碍儿童心理与教育干预[M].杭州:浙江大学出版社,2022.

彭聃龄.普通心理学[M].5版.北京:北京师范大学出版社,2019.

秦金亮.儿童发展概论[M].北京:高等教育出版社,2008.

王金霞,王吉春.小学生异常心理与行为问题[M].成都:西南财经大学出版社,2018.

王云霞,张金荣,俞睿玮.学前儿童发展心理学[M].杭州:浙江大学出版社,2020.

魏勇刚.学前儿童发展心理学[M].北京:教育科学出版社,2017.

杨广学,张巧明,王芳.特殊儿童心理与教育[M].2版.北京:北京大学出版社,2012.

杨美玲,翟舒怡,梁君英,等.国际儿童发展心理学近三十年发展动向:基于《儿童发展》的文献计量分析[J].应用心理学,2022,28(2):99-106.

叶浩生.西方心理学的历史与体系[M].2版.北京:人民教育出版社,2014.

张向葵,桑标.发展心理学[M].北京:北京教育科学出版社,2012.

朱智贤.儿童心理学[M].6版.北京:人民教育出版社,2018.

BARRETT L F,LEWIS M,HAVILAND-JONES J M. Handbook of emotions [M]. New York:Guilford Press,2016.

BETHLEHEM R A I,SEIDLITZ J,WHITE S R,et al. Brain charts for the human lifespan [J]. Nature,2022,604(7906):525-533.

DAVID R S,KATHERINE K. Developmental psychology: childhood and adolescence [M]. 9th ed. Beijing:China Light Industry Press,2016.

DING X P,O'CONNOR A M,WENG M,et al. The effects of self-and other-awareness on Chinese children's truth-telling [J]. British journal of developmental psychology,2019,37(3): 323-335.

EVANS G W,LI D,WHIPPLE S S. Cumulative risk and child development [J]. Psychological bulletin,2013,139(6): 1342-1396.

FURENES M I,KUCIRKOVA N,BUS A G. A comparison of children's reading on paper versus screen:a meta-analysis [J]. Review of educational research,2021,91(4):483-517.

GARON N,BRYSON S E,SMITH I M. Executive function in preschoolers: a review using an intergrative framework [J]. Psychological bulletin,2018,134(1): 31-60.

HOCK A,OBERST L,JUBRAN R,et al. Integrated emotion processing in infancy: matching of faces and bodies [J]. Infancy,2017,22(5): 608-625.

HOU X H,WANG L J,LI M,et al. The roles of sibling relationship quality on theory of mind among Chinese preschool children [J]. Personality and tndividual differences,2022,185: 11273.

LECHELER M,LASSER J,VAUGHAN P W,et al. A matter of perspective: an exploratory study of a theory of mind autism intervention for adolescents [J]. Psychological reports,2021, 124(1): 39-53.

MILLER P H. Theories of developmental psychology [M]. 6th ed. New York: Worth Publishers,2016.

ROBERTS B W. A revised sociogenomic model of personality traits [J]. Journal of personality,2018,86(1): 23-35.

SAPIR E. Language:an introduction to the study of speech [M]. North Chelmsford,M. A.: Courier Corporation,2004.

WANG F X,Xie H P,Wang Y X,et al. Using touchscreen tablets to help young children learn to tell time [J]. Frontiers in psychology,2016,7: 01800.

郑重声明

高等教育出版社依法对本书享有专有出版权。任何未经许可的复制、销售行为均违反《中华人民共和国著作权法》，其行为人将承担相应的民事责任和行政责任；构成犯罪的，将被依法追究刑事责任。为了维护市场秩序，保护读者的合法权益，避免读者误用盗版书造成不良后果，我社将配合行政执法部门和司法机关对违法犯罪的单位和个人进行严厉打击。社会各界人士如发现上述侵权行为，希望及时举报，我社将奖励举报有功人员。

反盗版举报电话　(010)58581999　58582371
反盗版举报邮箱　dd@hep.com.cn
通信地址　北京市西城区德外大街4号
　　　　　高等教育出版社知识产权与法律事务部
邮政编码　100120

读者意见反馈

为收集对教材的意见建议，进一步完善教材编写并做好服务工作，读者可将对本教材的意见建议通过如下渠道反馈至我社。

咨询电话　400-810-0598
反馈邮箱　gjdzfwb@pub.hep.cn
通信地址　北京市朝阳区惠新东街4号富盛大厦1座
　　　　　高等教育出版社总编辑办公室
邮政编码　100029